조직 효율성 진단과 평가 DEA & AHP

우리 조직은 효율적으로 운영되고 있는가?

이대진 / 김현우 / 임경국 / 김수하 / 김환섭

pnc
publishing and culture
피앤씨미디어

머 리 말

우리 인류에게 한 번도 경험하지 못한 전혀 새로운 세상이 나타날 준비를 하고 있다는 느낌이 절로 난다. 분명히 사람의 손으로 진행되었지만, 전혀 다른 결과가 나타나고 있는 모습이다.

세상에 나타날 것이라고 전혀 생각하지 않았던 일들이 나타나, 삶의 방식을 비롯하여 세상을 완전히 바꾸어 놓고 있는 Black Swan과, 뻔히 알고 있으면서도 방심하고 있는 사이에 우리 곁에 다가와 큰 고민에 휩싸이게 하는 Gray Rhino는 그동안 있어왔던 우리들의 결정에 대해 깊은 고민을 하게 한다. 그러면서 과거에는 중요하지 않았던 사실들이 중요해지고, 중요도의 강도도 달라지면서, 세상은 점점 직관적으로 단숨에 결정하기 어려운 복잡한 세상으로 이미 변모하였다. 이러한 복잡계의 현실에서 제대로 된 결정을 한다는 것이 매우 어려운 일이 되었다.

우리 조직은 효율적으로 움직이고 있는가?

산업혁명의 단초는 생산성 향상과 효율성 제고에 있었다. 특히 조직의 효율성 제고는 조직에 있어서 가장 중요한 핵심 과제이었으며, 효율성 측정과 함께 해결책을 강구해 왔다.

다양한 구성원들의 노력을 통하여 수많은 투입물을 쏟아 넣으면서, 다양한 산출물을 생성하고 있는 조직에 대해서도 단순한 몇몇의 재무 성과로 판단하기 어려운 상황들이 나타나고 있다. 이러한 고민 속에 나타난 해결방안이 DEA이다.

DEA는 Farrel에 의해 1957년 세미나에서 처음 알려졌지만, 체계와 논리를 갖춘 모형의 제시는 Charnes, Cooper and Rhodes(1978)의 연구에서 비롯되었다. 이후 수많은 학자들의 연구를 통하여 성장, 발전하여 왔다.

주저자인 나는 대학 강단에 선지도 40년이 넘는 시간을 거쳐 오면서 경영학 영역에서도 주로 계량 접근방법인 Management Science 영역과 Data Science 영역을 연구하고 강의해 오며, 박사과정 제자들을 배출해 왔다.

그런 가운데, 우리들은 DEA, AHP 관련 연구를 수행하였던 이우광 박사, 김우재 박사, 박무완 박사, 김광수 박사, 김환섭 박사, 표지연 박사, 김수하 박사 등의 연구 결과물과 그동안 연구, 강의하였던 내용들을 통합하여, 후학들을 위해 결과물을 세상에 내어 놓고자 하였다.

Management Science, Data Science 영역의 내용들은 현실 경영에서 미치는 영향이 지대하고 전문가의 대열에 서기 위해서는 반드시 필요한 지식이지만, 내용습득의 어려움으로 인하여 배우는 후학들에게 난감한 영역으로 가급적 피하려고 하는 것도 사실이기에, 교육 현장에서는 많은 고민이 되었던 것도 사실이다.

우리는 수작업에 의한 수리 계산과 전개, 단순 반복되는 계산능력 위주의 알고리듬 소개를 지양하고, 이 책을 접하는 독자에게 DEA와 AHP 기법에 대한 깊은 이해를 돕고, 현실 활용 역량을 높이도록 사례 중심으로 설명하고 정리하였다. 어쩌면 단순한 교재라기보다는 보다 깊은 연구를 수행하고, 조직의 참다운 효율성을 고민하는 사람들을 위해, 저자들과 제자들의 연구들을 정리한 것이다.

우리는 저술한 내용들이 후학들에게 더 진일보된 연구를 이룰 수 있도록 도움이 된다면, 우리가 저술한 이 책의 목적은 이미 달성한 것이라 생각한다.

이번 저서는 DEA와 AHP 관련 주요 내용들의 핵심을 명확하게 이해되도록 노력하였으며, 상기 박사들이 연구하였던 사례를 중심으로 더 깊은 통찰력을 갖출 수 있도록 저술하였다. 특히 저서에서는 엑셀 기초 역량을 갖추고 있다는 전제하에, 엑셀을 이용한 해결 방안, R 언어를 기반으로 한 해결 방안, 나아가서 DEA 전문 패키지인 DEA-Solver 프로그램을 통해 해결 방안을 자세히 설명하여, 후학들이 해법 도구로 인한 어려움을 제거해 주려 하였다.

이 책에서는 DEA에 중점을 두어 서술하였으며, AHP는 기본적인 설명과 운영 방법만 설명하고, DEA와 연계된 사례를 통해 현실 활용 측면을 고려하여 상대적으로 적은 분량을 저술하였다.

전체 총 5부로 나누어 분류하였다. 1부의 시작하는 내용과 함께 2부에서는 다기준 의사결정의 주요 기법인 DEA, AHP 기법에 대해 이해를 돕고자 하였다.

3부에서 조직 효율성과 관련된 최적화된 DEA 발전 과정과 One-Stage, Two-Stage로 전개되어 온 내용들을 살펴보고, 효율성 해법 도구로 Excel 활용 효율성 분석, R 언어를 통한 효율성 분석을 다루었다. 연구자들의 DEA 이해를 돕기 위하여 그래프로 이해하는 과정도 제시하였다. 나아가서 DEA-Solver 프로그램 활용 효율성 분석을 투입 요소 1 - 산출 요소 1 사례, 투입 요소 2 - 산출 요소 2 사례 분석 과정과 결과를 자세히 설명하였다. CCR-i, BCC-i, 초효율성 모형을 통한 효율성 분석 내용들을 다루었다.

4부에서는 AHP 해결과정을 설명하고, 현실 사례를 토대로 Excel, R로 최적 결정을 찾아가는 분석 과정과 관련 내용을 설명하였다.

5부에서는 인용한 제자 박사들의 논문을 중심으로 One-Stage DEA, Two-Stage DEA 사례들을 중심으로 연구 과정과 몇몇 오류 부분들은 수정하여 제시하였다.

이 책을 쓴 목적은 뚜렷하다. DEA, AHP를 더욱 전파하고 보급하려는 목적이다. 현실 세계에 적용함으로써, 기업 컨설팅을 하고자 하는 컨설턴트나 조직의 성장과 발전을 도모하려는 이라면 누구든지 이 책을 통해 조직의 더 큰 발전에 일조하기를 진심으로 바라는 마음이다. 또 그렇게 될 것이라고 확신한다. 나는 두 제자박사인 김환섭 박사와 김수하 박사와 동료 교수인 김현우 교수와 임경국 교수의 도움 속에 이 책을 저술하였다.

이 책은 관련 논문과 서적들을 제시하고자 하였다. 우리들은 연구를 위주로 활용하려는 후학에게 조금이나마 도움이 되기를 바라는 마음에서 가능한 빠트리지 않고 제시하고자 하였다. 혹 미처 다루지 못한 내용들이 있다면 더 훌륭한 후학들의 손을 통해, 수정 또 수정하여 멋진 성과의 연구물로 나타내 주기를 바란다. 혹 의문이 있다면 저자들에게 연락해 주기 바란다.

이 책에서 사용한 데이터와 엑셀과 R 언어로 처리한 파일들은 출판사를 통하여 제공하려고 한다. 도움되기를 바란다.

대내외로 어려운 여건 가운데 이 책이 출간되도록 배려하여 주신 여러분들에게 심심한 사의를 표한다.

대표 저자 이대진

차 례

제 1 장 우리 조직은 효율적인가?

제 2 장 다양한 속성과 기준이 있는 문제를 어떻게 처리하지?

1
chapter
우리 조직은 효율적인가?

1 산업혁명의 꿈

우리 인류는 세 번의 산업혁명을 거쳐 왔고, 어느 순간엔가 4번째의 산업혁명 파고들이 우리들 삶 속에 넘실거리고 있다. 세 번의 산업혁명은 증기기관, 전기, 컴퓨터와 통신기술 등 더 나은 추동력을 이용하여 왔고, 이제는 심화된 정보통신기술을 토대로 한 융합기술과 인공지능을 통해 우리 모두들이 머리를 싸매고 고민하여 온 생산성과 효율성의 과제를 해결하려 하고 있다.

산업으로 번역하고 있는 Industry라는 단어는 만드는 일을 의미하며, 더 나아가서 우리가 원하는 것들을 더 체계적으로 만드는 일을 품고 있다. 체계적으로 만든다는 의미 속에는 인간의 노동 개입에 대한 체계적인 검토도 함께 포함하고 있다고 보는 것이 바른 판단일 것이다. 반면, 우리가 예술로 번역하고 있는 Art라는 단어 역시 만드는 일을 의미하지만, Industry와는 다르게 전적인 인간 감성적 노력의 헌신을 전제로 만드는 일이라는 뜻을 품고 있기에, 확연히 차이가 있다.

말하자면 Industry라는 말 속에 어쩌면 인간의 개입을 최소화하기 위한 부단한 노력과 혁신들이 있을 수밖에 없었다는 것을 안다면, 우리들에게 이루어지고 있는 산업혁명의 의미와 내용들을 더 잘 이해할 수 있을 것이다. 인간의 개입을 최소화하면서 조직의 생산성과 효율성을 높이려는 노력이 혁신을 넘어, 거대하고 광범위한 산업의 혁명을 이루어낸 것으로 판단된다.

만드는 일의 기술과 방법 틀을 획기적으로 변화시킨 마디들을 우리는 산업혁명이라는 이름으로 불러 왔고, 이제 우리들이 그동안 행하여 왔던 일하는 방식과 만드는 기술과 방법 틀을 새롭게 변모시키려는 4차 산업혁명의 시간 속으로 들어온 것이다.

어떻게 하면 더 잘 만들 수 있을까?
어떻게 하면 효율적으로 만들 수 있을까?

이러한 호기심과 도전의 열정과 노력, 그리고 도달하고자 하는 꿈이 있었기에, 그리고 이들 개개인의 열정과 노력을 뒷받침해 주는 자유경제가 있었고, 서로의 공정한 경쟁을 허용하는 시장경제가 있었기에 우리 인류는 눈부신 발전을 이루어 왔다.

우리는 가슴에 품은 성장의 꿈을 이루기 위해 가지고 있는 노동력과 자본을 투입하여, 원하는 성과를 더 효율적으로 얻으려는 노력은 다양한 에너지원과 기술을 통해, 혁신적인 방안을 강구하여 왔다. 그 혁신적인 방법 중의 하나가 새로운 공장 시스템인 스마트 팩토리(smart factory)일 수도 있다.

2 조직의 효율성을 측정하라!

개인이든 조직이든 더 나은 성장과 성숙의 꿈을 키우며 치열한 경쟁 환경 속에서 각고의 노력을 경주하고 있다. 치열한 경쟁 속에서 앞서 나가는 조직이 있는가 하면, 뒤처지는 조직도 있기 마련이다. 앞서 가는 조직도, 뒤처지는 조직도 제대로 된 평가를 통해서 무엇이 잘 되었는지, 무엇이 잘못되었는지를 파악하여, 더 나은 성장의 방향으로 찾아야 할 것이다.

많은 조직 중에서도 특히, 기업은 시장경제에서 경쟁우위를 유지해 나가기 위해서는 해당 산업 평균보다 나은 성과를 산출해 내어야 한다. 성과를 조직의 목적이나 목표를 달성하려는 노력의 산물이라고 한다면(Langdon, 2000), 조직은 자신들이 수행한 비즈니스 성과를 측정하고 활동에 관한 결과 정보를 제시함으로써 조직 성공 여부를 판단하게 된다. 이는 기업 활동을 넘어서서 거의 모든 조직에서 일관되게 적용되는 일이다.

조직의 운영이 계획에 따라 잘 작동될 때, 좋은 성과가 나타나며, 그렇지 않으면 조직은 부실한 성과를 얻게 된다(March and Sutton, 1997). 이처럼 조직의 운영을 통하여 이익의 최대화나 비용의 최소화 등의 조직 목표를 어느 정도 달성하였는가를 측정하는 것이 효율성 측정이며, 조직의 성과를 측정하는 가장 중요한 요소로 등장하였으며, 시스템 혁신을 위한 분석과 평가 핵심이라고 말할 수 있다.

우리들은 어느 순간인가 조직 전반적인 운영에 대해 말을 할 때, [그림 1-1]과 같은 시스템을 들먹이며 상황에 대해 언급한다.

시스템에 문제가 있다거나, 시스템이 괜찮네! 등으로 말을 하고 있다. 이는 조직 전체나 파악하고자 하는 대상의 전체 모습이 시스템을 의미한다는 것으로 이해하고 있는 것이다.

[그림 1-1] 시스템과 핵심 운영

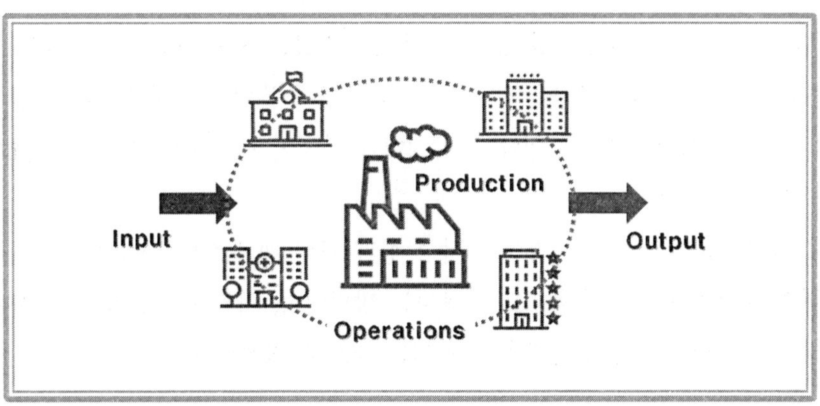

이제 우리는 기업 조직을 포함한 모든 조직의 전반적인 운영을 시스템으로 사용하고자 한다. 제품을 생산(production)하는 공장을 포함하는 모든 종류의 시스템은 외부로부터 투입물(input)을 받아들여, 시장이 원하는 산출물(output) 또는 성과를 만들어 내게 된다.

제품을 생산(production)하는 공장 시스템뿐만 아니라, 서비스를 창출하는 행정기관, 호텔, 의료기관, 교육기관 등을 포함한 시스템들의 핵심 운영(operations)에서 자신들이 수행한 비즈니스 성과를 극대화시키려 한다.

따라서 다양한 투입, 산출로 이루어진 생산 공장뿐만 아니라 서비스 시스템조차도 시스템 운영의 효율성이 화두가 될 수밖에 없다.

우리 시스템은 효율적으로 움직이고 있는가?

[그림 1-2] 시스템과 가성비

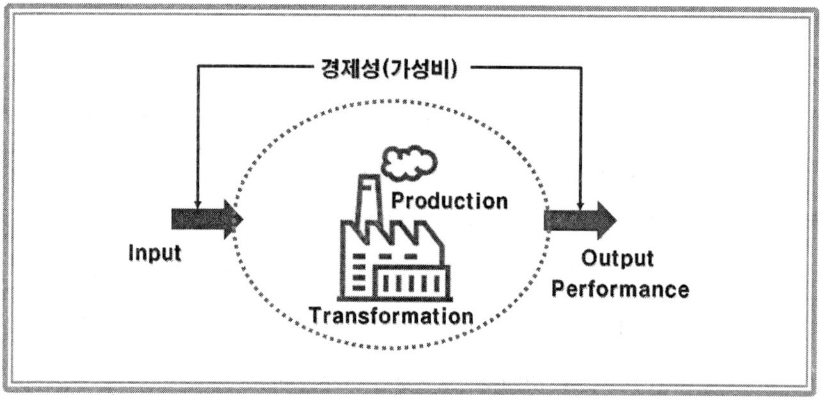

우리는 [그림 1-2]에서와 같이, 같은 양의 투입물을 사용하더라도 더 많은 성과물을 얻거나, 같은 성과물을 얻더라도 적은 양의 투입물을 사용한다면, 상대적으로 효율적이라 말할 수 있다. 경제성이나 가성비가 있다는 것은 모두 효율성과 관련되어 있다.

효율성은 조직이 사용한 자원과 달성 성과 간의 관계로써, 산출물을 생산하기 위해 자원을 가장 효율적으로 사용하는 방법이며, 이러한 자원의 최적 사용은 결국 조직의 효율성과 경쟁력을 높이는 것으로 직결된다.

공장 시스템뿐만 아니라, 서비스를 창출하는 행정기관, 호텔, 의료기관, 교육기관 등에서 평가 대상이거나 평가 대상의 산하 하위 조직을 [그림 1-3]과 같은 독립된 의사결정 단위(Decision Making Unit: DMU)로 설정할 수 있을 것이다.

[그림 1-3] 다수 투입/단일 산출의 DMU

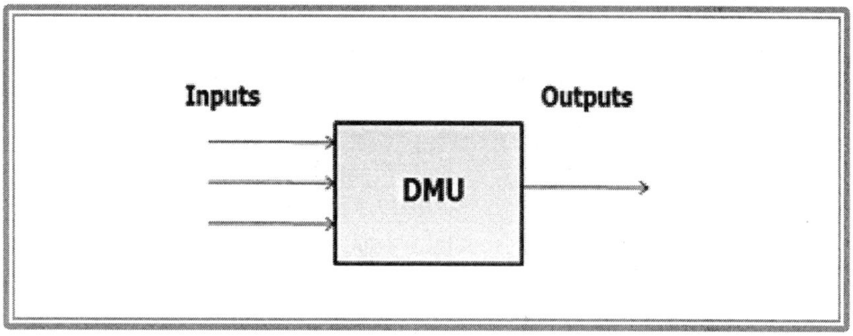

이 의사결정 단위인 DMU의 자원 효율성은 단일의 성과를 전제로 하여 다수의 투입 자원들의 최적 결합으로 찾을 수 있을까?

화두와 같은 이 물음의 최적 결합 해답을 얻기 위해, 많은 이들이 노력해 왔다. 그중에 크게 돋보이는 노력으로, Casti가 자신의 저서인 Five Golden Rules: Great Theories of 20th-Century Mathematics - and Why They Matter에서, 20세기를 빛낸 가장 위대한 수학의 법칙으로 평가한 최적화 이론인 선형계획모형과 선형계획모형의 해법인 심플렉스 방법이 있다.

기본의 선형계획모형은 단일한 값의 목적 또는 성과 최대화 또는 최소화를 달성하기 위해, 시스템이 가용할 수 있는 투입 자원의 최적 결합을 찾는 것이다. 그러나 시스템은 다음의 그림과 같이 단일한 성과만이 아니라 다양한 성과를 동시에 달성하여야 한다.

앞의 그림에서 보다시피 시스템의 효율성을 찾기 위해서, 먼저 시스템에 투입되는 투입 요소와, 성과에 해당하는 산출 요소를 이해하는 것이 가장 중요한 선결 사항이다. 시스템의 효율성을 측정, 평가하기 위해서 조직과 밀접한 투입 요소와 산출 요소를 찾아내는 것이 무엇보다도 중요한다는 것은 주지의 사실이며, 고심할 필요가 있다.

[표 1-1] 서비스 시스템의 투입, 처리, 산출 요소 사례

구분	투입	처리	산출
병원	의사, 간호사 진료실, 처치실, 입원실, 실험실, 의료자재, 장비	검사, 수술 모니터링 투약, 치료	치료받은 환자
학교	학생, 교직원 강의실, 실험실 교재	강의 연구, 실습 봉사	졸업생 논문, 특허 명성
롯데리아	사원 원재료 시설, 장비	영업 준비 방문, 주문, 음식전달 식사, 계산	햄버거 만족한 고객

[표 1-1]에서와 같이 서비스 시스템을 사례로 병원, 학교, 식당의 사례에서 투입 요소와 산출 요소를 개략적으로 살펴보도록 하자. 시스템의 투입 요소는 대개 인적 요소인 노동 요소와 물적 요소인 자본 요소로 정리하는 것이 보통이다.

인적 요소인 노동 관련하여, 병원에서는 의사, 간호사, 학교에서는 학생, 교직원, 맥도날드에서는 사원이 투입되며, 물적 요소인 자본과 관련하여, 병원에서는 진료실을 비롯한 공간과 장비들이, 학교에서는 강의실, 실험실 등 공간과, 교재 등의 원자재들이, 맥도날도에서는 시설, 장비 등과 원재료들이 투입됨을 알 수 있다.

이러한 투입물들이 적절한 한 단위요소들의 처리과정을 통하여, 산출물이 성과로 나타난다. 이러한 성과들은 시스템의 성장과 발전과 관련한 중요 산출물이 설정될 것이다. 산출물이 하나일 수도 있을 것이며, 둘 이상이 될 수도 있다.

현실에서 만나는 사례들에서 다양한 산출물과 다양한 투입물을 동시에 고려한 시스템의 효율성과 운영의 최적을 찾기 위해 많은 고민을 하게 된다.

단일 기준의 목표 달성을 전제로 하고 있는 선형계획모형으로는 복잡다단한 현실 문제를 해결하기 어렵기 때문에, 복수의 기준과 대안들을 결정하는 것이 보편적인 현실 상황에서는 기본의 선형계획모형을 확대한 기법들이 필요해진다. 이렇게 다수 기준 또는 속성(multi-attributes)이나 다수 목표(multiple objectives)들이

포함하는 상황에서 최적의 자원 결합을 탐색하는 기법인 다기준 의사결정 (Multiple criteria decision) 기법으로 조직의 효율성을 살펴보고자 한다.

우리는 다양한 투입 자원과 다양한 산출 성과를 고려하여 최적의 자원 결합을 찾는 다기준 의사결정 기법 중에서 급변하는 혁신의 물결 속에 투입 대비 산출 비율인 상대적인 효율성을 밝혀주는 다기준 선형계획모형으로서 자료포락기법이라고 알려져 있는 DEA(Data Envelopment Analysis) 기법을 체계적으로 살펴보고자 한다.

환경의 변화가 빠르고, 광범위한 특성은 절대적인 평가보다 상대적인 평가가 시스템들을 평가하는데 더 유리할 수 있다는 판단 하에, DEA 기법을 통하여, 시스템들의 상대적 효율성을 평가하고, 개선 여지들을 살펴본다.

2
chapter

다양한 속성과 기준 문제를 어떻게 처리하지?

1 다기준 의사결정 현실과 해결책을 찾아라!

(1) 다기준 의사결정 문제

우리 조직은 효율적으로 움직이고 있는가?

화두와 같은 이 물음은 시장경제 속에서 치열한 경쟁을 이겨내기 위해 노력하는 경영자라면 당연히 물어야 하는 질문이고, 답을 얻고 싶어 할 것이다.

이 문제의 답을 얻기 위해 경영자들은 현실에서 직면하는 다양한 문제에 대해 어떻게 하면 더 합리적으로 결정할 수 있는지에 대해 고민해 왔다. 물론 어떤 문제들은 특정한 영역의 지식 도움 없이 경영자의 개인적인 경험만으로도 충분히 당면한 문제를 해결할 수 있을 것이지만, 복잡다단한 경영 현실 속에서 경영자가 만나는 문제는 그렇게 개인의 경험만으로 해결할 수 없는 문제들이 많이 나타나고 있다.

실제로 문제를 해결하기 위해 눈앞에 놓여 있는 수많은 기준과 선택 가능한 대안들을 평가해야 하는데, 기준이나 대안 선택과 관련하여 주장하는 사람들의 의견에 차이가 있거나, 처리해야 할 정보 양이나 복잡성 때문에 시간이 많이 소요되거나 해결하기에 어려움이 많이 따르고 있는 것이 현실이다.

그럼에도 불구하고 치열한 경쟁과 광범위한 기술 변화 환경 속에서 우리는 자신이나 조직이 처해 있는 문제를 해결하고, 새로운 기회를 창출해 내기 위해 가능한 한 빠르게 결정을 내려야 한다. 그러나 올바른 결정을 행한다는 것은 그렇게 쉬운 일이 아니다. 궁극적으로 최적의 결정을 지향하고 있으며 합리적인 선택이 의사결정의 주된 과제이지만 현실의 여건은 항상 그렇게 되지 않는다는 것을 절감하게 한다.

우리 조직은 효율적으로 움직이고 있는가?

지금의 세상은 변화와 혁신이 일상으로 자리 잡고 있으며, 글로벌 경쟁자들은 우리를 뛰어넘기 위해 온갖 노력을 경주하고 있기에, 그 치열한 경쟁에서 조금이라도 쉬겠다고 하는 순간, 우리는 어려움에 직면하게 되는 게 현실이다.

끊임없이 우리들은 우리들에게 물어본다.

혁신과 변화 속에 우리 조직은 효율적으로 움직이고 있는가?

합리적이고 현명한 선택이 모든 일의 성패를 좌우한다는 것은 너무나도 잘 알고 있는 사실이지만, 정작 현명한 선택의 기술 또는 지식을 배우거나 습득한다는 것 역시 쉬운 일이 아니다. 그리고 실제로 손쉽게 선택의 지식이나 기술을 배울 수 있는 기회 역시 많지 않기도 하다.

많은 시간과 에너지를 선택 과정에 투자하고 선택 결과가 자신의 인생에 지대한 영향을 미친다는 사실을 감안하면 선택과 결정에 관련된 지식을 습득하기 위한 노력은 어쩌면 당연한 일이기도 하다.

오늘날과 같이 경쟁이 심화되고, 생태계 자체도 크게 변화하여, 기업 환경 변화를 예측하기 어려운 상황 하에서 경영자들이 직면하고 있는 문제들은 아주 복잡하거나 선택 가능한 수많은 기준과 대안들을 포함하고 있는 경우가 대다수이기 때문이다.

전 세계 수많은 기업들의 성장에 지대한 영향을 미쳐 온 Management Science의 선형계획모형은 조직의 목표를 한 개의 선형 함수식으로 표현할 수 있음을 가정하고 있으나, 대개의 조직에서는 한 개의 척도로 조직의 성과를 측정하기 어려울 때가 많으며, 현실세계에서 여러 개의 대안을 단일한 기준에 의하여 단일한 목적함수만을 이용하여 평가할 수 있는 경우는 매우 드물다.

조직의 성격, 기술업무 내용, 처한 환경에 따라 조직이 추구하는 목표의 수나 중요성이 다를 수 있으며 목표 간에 절충을 하여야 하는 경우도 생긴다. 수많은 이해관계자들로 둘러싸인 조직들은 이익 추구뿐만 아니라 시장 점유율 유지, 생산성 향상, 조직 성장, 위험 분산, 구성원 복지 등 상충할 수도 있는 목표들을 동시에 추구한다면, 목표들 간의 절충을 취하거나, 다수 기준들을 포함하여 최적의 결정을 하여야 할 것이다. 그렇다면 단일 기준의 목표 달성을 전제로 하고 있는 선형계획모형으로는 복잡다단한 현실 문제를 해결하기 어렵게 된다.

갈수록 개인들의 가치가 다원화되고 의사결정에 영향을 미치는 주체들의 수가 증가하는 공공부문 결정문제에 대해서는 다기준 의사결정(Multi-Criteria Decision Making: MCDM) 상황에서 복수의 기준과 대안들을 결정하는 것이 오히려 일반적이다. 다수 기준 또는 속성(multi-attributes)이나 다수 목표(multiple objectives)들이 포함하는 문제에 대한 최적 결정을 탐색하는 기법이 다기준 의사결정(Multiple criteria decision) 기법이다. 다기준 의사결정 기법(MCDM)은 크게 다목표 의사결정 기법(Multiple Objective Decision Making)과 다속성 의사결정 기법(Multiple Attribute Decision Making)으로 분류할 수 있다.

우리는 다기준 또는 다속성 의사결정 기법에 초점을 맞추고, 활용 범위가 넓고 강력한 의사결정 기법인 DEA(Data Envelopment Analysis)와 계층분석 기법(Analytic Hierarchy Process: AHP)에 대해 다양한 모습으로 연구, 분석한 결과를 제시하고자 한다.

(2) 다양한 투입/산출이 있는 조직 효율성 측정: DEA

기업이 시장 경제에서 경쟁우위를 유지해 나가기 위해서는 해당 산업 평균보다 나은 성과를 산출해 내어야 한다. 성과를 조직의 목적이나 목표를 달성하려는 노력의 산물이라고 한다면(Langdon, 2000), 조직은 자신들이 수행한 비즈니스 성과를 측정하고 활동에 관한 결과 정보를 제시함으로써 조직 성공 여부를 판단하게 된다.

기업 조직의 운영이 계획에 따라 잘 작동될 때, 좋은 성과가 나타나며, 그렇지 않으면 조직은 부실한 성과를 얻게 된다(March and Sutton, 1997). 이처럼 조직의 운영을 통하여 이익의 최대화나 비용의 최소화 등의 조직 목표를 어느 정도 달성하였는가를 측정하는 것이 효율성 측정이며, 조직의 성과를 측정하는 가장 중요한 요소로 등장하였다.

효율성은 조직이 사용한 자원과 달성 성과 간의 관계로써, 산출물을 생산하기 위해 자원을 가장 효율적으로 사용하는 방법이며, 이러한 자원의 최적 사용은 결국 조직의 효율성과 경쟁력 높이는 것으로 직결된다. 이러한 효율성을 측정하는 다양한 방법이 제시되었고, 그 방법의 하나로 제시된 것이 DEA(Data Envelopment Analysis: 자료포락분석) 기법이다.

조직의 성과를 평가하기 위해 지금까지 연구되어 온 방법으로 크게 두 가지 접근방법인 재무비율 분석방법과 프런티어 분석(frontier analysis) 방법이 있다.

재무비율 분석방법에서는 일반적으로 ROA나 ROE와 같은 수익에 기초한 재무비율로 성과를 측정하지만, 문제는 조직의 전반적인 성과를 가장 잘 대표할 수 있는 특정한 재무비율이나 재무비율 간 조합에 대해 학자들 간의 일치된 의견이 아직 없다는 것이다(박래수·권일숙, 2014). 이는 분석 재무비율들이 조직들의 가치극대화 노력들을 충분히 반영하지 못하기 때문이기도 하고, 동시에 분석에 사용할 재무비율을 매우 주관적으로 선택하기 때문이기도 하다(Kohers et al., 2000).

전통적인 재무비율 분석방법이 갖고 있는 평가의 한계점 때문에, 연구자들은 프런티어 분석방법(frontier analysis approach)을 조직의 성과 효율성 평가 방법으로 채택하여 왔다. 프런티어 분석방법은 최적의 프런티어(best-practice frontier)를 기준으로 해당기관의 상대적인 효율성을 측정하여 평가한다. 즉, 최적의 프런티어를 효율적이라고 평가하고, 평가 대상의 상대적인 효율성을 평가하는 방법이다.

프런티어 분석방법은 모수 접근법(parametric approach)과 비모수 접근법(non-parametric approach)이 있으며, 모수 접근법에는 SFA(Stochastic Frontier Analysis), DFA(Distribution-Free Approach), TFA(Thick Frontier Approach) 등의 분석방법이 있고, 비모수 접근법에는 DEA, FDH(Free Disposal Hull analysis) 기법이 있다(박래수·권일숙, 2014).

프런티어 분석방법 역시 다양한 연구들이 이루어졌음에도 불구하고 프런티어의 효율성 측정방식에 대해 일치된 의견이 아직 없다는 문제가 지적되고 있다(Bauer et al. 1998). 그럼에도 불구하고, 상대적인 평가가 더 효율적이라는 측면에서 많은 연구들이 경영효율성 평가에 프런티어 분석방법 중에서도 DEA로 대표되는 비모수 접근법을 채택하여 사용해 왔다.

비모수 접근방법인 DEA 기법은 ① 구체적인 생산함수나 제약에 구애받지 않으며, ② 다수의 투입 요소와과 다수의 산출 요소에 대한 처리가 용이하고, ③ 기술 효율성 분석을 통해 효율적이지 못한 투입 요소를 찾을 수 있고, 최선의 효율성 개선 방안을 제시해 주며, ④ 기술 효율성뿐만 아니라 규모와 순수기술 효율성 등의 경제 효율성도 계산할 수 있다는 점을 제시해 준다는 장점이 있다.

이러한 DEA 기법은 다수 투입 요소와 다수 산출물을 동시에 고려하여 상대적 효율성을 측정하는 비모수 접근방법(non-parametric approach)으로, DEA는 Farrel에 의해 1957년 세미나에서 처음 알려졌지만, 체계와 논리를 갖춘 모형의 제시는 Charnes, Cooper and Rhodes(1978)([그림 2-1] 참조)의 연구에서 비롯되었다.

Charnes et al.(1978)의 연구 이후, DEA는 수많은 학자들의 연구를 통하여 성장, 발전하여 왔고, OR/MS(Operations Research/Management Science)에서 가장 널리 활용되고 있는 방법 중 하나로, 지금까지 다양한 산업과 영역에서 적용되어 오면서 진화되어 왔다(Huang et al., 2014).

[그림 2-1] DEA 연구 선구 저자들

세계적으로 유수한 연구 저널들에서는 The Journal of Econometrics in 1990, The Journal of Banking and Finance in 1993, The European Journal of Operations research in 1997, The Journal of Economics and Business in 1998, INTERFACES in 1999, and Management Science in 1999 등 특정 연도에 DEA 특별호를 발간할 정도로 많은 연구가 진행되었으며, 다양한 영역에 대한 DEA 연구 역시 엄청나게 이루어졌으며, 지금까지도 DEA 관련 연구가 계속 발전, 진화되고 있다.

국내 연구에서도, [그림 2-2]에서 보다시피 국내의 경영학 연구 세부 영역을 주제어별로 분석한 연구(김동래, 정석봉, 권기석, 2017)에서, DEA는 효율성, 규모 효율성, 기술 효율성, 생산성의 주제로 국내 경영학의 주요 연구 영역으로 자리 매김하고 있음을 알 수 있다.

DEA는 1978년에 제안된 후 가장 큰 특징은 모든 비교 대상인 의사결정 단위들(Decision Making Unit; DMU)의 성과를 과학적, 정량적으로 도출하고, 개선해야 할 부분과 개선의 가능성, 최우량 경영실무(best practice)와 벤치마크 대상 등을 제시해 준다는 것이다. DMU에는 비교 대상의 기관, 지점들을 말할 것도 없으며, 프로젝트, R&D 과제, 관리자의 업적을 비롯한 Business Operations나 Business Process 등도 비교 대상의 단위가 되었으며, 갈수록 비교대상의 폭이 넓어지고 있다. 최근에는 DEA의 적용 분야가 크게 확대되어 제품 디자인의 선정, 마케팅 전략의 결정, 제품의 경쟁력 도출 등에도 활용되고 있다.

[그림 2-2] 경영학 세부영역의 시각화

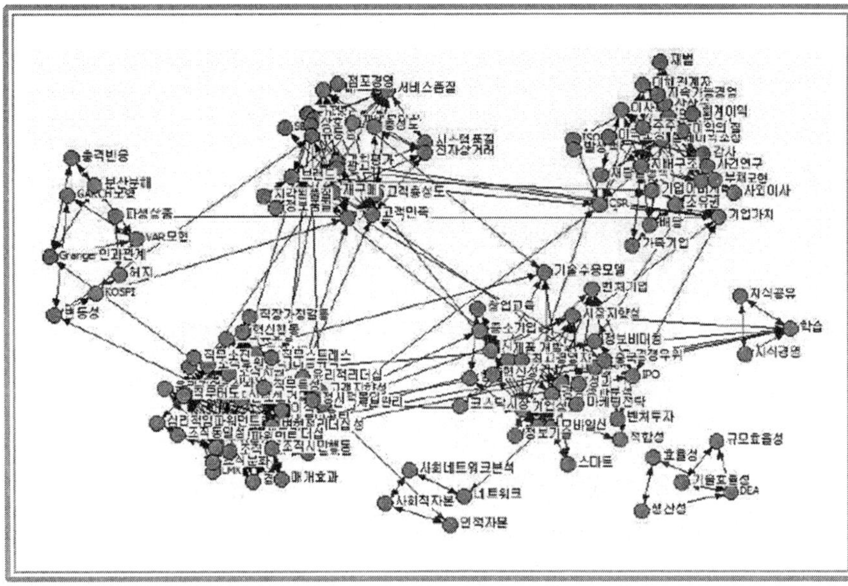

특히 DEA는 다른 성격의 여러 투입과 산출 요소를 함께 고려한 분석기법이기에 다기준 의사결정 기법으로 분류하고 있다. DEA는 다른 방법과 달리, 사전에 가정된 함수형태로 모수를 추정하는 방법이 아닌 비모수적 측정방법으로 선형계획모형(Linear Programming Model)을 바탕으로 분석하는 것이기에 때로는 선형계획모형의 하나로 고려하지만, 다수의 투입 요소와 다수의 산출 요소를 고려한다는 입장에서 다기준 의사결정 기법으로 분류한다.

제조업에서는 제조업의 특성에 따라 다양한 성과 평가 방법이 있지만, 서비스업에서는 그렇지 못하다. DEA 기법은 특히 서비스 관련 내용에 매우 탁월한 효율성 평가기법이기에, 제조업이 아닌 대학이나 병원 등 서비스가 주가 되는 공공 서비스 기관이나 식당을 비롯한 수많은 서비스 사업체가 얼마나 효율적으로 운영되고 있는지에 대해 어떠한 Management Science 기법보다 명쾌한 답변을 제공해 준다는 장점이 있다. 또한 동시에 이 기법은 자원의 투입 산출과 관련한 최적 기술 결합, 즉 최적의 생산성을 제시하는 것을 기본으로 해서, 개선해야 할 부분과 개선의 가능성, 최우량 경영실무(best practice)와 벤치마크 대상 등을 제시해 준다고 하였는데, 평가 대상의 조직(unit) 중에 가장 효율적으로 운영되고 있는 조직(unit)을 도출해 주며, 벤치마킹(benchmarking)하기 위해 벤치마킹 기준 조직(peers)을 체계적으로 제시해 주는 탁월한 기법이기도 하다.

DEA 기법은 항공 분야(Schefczyk, 1993), 은행 등 금융 산업(Jemric and Vujcic, 2002; Cummins et al., 1999; Basso and Funari, 2001), 교육 분야(Thanas soulis and Dunstan, 1994), 보건 의료(Nunamaker, 1983; Chilingerian and Sherm an, 1990), 섬유 분야(Chandra et al., 1998), 산림관리(Kao et al., 1993) 및 수송 분야(Uri, 2001; Kerstens, 1996), 호텔 산업(Morey and Dittman, 1995; Hwang and Chang, 2003; Barros, 2005; Wang et al., 2006; Gunjan, 2007; Barros and Mascarenhas, 2005)과 같은 산업 분야에서 효율성 측정을 기본으로 의사결정 단위(Decision Making Unit; DMU)의 순위 결정, 자원 비효율성 측정, 전략 유효성 평가 등에서 다양하게 적용되어 왔다.

근래에는 기업의 경영 효율성뿐만 아니라, 연구소, 대학 및 공공기관, 그리고 국가 차원의 R&D 프로젝트 효율성과 과제 수준 평가, 그리고 기술 혁신 효율성 평가(Linton et al., 2002; Revilla et al., 2003; Guan and Wang, 2004; Eilat et al., 2006; Hsu and Hsueh, 2009; Lee et al., 2009; Lee and Shin, 2014; Lee and Cho, 2014)에 효과적으로 널리 활용되어 왔다(김환섭 · 이홍배, 2018).

프로젝트 효율성 측정과 관련한 연구에서도, 비모수 접근방법으로 특정한 함수 형태를 사전에 설정하지 않으며, 다기준 의사결정 기법으로 다수의 투입 요소와 다수의 산출 요소 처리에 쉬운 DEA 기법을 적용하여 다양한 방향(Linton and Cook, 1998; Busby and Williamson, 2000; Pillai et al., 2002; Verma and Sinha, 2002; Revilla et al., 2003; Stensrud and Myrtveit, 2003; Farris et al., 2006 Vitner et al., 2006; Eilat et al., 2006, 2008; Marques et al., 2011; Cao and Hoffman, 2011; Ku-Maha mud, et al., 2011; Barfod, 2012; Mazyar et al., 2014)으로 연구가 진행되어 왔다(김수하 · 이홍배, 2019).

(3) 다양한 기준이 포함된 집단 의사결정 효율성 측정: AHP

우리 조직은 효율적으로 움직이고 있는가?

경영자는 이 질문에 대한 해답을 얻기 위해 많은 사람들의 의견을 들을 필요가 있을 것이다. 전문가라고 칭하든 대단한 경험자라고 하든 그들의 견해를 묶어야 하는데, 어떻게 해야 그들의 의견을 묶어서 멋진 구슬을 만들어 낼 수 있을까?

이 질문의 핵심에 DEA와 밀접한 관련이 있는 계층분석기법(Analytic Hierarchy Process: AHP)이 있다. DEA가 다수의 기준을 고려하는 것은 맞지만, 기준들에 대한 현실적인 고려, 즉 현실적 중요도를 고려하지는 않는다. 물론 DEA의 해가 가중치가 되지만, 기준들에 대한 현실적인 중요도를 제시해주는 AHP는 DEA와 보완 관계가 되는 기법이다.

AHP는 의사결정의 목표나 평가기준이 다수이며 복합적인 경우 상호 배반적인 대안들의 체계적인 평가를 지원해 준다는 측면에서, 정성적(qualitative) 요소를 포함하는 다기준(multi-criteria) 의사결정에 널리 사용되어 왔다. AHP는 1970년대 초 Saaty가 미 국무부에서 세계적 경제학자, 게임이론 전문가들과 협력 작업을 하면서 나타난 의사결정과정의 비능률을 개선하기 위한 일환으로 개발한 의사결정 방법론이다.

AHP의 가장 큰 특징은 기법의 이름에 포함되어 있듯이, 복잡한 문제를 계층화하여 주요 요인과 세부 요인들로 분해하고, 이들 요인들에 대한 쌍대비교(pairwise comparison)를 통해 중요도를 도출하는 데 있다.

이 기법은 인간의 사고체계와 유사한 접근방법을 취하고 있다. 먼저 복잡한 문제를 분석하여, 분해하고 구조화한다는 점이 그런 특성이다. 그리고 구조화된 계층 모형을 이용하여 상대적 중요도 또는 선호도를 체계적으로 비율척도(ratio scale)화 하여 정량적인 형태로 제시한다는 점에서 탁월한 유용성을 인정받고 있다. 뿐만 아니라 간결한 적용절차에도 불구하고 척도선정, 가중치 산정절차, 민감도분석 등을 실증분석과 엄밀한 수리적 검증과정을 거쳐 채택된 방법들을 활용하여 해결한다는 점에서 이론적으로도 높이 평가되고 있다(이홍배, 2015).

이러한 장점으로 인해 AHP는 현존하는 의사결정기법 중 가장 광범위하게 활용되고 있는 기법의 하나이다. 적용분야에 있어서도 에너지 수급·수송계획, 고등교육에 관한 계획, 대통령 선거, 북아일랜드 분쟁해결, 환경정책수립 등 공공부문 의사결정문제와 IBM, GM, Xerox, 3M을 비롯한 수많은 민간부문의 의사결정 과정에 활용되고 있다. 최근에는 집단의사결정 과정에 AHP기법을 적극 활용할 수 있는 방법론들이 지속적으로 개발되고 있다.

AHP 기법에는 사람들이 문제해결을 위해 효과적으로 사고한다는 세 가지 원리, 즉 계층 구조 설정(hierarchical structuring)의 원리, 상대적 중요성 설정(weighting)의 원리, 논리 일관성(consistency)의 원리를 전제로 하여 개발된 의사결정 기법이다. 말하자면 복잡다단한 문제를 해결하기 위해 먼저 계층 구조를 설정하고, 설정된 계층 구조에서 같은 계층을 구성하는 평가요소들에 대하여 상대적 중요도를 측정하며, 이러한 판단이 일관성이 있는지를 검증하여 최종 결정에 이르는 기법이다(이홍배, 2015).

예를 들어, 공개 입찰을 통해 부품 공급업체를 결정하는 특정 기업 구매부서의 고민을 해결하기로 하자.

공급업체를 선정하기 위하여 이 회사는 ① 품질, ② 납기, ③ 고객만족, ④ 계약질서유지 등 4가지 기준을 적용하고 있는데, A, B, C의 세 업체가 이 입찰에 참여하였다. 이 회사가 직면한 문제는 공급업체 선정과 관련한 평가기준이 4가지이므로 다기준 의사결정문제에 해당한다.

이 문제의 의사결정에서 고려되어야 할 사항은 무엇일까?

가장 먼저 복잡하게 보이는 문제에 대해 의사결정을 체계적으로 수행하기 위한 계층 구조를 설정하는 일이다. 즉 의사결정의 목표와, 목표를 달성하기 위한 4가지 결정 기준들에 대한 계층 구조 설정, 그리고 기준에 따른 대안들(세 업체)을 배치, 설정하는 일이다.

두 번째는 최종 결정을 위해 설정한 기준들의 상대적 중요도를 평가하는 일이다.

이는 결정 대안들을 평가하기 위해 반드시 필요한 일이다. ① 품질, ② 납기,

③ 고객만족, ④ 계약질서유지 기준들 간의 상대적 중요도를 알 수 있다면 평가가 훨씬 쉽게 이루어질 것이다.

그리고 세 번째는 의사결정 기준들에 따라서 업체(대안) 간의 우열을 판단하여야 한다. ① 품질, ② 납기, ③ 고객만족, ④ 계약질서유지 각 기준 하에서 A, B, C의 공급업체를 평가하여야 한다. 특정 기준 하에 각 대안들 간의 평가는 객관적인 자료로 수집할 수 있겠지만, 주관적 판단에 의존해야 하는 경우도 많이 존재한다.

그리고 마지막으로, 각 기준 하에 평가된 각 업체 간의 평가 결과를 어떻게 종합할 것인가가 중요한 이슈가 된다. 예를 들어, 품질부분에서는 A 업체가 B, C 업체보다 높은 점수를 받았지만, 납기부분에서는 C 업체가 가장 좋을 수 있다. 이럴 경우, 가장 단순한 방법으로는 A, B, C 업체가 각 기준별로 획득한 평가결과를 단순히 합하여 평가할 수도 있지만, 사전에 설정된 결정 기준의 가중치로, 각 업체가 각 기준 하에서 획득한 평가 결과를 가중평균으로 종합하여 점수화할 수 있을 것이다.

AHP 기법은 이러한 다기준 의사결정 문제를 계층화하여 주관적인 평가 내용을 정리하고, 좀 더 객관적이고 체계적인 결과를 얻을 수 있는 일반적인 해법을 제공한다. 특히, 각 의사결정 기준 하에서 각 대안들에 대한 주관적인 판단 및 의사결정 기준들의 상대적인 중요도에 대한 주관적인 판단을 쌍대비교(pairwise comparison)를 통해 보다 합리적으로 평가할 수 있도록 도와준다.

2 조직의 기술(또는 경영) 효율성 측정과 비교

(1) 기술(또는 경영) 효율성 개념: Single Stage DEA 모형

경영 또는 기술 효율성(efficiency)은 수식 (1)에 있듯이 특정 조직과 관련하여 투입 요소 사용량에 대한 산출물 수량의 비율을 나타낸다(Fare and Grosskopf, 1994; 김기성, 2011).

$$\text{효율성} = \frac{\text{산출물의 수량}}{\text{투입요소의 사용량}} \tag{1}$$

단일한 투입 요소와 단일한 산출 수량이라면 효율성의 계산은 간단할 수 있겠지만, 대부분의 조직은 다수의 투입 요소를 사용하며 또한 다수의 산출물을 생산하게 된다.

[그림 2-3] single stage 모형

이러한 다수투입·다수산출에 대한 Single Stage DEA 모형([그림 2-3] 참조)의 효율성을 계산하려면 다수의 투입 요소에 가중치를 적용하여 총계한 가중투입(aggregated input)과 다수의 산출물에 가중치를 적용하여 총계한 가중산출(aggregated output)을 계산하는 과정이 필요하며, 수식으로 표현하면, 수식 (2)와 수식 (3)으로 표현할 수 있다.

$$\text{효율성} = \frac{\text{산출물의 가중합}}{\text{투입요소의 가중합}} = \frac{u_1y_1 + u_2y_2 + \cdots + u_sy_s}{v_1x_1 + v_2x_2 + \cdots + v_mx_m} \tag{2}$$

for x_i : 투입요소 i의 값, y_r : 산출요소 r의 값, u_r, v_i : 가중치

$$\text{한 조직단위의 효율성} = \frac{u_1y_1 + u_2y_2 + \cdots + u_sy_s}{v_1x_1 + v_2x_2 + \cdots + v_mx_m} = \frac{\sum_{r=1}^{s} u_ry_r}{\sum_{i=1}^{m} v_ix_i} \tag{3}$$

for x_i : 투입요소 i의 값, y_r : 산출요소 r의 값, u_r, v_i : 가중치

위의 수식에서 x_i는 투입 요소 i의 값이며, y_r는 산출 요소 r의 값을 나타내고, u_r, v_i는 투입 및 산출 요소의 가중치를 나타내며, 전체 수식은 한 개의 조직 또는 DMU에 대한 효율성(기술 효율성)을 계산한 것이다.

(2) DEA 모형의 장, 단점과 판별력

DEA는 선형계획모형을 사용하여 표본전체집합을 대상으로 효율성을 상대적으로 측정하는 비모수적 접근방법(non-parametric approach)으로, 다수의 투입 요소와 산출 요소가 있어 상호비교가 어려운 DMU들의 상대적 효율성을 측정하는 모형이다. DEA에서는 투입 요소와 산출 요소에 관한 자료가 주어진 상태에서 각 DMU의 상대적 효율성을 측정하기 위해 투입/산출 요소별 가중치를 계산하게 된다(양동현, 2010).

DEA 효율성 평가를 위해 제시되는 투입 요소에는 전통적인 경제 투입요소인 자본, 노동 차원의 요소가 주로 고려되어 왔으며, 최근에는 기술 차원의 요소도 고려하여 포함되고 있는 상황이다. 한편 산출 요소에는 성과 관련 요소들이 제시되고 있는데, 측정하고자 하는 효율성의 특성에 따라 다르게 나타나고 있음을 명심하여야 한다. 따라서 DEA 효율성 평가에서 가장 중시되어야 할 것은 평가하고자 하는 DEA 특성에 알맞은 투입 요소와 산출 요소를 적절하게 제시하여야 한다는 것이다. 그렇게 하여야 효율성 측정의 의미를 찾을 수 있는 것이다.

예를 들어, 국내 기술혁신 효율성 관련 연구에서의 투입/산출 요소는 [표 2-2]와 같이 나타나고 있다.

분류하면 대개 노동(종업원수 석사비율, 연구 인력, 종업원 수, 인건비 등) 관련 요소와 자본 관련 요소(연구개발비, 유형자산, 혁신 비용, 재료비 등)가 투입 요소로 제시되었고, 산출 요소로는 성과 변수에 해당하는 특허출원 수, 혁신 건수, 기술이전액, 등록 논문, 매출액, 비용절감액 등이 제시되고 있다.

한편 해외 호텔 효율성 DEA 연구에서도 역시, 투입 요소로는 자본 관련 요소인 객실 수, 예약률, 식음료 객장 면적, 재산 장부가액 등이 제시되고 있으며,

[표 2-2] 국내 기술혁신효율성 연구의 투입/산출 요소(2009년 이후)

연구자	연도	투입요소	산출요소	단계
최정인 외	2009	종업원 수 석사비율, R&D 비용, 혁신비용	제품혁신, 공정혁신, 출원특허, 특허등록률, 지재권등록	1단계
한동성 · 신민철	2010	총자산, 인건비, 재료비	매출액	1단계
서용윤 · 김문수	2011	연구인력, 투자규모	신제품개발혁신, 제품개발혁신, 공정혁신, 제품특허, 공정특허	1단계
최석봉 · 하귀룡	2013	종업원 수, 연구개발비, 비유동자산(고정자산)	매출액	1단계
전이진 · 이학연	2015	연구비, 연구인력	출원/등록특허, SCI/비SCI 등록 논문 기술이전액, 매출액, 비용절감액	2단계
조성택	2016	연구개발인력, 연구개발비	국내특허출원수, 해외특허출원수, SCI논문 게재수	1단계
윤상흠 외	2017	연구인력, 유형자산, 연구개발비	당기순이익, 특허출원수	1단계

노동 요소인 종업원 수 등이 제시되었다. 한편 성과변수에는 객실 수익, 식음료 객장 수익, 객실 점유율 등이 제시되고 있음을 알 수 있다([표 2-3] 참조).

이렇게 평가 대상인 DMU의 특성에 적절한 투입 요소와 산출 요소를 추출하여 효율성을 측정함으로써 보다 현실성 있는 효율성 평가가 이루어질 수 있을 것이다.

DEA 효율성 측정에서는 다른 기법과는 비교하여 세 가지의 장점이 있다.

첫째, 비모수 접근법이라는 측면에서 모수 접근법에서와 같이 특정함수를 가정하지 않아도 된다는 것이 매우 큰 장점이 된다. 특정 함수를 가정하지 않아도 된다는 것은 평가항목들의 가중치에 대한 사전정보가 필요하지 않다는 것을 의미한다. DEA는 모형 최적화 과정에서 가중치를 산출하기 때문이다.

둘째는 투입 및 산출 요소들의 측정단위가 각기 다른 경우에도 적용가능하다. 그리고 세 번째 장점은 분석결과, 효율 DMU와 비효율 DMU를 구분하게 되는데, 비효율 DMU가 효율 frontier, 즉 효율 DMU 집단군으로 나아가기 위해 벤치마킹

[표 2-3] 해외 호텔 DEA 연구의 투입/산출 요소(2010년 이후)

연구자	연도	투입요소	산출요소
Chen et al.	2010	No. of guest rooms; employees; floor space of catering division	F&B revenues; rooms revenues; other revenues
Hsieh and Lin	2010	Accommodation costs, number of employees of the accommodation department, catering cost, employees of the catering department, rooms, catering floors	Accommodation revenue, catering revenue
Hsieh et al.	2010	No. of rooms, number of employees, facilities expenses, management expenses	Occupied room rate, total revenue
Chen	2011	Employees, surface area of floors, guest rooms, operating expenses, depreciation expenses	No. of guests, occupancy rate, guest satisfaction index, room revenue, other revenue
Yen and Othman	2011	Room nights available, number of employees, book value of the property, total operating expenses, non-operating expenses, F&B costs	No. of room nights occupied, number of guests; average occupancy rate, operating revenues, other revenues, F&B revenues
Honma and Hu	2012	No. of employees, number of temporary staff, number of seats in restaurants and bars, number of rooms	Real revenue
Ashrafi et al.	2013	Standard average room rate, total international visitor arrivals, GDP	Hotel room revenue, hotel F&B revenue, occupancy rate, gross lettings
Manasakis et al.	2013	No. of employees, number of beds, total operational cost	Total revenues, total number of nights spent

할 준거집단(reference group or peers)을 알 수 있고, 더불어 비효율의 정도와 원인을 대략적으로 파악할 수 있다는 것이 매우 중요한 장점에 해당한다.

반면 DEA 기법의 한계도 있다. 먼저, DEA에 의한 효율성 측정은 평가대상 DMU간 상대적 개념이기에 DMU도 동질하여야 하며, 동시에 DMU를 평가하기 위한 투입 요소와 산출 요소 역시 동질성이 전제되어야 한다.

두 번째 한계는 내부 변환 과정을 전혀 알 수 없는 Black Box라는 점이다([그림 2-4] 참조). 내부 구조에 대해서는 알 수 없다는 전제하에서, 투입량과 산출량으로 효율성을 측정한다는 점에서 한계가 있다.

[그림 2-4] DEA Black Box 특성

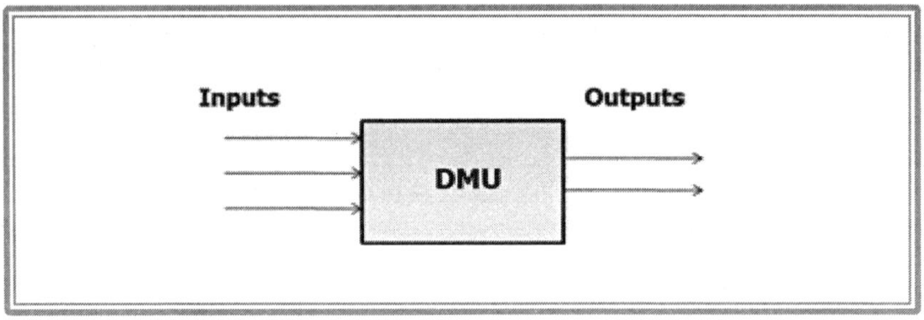

최근에는 의사결정 단위(DMU)의 하위 단위나 프로세스를 제시하여, DMU 내부 구조에 대한 정보를 통하여 효율성에 대한 통찰력을 더욱 높일 수 있도록 연구가 진행되고 있다. 말하자면 과거의 One-Stage 모형에서 DMU 내부의 업무 처리 프로세스나 하위 업무, 구성요소 등 내부 구조를 체계적으로 제시하는 Two-Stage 모형, 나아가서 Multi-Stage 모형으로 확장되고 있는 추세이다([그림 2-5] 참조).

[그림 2-5] Multi-Stage

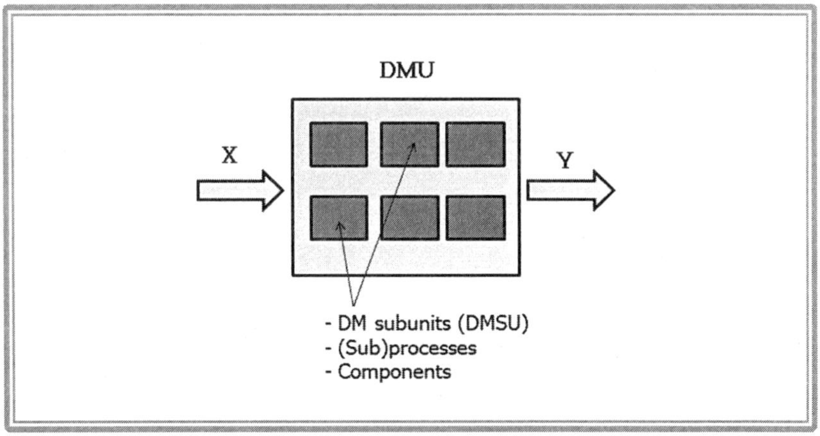

세 번째 한계로, 투입 요소 및 산출 요소의 수를 많이 반영하여 효율성을 측정할 경우 효율성 값은 왜곡될 가능성이 커진다.

경영효율성을 평가하기 위해 고안된 DEA 모형에 투입 요소와 산출 요소의 수가 많아지게 되면, 효율성 평가에 문제가 발생하게 된다. 즉, 투입 요소 및 산출 요소의 수를 많이 반영하여 효율성을 측정할 경우 효율성 값은 왜곡될 가능성이 커진다. 실제 DEA 모형 분석에 있어서도 문제가 발생한다. 즉, 평가할 DMU의 수가 투입 요소와 산출 요소의 수에 비해 지나치게 작은 경우에는 모든 DMU의 효율성이 1로 도출되어 평가대상 DMU 모두가 효율적이라고 평가될 가능성이 나타난다.

투입 및 산출 변수의 수가 늘어날수록 DEA 모형의 판별력은 낮아지고, 반면 평가하고자 하는 DMU 수가 많을수록 DEA 모형의 판별력은 높아진다(Banker et al., 1986; 김기성, 2011). 그러므로 DEA 모형 판별력을 높이기 위해서 변수의 수는 가급적 줄이고, 평가 대상인 DMU의 수는 늘이는 방향으로 모형을 설정해야 한다. 그러나 현실의 상황에서는 항상 이상적인 형태를 유지할 수 없다. 그래서 제한된 DMU에 대해서는 변수의 수를 줄여야 하는 문제에 봉착하게 된다. 따라서 자료의 안정성을 확보하기 위해서는 평가대상인 DMU의 수와 투입 요소와 산출 요소로 선정되는 요소의 수가 조심스럽게 설정되어야 한다.

Banker et al.(1986)은 DMU의 수가 투입변수 수×산출 변수 수의 3배 이상 되어야 한다고 하였으며, Boussofiane et al.(1991)은 평가대상인 DMU의 수가 투입 요소의 수와 산출 요소 수의 곱보다 2배 이상 커야 변별력이 있다고 주장하였고, Fitzsimmons and Fitzsimmons(1994)는 평가대상인 DMU의 수가 투입 요소의 수와 산출 요소 수의 합보다 2배 이상 커야 변별력이 있다고 하였다. 그러나 이들 연구 또한 분석에 이용한 자료의 성격이 다른 특정 상황에서 도출한 결론이므로 절대적인 기준이 존재하는 것은 아니다.

그러나 DEA 모형을 실제로 적용한 대다수의 많은 연구들은 DMU의 수가 투입 요소의 수와 산출 요소 수의 합보다 2배 이상 커야 변별력이 있다는 Fitzsimmons and Fitzsimmons(1994)의 견해를 사용하고 있다(이건남, 2009). 이 저서에서도 변별력을 유지하기 위해 Fitzsimmons and Fitzsimmons(1994)의 견해에 따라서 DMU의 수가 산출변수와 투입변수의 합보다 2배 이상 커야 한다는 기준을 최소기준으로 설정하여 판단하였다.

그리고 DEA 모형은 선형계획법에 의한 수리적 해결을 통해 단순히 DMU가 효율적인지 비효율적인지에 대한 정보만을 제공해 주기 때문에 때로는 현실을 잘 반영해 주지 못하는 경우가 충분히 발생할 수 있다. 이러한 DEA 모형의 변별력 문제를 해결하기 위하여 가중치가 가질 수 있는 값의 범위를 다양한 방법으로 제한할 수 있다(Roll and Golany, 1993). 한 방법은 Thompson et al.(1990)에 의해 개발된 AR(assurance region)모형이며, 다른 방법은 Jyoti et al.(2008)이 제안한 DEA-AHP 통합기법이다.

AR 모형은 DEA 모형의 변별력을 높일 수 있을 뿐만 아니라 가중치의 범위를 설정함에 있어서 AHP기법 등에 의한 전문가의 견해를 반영할 수 있는 장점이 있다. 가중치의 범위를 설정하는 방법은 DEA 선형계획모형에 가중치의 범위를 제한하는 제약식을 추가하는 것이다. 이 때 가중치의 범위는 AHP 설문에 참여한 개별 전문가가 판단하는 의사결정요소의 가중치(상대적 중요도 값 또는 우선순위)를 가지고 상한값과 하한값을 계산하여 반영하게 된다(김기성, 2011).

둘째, DEA 모형의 변별력을 높이는 또 다른 방법은 Jyoti et al.(2008)이 제안한 DEA-AHP 통합기법을 사용하는 것이다. 앞서 설명한 AR 모형이 가중치의 범위를 제약식에 추가하여 효율성을 분석하는 방법이라면, DEA-AHP 모형은 사전적으로 AHP에 의한 가중치를 활용하여 투입 및 산출 변수의 값을 변환한 후 DEA 모형에 반영한다는 차이가 있다. 우리는 Jyoti et al.(2008)이 제안한 DEA-AHP 통합기법을 적용한 사례를 제시하였다.

(3) 기술(또는 경영) 효율성 평가를 위한 DEA 모형

1) DEA 기본모형의 이해

앞에서 특정 DMU의 기술(또는 경영) 효율성(efficiency)은 다음의 수식 (3)으로 표현할 수 있다고 하였다.

$$\text{한 조직단위의 효율성} = \frac{u_1 y_1 + u_2 y_2 + \cdots + u_s y_s}{v_1 x_1 + v_2 x_2 + \cdots + v_m x_m} = \frac{\sum_{r=1}^{s} u_r y_r}{\sum_{i=1}^{m} v_i x_i} \tag{3}$$

for x_i : 투입요소 i의 값, y_r : 산출요소 r의 값, u_r, v_i : 가중치

위의 수식에서 x_i는 투입 요소 i의 값이며, y_r는 산출 요소 r의 값을 나타내고, u_r, v_i는 산출 및 투입 요소의 가중치이며, 전체 수식은 특정한 DMU에 대한 효율성을 계산한 것이다.

특정 DMU의 효율성을 목적함수로 하고, 투입과 산출의 효율성 제약을 도입함으로써, DEA 기본모형을 설정할 수 있다. 기본 DEA 모형은 한 개의 DMU가 아니라 여러 개의 DMU에 대한 상대적인 기술 효율성을 평가하는 모형이기 때문에 특정한 DMU k에 대한 효율성은 다음과 같이 나타낼 수 있다.

$$E_k = \frac{\sum_{r=1}^{s} u_r y_{rk}}{\sum_{i=1}^{m} v_i x_{ik}} = \frac{\text{산출요소가중합}}{\text{투입요소가중합}} \tag{4}$$

E_k : DMU_k의 효율성
u_r : 산출요소 r의 가중치
y_{rk} : DMU_k의 산출요소 r의 값
v_i : 투입요소 i의 가중치
x_{ik} : DMU_k의 투입요소 i의 값

Charnes et al.(1978)이 제시한 CCR(Charnes-Cooper-Rhodes) 모형은 규모 변화와 관계없이 일정한 효율이 계산되는 CRS(constant returns to scale) 가정하에 기술 효율성을 계산한다. 이후 Banker et al.(1984)은 BCC(Banker-Charnes-Cooper) 모형을 제시하여, 규모가 변하면 효율이 변하는 VRS(variable returns to scale)를 토대로 기술 효율성을 분리함으로써, 보다 체계적인 기술 효율성 검토가 가능해졌다(이홍배·이우광, 2013).

그리고 투입 요소와 산출 요소 중 어느 부분에 초점을 두는지에 따라 투입 지향(input oriented) 모형, 산출 지향(output oriented) 모형으로 구별된다. 투입/산출 지향의 구분은 CCR, BCC 모형의 쌍대 모형(dual equation)을 기준으로 분류, 구분한다. 원 모형(primal equation)으로 보면, 산출지향의 경우 현재의 산출 요소를 유지하기 위한 투입 요소를 최소화하는 데 있지만, 투입지향의 경우, 현재의 투입

요소를 유지하면서 산출 요소를 최대화하는데 있다(이우광, 2014; Johnes, 2004). 우리는 투입지향(input oriented) 모형을 전제로 분석하였다.

2) 투입지향 CCR-i 모형의 기술 효율성

모든 DMU에 대한 해당 비율이 1을 넘지 않는 제약 조건에서, 모든 DMU의 가중 투입 요소에 대한 가중 산출 요소의 비율이 최댓값이 될 때 효율적이라는 Charnes et al.(1978)의 효율성(efficiency) 정의에 따라, 제약 조건과 목적 함수식을 고려한 수식 (5)의 투입지향 CCR 비율 모형(Charnes et al., 1978)을 설정할 수 있다(김광수·이홍배, 2017).

$$\text{Max } E_k = \frac{\sum_{r=1}^{s} u_r y_{rk}}{\sum_{i=1}^{m} v_i x_{ik}} = \frac{\text{산출요소가중합}}{\text{투입요소가중합}} \tag{5}$$

s.t.

$$\frac{\sum_{r=1}^{s} u_r y_{rj}}{\sum_{i=1}^{m} v_i x_{ij}} \le 1, \quad \text{for } j = 1, 2, \ldots, n$$

$$u_r, v_i \ge 0, \quad \text{for } r = 1, 2, \ldots, s, \quad i = 1, 2, \ldots, m$$

E_k : DMU_k의 효율성
u_r : 산출요소 r의 가중치
y_{rk} : DMU_k의 산출요소 r의 값
y_{rj} : DMU_j의 산출요소 r의 값
v_i : 투입요소 i의 가중치
x_{ik} : DMU_k의 투입요소 i의 값
x_{ij} : DMU_j의 투입요소 i의 값

CCR 모형은 각 DMU별 투입 및 산출 자료가 주어진 상태에서 DMU별 효율성을 평가하기 위해 각 투입 및 산출 요소에 할당되는 가중치를 계산하는 최적화 모형이다. 즉 n개의 DMU에 대한 가중치를 계산하기 위해서는 n개의 CCR 모형이 필요하며 이에 대한 최적해를 구해야 한다.

다음에 제시한 수식 (6)은 k번째 DMU의 효율성을 평가하기 위한 CCR 승수모형으로, 목적함수는 DMU_k의 가중치를 토대로 계산한 DMU_k 자신의 총괄 투입 요소 가중합에 대한 총괄 산출 요소 가중합의 비율이자 DMU_k의 효율성인 E_k를 최대화하는 것이다.

CCR 비율모형을 CCR 승수모형으로부터 변환하는 방법에 따라 투입방향 CCR 승수모형과 산출방향 CCR 승수모형으로 구별된다. 즉 변환에 사용되는 변수가 투입변수인가 아니면 산출변수인가에 따라 투입방향 CCR 승수모형과 산출방향 CCR 승수모형으로 구별된다. 수식 (6)은 투입방향의 CCR 승수모형이다.

CCR 승수모형에서 DMU_k의 효율성 E_k는 제약조건에도 포함되며, $0 \le E_k \le 1$의 값을 갖는다. DMU_k의 효율성 E_k가 가질 수 있는 가장 큰 값이 1이므로, DMU_k가 가장 효율적인 상태에 있으면 $E_k = 1$이 되고, 비효율적인 상태에 있으면 $E_k < 1$이 된다. CCR 비율모형에서 DMU_k 효율성 E_k는 관찰된 투입 및 산출 자료의 단위에 독립적이기 때문에, 관찰된 투입 및 산출 자료 단위가 변하여도 달라지지 않는다.

$$\text{Max} \quad E_k = \sum_{r=1}^{s} u_r y_{rk} \tag{6}$$

s.t.

$$\sum_{i=1}^{m} v_i x_{ik} = 1$$

$$\sum_{r=1}^{s} u_r y_{rj} - \sum_{i=1}^{m} v_i x_{ij} \le 0, \ \text{for} \ j = 1,2,\ldots,n$$

$$u_r, v_i \ge 0, \ \text{for} \ r = 1,2,\ldots,s, \ i = 1,2,\ldots,m$$

투입방향 CCR 승수모형에서 $E_k = 1$이 되면, DMU_k는 효율적인 DMU로 평가하며, $E_k < 1$이면 비효율적인 DMU로 평가한다.

기본적으로 모든 선형계획법 문제는 쌍대모형(dual model)을 가진다. 일반적으로 선형계획법 문제의 경우 효율성을 찾기 위한 계산량은 변수의 수보다 제약조건식의 개수에 더 많은 영향을 받게 되는 특징이 있다. DEA 모형의 경우 제약조건식 개수는 DMU의 수에 의해 결정되고, 쌍대모형의 제약조건식 개수는 투입변수와 산출변수의 수에 의해 결정된다. 따라서 평가 대상으로서의 DMU가 많아지면 제약조건식의 개수가 늘어나면서 계산 효율성에 문제가 발생하게 된다. 따라서 평가 DMU가 많아지게 되면 원본의 선형계획모형의 쌍대모형을 사용하게 된다. 이럴 경우 원본 모형에 비해 제약식 개수가 훨씬 적게 되므로 계산 효율성 측면에서 좋다. 이러한 이유로 DEA 모형은 기본모형이 아닌 쌍대모형을 통해 DMU의 효율성을 측정하게 되는데 CCR 승수모형을 쌍대모형으로 변환한 모형을 CCR 포락모형이라고 한다(김수하, 2019). 이렇게 쌍대 모형을 포락 모형(envelopment model)이라 하며, 포락 모형(envelopment model)을 토대로 최적해를 찾아가는 방법이라 하여, 이 기법의 명칭이 DEA(Data Envelopment Analysis)로 불리고 있는 것이다.

3) 투입지향 BCC-i 모형의 순수 기술 효율성과 규모 효율성

CCR-i 모형에서 규모 변화에 따른 가변규모수익(VRS: variable return to scale)의 특성(실수 값인 u_0 항목)을 반영한 BCC-i 모형(수식 (7))으로 전환되며, 쌍대수리모형은 수식(8)이다(김환섭·이홍배, 2018).

BCC-i 모형에서는 CCR-i 모형에서 목적 함수식과 제약함수식에 실수 값인 u_0 항목을 추가하여 설정한다. BCC-i 모형을 통해 순수 기술 효율성이 평가되며, CCR-i 모형의 기술 효율성과 비교하여 규모 효율성을 얻을 수 있다(Banker et al., 1984).

$$\text{Max } E_k = \sum_{r=1}^{s} u_r y_{rk} - u_0$$

$$\text{s.t. } \sum_{i=1}^{m} v_i x_{ik} = 1 \tag{7}$$

$$\sum_{r=1}^{s} u_r y_{rj} - u_0 - \sum_{i=1}^{m} v_i x_{ij} \le 0, \text{ for } j$$

$$u_r, v_i \geq 0, \text{ for } r=1,2,...,s, \ \ i=1,2,...,m, \ u_0\text{는 실수}$$

$$\text{Min } \theta_k$$

$$\text{s.t. } \theta_k x_{ik} - \sum_{j=1}^{n} \lambda_j x_{ij} \geq 0, \text{ for } i=1,2,...,m \tag{8}$$

$$y_{rk} - \sum_{j=1}^{n} \lambda_j y_{rj} \leq 0, \text{ for } r=1,2, \cdots, s$$

$$\sum_{j=1}^{n} \lambda_j = 1$$

$$\lambda_j \geq 0, \text{ for } j=1,2,...,n$$

추가되는 실수 u_0는 DMU들의 규모수익효과를 측정하는 척도인 RTS(returns to scale) 값이 되며, $u_0 < 0$이면 규모수익체증으로 규모의 경제성(increasing returns to scale, IRS)이 나타난다고 하고, $u_0 = 0$이면 규모수익불변(constant returns to scale, CRS)이며, $u_0 > 0$이면 규모수익체감으로 규모의 비경제성 효과(decreasing returns to scale: DRS)가 나타난다고 평가한다(Banker et al., 2004).

4) 비방사형(non-radial) SBM 모형의 혼합 효율성

CCR, BCC 등의 방사형 모형과 다르게 효율성 값에 여분(slack)을 반영하는 비방사형 모형은 Tone(2001)이 제안한 SBM(slacks-based measure) DEA 모형이다(김광수·이홍배, 2017).

n개 DMU $j\,(j=1, 2, \cdots, n)$, m개 투입 요소 $x_{ij}(i=1, 2, \cdots, m)$, s개의 산출 요소 $y_{rj}(r=1, 2, \cdots, s)$를 전제로, 특정 DMU $k[k \in 1, 2, \cdots, n]$ 효율성은 CRS-i-SBM 효율성(수식 (9))와 VRS-i-SBM 효율성이 된다(소순후, 2011; 김병철, 2011; 표지연, 2019).

$$\text{Min } \theta_k - \epsilon \sum_{r=1}^{s} s_r - \epsilon \sum_{i=1}^{m} s_i \tag{9}$$

$$\text{s.t. } \theta_k x_{ik} - \sum_{j=1}^{n} \lambda_j x_{ij} - s_i = 0\,, \text{ for } i = 1,2,\cdots,m$$

$$y_{rk} - \sum_{j=1}^{n} \lambda_j y_{rj} + s_r = 0, \quad \text{for } r = 1,2,\cdots,s$$

$$\sum_{j=1}^{n} \lambda_j = 1 \text{ (VRS-i-SBM 모형의 경우 제약 조건 추가)}$$

$$\lambda_j,\ s_i,\ s_r\ \geq 0, \qquad \text{for } j, i, r$$

θ_k: 프로젝트 효율성
s_i: 투입 요소 여분 벡터, s_r: 산출 요소 여분 벡터
x_{ik}: DMU k 투입 요소 i 값, y_{rk}: DMU k 산출 요소 r 값
m: 투입 변수 수, λ: 가중치 벡터

SBM 효율성은 CCR 효율성에 여분(slack) 값을 고려한 효율성이므로 SBM 효율성 값$\leq\theta^*$(CCR 효율성 값)라는 관계를 가지게 되는데, SBM 효율성 값$=\theta^*$일 경우 여분(slack)이 존재하지 않음을 나타내고, SBM 효율성 값$<\theta^*$일 경우 효율적인 DMU 간의 투입 비율이 다른 혼합 비효율성이 존재함을 나타낸다(김환섭·이홍배, 2018).

따라서 효율적인 DMU 간의 적정 투입 비율에 따른 DMU 혼합 효율성(MIX)은 (SBM 효율성 값)/θ^*의 비율로 구할 수 있고, 여기서 MIX 값이 0과 1 사이 값을 가지면 투입 요소의 여분이 존재하며, 투입 비율이 다른 비효율성이 존재하지만, MIX의 값이 1일 때 투입 요소에서 여분이 0임을 나타내며 투입 요소 비율이 적절함을 나타낸다(김병철, 2011).

SBM 모형을 통해 얻은 효율성을 분해하여 분석하면 비효율성의 원인이 순수기술효율성(PTE)에 의한 것인지 규모의 효율성(SE)에 의한 것인지 아니면 혼합 효율성(MIX)인지 확인할 수 있다(김병철, 2011).

5) Two Stage Network DEA 모형

DEA 모형은 가중치를 반영한 총괄투입물과 총괄산출물을 이용하여 상대 효율성을 측정하며, 이는 각 분석대상이 black box라 불리는 생산 과정을 통해 투

입물을 산출물로 변환한다는 가정에 근거를 두고 있다(김환섭·이홍배, 2018).

DEA 기법에서는 총괄투입량이 어떠한 과정을 거쳐 총괄산출물로 변환되는지를 모르기 때문에 이 과정을 생산 조직의 black box라고 한다(박이숙·고대영 2017). 이런 이유로 DEA 모형은 복잡한 생산 과정을 가지는 분석대상에는 적용하기가 어려우며, 생산 과정 내부에서 이루어지는 연계 과정을 고려하지 못하는 단점이 있다(한진석, 2010; 김환섭·이홍배, 2018).

그래서 활동 전반에 걸친 효율성을 two stage 이상의 하위 프로세스(subprocess)로 분할하여 효율성을 평가하는 연구가 진행되었고, 프로젝트 내부 Process에 존재하는 독립 요소들을 분리하고, 이들이 어떠한 연계 과정을 거쳐서 성과로 나타나는지 규명하기 위해 two stage DEA 모형을 이용하였다. 이때 노드와 링크의 개념을 추가한 network DEA 모형을 고려하게 된다(김환섭·이홍배, 2018).

Tone and Tsutsui(2009)는 방사형 network DEA 한계점을 보완하기 위해 투입요소와 산출 요소의 여유분을 기반으로 효율성을 찾는 모형으로써 NSBM 모형을 제안하였다(박이숙·고대영, 2017). 만약 $j(j=1,2,\cdots,n)$개의 DMU가 $k(k=1,2,\cdots,K)$개의 프로세스를 거쳐서 최종 산출물을 생산한다고 가정할 때, 특정 DMUj의 효율성을 산출하기 위한 NSBM 모형은 수식 (10)과 같다(Tone and Tsutsui, 2009).

$$\theta_o = \min \sum_{k=1}^{K} w^k \theta_k \tag{10}$$

$$\text{s.t.} \quad \theta_k = 1 - \frac{1}{m_k}\left(\sum_{i=1}^{m_k} \frac{s_{io}^{k-}}{x_{io}^{k}}\right)$$

$$y^k \leq \sum_{j=i}^{n} y_j^k \lambda_j^k, \text{ for } k = 1,2,\ldots,K$$

$$z^{(k,h)} = \sum_{j=1}^{n} \lambda_j^h z_j^{(k,h)}, \quad \text{for } (k,h) \text{ (h로 투입)}$$

$$z^{(k,h)} = \sum_{j=1}^{n} \lambda_j^h z_j^{(k,h)}, \quad \text{for } (k,h) \text{ (k에서 산출)}$$

$$\sum_{j=1}^{n}\lambda^{k_j}=1,\quad \lambda^{k_j}\geq 0,\quad \text{for } k,j$$

$$\lambda_j, w^k \geq \epsilon,\ \text{for } k=1,2,\ldots,K,\ j=1,2,\ldots,n$$

여기에서 θ_o는 DMU_j의 전체 산출 효율성을 말하며, $\theta_o = 1$이면 DMU_j는 전체 입장에서 효율성이 있는 것으로 판단한다.

비효율성의 특성을 보다 구체적으로 파악하기 위해 Tone and Tsutsui(2009)의 비방사형 투입지향 NSBM(network slacks-based measure) 모형을 이용할 수도 있다(김광수·이홍배, 2017). network DEA 모형에서는 이전 프로세스에서 생산한 산출물이 다음 프로세스에서는 투입물로 사용될 수 있으며 이것을 중간 산출물이라고 한다(박이숙·고대영, 2017).

두 번째 프로세스에서는 앞선 stage의 중간 산출물을 투입하여 최종 산출물을 생산하며, 프로세스 k와 프로세스 h 사이를 연결하는 연결고리로 DMU_j로 투입되는 연결 산출물을 매개변수(intermediate)라 하고 $Z_j^{(k,h)}$로 표현한다(박이숙·고대영, 2017)(수식 (11) 참조). 매개변수의 연결 흐름이 선형계획법의 최적해 안에서 증가 또는 감소하는 것을 감안하여, free link value나 fixed link value의 제약을 사용한다.

$$\begin{aligned} & Z^{(k,h)}\lambda^h = Z^{(k,h)}\lambda^k \qquad \text{for } k,\ h \\ & \sum_{k=1}^{K} W^k = 1 \\ & W^k, \lambda^k, s^{k+}, s^{k-1} \geq 0 \qquad \text{for } k \end{aligned} \tag{11}$$

여기에서 $Z^{(k,h)}\lambda^h$는 프로세스 h에서의 DMU_j의 산출물이며, 이것은 다시 프로세스 $k(Z^{(k,h)}\lambda^k)$의 투입물이 됨을 의미한다(박이숙·고대영, 2017).

그리고 $\sum_{k=1}^{K} W^k = 1,\ W^k \geq 0\,(\forall\, k)$, w^k는 프로세스 k의 상대적인 가중치며, 상대적인 가중치 프로세스 k는 중요도에 따라서 정해진다(유금록, 2008).

(4) DEA 기본 모형의 한계와 순위 판별을 위한 확장 모형

1) DEA 기본모형의 순위 판별 한계와 확장 모형 연구

DEA는 다수의 투입요소를 사용하여 다수의 산출물이 생산되는 복잡한 생산구조에서 유사한 투입/산출물을 갖는 단위끼리 비교하여 상대적인 효율성을 측정해 주고, 임의의 가중치를 정하지 않고도 투입과 산출의 당초 단위를 그대로 사용할 수 있다는 장점이 있어 비영리조직을 중심으로 조직의 상대적 효율성 평가에 많이 활용되었다(Zhu, 2002).

DEA가 상대적 효율성의 측정에 관한 우수성에도 불구하고 주요한 단점이 나타났다. 하나는 절대적 효율성을 측정하지 못하는 점이다. 다른 하나는 평가 대상 DMU 각각에게 가장 유리한 가중치를 적용해서 효율성을 계산함으로써 복수의 DMU를 효율적으로 판정할 수 없다는 점이다(임성묵, 2008).

특히 다른 DMU들이 설정한 가중치를 반영한 효율성 값은 대부분 매우 낮으면서도 유독 평가대상 DMU에게 가장 유리한 가중치를 적용한 경우에만 효율적으로 판정하는 Maverick DMU의 문제가 단점으로 지적된다(Doyle and Green, 1994). 즉, 기본 DEA의 선형모형은 완전 가중치 유연성(complete weight flexibility)이 가능하도록 하는데, 이는 특정 DMU로 하여금 자신이 효율적으로 판정되도록 극단적으로 비현실적인 가중치를 설계하게 한다(이정호, 2010). 특정 DMU는 몇몇 강점을 가지는 특정 산출변수 및 투입변수를 고평가하고 그 외의 산출변수와 투입변수 경우는 완전히 무시함으로써 상대적 효율성 점수 1을 획득하여 실제로는 비효율적이지만, 효율적인 DMU가 될 수 있다(Roll et al., 1991).

이와 같은 형태의 DMU는 몇몇 산출변수 및 투입변수의 측면에서는 효율적이라고 판별되지만, 전체적으로 실제적으로는 효율적인 성과를 나타내었다고 보기 어렵다. 따라서 DEA 기본 모형의 효율성 점수만을 이용하여 단순하게 DMU들의 성과를 분석하는 것으로 충분하다고 할 수 없기 때문에, 앞의 선행연구의 문제점을 해결하기 위해 DEA 기본 모형을 확장하는 여러 가지 선행 연구들이 진행되어 왔다(Sexton et al., 1986; Andersen and Peterson, 1993; Doyle and Green, 1994).

특히 다수의 효율적 DMU 간의 차이를 판별하기 위하여 그들 간의 우선순위(ranking)를 제공할 수 있는 연구들이었다(Sexton et al., 1986; Andersen and Peterson, 1993; Doyle and Green, 1993, 1994; Stewart, 1994; Tofallis, 1996; Seiford and Zhu, 1999; Zhu, 2001; Tone, 2002).

그중에서 Sexton et al.(1986)은 교차효율성의 장점을 고려하여 교차효율성을 산정하기 위한 교차평가행렬(cross-evaluation matrix) 개발함으로써 순위 문제를 해결하려 하였다.

한편 Anderson and Peterson(1993)은 효율성 ≤ 1 제약의 한계를 완화한 초효율성 방법(super-efficiency method)을 제시하였다. 초효율성 방법은 DMU 간의 순위를 설정하는데 매우 유용하였다. 이렇게 초효율성 방법으로 초효율성점수를 부여할 수 있었지만, 자료에 따라서 실행불가능해가 발생할 가능성이 있다는 단점이 나타나게 되었다. 이후 이를 해결하기 위한 방법으로 여분기반의 초효율성 모형(super-SBM)이 제시되는 등 다양한 방법들이 제안되어 왔다.

이 저서에서는 초효율성 점수는 수리 모형에 대한 설명보다는 R 언어, 전문적인 패키지인 DEA-solver 등으로 살펴보고자 하며, 교차효율성 모형을 설명한다.

2) 교차효율성 모형

교차효율성 모형은 기본 DEA 모형의 효율성 평가에 나타난 문제점인 비현실적 가중치에 의한 나타날 극단적인 영향을 줄이고, 보수적인 관점에서 효율성을 측정함으로써 상대적으로 공평성을 고려한 장점이 있다고 Sexton et al.(1986)의 연구에서 제시되었다.

교차효율성 모형은 DMU의 순위를 평가하기 위한 DEA 확장 모형으로 DEA 판별력을 높이고, 보다 현실적인 가중치를 적용하기 위해 Sexton et al.(1986)에 의해 개발되었으며, Doyle and Green(1994)에 의해 발전되었다.

DEA 기본 모형에서 다수의 DMU를 효율적이라고 판정하는 것은 개별 DMU 각각에 가장 유리한 최적 가중치를 적용하기 때문이다.

이 문제를 해결하기 위해 제시된 교차효율성 모형은 식 (12)에서 정의되는

E_{dd}값을 토대로 한다. 여기서 u_{rd}와 v_{id}는 DMU_d의 효율성 값을 산정하기 위해 나타나는 최적가중치이다.

$$\text{Max } E_{dd} = \frac{\sum_{r=1}^{s} u_{rd} y_{rd}}{\sum_{i=1}^{m} v_{id} x_{id}}$$

s.t.

$$E_{dj} = \frac{\sum_{r=1}^{s} u_{rd} y_{rj}}{\sum_{i=1}^{m} v_{id} x_{ij}} \leq 1, \quad \text{for } j = 1, 2, \ldots, n \tag{12}$$

$$u_{rd}, v_{id} \geq 0, \quad \text{for } r = 1, 2, \ldots, s, \quad i = 1, 2, \ldots, m$$

r번째 출력요소, i번째 입력요소

그리고 E_{dj}는 DMU_d에게 유리한 최적 가중치를 적용했을 경우, DMU_j의 교차효율성 값 계산을 위해 다음의 산식 (13)을 이용한다.

$$E_{dj} = \frac{\sum_{r=1}^{s} u_{rd}^{*} y_{rj}}{\sum_{i=1}^{m} v_{id}^{*} x_{ij}} \leq 1, \quad \text{for } d, j = 1, 2, \ldots, n \tag{13}$$

DMU_j 교차효율성 값은 다음 수식 (14)와 같이 모든 E_{dj} 값의 평균을 계산하여 얻게 된다.

$$\overline{E}_j = \frac{1}{n} \sum_{d=1}^{n} E_{dj} \tag{14}$$

교차효율분석의 의미는 우선 효율성 있는 DMU의 차별화, 즉 순위 선정이 가능하고, 둘째로 투입물과 산출물에 대한 비현실적인 가중치를 제거하고 상대 가중치를 반영하여, 보다 객관적인 효율값을 계산할 수 있다는 점이다(김재희, 2009).

즉, 교차효율성 모형을 이용한 순위선정은 다음 [표 2-4]의 교차효율행렬에서 보듯이 다른 DMU의 최적 가중치로 평가하는 과정이 추가되어 일반적인 DEA 점수보다 객관성을 갖는다고 볼 수 있다.

[표 2-4] **교차효율성 행렬**(Doyle and Green, 1994)

구분	평가되는 DMU				
최적 가중치 적용 기준이 되는 DMU	DMU	1	2	j	n
	1	E_{11}	E_{12}	E_{1j}	E_{1n}
	2	E_{21}	E_{22}	E_{2j}	E_{2n}
	d	E_{d1}	E_{d2}	E_{dj}	E_{dn}
	n	E_{n1}	E_{n2}	E_{nj}	E_{nn}
	평균	$\overline{E}_1$	$\overline{E}_2$	$\overline{E}_j$	$\overline{E}_n$

비선형의 수식 (13)에 대해 Charnes and Cooper 변형을 행하면 다음의 선형모형 (15)로 변환하여 계산할 수 있다.

$$
\begin{aligned}
\text{Max} \quad & E_{dd} = \sum_{r=1}^{s} u_{rd} y_{rd} \\
\text{s.t.} \quad & \sum_{i=1}^{m} v_{id} x_{id} = 1 \\
& \sum_{r=1}^{s} u_{rd} y_{rj} - \sum_{i=1}^{m} v_{id} x_{ij} \leq 0, \ \text{for } j = 1,2,\ldots,n \\
& u_{rd}, v_{id} \geq 0, \ \text{for } r = 1,2,\ldots,s, \ \ i = 1,2,\ldots,m
\end{aligned}
\tag{15}
$$

이러한 평균 교차효율성이 여러 DMU를 평가하여 순위를 제시하는데 널리 사용되지만, Soleimani-damaneh and Zarepisheh(2009), Wu et al.(2009), 박호 외(2012)는 교차효율성의 평균값을 이용하여 가중치를 설정한다는 것이 차선이 될 수 없음을 지적하였다.

특히 이들은 평균 개념을 배제하고, 정보의 확실성과 불확실성을 평가하고, 도출한 가중치로 평가기준 간의 중요도를 산정하여 DMU들의 종합 효율성을 제시하였다. 바로 Shannon(1948)이 제시한 정보량 측정을 통해 해결하고자 하였다.

3) Shannon entropy 결합 교차효율성 모형

Shannon(1948)에 의해 처음 도입된 정보 엔트로피(entropy)는 Shannon의 정보량을 의미하는 불확실성 측정치로, 정보의 양은 확률에 반비례하는 것으로 제시하였다. 정보 엔트로피 개념에 따르면, 특정 의사결정을 위해 요구되는 정보의 양이나 질은 의사결정의 정확성과 신뢰성을 결정하는 결정인자가 된다는 것이다. 엔트로피는 다른 의사결정 과정을 평가하는데 적용할 수 있으며, 자료에 의해 제공되는 유용한 정보 양을 측정하는 데에도 적용할 수 있다.

Shannon(1948)은 시스템의 불확실성 측정치인 정보 엔트로피는 다음 수식 (16)과 같이 제시하였다.

$$e = -\sum_{i=1}^{n} P_i \log P_i \quad \text{단 } 0 \le P_i \le 1, \sum_{i=1}^{n} P_i = 1 \tag{16}$$

정보 엔트로피 개념 특성에 따라, 엔트로피는 DMU를 평가하는 데에도 유용하게 사용할 수 있는데, m개의 대안과 n개의 평가기준에 의한 의사결정 행렬이 다음과 같다고 할 때, [표 1-3]의 교차효율성 행렬 특성을 고려하여, 대안과 평가기준 항목을 연계하면 다음과 같이 정리할 수 있다.

$$\begin{pmatrix} x_{11} & x_{12} & \cdots & x_{1n} \\ x_{21} & x_{22} & \cdots & x_{2n} \\ \cdots & \cdots & \cdots & \cdots \\ x_{m1} & x_{m2} & \cdots & x_{mn} \end{pmatrix} = \begin{pmatrix} E_{11} & E_{12} & \cdots & E_{1n} \\ E_{21} & E_{22} & \cdots & E_{2n} \\ \cdots & \cdots & \cdots & \cdots \\ E_{m1} & E_{m2} & \cdots & E_{mn} \end{pmatrix}^T$$

이러한 의사결정 행렬을 토대로 하여, 각 기준의 가중치를 결정하는 단계는 다음과 같다.

단계 1 : 근접도(closeness) d_{ij} 계산 : 가장 이상적인 효율성 값(최댓값)과 특정한 DMU 효율성 값 간의 근접도는 다음과 같이 정의한다.

$$d_{ij} = \frac{x_{ij}}{\max\{x_{i1}, x_{i2}, \cdots, x_{i,n}\}} \quad , d_{ij} \in [0,1], i = 1,2, \ldots, m; j = 1,2, \ldots, n \tag{17}$$

단계 2 : 각 기준의 엔트로피 및 최종 가중치 계산 : i번째 기준에 대한 엔트로피$e(d_i)$와 각 기준의 최종 가중치 θ_i는 다음과 같이 계산한다.

$$e(d_i) = -k\sum_{i=1}^{n} f_{ij}\ln f_{ij} \quad , f_{ij} = d_{ij}/\sum_{i=1}^{n} d_{ij}, \; k = 1/\ln n \tag{18}$$

$$\theta_i = \frac{1-e_i}{n-\sum_{i=1}^{n} e_i} \tag{19}$$

최종 가중치 θ_i는 해당 기준의 중요도를 나타낸다. 엔트로피 값이 작을수록 엔트로피 기준 가중치가 크게 나타나고, 특정 기준이 제시하는 정보도 많아지게 되고, 의사결정 과정에서 그 기준이 더 중요하게 나타난다.

단계 3 : 최종 교차효율성 계산 : 최종 가중치 θ_i를 통하여 각 DMU의 최종 교차효율성을 계산한다.

$$E_d = \sum_{i=1}^{n} \theta_i x_{ij} \tag{20}$$

정보 엔트로피(information entropy) 개념 특성에 따라, entropy로 DMU를 평가하는 데에 유용하지만, R 언어나 특정 패키지에서도 언급하고 있지 않기에, 이 저서에는 이후에 관련 박사 논문(박무완, 2016)을 소개하여 운용 방법을 간단하게 언급하고자 한다.

3 효율성 측정의 Two Stage DEA 모형

(1) Two Stage 기본 모형과 선행 연구

프로젝트 효율성 평가를 위해 제시된 기본 Two Stage 구조는 [그림 2-6]에 제시한 네트워크 모형이다. 기본 Two Stage 모형은 투입 요소인 X_i를 첫 단계에 투입하여 매개산출 요소 Z_g를 산출하며, 이 매개산출 요소는 두 번째 단계의 투입 요소가 되어 최종 산출 요소인 Y_r를 산출하는 Two Stage를 갖는다(김환섭·이홍배, 2018).

Wang et al.(1997)과 Seiford and Zhu(1999)가 금융기관 연구를 수행하면서 two stage 모형을 제시한 후, 이들 연구를 근간으로 포춘 500대 기업(Zhu, 2000), 10억불 이상의 재산을 보유한 미국 245개 은행(Luo, 2003), 14개 대만 금융지주회사(Lo and Lu, 2006, 2009), 미국 S&P 500대 기업(Lo, 2010), 대만의 IC fabless 기업 40개(Lu and Hung, 2009), 그리스의 19개 건설회사(Tsolas, 2013) 등의 연구들이 수행되었다.

비금융권의 Two Stage 모형 적용 연구들로, 28개 대만 IC 설계 기업의 R&D 발명 효율성과 시장성 평가 연구(Lu, 2009), 미국 13개 소매점 생산성 평가 연구(Keh and Chu, 2003), 대만 28개 온라인 주식중개업체의 운영 효율성과 효과 분석(Ho & Oh, 2008), 아시아 태평양 호텔 체인 내 49개 호텔의 시장과 서비스 효율성 평가 연구(Keh et al., 2006), 대만 11개 생명 보험회사의 운영 및 수익성 효

[그림 2-6] two stage 기본 모형

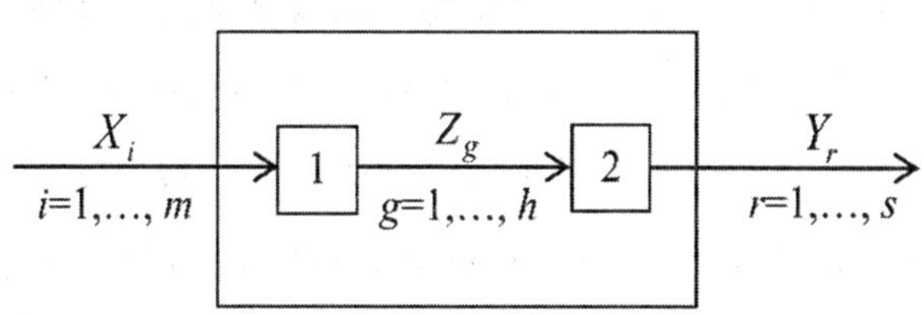

범례 : X_i : 투입 요소, Z_g : 매개산출 요소, Y_r : 최종 산출 요소

율성 분석(Tsai and Wang, 2010) 등의 연구들도 진행되었다(김환섭·이홍배, 2018).

이들의 효율성 연구는 대개 효율성을 측정하기 위해 CCR, BCC 모형들을 사용하였으며, super-efficiency 모형이 사용되기도 하였다(Kao, 2014). 각 DMU에 대해 Two Stage를 기반으로 진행되었다.

Kao(2014)는 Two Stage로 구성된 network의 하위 프로세스들을 어떻게 평가하느냐에 따라 효율성 평가가 달라진다고 하고, 하위 프로세스를 독립된 DMU로 파악하여 평가하는 Independent model, System distance measure model, Process distance measure model, Factor distance measure model, Slacks-based measure model, Ratio-form system efficiency model, Ratio-form process efficiency model, Game theoretic model, Value-based model 등의 9개 모형을 분류한 바 있다(김환섭·이홍배, 2018).

SBM 모형은 네트워크 시스템의 전체 시스템과 하위 프로세스의 효율성을 측정하기 위해 제안되었으며, 여분 변수는 관찰 DMU 수로 나누어 조정하게 된다(Tone and Tsutsui, 2009). SBM 모형 연구로 Fukuyama and Weber(2010), Akther et al.(2013)의 금융기관 연구가 있다.

(2) Two Stage 일반모형과 선행 연구

최근 연구 문헌들에서 Two Stage 일반모형과 더불어 변형된 Two Stage 모형들이 제시되고 있는데, Two Stage 일반 구조 모형([그림 2-7] 참조)에는 각 stage마다 외부 투입 요소와 산출 요소가 존재한다.

미 국방성의 사병 모집과 관련하여 Charnes et al.(1986)에 의해 네트워크 DEA 연구가 처음 진행되면서, 이후 금융기관(Soteriou and Zenios, 1999), 제조 기업(Abad et al., 2004), 공공기관(Simon et al., 2011) 등의 연구들로 확대되었다.

Soteriou and Zenios(1999)는 키프로스의 상업 은행 144 지점에 대해 운영과 마케팅 품질 효율성을 측정하였으며, Abad et al.(2004)은 1991∼1996년 기간 동안의 스페인 제조기업의 30개 주식에 Two Stage DEA를 적용하여 재무 자료와 기업 가치를 파악하려 하였다.

[그림 2-7] two stage 일반모형

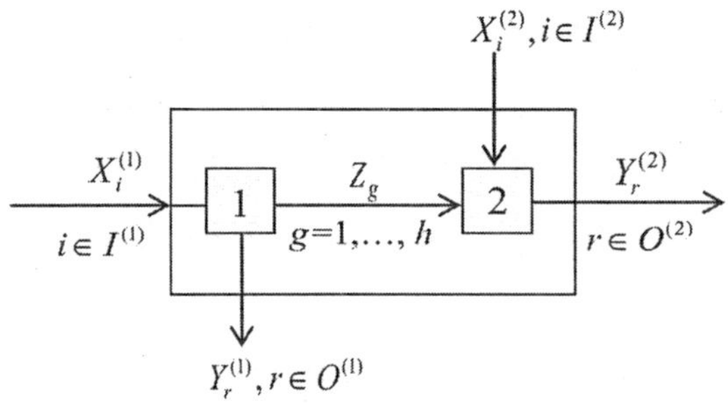

범례 : $X_i^{(1)}$:1단계 투입 요소, $Y_r^{(1)}$:1단계 산출 요소,

Z_g:매개 요소, $X_i^{(2)}$:2단계 투입 요소, $Y_r^{(2)}$:2단계 산출 요소

한편 Simon et al.(2011)는 MPI(malmquist production index)를 사용하여 34개의 스페인 대학 도서관의 생산성 성장을 분석하였다. 이들 역시 도서관 운영시스템을 두 개의 과정으로 나누어 분석하였다.

[그림 2-7]의 일반 모형은 Liang et al.(2006)의 물류 사슬 연구에서 사용되었으며, 공급자와 구매자를 각각의 프로세스로 파악하여, 협력관계가 나타날 때, 두 과정 평균 효율성을 극대화하는 통합 효율성 모형을 제시하였다. Bichou(2011)는 Liang et al.(2006)과 유사한 모형을 사용하여 컨테이너항의 운영 문제를 연구하였다(김환섭·이홍배, 2018). 그는 여러 나라의 10개 컨테이너 터미널, 70개의 터미널 연도 data를 바탕으로 공급망 사슬 효율성을 평가하였다.

한편, Guan and Chen(2010a)은 2002~2003년 동안의 중국 26개 지역 첨단기술 산업의 혁신 효율성을 비교, 평가하기 위해, network DEA 모형을 사용하였다. 이들은 R&D 효율성보다 사업화 효율성이 더 높게 나타나고 있음을 밝혔고, 전체 혁신 효율성은 사업화 효율성과 밀접한 관계가 있음을 제시하였다. Guan and Chen(2012a)은 국가 단위의 혁신 효율성을 평가하였는데, 30개 국가에 대해서 지식생성 과정과 지식 사업화 과정으로 나누어 효율성을 측정하였다. Cullmann et al.(2012)은 Two Stage DEA 모형을 이용하여 OECD 국가의 산업

혁신 효율성을 평가하였다.

Wang et al.(2013a, 2013b)은 2006~2007년 기간에서 65개 대만 첨단기술 사업체의 수익성 및 시장성 효율성을 추정, 평가하였다. 이들은 혁신 과정을 기본 생산 과정과 R&D 활동 결과(efforts) 과정으로 나누어 평가하였다. 또한 Wang et al.(2016)은 2009~2013년간 중국 38개 에너지기업에 대한 혁신 효율성을 평가하였다. 이들은 R&D 과정과 마케팅 과정으로 하위 프로세스를 구성하여 혁신 효율성을 측정하였다.

이외에도 two-stage DEA 모형을 적용하여, 상업은행 효율성 연구(Chiu et al., 2016), 보험회사 효율성 연구(Wanke and Barros, 2016), 산업계 효율성 연구(Bian et al., 2015) 등이 진행되어 왔다.

대다수의 Two Stage 일반모형 연구는 거시적인 차원에서 다루어졌고, 미시적인 기업 수준 연구 실적은 거의 없는 실정이다. 또한, 일반적일 때, 방사형 모형을 적용하였다. Wang et al.(2016)들이 비방사형 Two Stage 모형을 적용하였지만, 연구 실적이 거의 없는 상황이다.

이 저서에는 이후 주요 박사 논문을 통하여 Two Stage DEA 모형 적용 사례로 금융 부문(김광수, 2017), 호텔 부문(표지연, 2018), 제조업 혁신 부문(김환섭, 2018), 프로젝트 평가 부문(김수하, 2019)을 제시하고자 한다.

3

chapter

사례를 통한 One-Stage DEA 효율성 평가

1 효율성 측정을 위한 도구

DEA 해를 찾기 위한 도구로는 Excel을 활용한 해 찾기, 전문화된 패키지를 활용한 해 찾기, 그리고 R 언어 기반 프로그램 이용 해 찾기를 이행할 수 있다. 이 책에서는 DEA 해 찾기 과정에 대해 보다 제대로 이해하기 위해, 먼저 Excel을 활용한 해 찾기 방법을 설명하고, 운용하는 방법을 제시한다.

그리고 최근 데이터 기반의 R 언어 프로그램으로 해 찾기 운용 방법을 설명하며, 전문 패키지인 DEA-Solver 운용법도 설명한다.

무료로 사용할 수 있는 패키지로는 DEAP(Timothy Coelli, Coelli Economic Consulting Services), Win4DEAP(Michel Deslierres, University of Moncton), Efficiency Measurement System(Holger Scheel, University of Dortmund), DEA Solver Online(Andreas Kleine and Günter Winterholer, University of Hohenheim) 등이 있으며, R에서는 Benchmarking package(Peter Bogetoft, Copenhagen Business School, and Lars Otto,

University of Copenhagen)를 사용한다.

상업용 패키지로는 DEAFrontier(Joe Zhu, Worcester Polytechnic Institute), DEA-Solver PRO(Saitech, Inc.), PIM-DEA(Ali Emrouznejad, Aston Business School), 그리고 Frontier Analyst(Banxia Software Ltd) 등이 있다.

우리들은 전문화된 패키지로는 Saitech의 DEA-Solver를 이용하여 DEA 해를 찾는다. AHP의 경우는 전문화된 패키지 활용은 제외하고, Excel로 이용한 해 찾는 방법을 제시하고, 또한 R의 ahpsurvey package를 통해 AHP 해 찾기를 설명한다.

2 Excel을 통한 DEA 효율성 측정

(1) DEA 효율성 측정을 위한 사례

근래 인공지능 처리와 함께 크게 각광을 받고 있는 언어인 Python의 지향점이 Excel이라 알려질 정도로 Data Science에서 가장 중요하게 사용되고 있는 분석 도구는 Excel이다. Excel은 cell들의 관계이자 확장판이며, 데이터베이스 구축의 근간이 되기에, 각종 인공지능 처리 프로그램들의 궁극 목표가 Excel을 뛰어넘는 것이라 할 수 있다. 그래서 Excel을 이해하는 것은 매우 필요한 기초 습득 역량이라 할 수 있다.

이 저서에서 우리는 DEA 분석을 위해 먼저 Excel을 활용한다. Excel은 프로그램 언어보다는 수월하게 접근할 수 있는 앱이며, 수리 모형과 근접해 있어서, 모형의 이해에도 큰 도움이 되기 때문이다. 특히 DEA 분석과 관련하여, DEA 특성을 가장 잘 이해할 수 있도록 해준다. 이후에 제시할 R 언어 기반의 분석 역시, 투입할 Data를 Excel 데이터를 사용하고자 한다.

다만 Excel에서는 지루한 작업이 전개될 수 있어서, 다수의 대안을 검토하기 위해 매크로 기능을 제시한다. 이 저서에서 제공하는 매크로 기능은 현장에서 가장 간단하게 활용할 수 있어서, 큰 도움이 될 것으로 본다.

Excel을 통해, DEA의 가장 큰 특징인 모든 비교 대상(DMU : 프로젝트, R&D 과제, 기관, 지점, 관리자의 업적을 비롯한 Business Operations나 Business Process 등이 포함됨)의 성과를 과학적, 정량적으로 도출하고, 개선해야 할 부분과 개선의 가능성, 최우량 경영실무(best practice)와 벤치마크 대상 등을 보다 용이하게 접근할 수 있다.

DEA는 다른 성격의 여러 투입과 산출 요소를 함께 고려한 분석기법이라는 측면에서 다기준 의사결정 기법으로 분류되며, 경제학에서 효율성이 검토되었기에, 투입에는 대개 노동, 자본, 기술 등이 투입물들의 비용을 고려하고, 산출물에는 조직의 성과, 즉 매출액이나, 실적들이 고려된다.

이 저서에서 우리는 가장 간단한 사례(투입 1, 산출 1)인 평가 대상의 행복 센터들에서 소속 공무원들이 처리한 민원 서류 건수 사례(Huguenin, 2012)와 조금 더 복잡한 Raracost 사례(투입 2, 산출 2)(이홍배, 2015)를 토대로 DEA 효율성을 이해하기로 하자.

행복 센터의 효율성 평가 사례는 [표 3-1]과 같이, 5곳의 행복 센터 소속 공무원들이 처리한 민원서류 건수를 자료로 평가하는 사례이다. 행복 센터 효율성 평가를 위하여, 투입 요소는 노동 영역 1개인 소속 공무원 수로 설정하였고, 산출 요소는 성과 1개인 처리 민원서류 건수로 설정하였다. 투입 요소 1개, 산출 요소 1개인 가장 간단한 사례를 통하여 DEA 효율성을 살펴본다.

또한 보다 복잡한 사례로 대구에서 시작하여 전국에 120여 개의 체인점을 운영하고 있는 라라코스트의 사례로 살펴본다.

[표 3-1] 행복 센터 입력 자료

행복센터	(I)공무원	(O)처리서류
A	2.00	1.00
B	3.00	4.00
C	5.00	5.00
D	4.00	3.00
E	6.00	7.00

라라코스트의 서울 본부에서는 최근 개점, 운영하고 있는 체인점에 대해 경영 효율성을 평가하고자 하는데, 투입 요소로 노동과 자본 2개 요소(노동 시간(백 시간), 월 시설 운영비(만원))를 고려하고 있으며, 산출 요소 역시 2개의 요소(월 이익(십만원), 일일 최대 매출액(십만원))를 고려하고 있다.

체인점들의 과거 경영 실적들을 근거로 하여 다음 [표 3-2]의 평가 자료들을 구성하였다.

[표 3-2] 라라코스트 입력 자료

체인점	(O)산출물		(I)투입물	
	월 이익	최대 매출액	노동 시간	시설 운영비
1	761	109	56	1,476
2	925	103	72	1,613
3	788	119	64	1,612
4	858	114	63	1,381
5	928	107	70	1,748
6	758	120	72	1,645
7	963	104	66	1,290
8	918	119	60	1,779
9	876	94	61	1,325
10	997	102	72	1,453

(2) 행복센터(투입요소 1, 산출요소 1) 효율성 평가

1) 결정변수 설정 : B8:C8 셀에 설정

DEA 효율성을 결정하기 위해 먼저 산출물의 단위당 가치와 투입물의 단위당 비용을 결정하여야 한다. 이 사례에서 우리가 결정하여야 할 결정변수는 각 투입물의 단위당 비용과 각 산출물의 단위당 가치이다.

투입물 1 = 공무원 수, 산출물 1 = 처리 민원서류 건수

I1 : 투입물 1의 단위당 비용 - B8셀

O1 : 산출물 1의 단위당 가치 - C8셀([그림 3-1] 참조)

각 투입물의 비용과 산출물의 가치는 비음이어야 한다.

[그림 3-1] 행복 센터의 엑셀 자료 구조

B11 =INDEX(D2:D6,B10,1)

	A	B	C	D	E	F
1	Unit	(I)input	(O)output	out_wei	in_wei	diff
2	1	2.00	1.00	0.000	0.000	0.000
3	2	3.00	4.00	0.000	0.000	0.000
4	3	5.00	5.00	0.000	0.000	0.000
5	4	4.00	3.00	0.000	0.000	0.000
6	5	6.00	7.00	0.000	0.000	0.000
7						
8	weight	0.0000	0.0000			
9						
10	unit	1				
11	output	0.0000				
12	input	0.0000				

2) 제약조건식 설정

DEA에서는 다음의 몇 가지 사항이 제약조건 식으로 설정된다.

① 어떠한 행복센터도 100%를 넘는 효율성을 지니지 않는다. 즉, 행복센터의 효율성은 1을 넘지 않는다는 것이다. 이를 선형의 제약식으로 표현하면 다음과 같다.

(산출물의 가치) / (투입물의 비용) ≤ 1

⇔ 산출물의 가치 ≤ 투입물의 비용

⇔ 산출물의 가치 - 투입물의 비용 ≤ 0

행복센터 A(1)의 경우에 한정하여 제약조건을 설정하면 된다.

이를 위해 먼저 각 행복센터의 산출물 가치 합을 output weight로 정리하여, D2:D6 셀에 설정한다.

D2 셀 : =SUMPRODUCT(C2,$C$8), D6 셀까지 채우기 핸들로 복사

각 행복센터 투입물 비용 합을 input weight로 정리하여, E2:E6 셀에 설정한다.

E2 셀 : =SUMPRODUCT(B2,$B$8), E6 셀까지 채우기 핸들로 복사

각 행복센터의 (산출물의 가치 - 투입물의 비용)은 F2:F6 셀에 설정한다. 이 셀들이 제약조건의 좌변식이 되며, 이 좌변식이 0보다 작도록 제한조건에 설정한다.

② 목적함수식 설정을 위해 우리는 투입물의 비용을 1로 재조정하였다. 즉 투입물 비용의 합 = 1 제약을 추가한다.

이를 위해, INDEX( ) 함수를 사용하여 설정한다. 이 함수는 앞의 셀 영역에서 행과 열이 교차하는 셀의 값을 찾아 제시하라는 것이다. 목적함수식 설정에서도 사용한다.

B12 셀 : =INDEX(E2:E6,B10,1)

이 함수는 E2:E6 영역의 셀에서 B10번째 행(각 행복센터를 의미)과 1번째 열의 교차값을 찾아 제시하라는 함수이다. 이를 위하여, B10 셀에 행복센터(Unit)의 값을 입력해 둔다.

3) 목적함수 설정 : B11 셀에 설정

이 사례의 목적은 행복센터의 효율성을 극대화하는 것이다. 따라서 행복센터의 효율성은 일반 효율성을 측정하는 것과 같이 정의한다. 즉, 투입물의 비용에 대한 산출물의 가치로 계산한다.

행복센터의 효율성 = (산출물의 가치)/(투입물의 비용)

그런데, 이 식으로는 선형성을 확보하기 어려우므로 수식을 변형한다. 즉, 효율성 계산에서 투입물의 비용을 1이 되도록 제약조건으로 설정하면 산출물의 가치가 바로 행복센터의 효율성이 된다.

최종으로 구한 목적함수 값이 1이면 행복센터는 효율적이라 할 수 있으며, 만약 1보다 적으면 행복센터는 효율적이라 말할 수 없다. 각 행복센터의 목적함수

식을 설정하기 위해서, INDEX( ) 함수를 사용하여 설정한다.

B11 셀 : =INDEX(D2:D6,B10,1)

- INDEX(D2:D6,B10,1) : 이 함수는 D2:D6 영역의 셀에서 B10 번째 행(각 행복센터를 의미)과 1번째 열의 교차값을 찾아 제시하라는 함수이다.

4) CCR-DEA 모형 설정(규모 고려하지 않은 평가) - 기술 효율성

목적함수식이 설정된 B11 셀을 클릭한 후, 데이터 메뉴의 해 찾기를 가동한다. 그러면 다음과 같은 해 찾기 매개변수 대화상자가 나타나고, 다음 [그림 3-2]와 같이 설정한다.

[그림 3-2] 해 찾기 매개변수

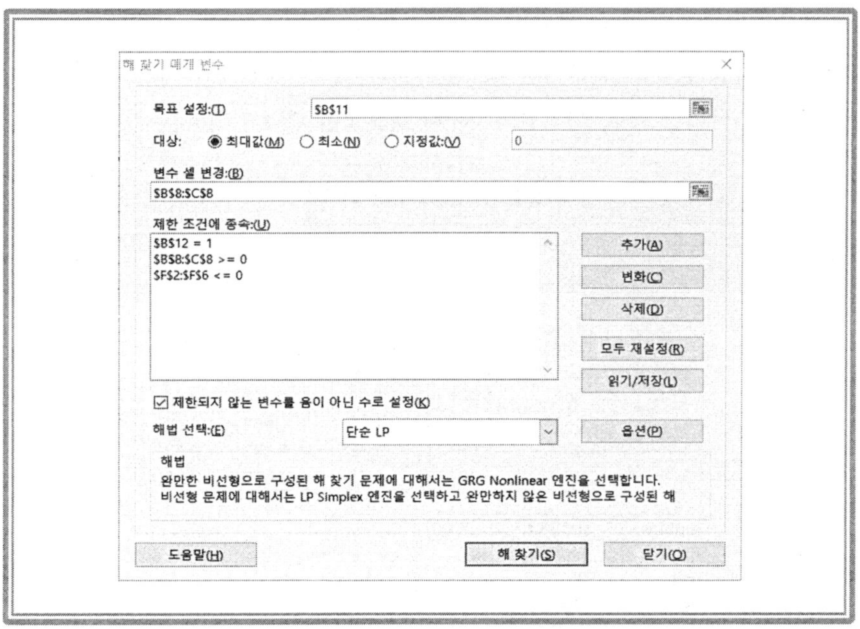

이 결과, B8:C8 셀의 결정변수 값이 변화하고, B11 셀의 값이 재계산된다. 이때 B11 셀의 값이 1이면 효율적인 행복센터이며, 1보다 작으면 비효율적인 행복센터이다. B11 셀의 값이 0.3750이 되어 행복센터 A는 비효율 집단임을 알 수 있다. 계속해서 B10 셀의 값을 2로 수정하여 앞의 단계와 같이 실행하면 각

[그림 3-3] unit 1의 최적해

B11 =INDEX(D2:D6,B10,1)

	A	B	C	D	E	F
1	Unit	(I)input	(O)output	out_wei	in_wei	diff
2	1	2.00	1.00	0.375	1.000	-0.625
3	2	3.00	4.00	1.500	1.500	0.000
4	3	5.00	5.00	1.875	2.500	-0.625
5	4	4.00	3.00	1.125	2.000	-0.875
6	5	6.00	7.00	2.625	3.000	-0.375
7						
8	weight	0.5000	0.3750			
9						
10	unit	1				
11	output	0.3750				
12	input	1.0000				

행복센터의 효율성 여부를 판단할 수 있다.

B10 셀의 값을 2로 수정하여 앞의 단계와 같이 실행하면, B11 셀의 값이 1.0000이 된다. 이는 행복센터 B의 경우, 효율적인 행복센터라는 것이다.

[그림 3-4] unit 2의 최적해

B11 =INDEX(D2:D6,B10,1)

	A	B	C	D	E	F
1	Unit	(I)input	(O)output	out_wei	in_wei	diff
2	1	2.00	1.00	0.250	0.667	-0.417
3	2	3.00	4.00	1.000	1.000	0.000
4	3	5.00	5.00	1.250	1.667	-0.417
5	4	4.00	3.00	0.750	1.333	-0.583
6	5	6.00	7.00	1.750	2.000	-0.250
7						
8	weight	0.3333	0.2500			
9						
10	unit	2				
11	output	1.0000				
12	input	1.0000				

5) BCC-DEA 모형 설정(규모 고려한 평가) - 순수 기술 효율성

규모를 고려하게 되면, 임의의 상수를 도입하여 계산한다([그림 3-5] 참조).

[그림 3-5] 규모관련 상수항 설정

B11 =INDEX(D2:D6,B10,1)

	A	B	C	D	E	F
1	Unit	(I)input	(O)output	out_wei	in_wei	diff
2	1	2.00	1.00	0.000	0.000	0.000
3	2	3.00	4.00	0.000	0.000	0.000
4	3	5.00	5.00	0.000	0.000	0.000
5	4	4.00	3.00	0.000	0.000	0.000
6	5	6.00	7.00	0.000	0.000	0.000
7						
8	weight	0.0000	0.0000	0.0000		
9						
10	unit	1				
11	output	0.0000				
12	input	0.0000				

이 경우, 임의 상수값은 산출합에만 적용하며, 임의의 상수값은 결정변수로 추가하여 최적값을 찾게 된다. 이때 임의의 상수값은 0 이상이라는 제약이 없는 상태로 설정하여 계산한다.

먼저 결정변수로 추가할 임의의 값을 D8 셀에 설정한다.

산출량 셀에 임의의 상수값을 더하여 계산하도록 한다.

D2 셀의 수식 : =SUMPRODUCT(C2,$C$8)-$D$8 ; D6 셀까지 복사

나머지는 앞에서 한 것과 같이 설정하면 된다.

해 찾기에도 차이가 있기에 유의해서 설정하여야 한다. 목표 설정은 앞과 같다.

다만 변수 셀 변경, 즉 결정변수 지정에는 B8:C8에 D8셀을 추가한다.

추가하는 경우, 콤마(,)를 삽입하고 D8 셀을 클릭하면 추가된다.

그리고 대화상자 하단에 제한되지 않는 변수를 음이 아닌 수로 설정 칸에 앞에서 클릭하였지만, 여기서는 해제하여 둔다.

말하자면 B8:C8 셀의 값은 0 이상이어야 하지만, D8셀의 값은 음수 값을 가질 수도 있기 때문이다. 복잡한 수식 계산의 근거는 앞에서 이미 설명한 바와 같다. 이 과정을 통해서 규모를 고려한 효율성이 계산된다.

[그림 3-6] BCC 해 찾기 매개변수

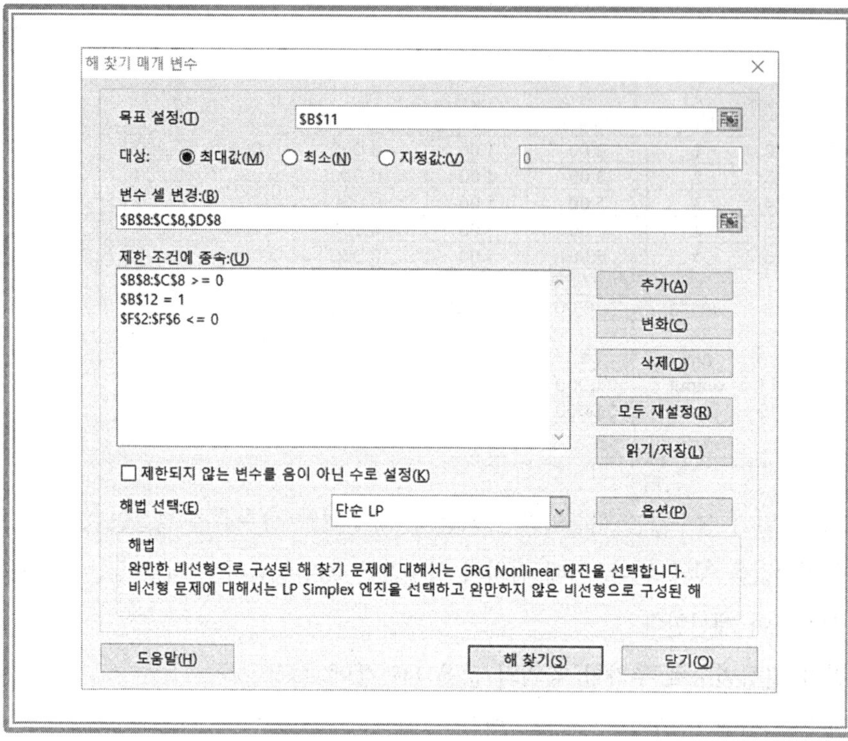

그런데 문제는 이러한 계산은 행복센터, 즉 의사결정 단위(DMU) 각각에 해 찾기 작업을 수행해야 한다. 따라서 매우 비효율적인 작업을 지루하게 수행하여야 한다. 만약 평가하고자 하는 집단이 많아지게 되면 매우 곤란한 상황이 발생하게 된다.

따라서 이러한 작업들을 효과적으로 수행하기 위해 Macro 작업을 설정하여 수행하면, 매우 간편한 효율성 분석이 가능해진다.

6) CCR Macro 수행

[그림 3-7]과 같은 macro 기능을 설정하기 위해, 먼저 개발도구 > 삽입 > Active X 컨트롤에서 명령단추를 클릭하여 명령 단추를 삽입한다. 이때 명령단추의 이름은 CommandButton1로 표기된다. 명령단추를 클릭한 후 오른쪽 마우스를 눌러서 속성을 클릭한다.

[그림 3-7] CCR Macro 초기해 설정

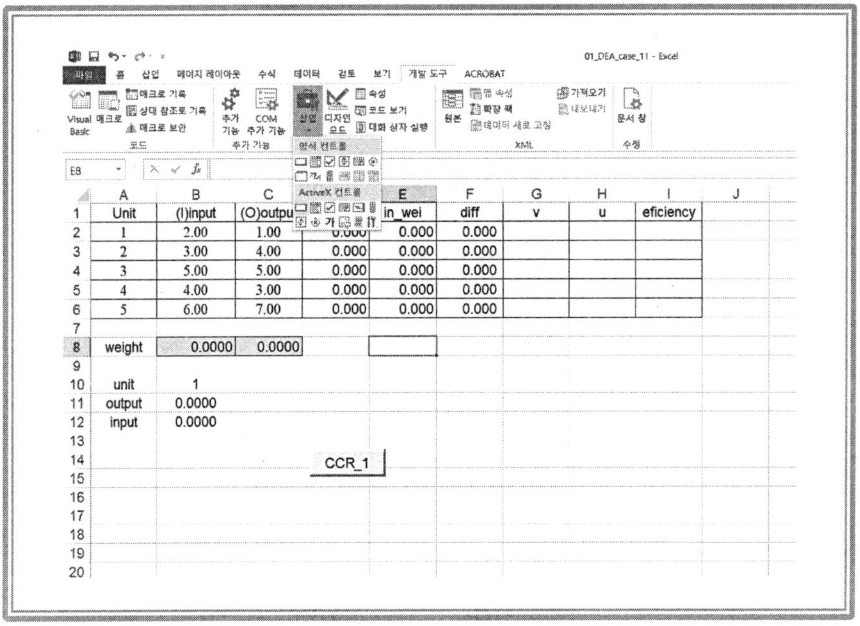

속성창이 나오면 Caption 속성을 CCR_1로 변경하고, (이름) 속성도 CCR_1로 변경한다([그림 3-8] 참조). 그리고 TakeFocusOnClick 속성은 False로 변경하여 스프레드시트 상에서 크게 문제없이 명령단추를 사용할 수 있도록 만들어 놓는다.

Excel 13.0부터는 개발도구가 메뉴에 나타나지만, 그럼에도 불구하고 본인의 Excel 프로그램에 개발도구 메뉴가 나타나 있지 않으면, 파일 메뉴에서 옵션을 클릭하여 리본 사용자 지정을 클릭하면, [그림 3-9]와 같은 옵션 내용이 나타난다.

리본 사용자 지정에서 개발도구를 클릭하여 지정한다. 그리고 확인을 클릭하면 본인의 Excel 프로그램에 개발도구 메뉴가 나타난다.

개발도구의 코드보기를 클릭하거나, CCR-1 명령단추를 더블클릭하면 Excel의 Visual Basic Editor가 실행되어 나타난다. 다음의 내용을 입력하여 실행한다.

[그림 3-8] 속성 수정

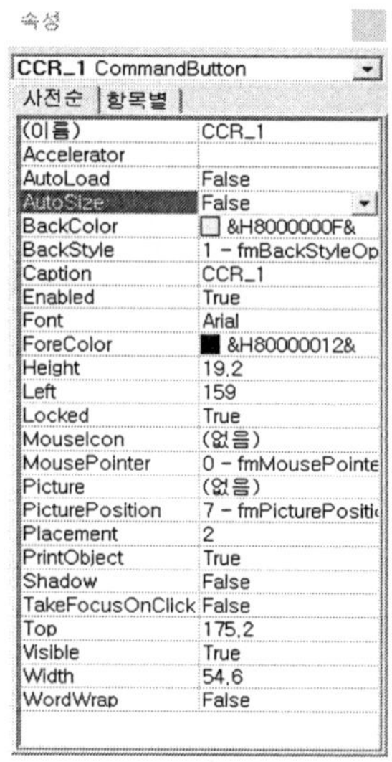

[그림 3-9] 매크로 작업을 위한 개발도구 메뉴 삽입

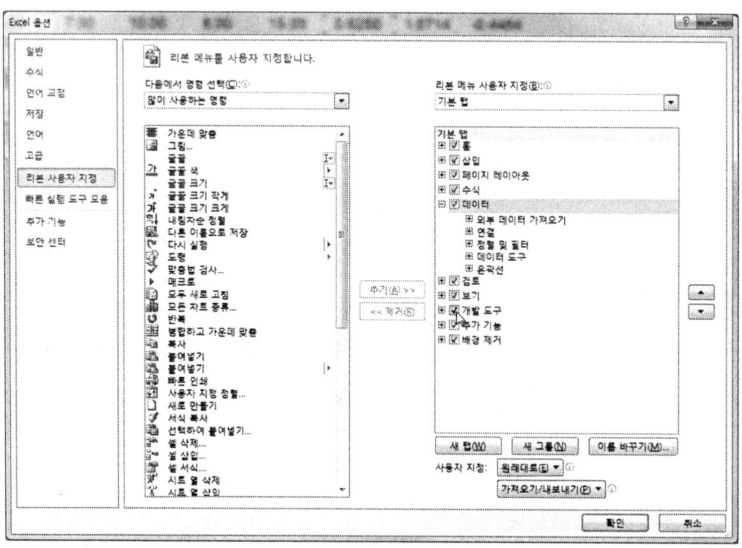

```
Private Sub CCR_1_Click()
For unit = 1 To 5
Range("B10") = unit
SolverSolve userFinish:=True
Range("i" & 1 + unit) = Range("B11")
Range("g" & 1 + unit) = Range("B8")
Range("h" & 1 + unit) = Range("C8")
Next unit
End Sub
```

VBA 코드에서 먼저 분석 단위 조직 수만큼 반복 계산하도록 한다. 행복센터의 사례에서는 단위 조직이 5개이므로 1에서 5까지 시행하도록 한다. unit의 값을 B10 셀에 입력하고 해 찾기를 보여주지 않고 실행하라는 프로그램을 입력한다. 이때 이를 실행하기 위해서는 먼저 프로젝트 창에 보다시피 solver.xlam 파일이 참조되어 있어야 한다. 이 파일의 추가는 VBA 창의 도구 메뉴에서 참조 기능을 이용하여 추가하면 된다.

그리고 결과로 나타나는 B11셀의 값을 I2(“i” & 1+ unit)에 입력하라는 프로그램을 설정한다. 그리고 반복하도록 한다.

G2:G6 셀에는 B8 셀에 계산된 투입요소의 가중치(단위당 비용)를 가져와서 입력하도록 하고, H2:H6 셀에는 C8 셀에 계산된 산출 요소의 가중치(단위당 가치)를 가져와서 입력하도록 한다. 이들을 통하여 순위를 결정하여야 하는데, 이들 값들이 유일한 해가 아니기 때문에 순위 계산에 어려움이 따르게 된다. 이에 대한 해결은 뒤에서 살펴보기로 하자.

이러한 Macro 계산은 해 찾기 프로그램이 참조되어 있어야 원하는 결과를 얻을 수 있다. CCR_1 명령단추를 클릭하여 얻은 결과는 다음의 [그림 3-10]과 같다.

[그림 3-10] CCR macro 최적해

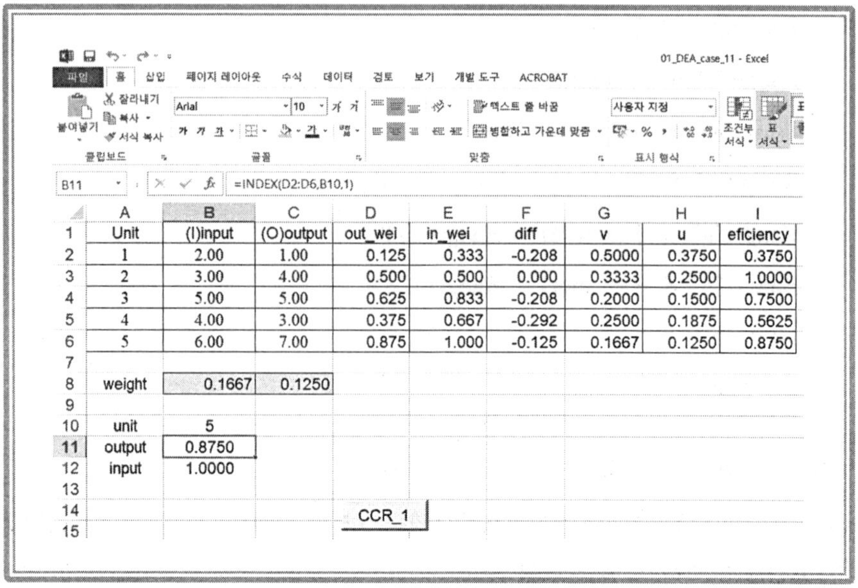

B11 =INDEX(D2:D6,B10,1)

	A	B	C	D	E	F	G	H	I
1	Unit	(I)input	(O)output	out_wei	in_wei	diff	v	u	eficiency
2	1	2.00	1.00	0.125	0.333	-0.208	0.5000	0.3750	0.3750
3	2	3.00	4.00	0.500	0.500	0.000	0.3333	0.2500	1.0000
4	3	5.00	5.00	0.625	0.833	-0.208	0.2000	0.1500	0.7500
5	4	4.00	3.00	0.375	0.667	-0.292	0.2500	0.1875	0.5625
6	5	6.00	7.00	0.875	1.000	-0.125	0.1667	0.1250	0.8750
7									
8	weight	0.1667	0.1250						
9									
10	unit	5							
11	output	0.8750							
12	input	1.0000							
13									
14				CCR_1					
15									

I2:I6 영역의 DEA 효율성 결과를 보면 행복센터 2(B)의 효율성이 1.000이 되어 효율적인 센터이고, 나머지는 비효율적인 집단임을 보이고 있다.

비효율적인 단위 조직에 대해서는 보다 구체적인 분석을 실시할 필요가 있을 것이다. 행복센터 B를 제외한 나머지 센터에 대해서 개별적인 해 찾기 실행을 통하여 민감도 보고서를 생성하여 검토할 수 있다.

7) BCC Macro 수행

규모를 고려한 BCC-DEA Macro는 다음 [그림 3-11]과 같이 설정한다. 이를 위해 먼저, 개발도구의 코드보기를 클릭하거나, BCC-1 명령단추를 더블클릭하면 Excel의 Visual Basic Editor가 실행되어 나타난다.

VBA 편집기에 다음의 내용을 입력하여 실행한다.

```
Private Sub BCC_1_Click()
For unit = 1 To 5
Range("B10") = unit
```

[그림 3-11] BCC macro 설정

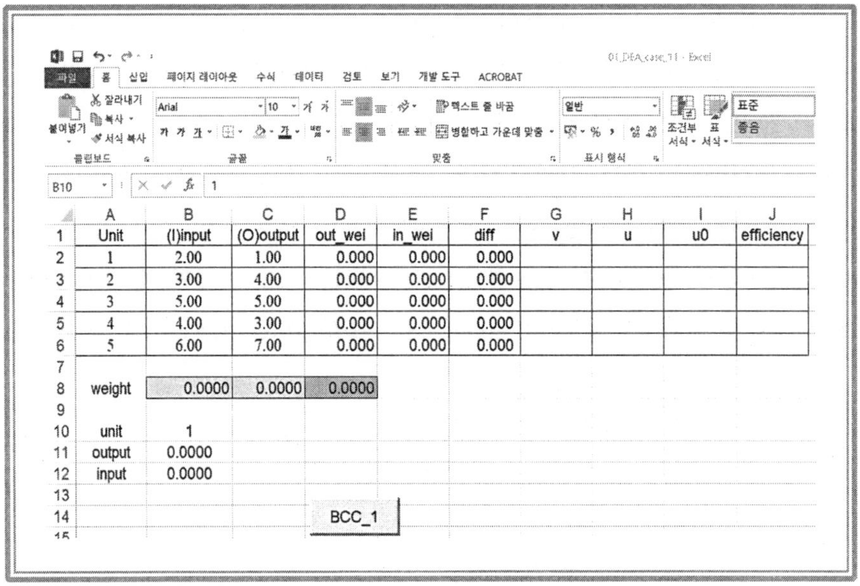

	A	B	C	D	E	F	G	H	I	J
1	Unit	(I)input	(O)output	out_wei	in_wei	diff	v	u	u0	efficiency
2	1	2.00	1.00	0.000	0.000	0.000				
3	2	3.00	4.00	0.000	0.000	0.000				
4	3	5.00	5.00	0.000	0.000	0.000				
5	4	4.00	3.00	0.000	0.000	0.000				
6	5	6.00	7.00	0.000	0.000	0.000				
7										
8	weight	0.0000	0.0000	0.0000						
9										
10	unit	1								
11	output	0.0000								
12	input	0.0000								
13										
14				BCC_1						

```
SolverSolve userFinish:=True
Range("g" & 1 + unit) = Range("B8")
Range("h" & 1 + unit) = Range("C8")
Range("i" & 1 + unit) = Range("D8")
Range("j" & 1 + unit) = Range("B11")
Next unit
End Sub
```

VBA 코드에서 먼저 분석 단위 조직 수만큼 반복 계산하도록 한다. 행복센터의 사례에서는 단위 조직이 5개이므로 1에서 5까지 시행하도록 한다. unit의 값을 B10 셀에 입력하고 해 찾기를 보여주지 않고 실행하라는 프로그램을 입력한다. 이 역시 이를 실행하기 위해서는 먼저 프로젝트 창에 보다시피 solver.xlam 파일이 참조되어 있어야 한다. 이 파일의 추가는 VBA 창의 도구 메뉴에서 참조 기능을 이용하여 추가하면 된다.

그리고 결과로 나타나는 B11 셀의 값을 J2(“j” & 1+ unit)에 입력하라는 프로그램을 설정한다. 그리고 반복하도록 한다.

G2:G6 셀에는 B8 셀에 계산된 투입요소의 가중치(단위당 비용)를 가져와서 입력하도록 하고, H2:H6 셀에는 C8 셀에 계산된 산출 요소의 가중치(단위당 가치)를 가져와서 입력하도록 한다. 그리고 I2:I6 셀에는 규모를 고려하기 위한 임의 상수 값인 규모관련지수(RTS) 관련 값인 D8 셀에 계산된 값을 가져와서 입력한다.

매크로 작업을 통해서 각 행복센터(Unit)의 계산된 J2:J6 영역 셀의 목적함수 값을 통해서 순수기술효율성이 1.000이 되는 행복센터는 1(A), 2(B), 5(E)임을 알 수 있다([그림 3-12] 참조).

[그림 3-12] BCC macro 최적해

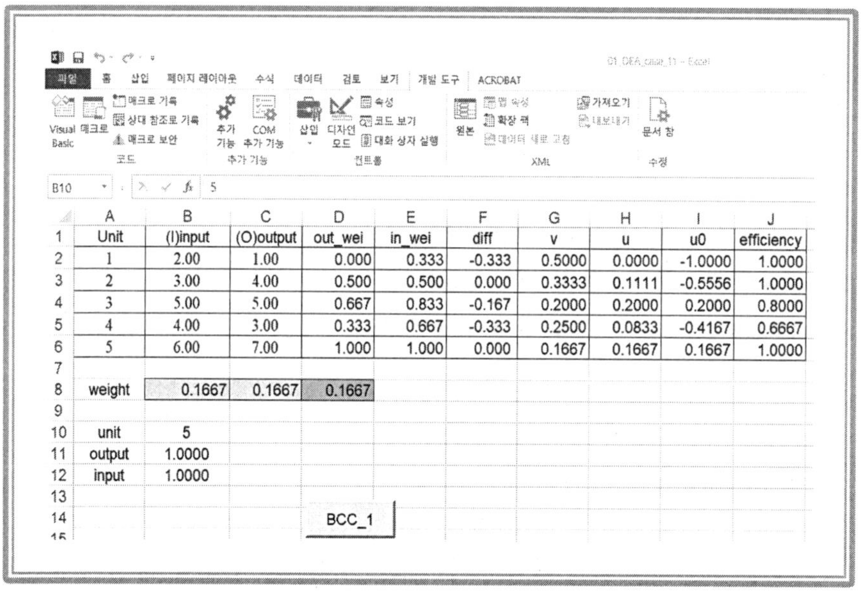

	A	B	C	D	E	F	G	H	I	J
1	Unit	(I)input	(O)output	out_wei	in_wei	diff	v	u	u0	efficiency
2	1	2.00	1.00	0.000	0.333	-0.333	0.5000	0.0000	-1.0000	1.0000
3	2	3.00	4.00	0.500	0.500	0.000	0.3333	0.1111	-0.5556	1.0000
4	3	5.00	5.00	0.667	0.833	-0.167	0.2000	0.2000	0.2000	0.8000
5	4	4.00	3.00	0.333	0.667	-0.333	0.2500	0.0833	-0.4167	0.6667
6	5	6.00	7.00	1.000	1.000	0.000	0.1667	0.1667	0.1667	1.0000
7										
8	weight	0.1667	0.1667	0.1667						
9										
10	unit	5								
11	output	1.0000								
12	input	1.0000								
13										
14				BCC_1						

CCR, BCC 모두 효율적인 행복센터 2를 제외하고, u_0값을 보면 1(A)과 4(D)는 음수 값을, 3(C)과 5(E)는 양수 값을 나타내고 있다. 이미 앞에서 언급하였듯이, 실수 u_0는 DMU들의 규모수익효과를 측정하는 척도인 RTS(returns to scale) 값이라고 하였다. $u_0 < 0$이면 규모수익체증으로 규모의 경제성(increasing returns to scale, IRS)이 나타나며, $u_0 = 0$이면 규모수익불변(constant returns to scale, CRS)

이며, $u_0 > 0$이면 규모수익체감으로 규모의 비경제성 효과(decreasing returns to scale: DRS)가 나타난다고 평가한다(Banker et al., 2004).

따라서 1(A)과 4(D)는 규모의 경제성이 나타나기에 규모 확대를 계획할 수 있으며, 3(C)과 5(E)는 규모의 비경제성 효과가 나타나기에 규모를 축소할 필요성이 나타나고 있음을 알 수 있다.

8) 규모 효율성 측정

규모효율성은 규모수익불변을 가정한 CCR 모형과 그 가정을 배제한 BCC 모형간의 비율로 설정한다. 그 값은 CCR 모형에 의한 기술효율성을 BCC 모형에 의한 순수기술효율성으로 나눈 값으로 측정된다(강석규, 2008).

말하자면 기술 효율성을 순수기술 효율성과 규모 효율성으로 분리할 수 있다는 것이며, 비효율성의 원천([표 3-3] 참조)을 보다 구체적으로 검토할 수 있게 되었다.

행복센터의 사례에서 규모 효율성을 측정한 결과, 행복센터 B(2)만 규모효율성이 1이고 나머지 센터는 비효율적인 것으로 나타났다. 이 결과를 통해서 행복센터 B의 경우는 효율 센터이며, 행복센터 A, E는 순수 기술 효율성은 100%로 효율적이지만, 규모 차원에서 비효율이 발생하고 있음을 알 수 있으며, 행복센터 C, D는 전체적으로 비효율 센터임을 알 수 있다. 말하자면 순수기술차원에서도, 규모 차원에서도 모두 비효율로 나타나고 있음을 알 수 있다.

앞에서 제시한 RTS 값을 토대로, A(1)과 D(4)는 투입 요소의 확대를 고려할 필요가 있으며, C(3)과 E(5)는 투입 요소의 축소를 고려할 필요가 있다.

특히 A와 E는 비효율이 규모에 기인하지만, A의 경우는 규모 확대를, E는 규모 축소를 고려하여야 한다. 그리고 C와 D의 경우는 규모와 관리 기술 모두에서 비효율이 기인되고 있지만, 조금의 차이가 있다. D의 경우는 규모를 확대하여 비효율의 문제를 해결할 수 있으며, C의 경우는 규모를 축소하여 비효율의 문제를 어느 정도 해소할 것으로 판단된다.

[표 3-3] 비효율 원천 특성

Unit	(I) input	(O) output	CCR	BCC	size	u_0	RTS 특성	비효율
A	2.00	1.00	0.3750	1.0000	0.3750	-1.0000	IRS	규모
B	3.00	4.00	1.0000	1.0000	1.0000	-0.5556	-	-
C	5.00	5.00	0.7500	0.8000	0.9375	0.2000	DRS	규모, 기술
D	4.00	3.00	0.5625	0.6667	0.8438	-0.4167	IRS	규모, 기술
E	6.00	7.00	0.8750	1.0000	0.8750	0.1667	DRS	규모

(3) 라라코스트(투입요소 2, 산출요소 2) 효율성 평가

1) 결정변수 설정 : B15:D15 셀에 설정

DEA 효율성을 결정하기 위해 먼저 산출물의 단위당 가치와 투입물의 단위당 비용을 결정하여야 한다. 이 사례에서 우리가 결정하여야 할 결정변수는 각 투입물의 단위당 비용과 각 산출물의 단위당 가치이다.

산출물 1 = 월 이익(십만원), 산출물 2 = 일일 최대 매출액(십만원)
투입물 1 = 노동 시간(백 시간), 투입물 2 = 월 시설 운영비(만원)

I1 : 투입물 1의 단위당 비용 - D15셀
I2 : 투입물 2의 단위당 비용 - E15셀
O1 : 산출물 1의 단위당 가치 - B15셀
O2 : 산출물 2의 단위당 가치 - C15셀([그림 3-13] 참조)

각 투입물의 비용과 산출물의 가치는 비음이어야 한다.

DEA 효율성을 결정하기 위해 먼저 산출물의 단위당 가치와 투입물의 단위당 비용을 결정하여야 한다. 이 사례에서 우리가 결정하여야 할 결정변수는 각 투입물의 단위당 비용과 각 산출물의 단위당 가치이다.

[그림 3-13] 라라코스트 엑셀 구조

F4 =SUMPRODUCT($B$15:$C$15,B4:C4)

	A	B	C	D	E	F	G	H
1								
2		output		input				
3	Unit	O1	O2	I1	I2	output weight	input weight	diff
4	1	761.00	109.00	56.00	1476.00	0.0000	0.0000	0.0000
5	2	925.00	103.00	72.00	1613.00	0.0000	0.0000	0.0000
6	3	788.00	119.00	64.00	1612.00	0.0000	0.0000	0.0000
7	4	858.00	114.00	63.00	1381.00	0.0000	0.0000	0.0000
8	5	928.00	107.00	70.00	1748.00	0.0000	0.0000	0.0000
9	6	758.00	120.00	72.00	1645.00	0.0000	0.0000	0.0000
10	7	963.00	104.00	66.00	1290.00	0.0000	0.0000	0.0000
11	8	918.00	119.00	60.00	1779.00	0.0000	0.0000	0.0000
12	9	876.00	94.00	61.00	1325.00	0.0000	0.0000	0.0000
13	10	997.00	102.00	72.00	1453.00	0.0000	0.0000	0.0000
14								
15	weight	0.0000	0.0000	0.0000	0.0000			
16								
17	Unit	1						
18	output	0.0000						
19	input	0.0000						

2) 제약조건식 설정

DEA 기법에서는 다음의 몇 가지 사항이 제약조건 식으로 설정된다.

① 어떠한 체인점도 100%를 넘는 효율성을 지니지 않는다. 즉, 체인점의 효율성은 1을 넘지 않는다는 것이다. 이를 선형의 제약식으로 표현하면 다음과 같다.

(산출물의 가치) / (투입물의 비용) $\leq$ 1

$\Leftrightarrow$ 산출물의 가치 $\leq$ 투입물의 비용

$\Leftrightarrow$ 산출물의 가치 - 투입물의 비용 $\leq$ 0

체인점 1의 경우에 한정하여 제약조건을 설정하면 된다.

이를 위해 먼저 각 체인점의 산출물 가치합을 output weight로 정리하여, F4:F10 셀에 설정한다.

F4 셀 : =SUMPRODUCT($B$15:$C$15,B4:C4), F10 셀까지 채우기 핸들로 복사

각 체인점의 투입물 비용합을 input weight로 정리하여, G4:G10 셀에 설정한다.

G4 셀 : =SUMPRODUCT(D4:E4,$D$15:$E$15), G10 셀까지 채우기 핸들로 복사

각 체인점의 (산출물의 가치 - 투입물의 비용)은 H4:H10 셀에 설정한다. 이 셀들이 제약조건의 좌변식이 되며, 이 좌변식이 0보다 작도록 제한조건에 설정한다.

② 목적함수식 설정을 위해 우리는 투입물의 비용을 1로 재조정하였다. 즉 투입물 비용의 합 = 1 제약을 추가한다.

이를 위해, INDEX( ) 함수를 사용하여 설정한다. 이 함수는 앞의 셀 영역에서 행과 열이 교차하는 셀의 값을 찾아 제시하라는 것이다. 목적함수식 설정에서도 사용한다.

B19 셀 : =INDEX(G4:G13,B17,1)

이 함수는 G4:G13 영역의 셀에서 B17 번째 행(각 체인점 의미)과 1번째 열의 교차값을 찾아 제시하라는 함수이다.

이를 위하여, B17 셀에 체인점(Unit)의 값을 입력해 둔다.

3) 목적함수 설정 : B18 셀에 설정

이 사례의 목적은 체인점의 효율성을 극대화하는 것이다. 따라서 체인점의 효율성은 일반 효율성을 측정하는 것과 같이 정의한다. 즉, 투입물의 비용에 대한 산출물의 가치로 계산한다.

체인점의 효율성 = (산출물의 가치)/(투입물의 비용)

그런데, 이 식으로는 선형성을 확보하기 어려우므로 수식을 변형한다. 즉, 효율성 계산에서 투입물의 비용을 1이 되도록 제약조건으로 설정하면 산출물의 가치가 바로 체인점의 효율성이 되어 체인점 1의 경우, 목적함수식은 다음과 같이 계산할 수 있다.

Max : 761O1 + 109O2

최종으로 구한 목적함수 값이 1이면 체인점은 효율적이라 할 수 있으며, 만약

1보다 적으면 체인점은 효율적이라 말할 수 없다. 각 체인점의 목적함수식을 설정하기 위해서, INDEX( ) 함수를 사용하여 설정한다.

B18 셀 : =INDEX(F4:F13,B17,1)

- INDEX(F4:F13,B17,1) : 이 함수는 F4:F13 영역의 셀에서 B17 번째 행(각 체인점 의미)과 1번째 열의 교차값을 찾아 제시하라는 함수이다.

4) CCR-DEA 모형 평가(기술 효율성 평가)

스프레드시트 모형이 설정되면 해 찾기 작업을 수행한다. 목적함수식이 설정된 B18 셀을 클릭한 후, 데이터 메뉴의 해 찾기를 가동한다. 그러면 다음과 같은 해 찾기 매개변수 대화상자가 나타나고, 이를 [그림 3-14]와 같이 설정한다.

[그림 3-14] 해 찾기 매개변수 설정

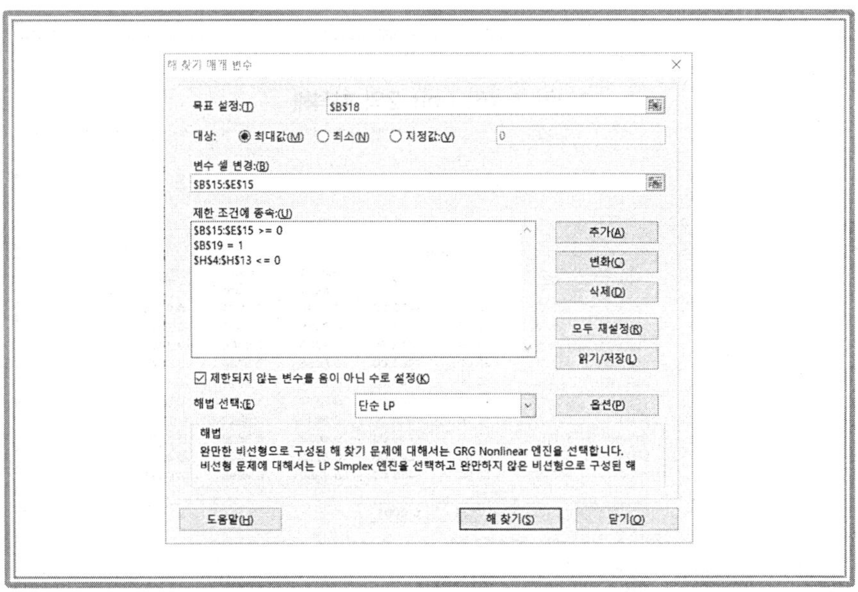

이 결과, B15:E15 셀의 결정변수 값이 변화하고, B18 셀의 값이 재계산된다. 이때 B18 셀의 값이 1이면 효율적인 체인점이며, 1보다 작으면 비효율적인 체인점이다. 계속해서 B17 셀의 값을 2로 수정하여 앞의 단계와 같이 실행하면 각 체인점의 효율성 여부를 판단할 수 있다([그림 3-15], [그림 3-16] 참조).

[그림 3-15] unit 1의 최적해

	output		input				
Unit	O1	O2	I1	I2	output weight	input weight	diff
1	761.00	109.00	56.00	1476.00	1.0000	1.0000	0.0000
2	925.00	103.00	72.00	1613.00	1.0009	1.2223	-0.2214
3	788.00	119.00	64.00	1612.00	1.0801	1.1262	-0.0461
4	858.00	114.00	63.00	1381.00	1.0627	1.0627	0.0000
5	928.00	107.00	70.00	1748.00	1.0308	1.2284	-0.1976
6	758.00	120.00	72.00	1645.00	1.0792	1.2294	-0.1502
7	963.00	104.00	66.00	1290.00	1.0185	1.0784	-0.0599
8	918.00	119.00	60.00	1779.00	1.1154	1.1154	0.0000
9	876.00	94.00	61.00	1325.00	0.9221	1.0263	-0.1042
10	997.00	102.00	72.00	1453.00	1.0132	1.1867	-0.1735
weight	0.0003	0.0073	0.0120	0.0002			
Unit	1						
output	1.0000						
input	1.0000						

[그림 3-16] unit 2의 최적해

B18 =INDEX(F4:F13,B17,1)

	output		input				
Unit	O1	O2	I1	I2	output weight	input weight	diff
1	761.00	109.00	56.00	1476.00	0.7146	0.7924	-0.0778
2	925.00	103.00	72.00	1613.00	0.8686	1.0000	-0.1314
3	788.00	119.00	64.00	1612.00	0.7399	0.9006	-0.1607
4	858.00	114.00	63.00	1381.00	0.8056	0.8730	-0.0674
5	928.00	107.00	70.00	1748.00	0.8714	0.9841	-0.1127
6	758.00	120.00	72.00	1645.00	0.7117	1.0021	-0.2904
7	963.00	104.00	66.00	1290.00	0.9042	0.9042	0.0000
8	918.00	119.00	60.00	1779.00	0.8620	0.8620	0.0000
9	876.00	94.00	61.00	1325.00	0.8225	0.8445	-0.0219
10	997.00	102.00	72.00	1453.00	0.9362	0.9895	-0.0533
weight	0.0009	0.0000	0.0124	0.0001			
Unit	2						
output	0.8686						
input	1.0000						

B17 셀의 값을 2로 수정하여 앞의 단계와 같이 실행하면, B18 셀의 값이 0.8686이 된다. 이는 체인점 2의 경우, 비효율적인 체인점이라는 것이다.

5) BCC-DEA 모형 평가(순수기술 효율성 평가)

규모를 고려하게 되면, [그림 3-17]과 같이 임의의 상수를 도입하여 계산한다. 이 경우, F15 셀의 임의 상수값은 산출합에만 적용하며, 임의의 상수값은 결정 변수로 추가하여 최적값을 찾게 된다. 이때 임의의 상수값은 0 이상이라는 제약이 없는 상태로 설정하여 계산한다.

[그림 3-17] BCC 규모 관련 상수항 설정

F15 fx 0

	A	B	C	D	E	F	G	H
1								
2		output		input				
3	Unit	O1	O2	I1	I2	output weight	input weight	diff
4	1	761.00	109.00	56.00	1476.00	0.0000	0.0000	0.0000
5	2	925.00	103.00	72.00	1613.00	0.0000	0.0000	0.0000
6	3	788.00	119.00	64.00	1612.00	0.0000	0.0000	0.0000
7	4	858.00	114.00	63.00	1381.00	0.0000	0.0000	0.0000
8	5	928.00	107.00	70.00	1748.00	0.0000	0.0000	0.0000
9	6	758.00	120.00	72.00	1645.00	0.0000	0.0000	0.0000
10	7	963.00	104.00	66.00	1290.00	0.0000	0.0000	0.0000
11	8	918.00	119.00	60.00	1779.00	0.0000	0.0000	0.0000
12	9	876.00	94.00	61.00	1325.00	0.0000	0.0000	0.0000
13	10	997.00	102.00	72.00	1453.00	0.0000	0.0000	0.0000
14								
15	weight	0.0000	0.0000	0.0000	0.0000	0.0000		
16								
17	Unit	1						
18	output	0.0000						
19	input	0.0000						

스프레드시트 모형 설정 차이를 살펴보자.

먼저 결정변수로 추가할 임의의 값을 F15 셀에 설정한다.

산출량 셀에 임의의 상수값을 더하여 계산하도록 한다.

F4 셀의 수식 : =SUMPRODUCT($B$15:$C$15,B4:C4)+$F$15 ; F13 셀까지 복사

나머지는 앞에서 한 것과 같이 설정하면 된다.

해 찾기에도 차이가 있기에 유의해서 [그림 3-18]과 같이 설정하여야 한다.

목표 설정은 앞의 것과 같다.

다만 변수 셀 변경, 즉 결정변수 지정에는 B15:E15에 F15셀을 추가한다.

추가하는 경우, 콤마(,)를 삽입하고 F15 셀을 클릭하면 추가된다.

그리고 대화상자 하단에 제한되지 않는 변수를 음이 아닌 수로 설정 칸에 앞에서 클릭하였지만, 여기서는 해제하여 둔다.

말하자면 B15:E15 셀의 값은 0 이상이어야 하지만, F15셀의 값은 음수 값을 가질 수도 있기 때문이다. 복잡한 수식 계산의 근거는 생략한다.

이 과정을 통해서 규모를 고려한 효율성이 계산된다.

[그림 3-18] 해 찾기 매개변수

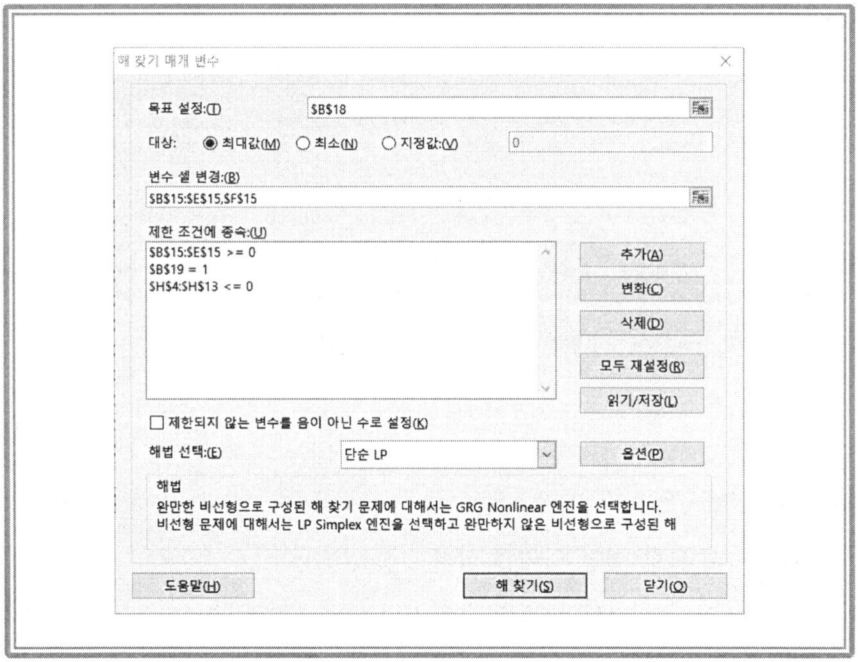

해 찾기 매개변수를 통한 최적해 구성은 다음 [그림 3-19]와 같다. 체인점 1의 경우, 순수 기술효율성이 100%로 나타나, 효율적인 체인점임을 알 수 있다.

그런데 문제는 이러한 계산은 체인점, 즉 의사결정 단위(Unit) 각각에 해 찾기 작업을 수행해야 한다. 따라서 매우 비효율적인 작업을 지루하게 수행하여야 한다.

만약 평가하고자 하는 집단이 많아지게 되면 매우 곤란한 상황이 발생하게 된다.

따라서 이러한 작업들을 효과적으로 수행하기 위해 Macro 작업을 설정하여 수행하면, 매우 간편한 효율성 분석이 가능해진다.

[그림 3-19] unit 1의 BCC 최적해

	A	B	C	D	E	F	G	H
1								
2		output		input				
3	Unit	O1	O2	I1	I2	output weight	input weight	diff
4	1	761.00	109.00	56.00	1476.00	1.0000	1.0000	0.0000
5	2	925.00	103.00	72.00	1613.00	1.0000	1.1958	-0.1958
6	3	788.00	119.00	64.00	1612.00	1.0000	1.1192	-0.1192
7	4	858.00	114.00	63.00	1381.00	1.0000	1.0368	-0.0368
8	5	928.00	107.00	70.00	1748.00	1.0000	1.2194	-0.2194
9	6	758.00	120.00	72.00	1645.00	1.0000	1.2059	-0.2059
10	7	963.00	104.00	66.00	1290.00	1.0000	1.0366	-0.0366
11	8	918.00	119.00	60.00	1779.00	1.0000	1.1338	-0.1338
12	9	876.00	94.00	61.00	1325.00	1.0000	1.0000	0.0000
13	10	997.00	102.00	72.00	1453.00	1.0000	1.1453	-0.1453
14								
15	weight	0.0000	0.0000	0.0095	0.0003	1.0000		
16								
17	Unit	1						
18	output	1.0000						
19	input	1.0000						

6) CCR Macro 수행

행복센터 사례에서와 같이 개발도구 > 삽입 > Active X 컨트롤에서 명령단추를 클릭하여 명령 단추를 삽입한다. 이때 명령단추의 이름은 CommandButton1로 표기된다. 명령단추를 클릭한 후 오른쪽 마우스를 눌러서 속성을 클릭한다.

속성창이 나오면 Caption 속성을 CCRdea로 변경하고, (이름) 속성도 CCRdea로 변경한다. 그리고 TakeFocusOnClick 속성은 False로 변경하여 스프레드시트 상에서 크게 문제없이 명령단추를 사용할 수 있도록 만들어 놓는다(그림 [3-20] 참조).

[그림 3-20] 라라코스트의 CCR macro

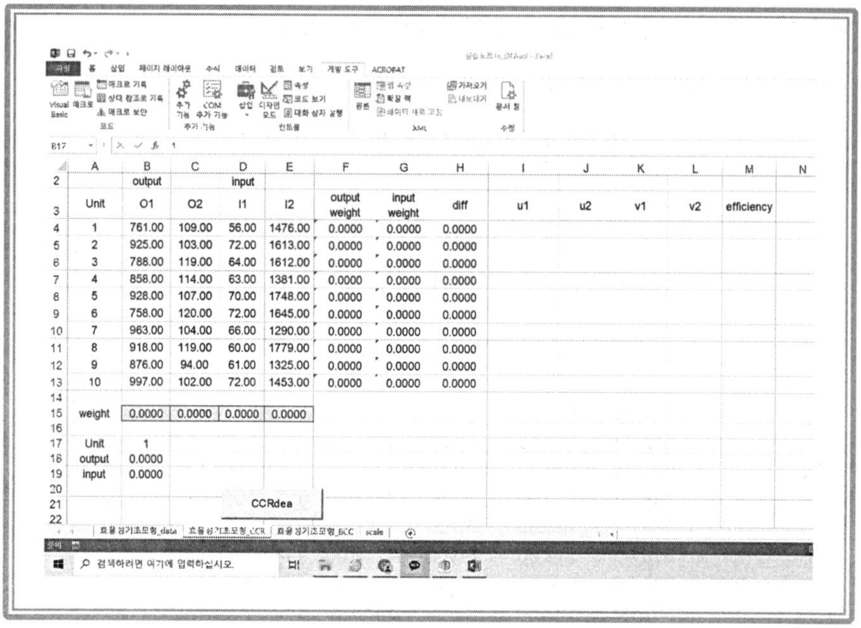

	A	B	C	D	E	F	G	H	I	J	K	L	M
2		output		input									
3	Unit	O1	O2	I1	I2	output weight	input weight	diff	u1	u2	v1	v2	efficiency
4	1	761.00	109.00	56.00	1476.00	0.0000	0.0000	0.0000					
5	2	925.00	103.00	72.00	1613.00	0.0000	0.0000	0.0000					
6	3	788.00	119.00	64.00	1612.00	0.0000	0.0000	0.0000					
7	4	858.00	114.00	63.00	1381.00	0.0000	0.0000	0.0000					
8	5	928.00	107.00	70.00	1748.00	0.0000	0.0000	0.0000					
9	6	758.00	120.00	72.00	1645.00	0.0000	0.0000	0.0000					
10	7	963.00	104.00	66.00	1290.00	0.0000	0.0000	0.0000					
11	8	918.00	119.00	60.00	1779.00	0.0000	0.0000	0.0000					
12	9	876.00	94.00	61.00	1325.00	0.0000	0.0000	0.0000					
13	10	997.00	102.00	72.00	1453.00	0.0000	0.0000	0.0000					
15	weight	0.0000	0.0000	0.0000	0.0000								
17	Unit	1											
18	output	0.0000											
19	input	0.0000											

개발도구의 코드보기를 클릭하거나, CCRdea 명령단추를 더블클릭하면 Excel의 Visual Basic Editor가 실행되어 나타난다. 다음의 내용을 입력하여 실행한다.

```
Private Sub CCRdea_Click()
For unit = 1 To 10
Range("B17") = unit
SolverSolve userFinish:=True
Range("i" & 3 + unit) = Range("B15")
Range("j" & 3 + unit) = Range("C15")
Range("k" & 3 + unit) = Range("D15")
Range("l" & 3 + unit) = Range("E15")
Range("m" & 3 + unit) = Range("B18")
Next unit
End Sub
```

VBA 코드에서 먼저 분석 단위 조직 수만큼 반복 계산하도록 한다. 라라코스트의 사례에서는 단위 조직이 10개이므로 1에서 10까지 시행하도록 한다. unit의 값을 B17 셀에 입력하고 해 찾기를 보여주지 않고 실행하라는 프로그램을 입력한다. 이때 이를 실행하기 위해서는 먼저 프로젝트 창에 보다시피 solver.xlam 파일이 참조되어 있어야 한다. 이 파일의 추가는 VBA 창의 도구 메뉴에서 참조 기능을 이용하여 추가하면 된다.

그리고 결과로 나타나는 B15 셀의 값을 I2("i" & 3 + unit)에 입력하라는 프로그램을 설정한다. 그리고 반복하도록 한다.

I4:I13, J4:J13 셀에는 B15, C15 셀에 계산된 투입요소의 가중치(단위당 비용)를 가져와서 입력하도록 하고, K4:K13, L4:L13 셀에는 D15, E15 셀에 계산된 산출 요소의 가중치(단위당 가치)를 가져와서 입력하도록 한다. 이후에 이들을 통하여 체인점들의 순위를 결정하여야 하는데, 이들 값들이 유일한 해가 아니기 때문에 순위 계산에 어려움이 따르게 된다. 이에 대한 해결은 뒤에서 살펴보기로 하자. 최종해를 저장할 M4:M13 셀에는 B18 셀을 값을 가져와서 입력하도록 하며, 각 체인점의 최종해가 입력되어 효율성의 최종해를 파악할 수 있다.

이러한 Macro 계산은 해 찾기 프로그램이 참조되어 있어야 함은 이미 앞에서 언급한 바와 같다. CCRdea 명령단추를 클릭하여 얻은 결과는 [그림 3-21]과 같다.

M4:M13 영역의 DEA 효율성 결과를 보면 라라코스트 체인점 1, 4, 7, 8의 효율성이 100%로 효율 체인점이고, 나머지는 비효율 체인점임을 알 수 있다.

비효율적인 단위 조직에 대해서는 보다 구체적인 분석을 실시하기 위해 BCC 분석을 계속 진행하기로 한다.

7) BCC Macro 수행

규모를 고려한 BCC-DEA Macro는 다음 [그림 3-22]와 같이 설정한다. 개발도구의 코드보기를 클릭하거나, BCCdea 명령단추를 더블클릭하면 Excel의 Visual Basic Editor가 실행되어 나타난다.

[그림 3-21] CCR macro 최적해

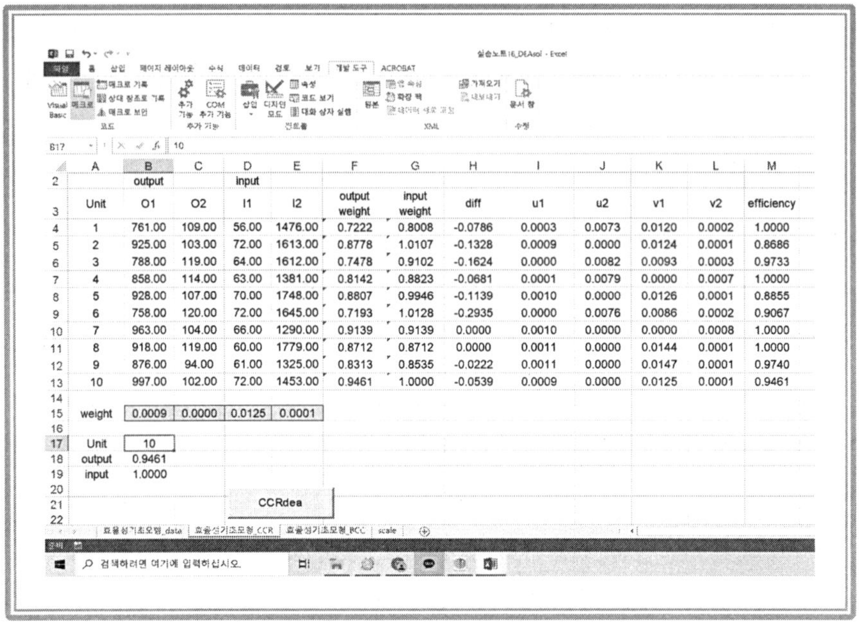

Unit	O1 (output)	O2	I1 (input)	I2	output weight	input weight	diff	u1	u2	v1	v2	efficiency
1	761.00	109.00	56.00	1476.00	0.7222	0.8008	-0.0786	0.0003	0.0073	0.0120	0.0002	1.0000
2	925.00	103.00	72.00	1613.00	0.8778	1.0107	-0.1328	0.0009	0.0000	0.0124	0.0001	0.8686
3	788.00	119.00	64.00	1612.00	0.7478	0.9102	-0.1624	0.0000	0.0082	0.0093	0.0003	0.9733
4	858.00	114.00	63.00	1381.00	0.8142	0.8823	-0.0681	0.0001	0.0079	0.0000	0.0007	1.0000
5	928.00	107.00	70.00	1748.00	0.8807	0.9946	-0.1139	0.0010	0.0000	0.0126	0.0001	0.8855
6	758.00	120.00	72.00	1645.00	0.7193	1.0128	-0.2935	0.0000	0.0076	0.0086	0.0002	0.9067
7	963.00	104.00	66.00	1290.00	0.9139	0.9139	0.0000	0.0010	0.0000	0.0000	0.0008	1.0000
8	918.00	119.00	60.00	1779.00	0.8712	0.8712	0.0000	0.0011	0.0000	0.0144	0.0001	1.0000
9	876.00	94.00	61.00	1325.00	0.8313	0.8535	-0.0222	0.0011	0.0000	0.0147	0.0001	0.9740
10	997.00	102.00	72.00	1453.00	0.9461	1.0000	-0.0539	0.0009	0.0000	0.0125	0.0001	0.9461
weight	0.0009	0.0000	0.0125	0.0001								

Unit	10
output	0.9461
input	1.0000

CCRdea

[그림 3-22] 라라코스트 BCC macro 설정

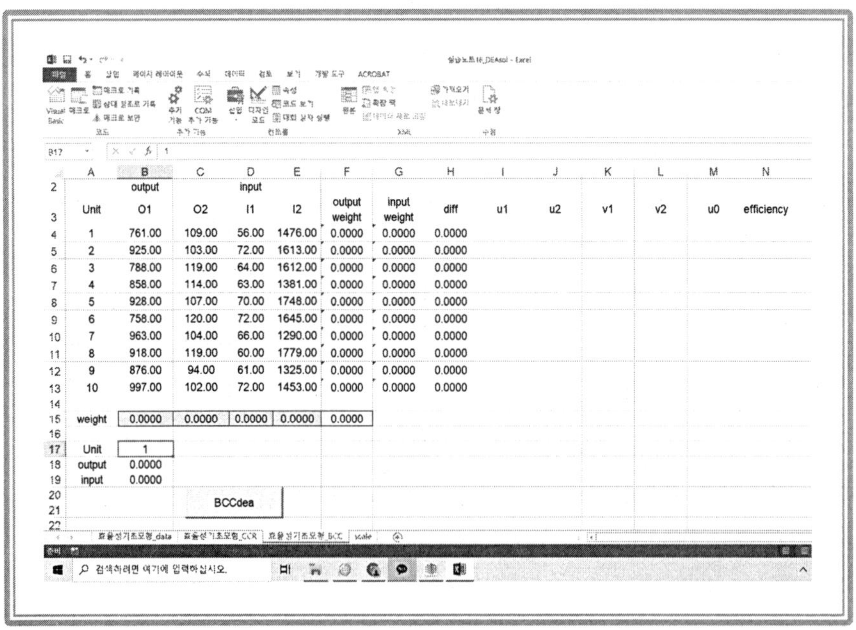

Unit	O1 (output)	O2	I1 (input)	I2	output weight	input weight	diff	u1	u2	v1	v2	u0	efficiency
1	761.00	109.00	56.00	1476.00	0.0000	0.0000	0.0000						
2	925.00	103.00	72.00	1613.00	0.0000	0.0000	0.0000						
3	788.00	119.00	64.00	1612.00	0.0000	0.0000	0.0000						
4	858.00	114.00	63.00	1381.00	0.0000	0.0000	0.0000						
5	928.00	107.00	70.00	1748.00	0.0000	0.0000	0.0000						
6	758.00	120.00	72.00	1645.00	0.0000	0.0000	0.0000						
7	963.00	104.00	66.00	1290.00	0.0000	0.0000	0.0000						
8	918.00	119.00	60.00	1779.00	0.0000	0.0000	0.0000						
9	876.00	94.00	61.00	1325.00	0.0000	0.0000	0.0000						
10	997.00	102.00	72.00	1453.00	0.0000	0.0000	0.0000						
weight	0.0000	0.0000	0.0000	0.0000	0.0000								

Unit	1
output	0.0000
input	0.0000

BCCdea

BA 편집기에 다음의 내용을 입력하여 실행한다.

```
Private Sub BCCdea_Click()
For unit = 1 To 10
Range("B17") = unit
SolverSolve userFinish:=True
Range("i" & 3 + unit) = Range("B15")
Range("j" & 3 + unit) = Range("C15")
Range("k" & 3 + unit) = Range("D15")
Range("l" & 3 + unit) = Range("E15")
Range("m" & 3 + unit) = Range("F15")
Range("n" & 3 + unit) = Range("B18")
Next unit
End Sub
```

VBA 코드에서 먼저 분석 단위 조직 수만큼 반복 계산하도록 한다. 행복센터의 사례에서는 단위 조직이 5개이므로 1에서 5까지 시행하도록 한다. unit의 값을 B10 셀에 입력하고 해 찾기를 보여주지 않고 실행하라는 프로그램을 입력한다. 이 역시 이를 실행하기 위해서는 먼저 프로젝트 창에 보다시피 solver.xlam 파일이 참조되어 있어야 한다. 이 파일의 추가는 VBA 창의 도구 메뉴에서 참조 기능을 이용하여 추가하면 된다.

그리고 결과로 나타나는 B15셀의 값을 J2(“i” & 3+ unit)에 입력하라는 프로그램을 설정한다. 그리고 반복하도록 한다.

I4:I13, J4:J13 셀에는 B15, C15 셀에 계산된 각각 투입요소의 가중치(단위당 비용)를 가져와서 입력하도록 하고, K4:K13, L4:L13 셀에는 D15, E15 셀에 계산된 각각 산출 요소의 가중치(단위당 가치)를 가져와서 입력하도록 한다. 그리고 M4:M13 셀에는 규모를 고려하기 위한, 임의 상수 값인 규모관련지수(RTS) 관련 값인 F15 셀에 계산된 값을 가져와서 입력하도록 한다.

[그림 3-23] 라라코스트 BCC macro 최적해

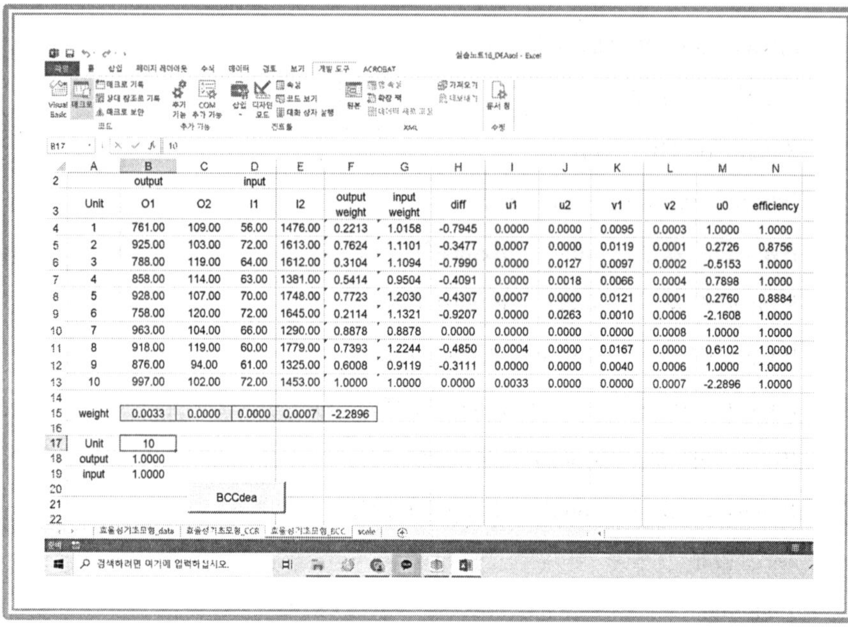

Unit	O1 (output)	O2	I1 (input)	I2	output weight	input weight	diff	u1	u2	v1	v2	u0	efficiency
1	761.00	109.00	56.00	1476.00	0.2213	1.0158	-0.7945	0.0000	0.0000	0.0095	0.0003	1.0000	1.0000
2	925.00	103.00	72.00	1613.00	0.7624	1.1101	-0.3477	0.0007	0.0000	0.0119	0.0001	0.2726	0.8756
3	788.00	119.00	64.00	1612.00	0.3104	1.1094	-0.7990	0.0000	0.0127	0.0097	0.0002	-0.5153	1.0000
4	858.00	114.00	63.00	1381.00	0.5414	0.9504	-0.4091	0.0000	0.0018	0.0066	0.0004	0.7898	1.0000
5	928.00	107.00	70.00	1748.00	0.7723	1.2030	-0.4307	0.0007	0.0000	0.0121	0.0001	0.2760	0.8884
6	758.00	120.00	72.00	1645.00	0.2114	1.1321	-0.9207	0.0000	0.0263	0.0010	0.0006	-2.1608	1.0000
7	963.00	104.00	66.00	1290.00	0.8878	0.8878	0.0000	0.0000	0.0000	0.0000	0.0008	1.0000	1.0000
8	918.00	119.00	60.00	1779.00	0.7393	1.2244	-0.4850	0.0004	0.0000	0.0167	0.0000	0.6102	1.0000
9	876.00	94.00	61.00	1325.00	0.6008	0.9119	-0.3111	0.0000	0.0000	0.0040	0.0006	1.0000	1.0000
10	997.00	102.00	72.00	1453.00	1.0000	1.0000	0.0000	0.0033	0.0000	0.0000	0.0007	-2.2896	1.0000
weight	0.0033	0.0000	0.0000	0.0007	-2.2896								
Unit	10												
output	1.0000												
input	1.0000												

BCCdea

매크로 작업을 통해서 각 체인점(Unit) 최종해가 계산된 B18 셀 값을 N4:N13 영역에 나타나는 [그림 3-23]의 결과를 얻을 수 있다. N4:N13 셀의 목적함수 값을 통해서 체인점 2, 5를 제외하고, 순수기술효율성이 모두 효율적임을 알 수 있다.

CCR, BCC 모두 효율적인 체인점은 1, 4, 7, 8을 제외하고, 체인점 2, 3, 5, 6, 9, 10의 u_0값을 보면 체인점 3, 6, 10은 음수 값을, 체인점 2, 5, 9는 양수 값을 나타내고 있다. 이미 앞에서 언급하였듯이, 실수 u_0는 DMU들의 규모수익효과를 측정하는 척도인 RTS(returns to scale) 값이라고 하였다. $u_0 < 0$이면 규모수익체증으로 규모의 경제성(increasing returns to scale, IRS)이 나타나며, $u_0 = 0$이면 규모수익불변(constant returns to scale, CRS)이며, $u_0 > 0$이면 규모수익체감으로 규모의 비경제성 효과(decreasing returns to scale: DRS)가 나타난다고 평가한다(Banker, et al., 2004).

따라서 체인점 3, 6, 10은 규모의 경제성이 나타나기에 투입 규모에 대한 확대 전략을 수립할 필요가 있으며, 체인점 2, 5, 9는 규모의 비경제성 효과가 나타나기에 투입 규모를 축소하거나, 산출 규모를 확대하기 위한 전략을 모색할 필요가 있음을 알 수 있다.

8) 규모 효율성 측정

규모 효율성은 규모수익불변을 가정한 CCR 모형과 그 가정을 배제한 BCC 모형 간의 비율로 설정한다. 그 값은 CCR 모형에 의한 기술효율성을 BCC 모형에 의한 순수기술효율성으로 나눈 값으로 측정된다(강석규, 2008).

말하자면 기술 효율성을 순수기술 효율성과 규모 효율성으로 분리할 수 있다는 것이며, 비효율성의 원천이 순수하게 기술적인 차원, 즉 투입, 산출 차원에서 존재하는지, 아니면 규모에서 비롯되는 것인지를 보다 구체적으로 검토할 수 있게 되었다. 라라코스트 사례에서 규모 효율성을 측정한 결과, 체인점 1, 4, 7, 8은 CCR, BCC 모두에서 효율적이기 때문에, 체인점 2, 3, 5, 6, 9, 10에 대한 결과에 대해 살펴보면 다음 [표 3-4]와 같다.

[표 3-4] 라라코스트 체인점의 비효율 원천

Unit	TE	PTE	scale	u_0	규모수익 특성	비효율 원인
1	1.00000	1.00000	1.00000	1.0000	CRS	효율
2	0.86856	0.87556	0.99200	0.2726	DRS	규모, 기술
3	0.97332	1.00000	0.97332	-0.5153	IRS	규모
4	1.00000	1.00000	1.00000	0.7898	CRS	효율
5	0.88548	0.88836	0.99676	0.2760	DRS	규모, 기술
6	0.90672	1.00000	0.90672	-2.1608	IRS	규모
7	1.00000	1.00000	1.00000	1.0000	CRS	효율
8	1.00000	1.00000	1.00000	0.6102	CRS	효율
9	0.97403	1.00000	0.97403	1.0000	DRS	규모
10	0.94614	1.00000	0.94614	-2.2896	IRS	규모

체인점 3, 6, 9, 10의 비효율은 규모 차원에서, 체인점 2, 5는 부적절한 규모와 빈약한 관리기술 차원에서 비롯되고 있음을 알 수 있다. 체인점 3, 6, 10에서는 투입 요소 규모를 확대할 필요성이 제기되며, 체인점 2, 5, 9에서는 투입 요소 규모를 축소하거나, 산출 요소 규모를 확대할 필요성이 있을 것으로 판단된다.

3 R 언어를 통한 DEA 효율성 분석

(1) R 언어 기반의 DEA 효율성 분석

통계 계산과 그래픽을 위한 프로그래밍 언어이자 소프트웨어 환경인 R은 1995년 뉴질랜드 오클랜드 대학의 Ross Ihaka와 Robert Gentleman이 개발하였으며, Data Analysis, Data Science, Machine Learning 분야에서 매우 중요한 도구로 사용되고 있다.

특히, Big Data와 AI가 중요성이 커지면서, 데이터 분석 도구로 많은 인기를 누리고 있다. 2017-2019 Data Mining, Machine Learning에서 실제 사용 분석한 Software 설문 조사(KDnuggets)([그림 3-24] 참조)에서 3위에 랭크되었다. Excel의 위치도 잘 살펴두기 바란다.

[그림 3-24] KDnuggets 2017-2019 설문 조사

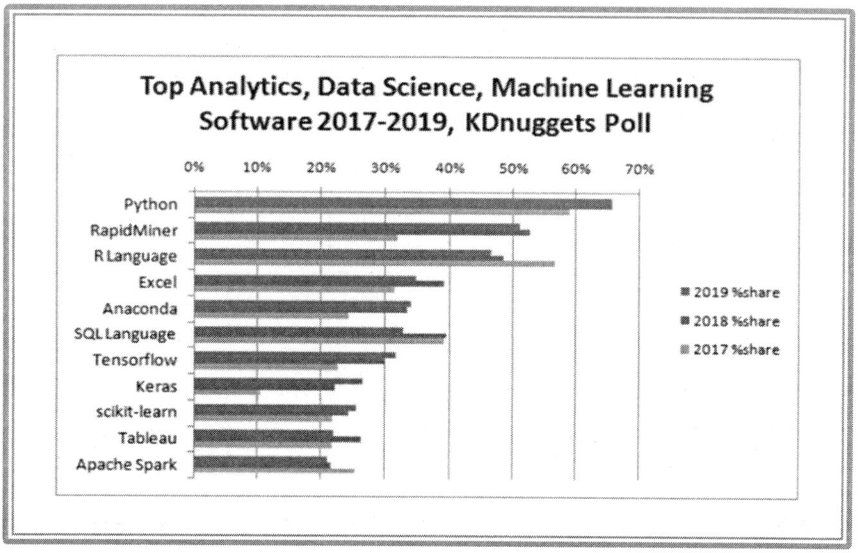

또한 컴퓨터 프로그램 언어 인기도를 측정해 오고 있는 티오베 인덱스(TIOBE Index)에서 R은 2020년 7월 전체 프로그램 랭귀지 중에 8위 기록하였는데, 불과

1년 전 2019년 7월에 R 순위가 20위였던 것에 비하면 인기가 급상승하고 있음을 알 수 있다. 이는 크게 기존의 SAS, SPSSWIN 등의 상용 프로그램 사용 가격이 높아짐에 따라, 연구자들이 무료로 제공하는 언어와 소프트웨어 환경으로 전환하고 있음이며, 세상을 디지털 환경으로 급격하게 바꾸고 있는 코로나 19의 영향으로 관련된 모든 통계 분석과 데이터 마이닝 분석 도구로의 활용 빈도가 커지고 있기 때문이다.

빅데이터 분석 도구 중 고급 분석 수행 가능한 최고 도구이며, 재실행 가능한 언어가 R이다. Excel과 유사하게 또는 더 강력하게 감사가 용이하기도 하다.

R 언어는 활용 가능한 함수(function)들과 예제 Dataset으로 이루어져 있는 강력한 패키지(Packages) 생태계를 지니고 있어서, 다른 오픈 소스에 비해 훨씬 강력한 커뮤니티 파워가 있다. 이러한 배경 하에 R 언어는 패키지를 통한 포괄적인 통계플랫폼으로 다양한 라이브러리, 다양한 분석기법, 정형/비정형 데이터 조작이 용이하다는 강점이 있어서 빅데이터 분석에 아주 적합한 언어로 등장하고 있는 것이다. 그리고 그래픽(Plotting) 작업을 강력하게 지원해 주는 R은 간단한 한 두 줄로 매우 중요한 시각화 기능을 제공해 주고 있다는 장점이 있다.

패키지는 CRAN, BioConductor, Github에서 다운받을 수 있으며, 모든 R 패키지들은 Rdocumentation에서 검색할 수 있다.

R 설치가 이루어지면, R 프로그램을 보다 편리하게 활용하기 위해, 통합개발환경(IDE)으로 GUI 지원, 프로젝트(일련의 프로그램 set) 관리 및 패키지 설치 관리, 환경 설정을 용이하게 해 주는 RStudio를 설치하여 사용한다.

우리는 이 책에서 R을 위한 기초 지식을 제공하기 어려우니, R에 대한 기초 지식은 다른 전문 서적을 활용하기 바란다. 우리는 DEA, AHP 분석과 관련하여 필요한 R 지식을 전하는 것에 만족하며, 독자들이 더 진화, 발전시켜 주기를 바랄 뿐이다.

DEA 분석을 위한 R 패키지로는 Benchmarking, deaR, rDEA 등이 있다. 우리는 이 책에서 Benchmarking 패키지를 사용한다. 그리고 분석을 쉽게 할 수 있도록 필요 패키지도 사용하고자 한다. R 분석을 위해 Excel 데이터를 읽고 저장하게 해 주는 패키지(readxl, writexl, openxlsx), R 분석 결과 데이터 처리를 용이하게 해 주는 패키지(dplyr) 등을 사용하며, 이에 대해서는 별도로 설명할 것이다.

다만 R에서 자료를 용이하게 처리하도록, C: 드라이브 밑에 R과 관련한 별도의 작업 디렉토리(working directory)를 설정하는 것이 좋을 것이다. 이 책에서는 C:/r_data2021 라는 폴더(directory)를 새로 생성하였고, RStudio에서 지정 작업 디렉토리(wd)를 C:/r_data2021로 설정하여 분석하였다.

그리고 R에서 자료 형식이 중요한데, 이 책에서는 행렬(matrix), 데이터프레임(dataframe) 형식을 주로 사용하였다.

(2) 행복 센터(투입 요소 1, 산출 요소 1) 사례 분석

1) 투입 자료 설정

R 기반 분석에서 중요한 첫 작업은 투입되는 데이터 구조를 설정하는 것이다. 행복 센터 사례의 엑셀 데이터(01_dea.xlsx)는 다음과 같이 설정하는 것이 좋다.

투입 요소는 I1, 산출 요소는 O1로 변수 이름을 설정하고, 관찰치를 입력하면 된다(그림 [3-25] 참조). 이러한 데이터 구조로 설정한 것은 DEA 분석 전문 패키지인 DEA-solver에서 입력하는 데이터 구조의 형식이기에, 그 형식에 따라 설정한 것이다.

[그림 3-25] 입력 데이터 구조

	A	B	C
1	Unit	I1	O1
2	A	2	1
3	B	3	4
4	C	5	5
5	D	4	3
6	E	6	7
7			

2) 행복센터 DEA 분석 R 언어 프로그램

① 엑셀 자료 읽고 R에서 파일 생성

```
install.packages("readxl")
library(readxl)
options(digits = 4)
dea_ex <- read_excel("01_dea.xlsx")
dea_ex
```

② 생성 파일에서부터 필요 자료(투입, 산출 자료)를 행렬 자료 형식으로 추출

```
install.packages("dplyr")
library(dplyr)
x <- dea_ex %>%
  select(starts_with("I")) %>%
  as.matrix
y <- dea_ex %>%
  select(starts_with("O")) %>%
  as.matrix
```

③ Benchmarking DEA 분석 패키지 운영

```
install.packages("Benchmarking")
library(Benchmarking)
```

④ CCR DEA 분석과 결과 처리

```
result_ex <- dea(x,y,RTS="crs")
result_ex$eff
peers(result_ex)
lambda(result_ex)
data.frame(DEA = dea_ex$Unit, Efficiencies = result_ex$eff)
```

⑤ BCC DEA 분석과 결과 처리

```
result1_ex <- dea(x,y,RTS="vrs")
result1_ex$eff
peers(result1_ex)
lambda(result1_ex)
data.frame(DEA = dea_ex$Unit, Efficiencies = result1_ex$eff)
```

⑥ CCR 분석결과와 BCC 분석 결과 결합

```
dea_ex1<-cbind(DMU=dea_ex$Unit,
               CRS=result_ex$eff, VRS=result1_ex$eff)
data.frame(dea_ex1)
dea_ex2<-cbind(DMU=dea_ex$Unit, Input=x, Output=y,
               CRS=result_ex$eff, VRS=result1_ex$eff)
data.frame(dea_ex2)
```

⑦ 규모 효율성 분석과 분석 결과들의 종합 파일 생성

```
dea_size <- mutate(data.frame(dea_ex2), SIZE
                   = result_ex$eff/result1_ex$eff)
dea_size
```

⑧ CCR, BCC DEA plot 생성

```
dea.plot(x, y, RTS="vrs", ORIENTATION="in-out", txt=dea_ex$Unit)
dea.plot(x, y, RTS="crs", ORIENTATION="in-out", add=TRUE,
     lty="dotted")
```

⑨ 초효율성 분석과 생성 파일 종합 처리

```
esuper <- sdea(x, y, RTS="crs", ORIENTATION="in")
esuper
dea_super <- mutate(data.frame(dea_size), SUPER = esuper$eff)
dea_super
```

3) R 분석 결과에 대한 이해

프로그램 실행 결과, 생성된 자료나 분석 결과만을 앞의 프로그램 번호 중심으로 설명하기로 하면 다음과 같다.

① R에서 생성된 파일(dea_ex) 내용 :

tibble은 외부 데이터를 dataframe 자료 형식으로 생성한 자료를 말한다. 행 5, 열 3의 데이터 형식으로 생성되었음을 알 수 있다.

```
# A tibble: 5 x 3
  Unit   I1   O1
     <chr>  <dbl>  <dbl>
  1   A      2      1
  2   B      3      4
  3   C      5      5
  4   D      4      3
  5   E      6      7
```

④ CCR DEA 분석과 결과 처리

> result_ex$eff

: CCR 분석 결과, 각 Unit의 효율성이 제시되어 있다.

```
[1] 0.3750 1.0000 0.7500 0.5625 0.8750
```

> peers(result_ex)

: peers는 준거 집단(reference group)에 해당한다. CCR 분석결과, 효율 집단이 2이므로, 비효율적인 다른 집단들의 준거 집단(peers)은 2가 됨을 알 수 있다.

```
      peer1
[1,]    2
[2,]    2
[3,]    2
```

```
[4,]    2
[5,]    2
```

> lambda(result_ex)

: 준거 집단 참조시 적용되는 가중치가 계산되어 제시된다. 투입물과 산출물의 가중치(weight)인 람다(Lamda, λ)값을 통해 증가 또는 감소시켜야 할 투입·산출요소의 값을 설정할 수 있다. 말하자면 준거 집단의 투입, 산출물의 값에 lamda로 계산한 결과값은 frontier에 나타날 투사값(Projected Value)이 된다.

```
        L2
[1,]  0.25
[2,]  1.00
[3,]  1.25
[4,]  0.75
[5,]  1.75
```

> data.frame(DEA = dea_ex$Unit, Efficiencies = result_ex$eff)

: CCR 분석 결과 자료를 dataframe 형식으로 생성하되, 변수 이름을 DEA, Efficiencies로 설정하여 생성한 결과를 제시한다. 생성 결과 행복센터 B가 100% 효율 집단으로 나타났다.

	DEA	Efficiencies
1	A	0.3750
2	B	1.0000
3	C	0.7500
4	D	0.5625
5	E	0.8750

⑤ BCC DEA 분석과 결과 처리

> result1_ex$eff

: BCC 분석 결과, 각 Unit의 효율성이 제시되어 있다.

[1] 1.0000 1.0000 0.8000 0.6667 1.0000

> peers(result1_ex)

: BCC 분석결과, 효율 집단이 1, 2, 5이므로, 비효율적인 다른 집단들의 준거 집단(peers)은 1, 2, 5에서 설정된다. 비효율 집단인 센터 3은 센터 2와 5가 준거집단이고, 비효율 집단인 센터 4는 센터 1과 센터 2가 준거집단이 된다.

	peer1	peer2
[1,]	1	NA
[2,]	2	NA
[3,]	2	5
[4,]	1	2
[5,]	5	NA

> lambda(result1_ex)

: 효율 집단인 센터 1, 2, 5는 자신이 바로 준거 집단이 되지만, 비효율 집단 3은 준거집단 2와 5의 투입 산출 비율을 0.6667 : 0.3333으로 설정하여 효율 집단으로 벤치마킹하고, 비효율 집단 4는 준거집단 1과 2의 투입 산출 비율을 0.3333 : 0.6667로 설정하여 효율집단으로 벤치마킹하게 된다.

	L1	L2	L3
[1,]	1.0000	0.0000	0.0000
[2,]	0.0000	1.0000	0.0000
[3,]	0.0000	0.6667	0.3333
[4,]	0.3333	0.6667	0.0000
[5,]	0.0000	0.0000	1.0000

> data.frame(DEA = dea_ex$Unit, Efficiencies = result1_ex$eff)

: BCC 분석 결과 자료를 dataframe 형식으로 생성하되, 변수 이름을 DEA, Efficiencies로 설정하여 생성한 결과를 제시한다. 생성 결과 행복 센터 A, B, E가 100% 효율 집단임을 알 수 있다.

	DEA	Efficiencies
1	A	1.0000
2	B	1.0000
3	C	0.8000
4	D	0.6667
5	E	1.0000

⑥ CCR 분석결과와 BCC 분석 결과 결합

```
> dea_ex1<-cbind(DMU=dea_ex$Unit, CRS=result_ex$eff,
                      VRS=result1_ex$eff)
> data.frame(dea_ex1)
```

: CCR 효율성과 BCC 효율성 자료를 dataframe 형식으로 결합하여 생성하되, 변수 이름을 DMU, CRS, VRS로 설정하여 생성한 결과를 제시한다.

	DMU	CRS	VRS
1	A	0.375	1
2	B	1	1
3	C	0.75	0.8
4	D	0.5625	0.6667
5	E	0.875	1

```
> dea_ex2<-cbind(DMU=dea_ex$Unit, Input=x, Output=y,
                      CRS=result_ex$eff, VRS=result1_ex$eff)
> data.frame(dea_ex2)
```

: CCR 효율성과 BCC 효율성 자료를 dataframe 형식으로 결합하고, 투입자료와 산출 자료 데이터도 결합하여 생성한 결과를 제시한다.

	DMU	I1	O1	CRS	VRS
1	A	2	1	0.375	1
2	B	3	4	1	1

3	C	5	5	0.75	0.8
4	D	4	3	0.5625	0.6667
5	E	6	7	0.875	1

⑦ 규모 효율성 분석과 분석 결과들의 종합 파일 생성

```
> dea_size <- mutate(data.frame(dea_ex2),
                     SIZE = result_ex$eff/result1_ex$eff)
> dea_size
```

: CCR 효율성과 BCC 효율성, 투입 자료와 산출 자료를 dataframe 형식으로 결합한 파일에다, 규모 효율성(SIZE)를 CCR/BCC 산식으로 계산한 새로운 변수를 생성하여 부가한(mutate) 결과를 생성하여 제시한다.

	DMU	I1	O1	CRS	VRS	SIZE
1	A	2	1	0.375	1	0.3750
2	B	3	4	1	1	1.0000
3	C	5	5	0.75	0.8	0.9375
4	D	4	3	0.5625	0.6667	0.8438
5	E	6	7	0.875	1	0.8750

⑧ CCR, BCC DEA plot 생성

```
> dea.plot(x, y, RTS="vrs", ORIENTATION="in-out", txt=dea_ex$Unit)
> dea.plot(x, y, RTS="crs", ORIENTATION="in-out", add=TRUE,
           lty="dotted")
```

: 먼저 규모가변(VRS) 효율 frontier를 그래프(plot)로 작성하는데, 각 점의 이름은 생성된 dea_ex 파일의 Unit 변수 값(dea_ex$Unit)을 텍스트를 입력하도록 한다. 또한 규모불변(CRS) 효율 frontier를 그래프(plot)로 작성하되, 선 스타일(lty)은 점선으로 표기하도록 한다. 이 그래프(plot)는 투입 요소 1, 산출 요소 1인 경우에만 평면 좌표에서 작성 가능하다([그림 3-26] 참조).

[그림 3-26] 규모 불변/가변 효율 frontier

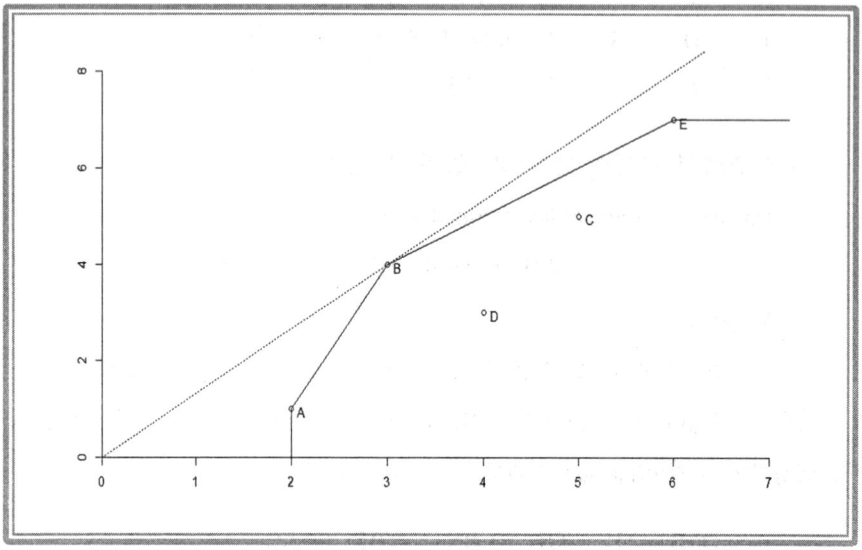

⑨ 초효율성 분석과 생성 파일 종합 처리

```
> esuper <- sdea(x, y, RTS="crs", ORIENTATION="in")
> esuper
```

: 효율적이든 아니든 평가 대상 DMU에 대한 순위를 결정하기 위해 초효율성 값을 통해 전체 등수를 제시한다. 초효율성의 값은 효율성 값처럼 제한 받지 않고, 1 이상의 값도 나타난다.

```
[1] 0.3750 1.1429 0.7500 0.5625 0.8750
```

```
> dea_super <- mutate(data.frame(dea_size), SUPER = esuper$eff)
> dea_super
```

: 앞에서 생성하였던 dataframe 자료에 초효율성 값을 덧붙여서 전체 효율성들을 한 눈에 파악할 수 있도록 파일을 생성하여 제시한다.

	DMU	I1	O1	CRS	VRS	SIZE	SUPER
1	A	2	1	0.375	1	0.3750	0.3750
2	B	3	4	1	1	1.0000	1.1429

3	C	5	5	0.75	0.8	0.9375	0.7500
4	D	4	3	0.5625	0.6667	0.8438	0.5625
5	E	6	7	0.875	1	0.8750	0.8750

(3) 라라코스트 체인점(투입 요소 2, 산출 요소 2) 사례 분석

1) 투입 자료 설정

R 기반 분석에 적합한 데이터 구조를 설정하는 것이 중요하다. 라라코스트 체인점 사례의 엑셀 데이터(dea_R_01.xlsx)는 다음 [표 3-5]와 같이 설정한다.

투입 요소는 I1, I2, 산출 요소는 O1, O2로 변수 이름을 설정하고, 관찰치를 입력한다. DEA 분석 전문 패키지인 DEA-solver에서 입력하는 데이터 구조 형식에 맞추어 설정하였다.

[표 3-5] 라라코스트 입력 데이터 구조

Unit	I1	I2	O1	O2
1	56.00	1476.00	761.00	109.00
2	72.00	1613.00	925.00	103.00
3	64.00	1612.00	788.00	119.00
4	63.00	1381.00	858.00	114.00
5	70.00	1748.00	928.00	107.00
6	72.00	1645.00	758.00	120.00
7	66.00	1290.00	963.00	104.00
8	60.00	1779.00	918.00	119.00
9	61.00	1325.00	876.00	94.00
10	72.00	1453.00	997.00	102.00

2) 라라코스트 체인점 DEA 분석 R 언어 프로그램

① 엑셀 자료 읽고 R에서 파일 생성

```
install.packages("readxl")
library(readxl)
```

```
dea_Ra <- read_excel("dea_R_01.xlsx")
dea_Ra
```

② 생성 파일에서부터 필요 자료(투입, 산출 자료)를 행렬 자료 형식으로 추출

```
install.packages("dplyr")
library(dplyr)
x <- dea_Ra %>%
  select(starts_with("I")) %>%
  as.matrix
y <- dea_Ra %>%
  select(starts_with("O")) %>%
  as.matrix
```

③ Benchmarking DEA 분석 패키지 운영

```
install.packages("Benchmarking")
library(Benchmarking)
```

④ CCR DEA 분석과 결과 처리

```
resultR <- dea(x,y,RTS="crs")
resultR$eff
lambda(resultR)
peers(resultR)
data.frame(DEA = dea_Ra$Unit, Efficiencies = resultR$eff)
```

⑤ BCC DEA 분석과 결과 처리

```
resultR1 <- dea(x,y,RTS="vrs")
resultR1$eff
lambda(resultR1)
peers(resultR1)
data.frame(DEA = dea_Ra$Unit, Efficiencies = resultR1$eff)
```

⑥ CCR 분석결과와 BCC 분석 결과 결합

```
deaR_ex<-cbind(DMU=dea_Ra$Unit, CRS=resultR$eff, VRS=resultR1$eff)
data.frame(deaR_ex)
deaR_ex1<-cbind(DMU=dea_Ra$Unit, Input=x, Output=y,
                CRS=resultR$eff, VRS=resultR1$eff)
data.frame(deaR_ex1)
```

⑦ 규모 효율성 분석과 분석 결과들의 종합 파일 생성

```
deaR_size <- mutate(data.frame(deaR_ex1),
                    SIZE = resultR$eff/resultR1$eff)
deaR_size
```

⑧ 초효율성 분석과 생성 파일 종합 처리

```
esuperR <- sdea(x, y, RTS="crs", ORIENTATION="in")
esuperR$eff
deaR_super <- mutate(data.frame(deaR_size), SUPER = esuperR$eff)
deaR_super
```

3) 라라코스트 R 분석 결과에 대한 이해

프로그램 실행 결과, 생성된 자료나 직관적으로 알기 어려운 분석 결과들을 중심으로 설명하기로 하자.

① R에서 외부 엑셀 파일(dea_R_01.xlsx)을 읽어서 파일(dea_Ra) 생성

: tibble은 외부 데이터를 dataframe 자료 형식으로 생성한 자료로, 행 10, 열 5의 데이터 형식으로 생성되었음을 알 수 있다.

```
# A tibble: 10 x 5
  Unit  I1  I2  O1  O2
```

	<chr>	<dbl>	<dbl>	<dbl>	<dbl>
1	1	56	1476	761	109
2	2	72	1613	925	103
3	3	64	1612	788	119
4	4	63	1381	858	114
5	5	70	1748	928	107
6	6	72	1645	758	120
7	7	66	1290	963	104
8	8	60	1779	918	119
9	9	61	1325	876	94
10	10	72	1453	997	12

④ CCR DEA 분석과 결과 처리

```
> resultR <- dea(x,y,RTS="crs")
> resultR$eff
```

: CCR 분석 결과, 각 Unit의 효율성이 제시되어 있다. 네 개 체인점(1, 4, 7, 8)이 효율적으로 나타나고 있음을 알 수 있다.

```
[1] 1.0000000 0.8685589 0.9733241 1.0000000 0.8854814 0.9067250
    1.0000000 1.0000000 0.9740264
[10] 0.9461408
```

```
> lambda(resultR)
```

: 효율 집단인 체인점 1, 4, 7, 8은 자신이 바로 준거 집단이 되지만, 나머지 비효율 집단들은 효율 집단들을 준거 집단(reference group, peers)으로 삼아 벤치마킹을 실행할 수 있다. lambda 결과에는 효율 집단으로 나아가기 위해 조정하여야 할 투입 산출 가중치가 제시되지만, 준거 집단도 동시에 제시됨을 알아야 한다. 체인점 2의 경우, 체인점 7, 8이 준거 집단이며, 가중치는 0.6795832 : 0.29472917로 제시되었다. 체인점 3은 체인점 1과 4가 준거 집단이 되며, 적용

가중치는 아래 결과를 참조하면 된다. 체인점 5는 체인점 7과 8을, 체인점 6은 체인점 1과 4를, 체인점 9와 10은 각각 체인점 7과 8을 준거 집단으로 삼되, 적용되는 가중치 비율은 서로 다르며, 결과를 통하여 확인할 수 있다.

	L1	L4	L7	L8
[1,]	1.0000000	0.0000000	0.0000	0.0000
[2,]	0.0000000	0.0000000	0.6795832	0.29472917
[3,]	0.8191046	0.2606807	0.0000000	0.0000000
[4,]	0.0000000	1.0000000	0.0000000	0.0000000
[5,]	0.0000000	0.0000000	0.4348405	0.55473701
[6,]	0.2434810	0.8198295	0.0000000	0.0000000
[7,]	0.0000000	0.0000000	1.0000000	0.0000000
[8,]	0.0000000	0.0000000	0.0000000	1.0000000
[9,]	0.0000000	0.0000000	0.7063845	0.21323714
[10,]	0.0000000	0.0000000	0.9672796	0.07136135

> peers(resultR)

: peers는 준거 집단(reference group)에 해당한다. 앞에서 분석한 lambda 값에서도 나타나 있지만, 비효율 집단들이 효율 집단으로 개선해 나가기 위하여, 참조하여야 할 효율 집단들의 내역들이 제시되어 있다. 예를 들어, 비효율 체인점 2는 효율적인 체인점 7, 8이 준거 집단(peers)으로 참조할 체인점이다. 이는 lambda 분석에서 나타난 결과를 참고하여 검토하면 도움이 될 것이다. 효율 체인점은 자신 이외에는 참조할 대상이 제시되어 있지 않다.

	peer1	peer2
[1,]	1	NA
[2,]	7	8
[3,]	1	4
[4,]	4	NA
[5,]	7	8

```
[6,]    1    4
[7,]    7    NA
[8,]    8    NA
[9,]    7    8
[10,]   7    8
```

> data.frame(DEA = dea_Ra$Unit, Efficiencies = resultR$eff)

: CCR 분석 결과 자료를 dataframe 형식으로 생성하되, 변수 이름을 DEA, Efficiencies로 설정하여 생성한 결과를 제시한다. 생성 결과 체인점 1, 4, 7, 8이 100% 효율 집단으로 나타났다.

	DEA	Efficiencies
1	1	1.0000000
2	2	0.8685589
3	3	0.9733241
4	4	1.0000000
5	5	0.8854814
6	6	0.9067250
7	7	1.0000000
8	8	1.0000000
9	9	0.9740264
10	10	0.9461408

⑤ BCC DEA 분석과 결과 처리

> resultR1 <- dea(x,y,RTS="vrs")

> resultR1$eff

: BCC 분석 결과, 각 Unit의 효율성이 제시되어 있다. 분석 결과에서 보면 체인점 2와 5가 비효율로 나타나고 있다.

```
[1] 1.0000000 0.8755616 1.0000000 1.0000000 0.8883577 1.0000000
    1.0000000 1.0000000 1.0000000
[10] 1.0000000
```

> lambda(resultR1)

: 비효율 집단인 체인점 2와 5는 효율 체인점인 7, 8, 9를 준거 집단(reference group, peers)으로 삼아 제시된 투입 산출 가중치 lambda 값으로 조정하여 효율 집단으로 나아갈 수 있을 것이다.

	L1	L3	L4	L6	L7	L8	L9	L10
[1,]	1	0	0	0	0.0000000	0.0000000	0.0000000	0
[2,]	0	0	0	0	0.4535297	0.2272124	0.3192580	0
[3,]	0	1	0	0	0.0000000	0.0000000	0.0000000	0
[4,]	0	0	1	0	0.0000000	0.0000000	0.0000000	0
[5,]	0	0	0	0	0.3426657	0.5282877	0.1290466	0
[6,]	0	0	0	1	0.0000000	0.0000000	0.0000000	0
[7,]	0	0	0	0	1.0000000	0.0000000	0.0000000	0
[8,]	0	0	0	0	0.0000000	1.0000000	0.0000000	0
[9,]	0	0	0	0	0.0000000	0.0000000	1.0000000	0
[10,]	0	0	0	0	0.0000000	0.0000000	0.0000000	1

> peers(resultR1)

: peers는 준거 집단(reference group)에 해당한다. 비효율 집단들이 효율 집단으로 개선해 나가기 위하여, 참조하여야 할 효율 집단들의 내역들이 제시되어 있다. 결과에서 알 수 있듯이, 비효율 체인점 2와 5는 각각 효율적인 체인점 7, 8, 9를 준거집단(peers)으로 참조할 수 있다.

	peer1	peer2	peer3
[1,]	1	NA	NA
[2,]	7	8	9
[3,]	3	NA	NA

```
[4,]   4    NA   NA
[5,]   7     8    8
[6,]   6    NA   NA
[7,]   7    NA   NA
[8,]   8    NA   NA
[9,]   9    NA   NA
[10,]  10   NA   NA
```

```
> data.frame(DEA = dea_Ra$Unit, Efficiencies = resultR1$eff)
```

: BCC 분석 결과 자료를 dataframe 형식으로 생성하되, 변수 이름을 DEA, Efficiencies로 설정하여 생성한 결과를 제시한다. 생성 결과 행복센터 2, 5가 비효율 집단임을 알 수 있다.

```
    DEA  Efficiencies
1    1    1.0000000
2    2    0.8755616
3    3    1.0000000
4    4    1.0000000
5    5    0.8883577
6    6    1.0000000
7    7    1.0000000
8    8    1.0000000
9    9    1.0000000
10  10    1.0000000
```

```
> deaR_ex<-cbind(DMU=dea_Ra$Unit, CRS=resultR$eff,
                 VRS=resultR1$eff)
> data.frame(deaR_ex)
```

: CCR 효율성과 BCC 효율성 자료를 dataframe 형식으로 결합하여 생성하되, 변수 이름을 DMU, CRS, VRS로 설정하여 생성한 결과를 제시한다.

	DMU	CRS	VRS
1	1	1.0000000	1.0000000
2	2	0.8685589	0.8755616
3	3	0.9733241	1.0000000
4	4	1.0000000	1.0000000
5	5	0.8854814	0.8883577
6	6	0.9067250	1.0000000
7	7	1.0000000	1.0000000
8	8	1.0000000	1.0000000
9	9	0.9740264	1.0000000
10	10	0.9461408	1.0000000

```
> deaR_ex1<-cbind(DMU=dea_Ra$Unit, Input=x, Output=y,
                  CRS=resultR$eff, VRS=resultR1$eff)
> data.frame(deaR_ex1)
```

: CCR 효율성과 BCC 효율성 자료를 dataframe 형식으로 결합하고, 투입 자료와 산출 자료 데이터도 결합하여 생성한 결과를 제시한다.

	DMU	I1	I2	O1	O2	CRS	VRS
1	1	56	1476	761	109	1.0000000	1.0000000
2	2	72	1613	925	103	0.8685589	0.8755616
3	3	64	1612	788	119	0.9733241	1.0000000
4	4	63	1381	858	114	1.0000000	1.0000000
5	5	70	1748	928	107	0.8854814	0.8883577
6	6	72	1645	758	120	0.9067250	1.0000000
7	7	66	1290	963	104	1.0000000	1.0000000
8	8	60	1779	918	119	1.0000000	1.0000000
9	9	61	1325	876	94	0.9740264	1.0000000
10	10	72	1453	997	12	0.9461408	1.0000000

```
> deaR_size <- mutate(data.frame(deaR_ex1),
                      SIZE = resultR$eff/resultR1$eff)
> deaR_size
```

: CCR 효율성과 BCC 효율성, 투입 자료와 산출 자료를 dataframe 형식으로 결합한 파일에다, 규모 효율성(SIZE)를 CCR/BCC 산식으로 계산한 새로운 변수를 생성하여 부가한(mutate) 결과를 생성하여 제시한다.

	DMU	I1	I2	O1	O2	CRS	VRS	SIZE
1	1	56	1476	761	109	1.0000000	1.0000000	1.0000000
2	2	72	1613	925	103	0.8685589	0.8755616	0.9920020
3	3	64	1612	788	119	0.9733241	1.0000000	0.9733241
4	4	63	1381	858	114	1.0000000	1.0000000	1.0000000
5	5	70	1748	928	107	0.8854814	0.8883577	0.9967622
6	6	72	1645	758	120	0.9067250	1.0000000	0.9067250
7	7	66	1290	963	104	1.0000000	1.0000000	1.0000000
8	8	60	1779	918	119	1.0000000	1.0000000	1.0000000
9	9	61	1325	876	94	0.9740264	1.0000000	0.9740264
10	10	72	1453	997	12	0.9461408	1.0000000	0.9461408

```
> esuperR <- sdea(x, y, RTS="crs", ORIENTATION="in")
> esuperR
```

: 효율적이든 아니든 평가 대상 DMU에 대한 순위를 결정하기 위해 초효율성 값을 통해 전체 등수를 제시한다. 초효율성의 값은 효율성 값처럼 제한 받지 않고, 1 이상의 값도 나타난다.

초효율성 분석 결과에서 가장 우수한 체인점은 1.10961 점수를 받은 체인점 7임을 알 수 있으며, 2위 순위 체인점은 체인점 8이며, 가장 열등한 체인점은 체인점 2임을 알 수 있다.

```
[1] 1.0195 0.8686 0.9733 1.0613 0.8855 0.9067 1.1091 1.0961 0.9740
    0.9461
```

```
> deaR_super <- mutate(data.frame(deaR_size), SUPER = esuperR$eff)
> deaR_super
```

: 앞에서 생성하였던 규모효율성 dataframe 자료에 초효율성 값을 덧붙여서 전체 효율성들을 한 눈에 파악할 수 있도록 파일을 생성하여 제시한다.

	DMU	I1	I2	O1	O2	CRS	VRS	SIZE	SUPER
1	1	56	1476	761	109	1.0000000	1.0000000	1.0000000	1.0194530
2	2	72	1613	925	103	0.8685589	0.8755616	0.9920020	0.8685589
3	3	64	1612	788	119	0.9733241	1.0000000	0.9733241	0.9733241
4	4	63	1381	858	114	1.0000000	1.0000000	1.0000000	1.0612996
5	5	70	1748	928	107	0.8854814	0.8883577	0.9967622	0.8854814
6	6	72	1645	758	120	0.9067250	1.0000000	0.9067250	0.9067250
7	7	66	1290	963	104	1.0000000	1.0000000	1.0000000	1.1090939
8	8	60	1779	918	119	1.0000000	1.0000000	1.0000000	1.0960500
9	9	61	1325	876	94	0.9740264	1.0000000	0.9740264	0.9740264
10	10	72	1453	997	102	0.9461408	1.0000000	0.9461408	0.9461408

초효율성 값을 토대로 보면, 가장 우수한 체인점은 체인점 7임을 알 수 있으며, 가장 열등한 체인점은 체인점 2임을 알 수 있다.

R 기반으로 간단하게 살펴보았는데, 보다 자세한 내용들은 독자들이 연구하여 더욱 풍부한 결과를 얻기를 바란다.

4 그래프를 통한 DEA 효율성 이해

(1) 행복 센터 사례 그래프를 통한 DEA 효율성 이해

이제까지 투입 요소 1, 산출 요소 1인 행복 센터 사례와 투입 요소 2, 산출 요소 2인 라라코스트 사례에 대해 Excel과 R 언어로 효율성을 분석하였다. 그런

[그림 3-27] CCR/BCC 효율 frontier

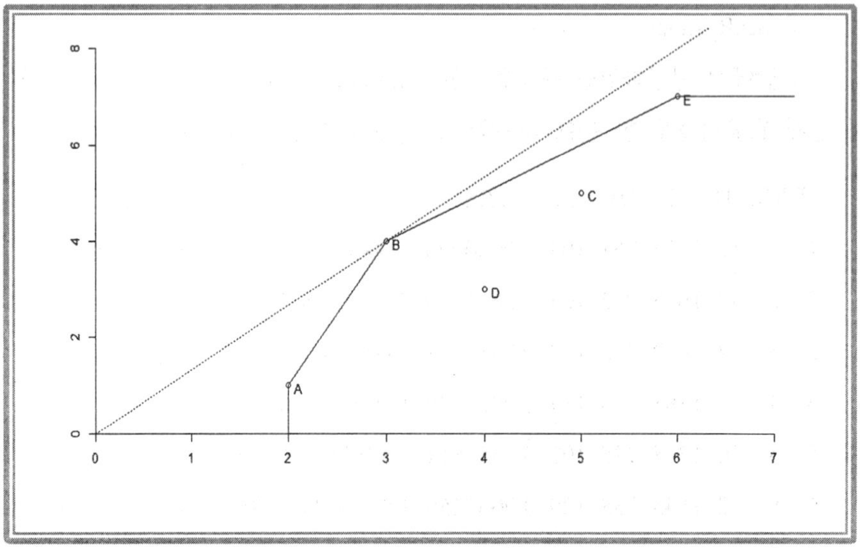

가운데 그래프 기능이 탁월한 R 분석에서 특히 행복 센터 사례에 대해 다음과 같은 CCR, BCC frontier를 작성할 수 있었다.

이 장에서는 이 CCR, BCC frontier 그래프([그림 3-27] 참조)를 통하여 DEA 효율성에 대해 보다 구체적으로 이해를 갖도록 하자.

1) CCR 모형의 CRS 효율성

[표 3-6] 행복 센터 입력 자료

Unit	(I)input	(O)output
1	2.00	1.00
2	3.00	4.00
3	5.00	5.00
4	4.00	3.00
5	6.00	7.00

먼저 행복 센터 사례의 데이터 [표 3-6]을 다시 불러 와서, 그래프와 연계하여 살펴보도록 한다. 행복 센터는 다음의 표와 같이 투입요소 1(공무원 수), 산출 요소 1(처리 면허서류 건수)의 데이터로 구성되어 있다.

[그림 3-28] CCR 효율 frontier

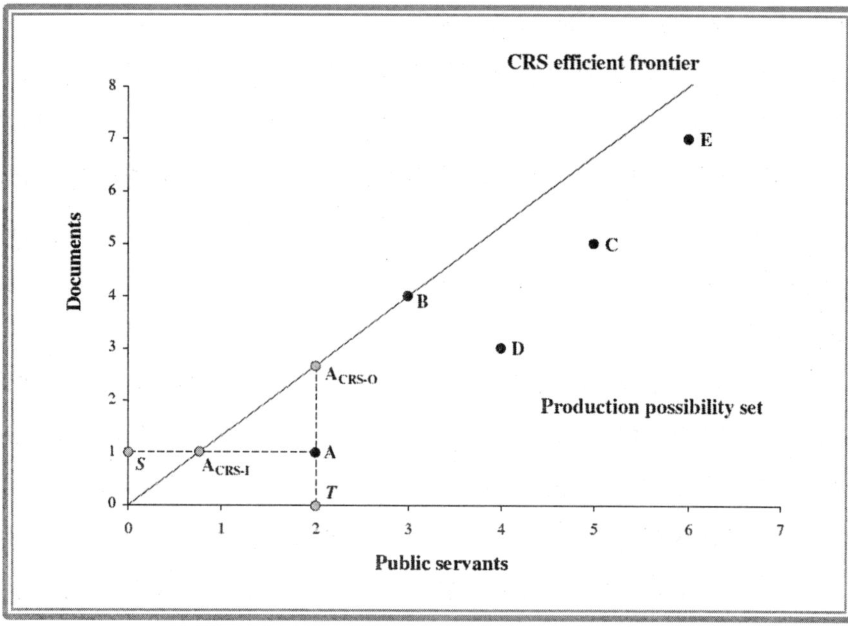

[표 3-7] CCR 효율성

Unit	(I)input	(O)output	CCR 효율성
A	2.00	1.00	0.3750
B	3.00	4.00	1.0000
C	5.00	5.00	0.7500
D	4.00	3.00	0.5625
E	6.00	7.00	0.8750

행복 센터 사례의 CCR 효율 frontier를 그래프로 정리하여 살펴보면 다음 [그림 3-28]과 같으며, CCR 효율성은 다음 [표 3-7]과 같다. 이미 Excel과 R을 통하여 결과를 알고 있듯이, 센터 B가 효율 센터이며, 나머지 센터는 비효율 센터이다.

말하자면 센터 B에서 가장 생산성 비율이 가장 좋다고 말할 수 있다. 데이터에서 알 수 있듯이, 4(산출)/3(투입) = 1.33으로 생산성 비율이 가장 좋으며, 공무원 1인이 1.33 서류를 처리하고 있는 100% 효율 센터임을 알 수 있다.

[그림 3-28]에서와 같이, 센터 A의 투입 요소 측면에서 효율성 문제를 살펴보

도록 하자. 센터 A의 효율성은 SAcrs-i/SA로 표현된다. Acrs-i는 A를 효율 frontier에 투사시킨 투사값(projection)이다.

DEA 모형은 투입 지향 모형과 산출 지향 모형을 선택하여 분석할 수 있다. 투입 지향 모형은 산출 수준을 고정하고 투입 수준을 최소화하려는 분석이고, 산출 지향 모형은 투입 수준을 고정하고 산출 수준을 최소화하려는 분석이다. 앞에서 언급하였듯이 이러한 분석 모형의 근간은 모형의 쌍대 모형(dual model)이기 때문에 오해의 여지가 있지만, 일반의 원 모형(promal model) 입장에서는 역으로 간주하면 된다.

그리고 CCR 모형에서는 투입이나 산출 지향 모형의 최적해에 차이가 없으며, BCC 모형에서 지향 모형에 따라 차이가 있지만, Coelli and Perelman(1996, 1999)은 BCC 모형에서의 기술 효율성 차이는 아주 사소할 정도라고 밝히고 있다. 따라서 투입 지향이나 산출 지향 모형으로 고민을 할 필요가 없다고 말할 수 있으며, 이 저서에서는 쌍대모형의 투입 지향 모형, 즉 원 모형에서의 산출 지향 모형을 근간으로 설명한다.

A를 효율 frontier에 투사시킨 투사값(projection)인 Acrs-i는 다음 [표 3-8]과 같이 CCR 모형의 peers가 되는 B 센터 값을 토대로 lambda 값을 곱하여 계산한다.

[표 3-8] lambda와 투사값

Unit	(I)input	lambda	projection	CCR 효율성
A	2.00	0.25	0.75	0.3750
B	3.00	1	3.00	1.0000
C	5.00	1.25	3.75	0.7500
D	4.00	0.75	2.25	0.5625
E	6.00	1.75	5.25	0.8750

A를 효율 frontier에 투사시킨 투사값(projection)인 Acrs-i는 다음 표와 같이 CCR 모형의 peers가 되는 B 센터 값을 토대로 lambda 값을 곱하여 계산한다.

A의 효율값은 SAcrs-i/SA로 표현된다고 하였는데, 그 값은 표의 CCR 효율성에 제시되어 있듯이, 37.5%이다. 이는 똑같은 성과를 내기 위해서, 투입 공무원

수를 62.5% 줄일 수 있다는 의미이다. A의 산출 요소 측면에서, 효율값은 TA/TAcrs-o로 표현되며, 투입 공무원 수를 그대로 둔다면, 산출 성과를 62.5% 증가시킬 수 있음을 의미한다.

2) BCC 모형의 VRS 효율성

그러면 규모 가변 효율성(VRS)에 대해서 살펴보자.

VRS 효율 frontier는 다음 [그림 3-29]와 같다. 그림에서 알 수 있듯이, VRS 효율 frontier는 효율 센터인 A, B, E가 효율 경계선(frontier)에 있으며, 효율 경계선이 모든 관찰치들을 에워싸고(enveloping) 있는 형상을 하고 있다. C, D 센터가 100% 효율에서 떨어지고 있음을 알 수 있다.

[그림 3-29] BCC 효율 frontier

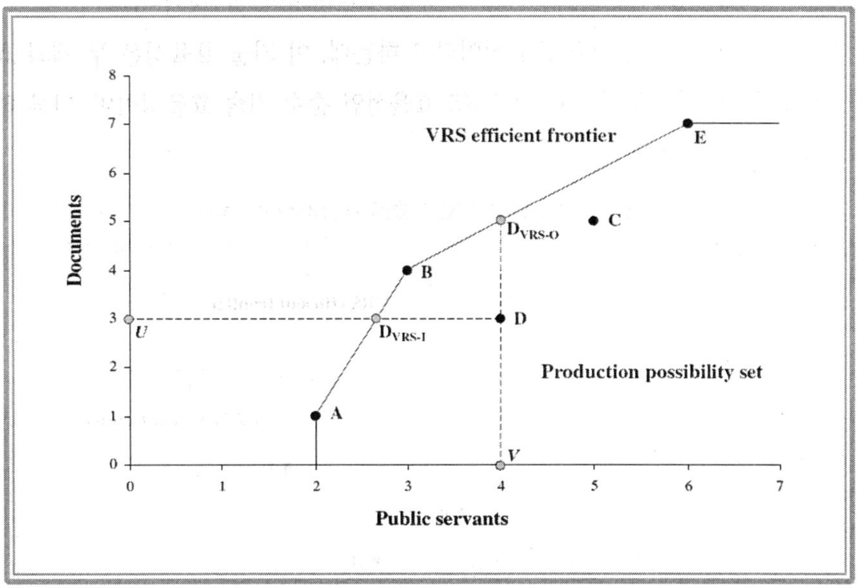

행복센터 D에 대해 알아보자.

투입 요소 측면에서 보면, D의 효율성은 UDvrs-i/UD이다. D의 효율성은 66.7%이다. 따라서 주어진 산출 성과를 내기 위해서, 투입 요소를 33.3% 줄일 수 있을 것이다([표 3-9] 참조).

[표 3-9] BCC 효율성

Unit	(I)input	(O)output	BCC 효율성
A	2.00	1.00	1.000
B	3.00	4.00	1.000
C	5.00	5.00	0.800
D	4.00	3.00	0.667
E	6.00	7.00	1.000

산출 요소에서 보면, D의 효율성은 VD/VDvrs-o이다.

다음 [그림 3-30]은 CRS와 VRS 효율 frontier를 같이 표현한 것이다. 우리가 R로 그래프를 제시한 그림이다. CRS와 VRS 간의 갭은 규모의 문제와 연결되어 있다. 행복센터 A의 경우, VRS에서는 효율적이다. CRS에서는 비효율적인데, 효율적인 센터가 되기 위해서는 규모 조정을 고려하여야 할 것이다.

CRS 효율성을 대개 기술 효율성이라고 하는데, 이 기술 효율성은 두 개의 효율성으로 분리할 수 있다. 하나는 VRS 효율성인 순수 기술 효율성이며, 다른 하나는 규모 효율성이다.

[그림 3-30] CCR/BCC 효율 frontier와 투사

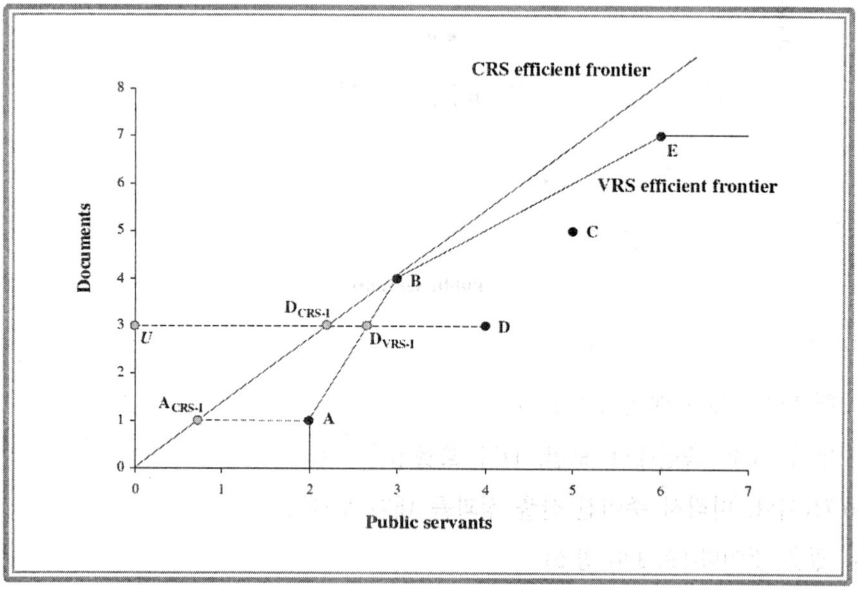

행복 센터 D의 경우로 각각의 효율성을 살펴보자.

[그림 3-30]에서 보면 CRS 효율성인 기술 효율성은 UDcrs-i/UD이며, VRS 효율성인 순수 기술 효율성은 UDvrs-i/UD이므로, 두 효율성의 갭은 UDcrs-i/UDvrs-i으로 표현된다. 이에 따라 나타난 효율성 값은 다음 [표 3-10]과 같다.

[표 3-10] 기술, 순수기술, 규모 효율성 이해

기술 효율성 (CRS 효율성)	순수기술 효율성 (VRS 효율성)	규모 효율성
UDcrs-i/UD = 56.25%	UDvrs-i/UD = 66.67%	UDcrs-i/UDvrs-i = 84.38%

행복 센터 모두에 대한 효율성을 계산하면 다음 [표 3-11]과 같다.

[표 3-11] 기술, 순수기술, 규모 효율성 관계

Unit	(I)input	(O)output	CRS 효율성	VRS 효율성	규모 효율성
A	2.00	1.00	0.3750	1.0000	0.3750
B	3.00	4.00	1.0000	1.0000	1.0000
C	5.00	5.00	0.7500	0.8000	0.9375
D	4.00	3.00	0.5625	0.6667	0.8438
E	6.00	7.00	0.8750	1.0000	0.8750

3) 규모 효율성과 규모 수익 특성의 이해

그러면 규모 수익의 특성에 대해 좀 더 자세히 살펴보기로 하자. 이를 위해 다음 [그림 3-31]에 집중해 보자. 규모 수익 특성을 알아보기 위해서는 VRS 효율 센터인 A, Dvrs-i, B, Cvrs-i, E의 효율 frontier 경사면을 살펴보아야 한다.

행복센터 B는 CRS, VRS 모두에서 효율적이기 때문에, 두 frontier에 맞물려 나타나고 있다. B의 경우, VRS 효율선에서 가장 높은 생산성인 4/3=1.33값을 가지고 있다. 이는 CRS에서도 마찬가지이다. B의 경우, 규모가 생산성에 영향을 미치지는 않는다고 볼 수 있다.

반면 행복센터 또는 행복센터의 효율 투사값 중에서 생산성에 긍정적 영향을 미치는 점에 대해 알아보자. A와 Dvrs-i 점이 이러한 특성을 지니고 있다. A의 생산성은 0.5(=1/2)이며, Dvrs-i의 생산성은 1.12(=3/2.67)이다. 다음 [표 3-12]의

[그림 3-31] 규모 효율 특성

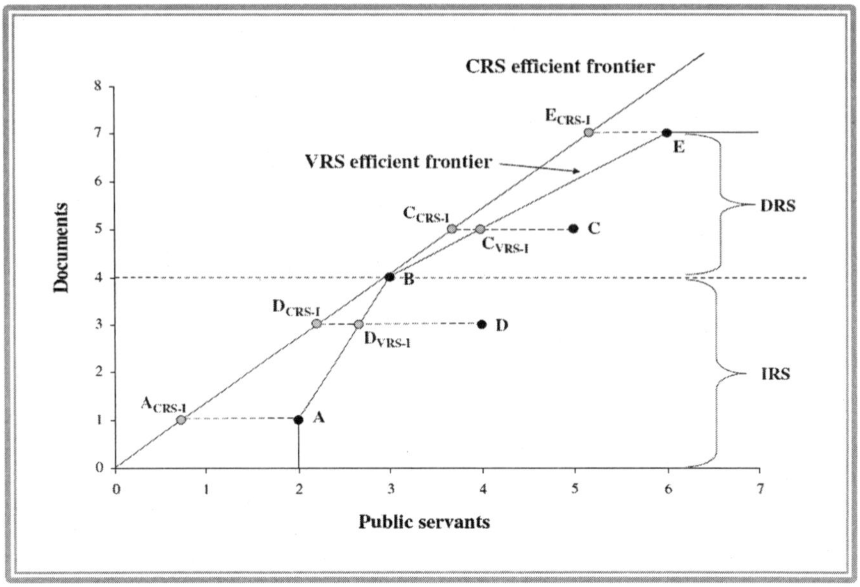

[표 3-12] BCC 효율과 투사

Unit	(I)input	(O)output	peer1	lambda1	peer2	lambda2	vrs-i projection
A	2.00	1.00	A	1	-	-	2
B	3.00	4.00	B	1	-	-	3
C	5.00	5.00	B	0.667	E	0.333	4.000
D	4.00	3.00	A	0.333	B	0.667	2.667
E	6.00	7.00	E	1	-	-	6

VRS-i 투사값을 참조하기 바란다.

앞의 표와 다음 [그림 3-32]에서 알 수 있듯이, 센터 C의 준거집단(peers)은 B, E이며, 센터 D의 준거집단은 A, B임을 알 수 있다.

A와 Dvrs-i의 생산성을 비교하면, 정점인 B의 생산성에 도달할 때까지 생산성 비율은 규모에 따라 증가하고 있다. 이를 통하여 센터 A와 D는 규모가 증가함에 따라 규모 수익이 증가하고 있음을 알 수 있으며, 규모의 경제가 나타나고 있다고 말한다. 즉, 센터 A와 D에서는 규모 수익 증가(IRS : increasing returns to

[그림 3-32] 참조 집단의 이해

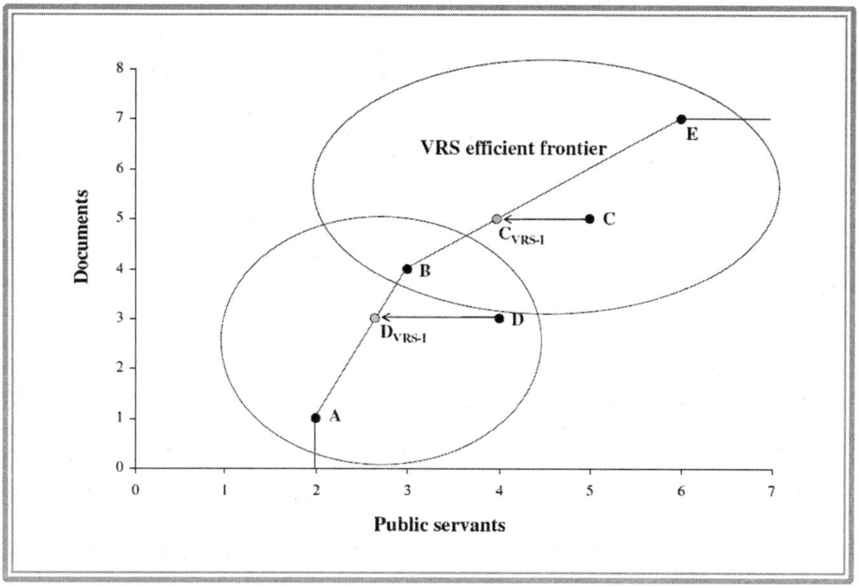

scale)가 나타난다고 말할 수 있다.

그리고 행복 센터 또는 행복 센터의 효율 투사값 중에서 생산성에 부정적 영향을 미치는 점에 대해 알아보자. Cvrs-i와 E 점이 부정적 영향을 미치는 특성을 지니고 있다. Cvrs-i의 생산성은 1.25(=5/4)이며, E의 생산성은 1.17(=7/6)이다. 규모가 증가할수록 생산성 비율이 감소하고 있음을 알 수 있다. 정점인 B의 생산성에서 E로 갈수록 생산성이 점점 감소한다는 것을 알 수 있다. 말하자면 규모의 비경제가 나타나고 있는 것이다.

즉, 센터 C와 E에서는 규모 수익 감소(DRS : decreasing returns to scale)에 직면해 있음을 알 수 있다.

각 센터별로 상황을 살펴보도록 하자([표 3-13] 참조).

센터 A는 VRS frontier에 있지만, CRS frontier에 있지는 않다. 이 센터의 비효율성은 적절하지 않은 규모에 있다고 할 수 있다. 1%의 산출 변동은 1% 이하의 투입 변동으로 나타나므로, A는 IRS에 해당한다.

센터 D는 CRS나 VRS frontier 어느 쪽에도 있지 않다. 이 센터의 비효율은

[표 3-13] 비효율의 원천 이해

Unit	(I) input	(O) output	CCR	BCC	size	u_0	RTS 특성	비효율
A	2.00	1.00	0.3750	1.0000	0.3750	-1.0000	IRS	규모
B	3.00	4.00	1.0000	1.0000	1.0000	-0.5556	-	-
C	5.00	5.00	0.7500	0.8000	0.9375	0.2000	DRS	규모, 기술
D	4.00	3.00	0.5625	0.6667	0.8438	-0.4167	IRS	규모, 기술
E	6.00	7.00	0.8750	1.0000	0.8750	0.1667	DRS	규모

부적절한 규모와 빈약한 관리 기술에 기인한다고 할 수 있다. 다만 1%의 산출 변동은 1% 이하의 투입 변동으로 나타나므로, D는 IRS에 해당한다.

센터 B는 CRS, VRS frontier 모두에 존재하는 효율 집단으로, 상대적 비효율은 없다고 할 수 있다. B에서는 산출량 변동폭만큼 투입량 변동이 나타나므로, CRS (constant returns to scale)에 해당한다.

센터 C는 CRS나 VRS frontier 어느 쪽에도 있지 않다. 이 센터의 비효율은 부적절한 규모와 빈약한 관리 기술에 기인한다고 할 수 있다. 다만 1%의 산출 변동은 1% 이상의 투입 변동으로 나타나므로, D는 DRS에 해당한다.

센터 E는 VRS frontier에 있지만, CRS frontier에 있지는 않다. 이 센터의 비효율성은 적절하지 않은 규모에 있다고 할 수 있다. 1%의 산출 변동은 1% 이상의 투입 변동으로 나타나므로, E는 DRS에 해당한다.

DMU들의 규모수익효과 측정 척도 RTS(returns to scale) 값인 실수 u_0값을 통하여, 재음미하도록 하자.

CCR, BCC 모두 효율적인 행복센터 B를 제외하고, u_0값을 보면 A와 D는 음수 값을, C와 E는 양수 값을 나타내고 있다. $u_0 < 0$이면 규모수익체증으로 규모의 경제성(increasing returns to scale, IRS)이 나타나며, $u_0 = 0$이면 규모수익불변(constant returns to scale, CRS)이며, $u_0 > 0$이면 규모수익체감으로 규모의 비경제성 효과(decreasing returns to scale: DRS)가 나타난다고 평가한다(Banker et al., 2004).

따라서 A와 D는 규모의 경제성이 나타나기에 규모를 확대할 수 있으며, C와

E는 규모의 비경제성 효과가 나타나기에 규모를 축소할 필요성이 나타나고 있음을 알 수 있다.

4) 혼합 효율성의 이해

투입물과 산출물의 가중치(weight)인 Lamda(λ) 값을 통해 증가 또는 감소시켜야할 투입·산출요소의 값을 제공한다. 보다 구체적으로 Lambda 값을 이해하기 위해 투입 조정(Radial Movement)과 여분 조정(Slack Movement)으로 나누어 파악할 필요가 있다.

투입 조정(Radial Movement)은 해당 비효율적인 DMU가 효율적 DMU가 되기 위하여, frontier 선상에 위치하기 위해 필요한 투입량을 나타낸다. 그리고 여분 조정(Slack Movement)은 축과 평행한 프런티어 선상에 위치한 DMU가 효율적인 DMU가 되기 위해 추가적으로 이동해야 하는 값을 의미한다.

다음 [그림 3-33]에서, 투입 조정(Radial Movement)은 $FF_{\text{vrs-i without slacks}}$ 값에 해당하며, 여분 조정(Slack Movement)은 $F_{\text{vrs-i without slacks}}A$ 값에 해당한다.

[그림 3-33] 여분(Slack)의 이해

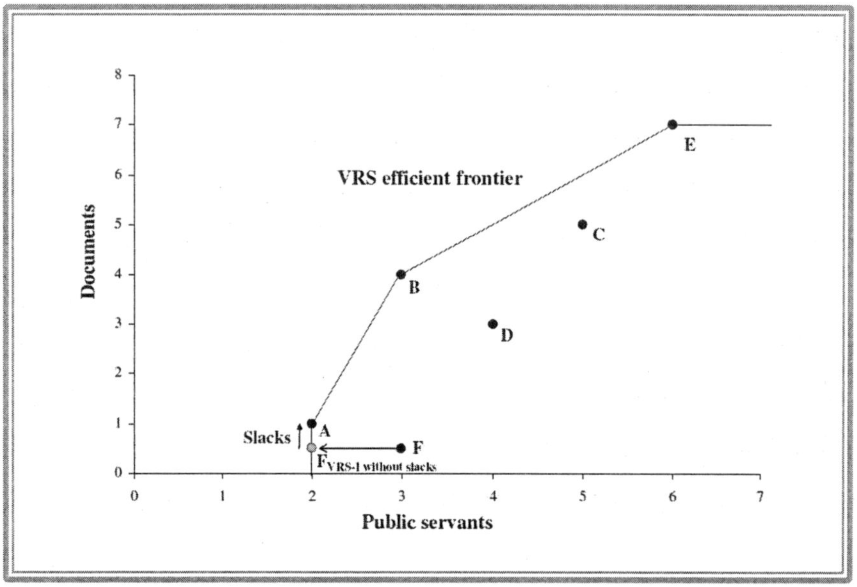

비효율적인 DMU의 투입·산출물의 값을 투입조정과 여분 조정 모두를 고려하여 개선한 값이 투사값(Projected Value)이 된다.

이는 앞에서 이론적 내용에서 살펴본 여분(slack)을 반영하는 비방사형 모형에 대해서는 Tone(2001)이 제안한 SBM(slacks-based measure) DEA 모형에서 여분(slack)에 대한 값을 찾아서 정리할 수 있다.

투입 요소와 산출 요소가 각각 하나인 행복센터의 경우, 그래프로 설명이 가능하지만, 라라코스트처럼 둘 이상이 되면 그래프로 정리하여 설명하기는 어렵다. 따라서 이후에는 DEA 전문 패키지인 DEA-Solver 프로그램을 통하여 운영방법과 결과에 대한 설명을 알아보도록 한다.

5 DEA-Solver를 통한 DEA 효율성 계산

(1) 행복 센터(투입 요소 1, 산출 요소 1) solution 이해

1) 투입 자료 설정

DEA-Solver 프로그램은 엑셀 기반으로 가동되는 프로그램이기 때문에, 엑셀 호환으로 사용편리한 점이 탁월하다. 엑셀의 macro 가동으로 운영된다고 파악하면 될 것이다. DEA-Solver 프로그램을 가동하기 위해 투입되는 데이터 구조는 그래프 이해를 통해 제시하였던 것과 같은 데이터를 설정하는 것이다. 행복 센터 사례의 엑셀 데이터(01_dea.xlsx)는 다음과 같이 설정하여야 한다.

투입 요소는 (I)input, 산출 요소는 (O)output으로 변수 이름을 설정하고, 관찰치를 입력하여 처리한다. 이와 같이 투입 요소에는 (I)를, 산출 요소에는 (O)를 앞에 붙여서 구분하여야 한다.

행복 센터는 다음 [표 3-14]와 같이 투입요소 1(공무원 수), 산출 요소 1(처리면허서류 건수)의 데이터로 구성되어 있다.

[표 3-14] 투입 자료

Unit	(I)PubServ	(O)Docu
A	2.00	1.00
B	3.00	4.00
C	5.00	5.00
D	4.00	3.00
E	6.00	7.00

행복 센터처럼 단순하게 투입, 산출 요소만 있다면 데이터 구조는 간단하게 처리할 수 있다. 그러나 현실에서 만나는 데이터는 연도를 걸쳐서 발생할 수도 있으며, DEA 모형이 single stage가 아니라 two stage 이상의 단계를 지니게 되면 데이터 구조는 조금 더 고심하여 처리하여야 한다.

김환섭(2018)의 연구에서 제시한 two stage 모형을 잠시 살펴보도록 하자. 김환섭(2018)은 다음 [그림 3-34]에서 보는 것처럼, 기술혁신 단계를 기술창출 과정과 기술상업화 과정이라는 두 단계로 파악하여 분석하고 있다. 그리고 4년간의 기술 혁신 데이터를 분석하고 있다.

single stage DEA 모형이 아니라 two stage DEA 모형의 일반 모형을 설정하여 분석하고 있다. 이 경우 1단계의 투입 요소는 연구개발 집중도, 연구인력 비율, 석사 이상 비율이 되며, 산출 요소는 등록 특허, 제품 관련 혁신, 공정 혁신이 되고 있다.

그런데 제품 관련 혁신과 공정 혁신은 2단계의 투입 요소로도 나타나고 있다. 말하자면 2단계의 투입 요소는 1단계의 산출 요소인 제품 관련 혁신과 공정 혁신이 투입 요소가 되고, 또 다른 투입 요소로 매출대비유형자산 투입 비율이 등장하며, 2단계의 산출 요소는 당기 순이익, 신제품 매출이익, 원가절감으로 제시하고 있다.

그리고 분석기간은 4년으로, 4년간의 연간 데이터를 조사하여 분석한 논문이다. 이러한 two stage DEA 모형에서의 데이터 투입 구조는 그렇게 만만하지 않다.

먼저 전체를 one stage DEA 모형으로 분석할 수 있을 것이다. 이 경우는 연도

[그림 3-34] 기술혁신 two-stage network DEA 모형

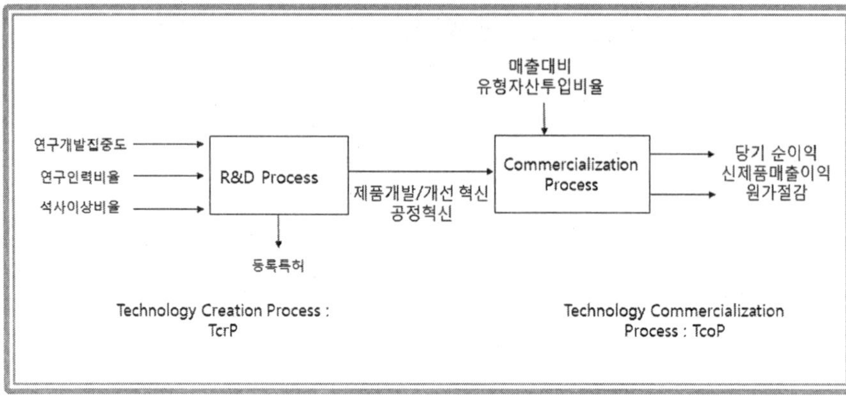

별로 변화 과정을 검토하기 위해 분석하면 될 것이고, 투입 요소는 4개가 된다. 1단계의 투입 요소 3개와 2단계의 투입 요소 1개가 투입 요소가 되며, 산출 요소는 1단계 산출 요소 2개와 2단계 산출 요소 3개, 모두 5개가 된다. 각 연도는 하나의 sheet에 설정하여 차례대로 분석하면 된다.

그러나 two stage DEA 모형 분석을 하기 위해서는 1단계에서 2단계로 가는 과정의 변수는 매개변수로 설정하여야 한다. 이때 투입 요소에 (I), 산출 요소에 (O)를 변수 앞에 붙이듯이, 매개변수에는 (LF)를 붙여서 매개변수임을 설정하여야 한다. 그리고 각 stage를 구분하기 위해 (D)를 붙여서 처리한다. 다음의 데이터 구조를 참고하기 바란다.

[그림 3-35] Two-Stage 투입 자료 설정

	A	B	C	D	E	F	G	H	I	J	K
1		2014sbm									
2		(D)Div_creat						(D)Div_commer			
3	DMU	(I)human	(I)rhun	(I)rcon	(O)patent	(LF)(Div_commer)product	(LF)(Div_commer)process	(I)asset_v	(O)income	(O)newin	(O)cosaving
4	GK	4.5	5.0	4	5.0	1	2	50.0	1,500.0	199.0	298

분석할 데이터 구조는 앞의 [그림 3-35]와 같이 설정하면 된다. 첫 열에는 연도를 먼저 설정하고, 두 번째 열에는 각 stage 이름을 설정한다. 이 때 stage 이름 앞에 (D)를 붙여서 처리한다. D는 Division으로 하위 단계를 나타낸다. LF는 free link를 의미하며 매개변수를 나타낸다. 변수 입력에 대해서는 DEA-Solver에서 제공하는 사용자 가이드(user's guide to DEA-Sover-Pro 13.0)를 참고하기 바란다.

2) DEA-Solver 프로그램 가동

DEA-Solver는 엑셀 기반 매크로 기능을 통하여 DEA를 분석하는 프로그램이다. 다양한 분석 모형을 통하여 필요한 solution을 구할 수 있다는 장점이 있다. 이 저서에서는 DEA-Sover 프로그램을 통하여 앞에서 제시한 두 개의 사례에 대한 자료를 실행함으로써 DEA에 대한 이해를 더욱 높이고자 한다.

이 저서에서 사용하는 DEA-Solver는 professional version 13.1을 사용한다. 이 프로그램을 설치한 후, DEA-SOLVER-PRO13c.xlsm이라는 프로그램을 가동시키면 매크로 기능이 가동되면서 아래 첫 그림과 같은 메시지가 나타난다([그림 3-36] 참조).

[그림 3-36] DEA-Solver 가동 1

매크로 포함이라는 키를 클릭하면, 이래 오른쪽 그림과 같은 분석 작업을 위한 첫 화면이 나타난다. 첫 화면에서 Click hers to start 키를 클릭하면 본격적인 분석 작업에 들어가게 된다.

그 다음([그림 3-37] 참조)으로 나타나는 것은 DEA-Solver의 분석 과정에 대한 내용이 제시된다. 아래 왼쪽 그림에서 보다시피, 먼저 DEA 모형을 선택하고, 읽

[그림 3-37] DEA-Solver 가동 2

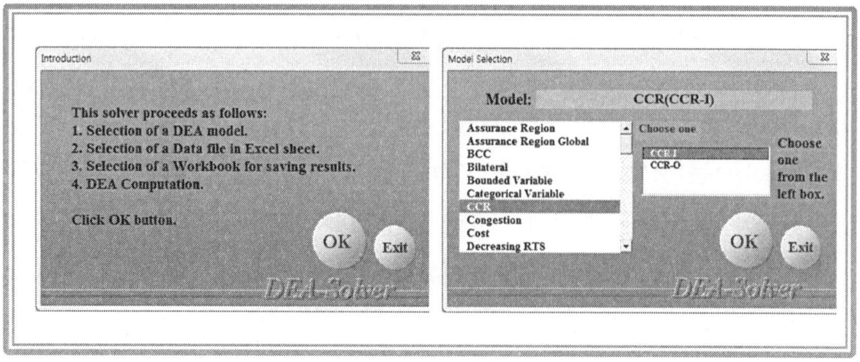

어들일 엑셀 데이터 파일을 선택한다. 이후 작업을 진행하면 결과를 저장할 파일을 선택하면, DEA 분석이 이루어지면서 정리된다. OK 버턴을 클릭하면 DEA 모형 선택 화면으로 넘어가게 된다. 다양한 DEA 분석 모형이 있으며, 본인이 분석하고자 하는 DEA 모형을 선택하여 OK 버턴을 클릭하면 된다. 가장 먼저 CCR-I 모형을 선택한다.

분석 모형을 선택하고 나면, 엑셀 자료를 입력한다. 그리고 해당 엑셀 파일의 첫번째 시트가 나타나고, 해당 시트를 선택할 것인가? 묻는다. 아니면 다음 시트로 넘어가면 된다([그림 3-38] 참조).

[그림 3-38] DEA-Solver 가동 3

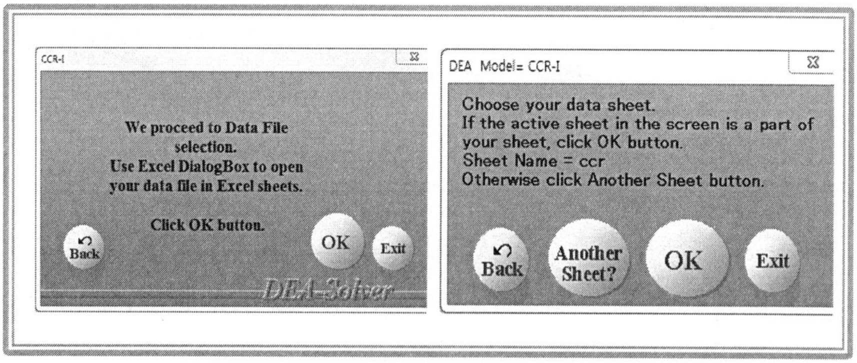

다음은 계산한 결과를 저장할 파일을 설정하라는 메시지가 나타나고, 저장할 파일을 설정하여, OK 버튼을 클릭하면 계산을 위한 작업 시행 메시지가 나타난다.

[그림 3-39] DEA-Solver 가동 4

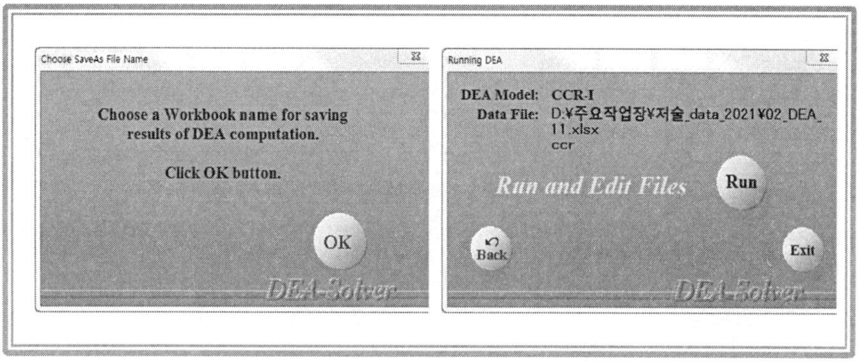

[그림 3-40] DEA-Solver 가동 5

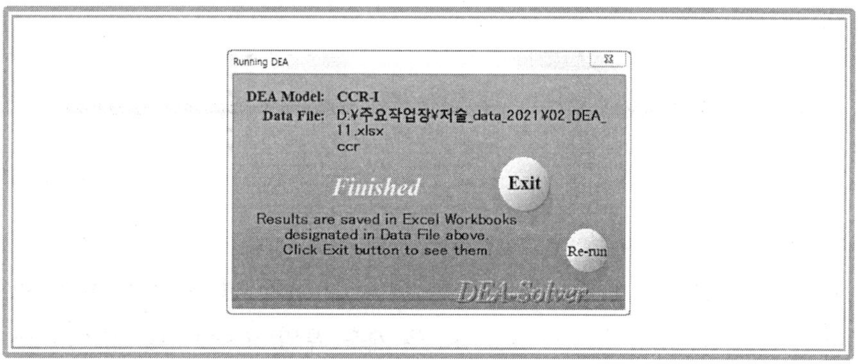

Run 버튼을 클릭하면 분석이 진행된다([그림 3-39] 참조).

분석이 다 진행되면, Exit 버튼이 나타난다([그림 3-40] 참조). 이로써 필요한 DEA 모형 분석이 완료되어, 저장된 결과 파일을 통해 자료에 대한 solution을 해석하여 처리하면 된다.

3) 행복 센터 분석 결과에 대한 이해

DEA-Solver 프로그램 분석 결과가 저장한 엑셀 파일을 보면 다음 그림과 같이 원자료 sheet(효율성분석data_02)와 함께, 9개의 sheet가 생성되며, 각각의 시트에 관련 분석 결과가 제시된다. 다음 [그림 3-41]은 Score 시트 내용이다.

분석 결과로 제시되는 9개 sheet는 Summary, Score, Weight, WeightedData,

[그림 3-41] DEA-Solver의 CCR-i 분석 Score 시트

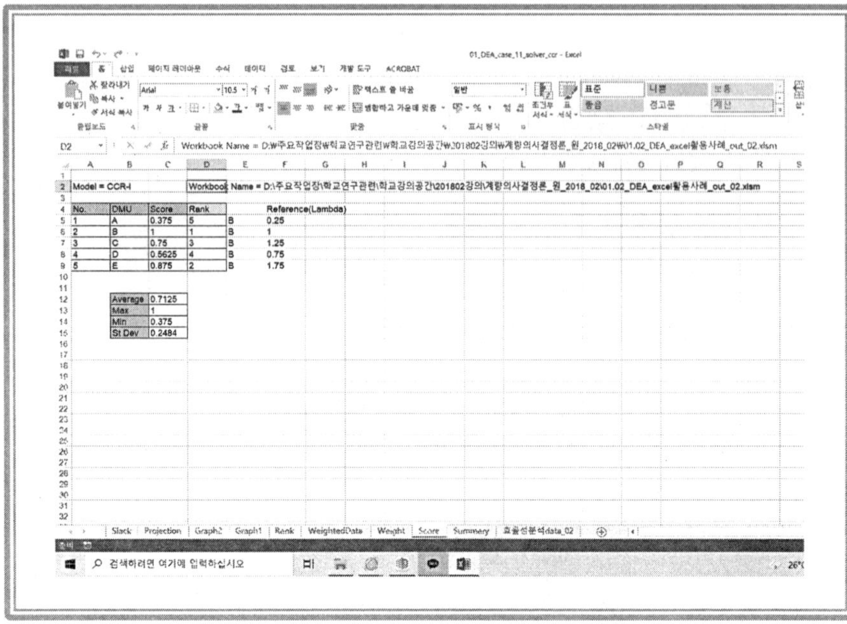

Rank, Graph1, Graph2, Projection, Slack이다.

Summary 시트에는 Data File, 사용한 DEA model과 DEA-Solver 버전, 분석 대상의 DMU 수, 투입 요소와 산출 요소의 개수, 투입 요소와 산출 요소의 간단한 통계량과 상관계수, 효율 DMU 수와 비효율 DMU 수, Data 처리 속도가 제시된다. Summary 시트를 통하여 전체적인 DEA 분석 특성을 이해할 수 있게 된다.

앞의 그림인 Score 시트에는 보다 중요하고 구체적인 내용으로, 각 DMU의 효율성 값이 제시되며, 전체 순위(rank)가 나타난다. 이어서 참조 집단(peers)이 제시되며, 참조 값인 lambda 값이 제시되며, 효율성 값의 간단한 통계가 제시된다.

A의 경우, 효율 frontier에 투사시킨 투사값(projection)은 다음 [표 3-15]와 같이 CCR 모형의 peers가 되는 B 센터 값을 토대로 lambda 값을 곱하여 계산한다. projection 값을 투입 요소로 나는 값이 효율성이 되며, 100%에서의 차이가 개선해야 할 차이가 되는 것이다. 이러한 내용은 설명없이 결과가 projection 시트([그림 3-42] 참조)에 제시되어 있으므로, 이 결과를 이용하여 분석에 활용하면 된다.

[표 3-15] 참조집단과 lambda, 투사

Unit	peers	투입 요소	lambda	projection	효율성	차이
A	B	2	0.25	0.75	37.5%	62.50%
B	B	3	1	3	100.0%	0.00%
C	B	5	1.25	3.75	75.0%	25.00%
D	B	4	0.75	2.25	56.3%	43.75%
E	B	6	1.75	5.25	87.5%	12.50%

[그림 3-42] DEA-Solver의 CCR-i 분석 Projection 시트

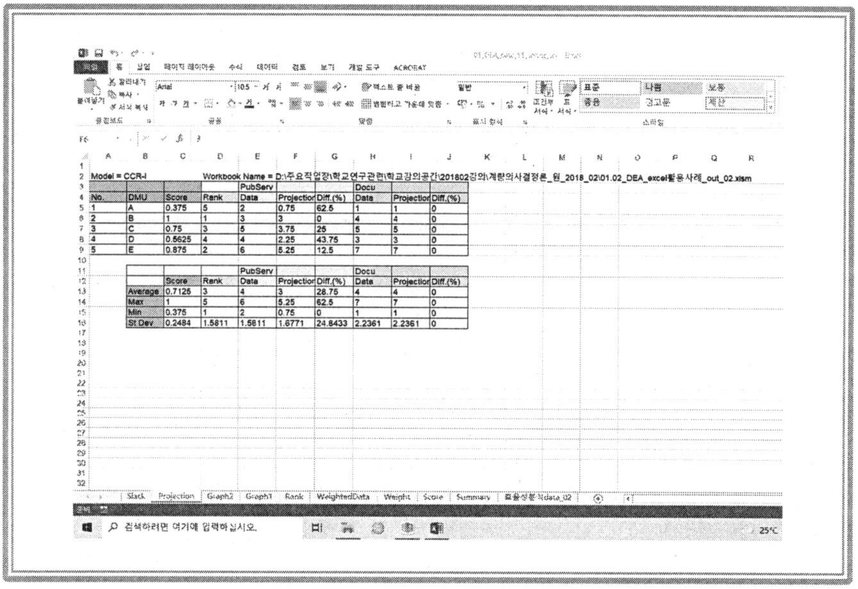

weight 시트([그림 3-43] 참조)에서는, 앞의 엑셀에서 제시하였던 각 DMU의 효율성을 계산하게 된 가중치가 제시된다. 투입요소 가중치(단위당 비용: v), 산출요소 가중치(단위당 가치: u)가 나타난다. 문제는 이 값들(선형계획 모형에서의 최적해에 해당하는 값들)이 유일해가 아니라는 점이 문제가 된다.

엑셀에서 나타난 가중치 값과 CCR의 DEA-Solver 결과 값이 같이 나온 것은 다행이지만, 모든 값이 항상 같게 나타나지는 않는다. 유일해가 아니기 때문이다.

다음 [표 3-16]은 BCC에서의 투입요소 가중치(단위당 비용: v), 산출 요소 가중치(단위당 가치: u)와 임의 상수값인 규모관련지수(RTS) 관련 값 u_0 값이 제시되어 있다. C, D, E에서의 값들은 같지만, A, B에서의 산출 요소 가중치는 차이

[그림 3-43] DEA-Solver의 CCR-i 분석 Weight 시트

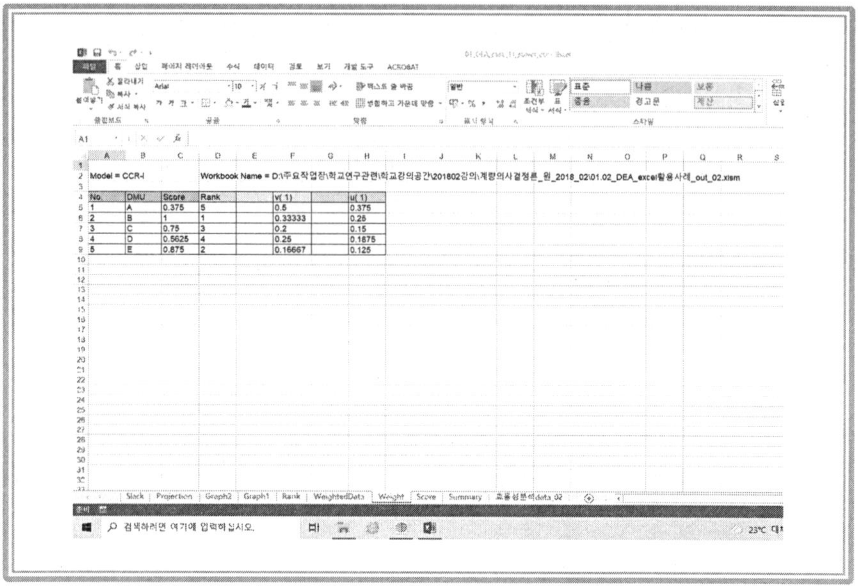

[표 3-16] 엑셀과 DEA-Solver 가중치 값 비교

unit	엑셀에서의 값			DEA-Solver 값		
	v	u	u0	v(1)	u(1)	u(0)
A	0.5000	0.0000	-1.0000	0.5	0.166667	-0.83333
B	0.3333	0.1111	-0.5556	0.33333	0.25	0
C	0.2000	0.2000	0.2000	0.2	0.2	0.2
D	0.2500	0.0833	-0.4167	0.25	8.33E-02	-0.41667
E	0.1667	0.1667	0.1667	0.16667	0.166667	0.16667

가 있음을 알 수 있다. 이렇듯 유일해가 아닌 대안의 해가 있음을 알 수 있다. 처음 접하는 연구자의 경우, 당황할 필요가 없다는 것을 먼저 이해하기 바란다.

유일해가 아니라는 문제는 DMU의 순위를 매길 때 발생하는 것으로, DEA가 상대적 효율성의 측정에 관한 우수성에도 불구하고 주요한 단점이 절대적 효율성을 측정하지 못하는 점이라는 것을 순위 판별의 한계에서 언급한 바 있다. 이에 대해 해결의 노력들로 초효율성 모형, 교차 효율성 모형, Shannon entropy 결합 교차 효율성 모형들에 대한 연구들이 있음을 제시하였다.

WeightedData 시트에서는 효율 집단의 투입 요소를 1로 하였을 때, 산출 요소의 상대 효율 값이 제시되어 있다. 이는 Score 시트에서 나타난 상대 효율성 값과 같다는 것을 이해하면 된다.

Rank 시트에서는 등수 순위(rank)에 따라서 데이터를 제시한 결과가 나타나고 있다. 이미 Score 시트에서 제시되어 있지만, 등수 순위별로 제시되어 있다는 점이 다를 뿐이다.

그리고 Graph1, Graph2는 각각 DMU 순서로, 효율성 값의 순서에 따라 하단에서부터 그래프로 표시한 시트들이다. 그래프로 확연하게 이해할 수 있도록 제시되어 있다.

앞에서 Lambda 값은 투입 조정(Radial Movement)과 여분 조정(Slack Movement)으로 나누어 파악할 필요가 있다고 언급하였다. 투입 조정(Radial Movement)은 해당 비효율적인 DMU가 효율적 DMU가 되기 위하여, frontier 선상에 위치하기 위해 필요한 투입량이고, 여분 조정(Slack Movement)은 축과 평행한 프런티어 선상에 위치한 DMU가 효율적인 DMU가 되기 위해 추가적으로 이동해야하는 값인데, Slack 시트에서는 여분 조정 값이 제공된다. 행복 센터의 CCR 모형에서는 투입 조정만 있으므로, 여분 조정 값은 0로 나타나고 있다.

BCC 결과에서는 CCR 결과와 달리, RTS 시트([그림 3-44] 참조)가 더 추가되어 나타난다.

CCR의 효율 센터 B를 제외하고, DMU들의 규모수익효과를 측정하는 척도인 RTS(returns to scale) 값인 u_0값을 보면 A와 D는 음수 값을, C와 E는 양수 값을 나타내고 있다. $u_0 < 0$이면 규모수익체증으로 규모의 경제성(increasing returns to scale, IRS)이 나타나며, $u_0 = 0$이면 규모수익불변(constant returns to scale, CRS)이며, $u_0 > 0$이면 규모수익체감으로 규모의 비경제성 효과(decreasing returns to scale: DRS)가 나타난다고 평가하는 것으로 언급하였다.

따라서 A와 D는 규모의 경제성이 나타나는 Increasing으로, C와 E는 규모의 비경제성 효과가 나타나는 Decreasing으로 나타나 있다. 모두 비효율성의 원천이 규모에서 존재한다는 것을 의미한다고 판단하면 된다.

[그림 3-44] DEA-Solver의 CCR-i 분석 RTS 시트

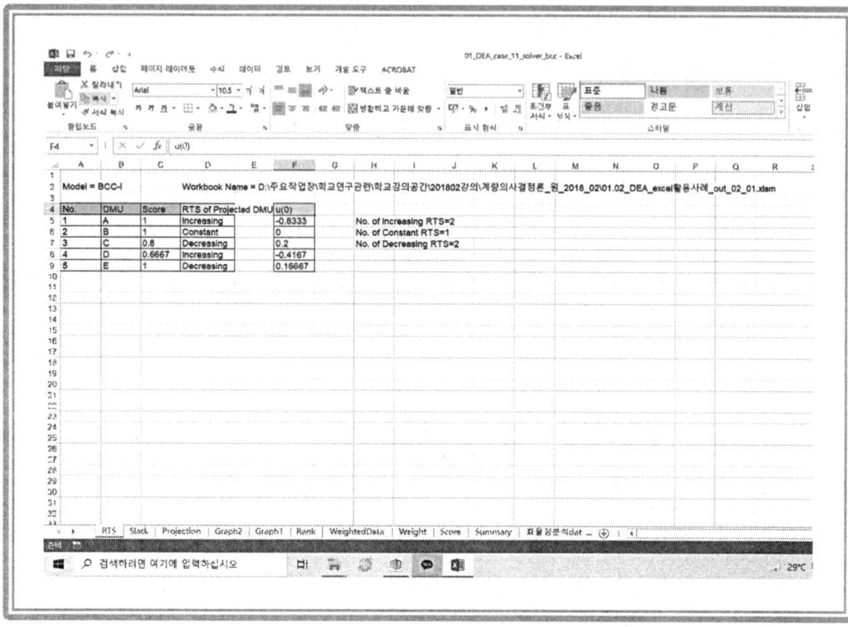

(2) 라라코스트 체인점(투입 요소 2, 산출 요소 2) solution 이해

1) 투입 자료 설정

라라코스트 체인점 사례의 엑셀 데이터는 투입 요소 2, 산출 요소 2의 사례로, 다음 [표 3-17]과 같이 투입 요소에는 (I)를, 산출 요소에는 (O)를 앞에 붙여서 구분하여야 한다.

[표 3-17] 라라코스트 체인점 투입 자료 구조

Unit	(I)I1	(I)I2	(O)O1	(O)O2
1	56.00	1476.00	761.00	109.00
2	72.00	1613.00	925.00	103.00
3	64.00	1612.00	788.00	119.00
4	63.00	1381.00	858.00	114.00
5	70.00	1748.00	928.00	107.00
6	72.00	1645.00	758.00	120.00
7	66.00	1290.00	963.00	104.00
8	60.00	1779.00	918.00	119.00
9	61.00	1325.00	876.00	94.00
10	72.00	1453.00	997.00	102.00

[그림 3-45] 라라코스트 CCR-i 분석 Score 시트

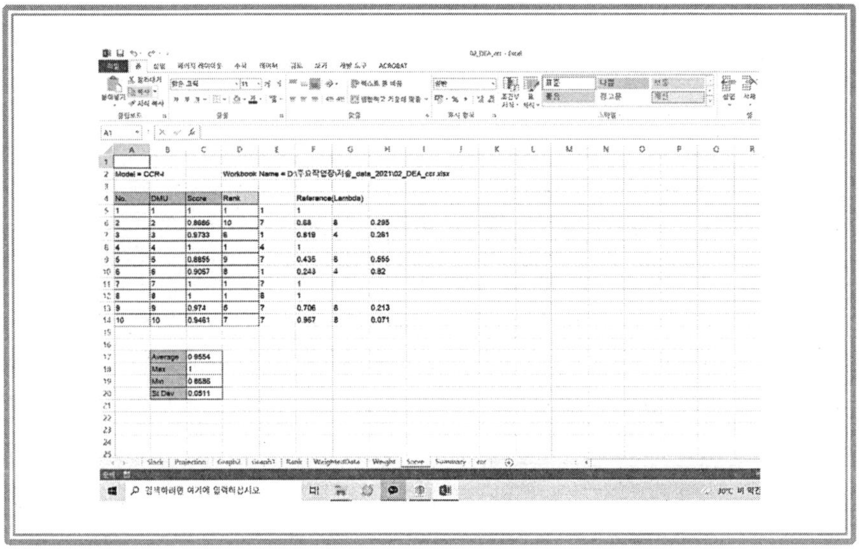

2) CCR-i 분석 결과 이해

라라코스트의 CCR-i 분석 결과에서 가장 중요한 내용은 역시 다음 [그림 3-45]인 Score 시트에 담겨 있다. 효율 집단과 효율성 값, 참조 집단(peers)과 참조 값인 lambda 값이 그것이다.

효율 집단과 효율성 값은 가장 기본적으로 찾으려고 한 solution이며, 나아가서 비효율적인 집단은 어떤 효율 집단과 비교하여야 하며, 어떻게 현재의 비효율을 변화시켜야 효율 집단으로 변모할 수 있을 것인가에 대한 답을 얻는 것이다.

비효율 센터가 비교해야 할 효율 집단이 참조 집단이며, 투입/산출 요소에 대한 변화율이 lambda 참조 값인 것이다. 예를 들어 센터 2의 경우, 가장 비효율 센터인 것으로 결과가 나와 있으며(rank 10), 그때의 효율성 값은 0.8686이다.

그리고 이 비효율 센터가 참조하여야 할 효율 집단은 센터 7과 센터 8이며, 각 센터의 참조 비율은 0.68:0.295를 얻게 된다. 이 값은 적용하여 얻은 효율 frontier의 투사값이 센터 2의 projection 값에 나타나 있다([그림 3-46] 참조).

투입 요소인 I1, I2는 projection 값만큼 축소하여야 하며, 산출 요소는 O1은 그

[그림 3-46] 라라코스트 CCR-i 분석 Projection 시트

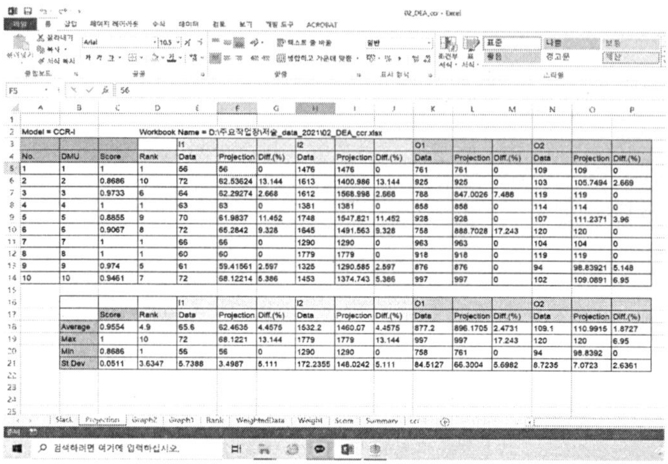

Model = CCR-I   Workbook Name = D:\주요작업장\저술_data_2021\02_DEA_ccr.xlsx

				I1			I2			O1			O2		
No.	DMU	Score	Rank	Data	Projection	Diff.(%)	Data	Projection	Diff.(%)	Data	Projection	Diff.(%)	Data	Projection	Diff.(%)
1	1	1	1	56	56	0	1476	1476	0	761	761	0	109	109	0
2	2	0.8686	10	72	62.53624	13.144	1613	1400.986	13.144	925	925	0	103	105.7494	2.669
3	3	0.9733	6	64	62.29274	2.668	1612	1568.998	2.668	788	847.0026	7.488	119	119	0
4	4	1	1	63	63	0	1381	1381	0	858	858	0	114	114	0
5	5	0.8855	9	70	61.9837	11.452	1748	1547.821	11.452	928	928	0	107	111.2371	3.96
6	6	0.9067	8	72	65.2842	9.328	1645	1491.563	9.328	758	888.7028	17.243	120	120	0
7	7	1	1	66	66	0	1290	1290	0	963	963	0	104	104	0
8	8	1	1	60	60	0	1779	1779	0	918	918	0	119	119	0
9	9	0.974	5	61	59.41561	2.597	1325	1290.585	2.597	876	876	0	94	98.83921	5.148
10	10	0.9461	7	72	68.12214	5.386	1453	1374.743	5.386	997	997	0	102	109.0891	6.95

			I1			I2			O1			O2		
	Score	Rank	Data	Projection	Diff.(%)	Data	Projection	Diff.(%)	Data	Projection	Diff.(%)	Data	Projection	Diff.(%)
Average	0.9554	4.9	65.6	62.4635	4.4575	1532.2	1460.07	4.4575	877.2	896.1705	2.4731	109.1	110.9915	1.8727
Max	1	10	72	68.1221	13.144	1779	1779	13.144	997	997	17.243	120	120	6.95
Min	0.8686	1	56	56	0	1290	1290	0	758	761	0	94	98.8392	0
St Dev	0.0511	3.6347	5.7388	3.4987	5.111	172.2355	148.0242	5.111	84.5127	66.3004	5.6982	8.7235	7.0723	2.6361

대로 유지하면 되지만, O2는 projection 값만큼 확대시켜야 한다는 benchmarking 전략을 고려할 수 있게 된다([표 3-18], [표 3-19] 참조).

[표 3-18] 투입 요소 Projection과 차이

I1			I2		
Data	Projection	Diff.(%)	Data	Projection	Diff.(%)
72	62.53624	13.144	1613	1400.986	13.144

[표 3-19] 산출 요소 Projection과 차이

O1			O2		
Data	Projection	Diff.(%)	Data	Projection	Diff.(%)
925	925	0	103	105.7494	2.669

이때, 산출 요소 O2의 경우, 여분 조정(slack) 값으로 2.749를 고려하여야 함을 알 수 있다([그림 3-47] 참조). 체인점 2, 3, 5, 9, 10에서는 산출 요소에서 여분 조정을 고려하여야 함을 보여주고 있다. 나머지 내용은 행복 센터에서 설명한 내용에 따라 정리하면 이해할 수 있을 것으로 판단된다.

[그림 3-47] 라라코스트 CCR-i 분석 Slack 시트

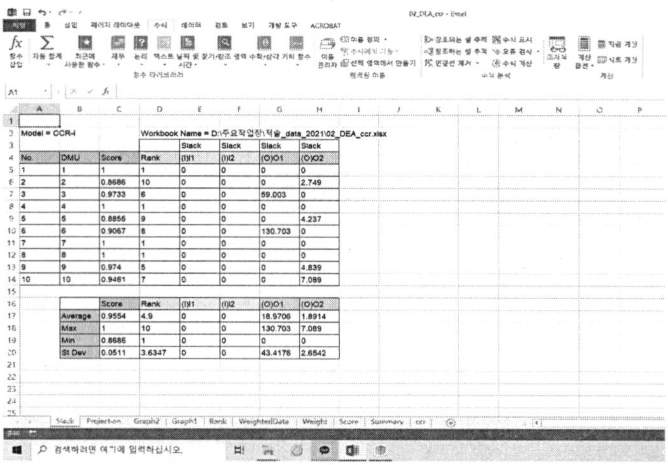

Model = CCR-I

Workbook Name = D:\주요작업장\저술_data_2021\02_DEA_ccr.xlsx

No.	DMU	Score	Rank	Slack (I)I1	Slack (I)I2	Slack (O)O1	Slack (O)O2
1	1	1	1	0	0	0	0
2	2	0.8686	10	0	0	0	2.749
3	3	0.9733	6	0	0	59.003	0
4	4	1	1	0	0	0	0
5	5	0.8856	9	0	0	0	4.237
6	6	0.9067	8	0	0	130.703	0
7	7	1	1	0	0	0	0
8	8	1	1	0	0	0	0
9	9	0.974	5	0	0	0	4.839
10	10	0.9461	7	0	0	0	7.089

	Score	Rank	(I)I1	(I)I2	(O)O1	(O)O2
Average	0.9554	4.9	0	0	18.9706	1.8914
Max	1	10	0	0	130.703	7.089
Min	0.8686	1	0	0	0	0
St Dev	0.0511	3.6347	0	0	43.4176	2.6542

3) BCC-i 분석 결과 이해

라라코스트의 BCC-i 분석 결과에서, CCR-i 분석 결과 Score 시트, BCC-i Score 시트([그림 3-48] 참조), RTS 시트([그림 3-49] 참조)와 연계하여 살펴보는 것이 좋다.

[그림 3-48] 라라코스트 BCC-i 분석 Score 시트

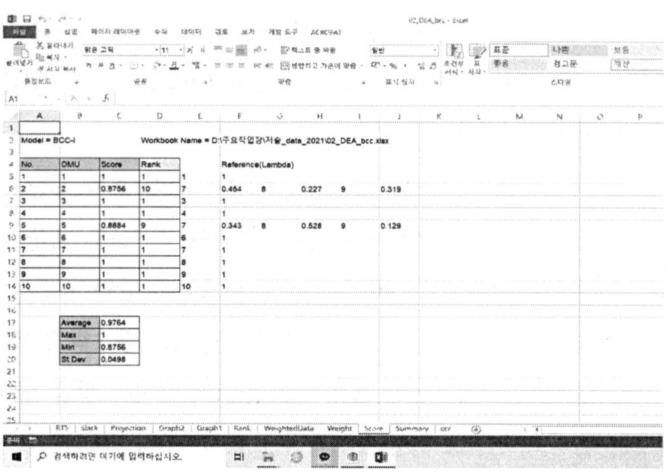

Model = BCC-I

Workbook Name = D:\주요작업장\저술_data_2021\02_DEA_bcc.xlsx

No.	DMU	Score	Rank		Reference(Lambda)				
1	1	1	1	1	1				
2	2	0.8756	10	7	0.464	8	0.227	9	0.319
3	3	1	1	3	1				
4	4	1	1	4	1				
5	5	0.8884	9	7	0.343	8	0.528	9	0.129
6	6	1	1	6	1				
7	7	1	1	7	1				
8	8	1	1	8	1				
9	9	1	1	9	1				
10	10	1	1	10	1				

Average	0.9764
Max	1
Min	0.8756
St Dev	0.0498

[그림 3-49] 라라코스트 BCC-i 분석 RTS 시트

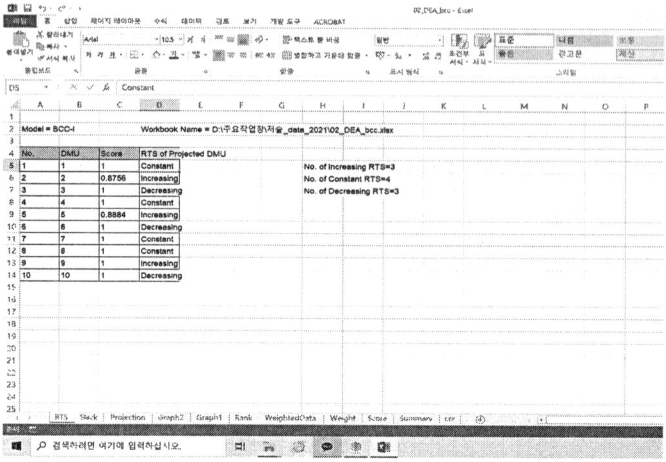

No.	DMU	Score	RTS of Projected DMU
1	1	1	Constant
2	2	0.8756	Increasing
3	3	1	Decreasing
4	4	1	Constant
5	5	0.8884	Increasing
6	6	1	Decreasing
7	7	1	Constant
8	8	1	Constant
9	9	1	Increasing
10	10	1	Decreasing

CCR-i 분석 결과에서 효율 집단(1, 4, 7, 8)은 BCC-i 분석 결과에서도 효율 집단이니, 비효율 집단의 변화를 살펴보는 것으로 정리하는 것이 좋다. BBC-i 분석 결과, 효율 집단으로 변화된 곳은 3, 6, 9, 10이다. 말하자면, 3, 6, 9, 10 체인점은 순수기술 효율성에서 100%라는 것이니, 규모 효율성에서 비효율이 나타나고 있음을 알 수 있다. 이를 알 수 있는 것이 RTS 시트라는 것이다.

RTS 시트에서 보면, CCR-i에서 효율 집단에서는 Constant로 제시되어 있음을 알 수 있다. 이는 기술과 규모 모두에서 효율적이라는 것을 말하는 것이다. 물론 이것은 상대적인 효율을 말한다.

그리고 CCR-i에서 비효율 집단인, 3, 6, 9, 10 체인점이 효율 집단으로 제시되어 있는데, 순수기술 효율 측면에서는 효율이라는 것이며, 규모 효율에서 비효율이 발생하고 있음을 알게 해 준다. BBC-i에서도 비효율 집단인 체인점 2, 5는 기술, 규모 모두 비효율의 원천이 됨을 알 수 있다. 다만 체인점 2의 경우는 투입 요소 확대를, 체인점 5의 경우는 투입 요소 축소를 고려하여야 함을 말해 준다.

그리고 효율 집단으로 새로 설정된 체인점 3, 6, 9, 10의 경우, 3, 6, 10은 투입 요소 축소를 체인점 9의 경우는 투입 요소 확대를 고려하여야 함을 말해 주고 있다.

여분(slack)과 관련, DEA-Solver 프로그램에서 SBM-Oriented 모형 중 SBM-I-C 또는 SBM-I-V 모형 등을 적용하여 관련 있는 분석을 할 수 있으니, 구체적인 분석 내용을 고려한다면 연구자가 나머지 영역들을 더 깊이 고민하면서 정리하길 바란다.

4) 체인점 등수 순위 결정 관련 초효율성 분석 결과 이해

행복센터에서는 CCR-i 분석에서 이미 순위가 알 수 있도록 되어 있지만, 라라코스트 사례에서는 순위를 파악하기가 쉽지 않다.

그러나 현실에서는 어떻게 하든 순위를 정하여 상위자에게 포상을 하든지, 아니면 하위 순위자에게 결과에 따른 조정을 요구하든지를 하고자 하는 경우가 많은 게 사실이다. 라라코스트 사례에서 다수의 상대 효율 집단이 발생하고 있어서, 절대 순위를 결정하는 것은 매우 의미 있는 일이라 할 수 있을 것이다.

이를 해결하기 위해 우리는 여분을 고려한 초효율성 모형을 고려하여 평가할 수 있다. 다음 [그림 3-50]이 여분을 고려한 초효율성 CCR-i 모형 분석 결과이다.

[그림 3-50] 라라코스트 초효율성 분석 Score 시트

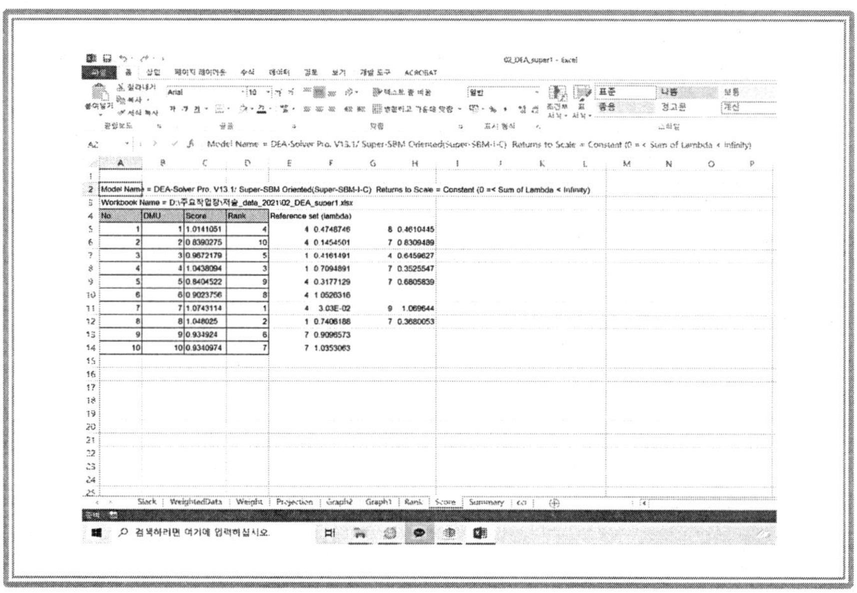

Model Name = DEA-Solver Pro. V13.1/ Super-SBM Oriented(Super-SBM-I-C) Returns to Scale = Constant (0 =< Sum of Lambda < Infinity)

Workbook Name = D:\주요작업장\저술_data_2021\02_DEA_super1.xlsx

No	DMU	Score	Rank	Reference set (lambda)			
1	1	1.0141051	4	4	0.4748746	8	0.4610445
2	2	0.8390275	10	4	0.1454501	7	0.8309489
3	3	0.9672179	5	1	0.4161491	4	0.6459627
4	4	1.0438094	3	1	0.7094891	7	0.3525547
5	5	0.8404522	9	4	0.3177129	7	0.6805839
6	6	0.9023756	8	4	1.0526316		
7	7	1.0743114	1	4	3.03E-02	9	1.069644
8	8	1.048025	2	1	0.7406188	7	0.3680053
9	9	0.934924	6	7	0.9096573		
10	10	0.9340974	7	7	1.0353063		

이 분석 결과에서도 Score 시트는 매우 의미 있는 결과를 제시해 준다. 이 시트에서는 순위를 고려하기만 하면 될 것이다. 이 분석 결과에 따르면, CCR-i 분석에서 체인점 1, 4, 7, 8이 효율 집단으로 분석되었으나, 초효율성 평가를 통하여 체인점 간의 순위를 체계적으로 제시할 수 있게 된 것이다.

결과에서 보면, 체인점 7이 순위 1이고, 체인점 8이 순위 2, 체인점 4가 순위 3, 체인점 1이 순위 4가 됨을 알 수 있으며, 가장 하위 점수를 받고 있는 체인점은 체인점 2임을 알 수 있다. 나머지 체인점에 대해서도 순위를 보여주고 있으니, 이를 참고하여 포상이나 나머지 전략을 고려하면 될 것이다.

초효율성 모형과 이를 수정한 여분을 고려한 초효율성 모형을 통하여 DMU 간의 순위를 제시할 수 있지만, 이 또한 수리 한계로 인해 최적값을 도출하지 못하는 경우가 종종 발생한다. 그래서 우리는 다소 복잡한 과정이지만, 많은 연구자들이 제시하고 있는 교차효율성 모형과, 이를 극복하고자 한 Shannon entropy 결합 효율성 모형으로 순위를 연구, 검토한 바 있다.

보다 진취적인 연구자라면 도전해 보기를 바란다. 이론 근거들은 앞에서 이미 언급하였다.

4
chapter
다양한 의견과 기준을 묶어서 보배 만들기

1 다양한 의견과 기준을 제대로 묶는 최고 기법 AHP

(1) AHP 기법의 발전과 이해

이 물음에 대한 우리의 결론을 이끌어 내기 위해서, 가장 중요한 또 다른 핵심은 다양한 의견과 다양한 기준을 제대로 묶어 내어야 한다는 것이다.

다양한 의견과 다양한 기준을 모아 제대로 된 결정을 이끌어 내기 위한 노력과 연구는 오래 전부터 제기되어 왔지만, 효과적인 방법을 찾지 못하고 기존의 의사결정 방식들을 차용해서 사용하여 왔다.

그러던 1970년대 초, 미국 국무부에서 세계적 경제학자, 게임이론 전문가들과 협력 작업을 하면서 나타난 의사결정과정의 비능률을 개선하기 위한 대안의 일환으로 T. Saaty 교수에게 의뢰하여 개발한 의사결정 방법인 계층 분석 결정(Analytic Hierarchy Process: AHP) 기법이 단연 돋보인다.

우리는 AHP를 계층 분석 결정으로 설명하고자 한다. Analytic이라는 단어에는 쪼개어서 분석하는 analysis의 의미와 함께, 쪼개어 분석한 것을 통합한다는 의미도 있다. 물론 Hierarchy는 계층 구조를 말한다. 전체 의사결정 묶음을 쪼개어 분해해서 계층 구조로 설정하지만, 전체적으로는 통합된 틀을 가지고 있기 때문이다. 그리고 Process는 단순한 과정의 의미가 아니라, 체계적으로 반복해서 문제를 풀어 나가는 해법 과정이라는 의미가 있다. 우리는 이들의 의미를 묶어서 계층 분석 결정이라고 용어를 제시하지만, AHP를 그대로 사용하기로 한다.

AHP 기법은 의사결정의 목표, 또는 평가기준이 다수이며 복합적인 경우 상호 배반적인 대안들의 체계적인 평가에 대한 의사결정을 지원하는 기법의 하나로서 정성적(qualitative) 요소를 포함하는 다기준(multi-criteria) 의사결정에도 사용된다.

AHP 기법의 핵심이자 가장 큰 특징은 복잡한 문제를 계층화하여 주요 요인과 세부 요인들로 분해하고, 이러한 요인들에 대한 쌍대비교(pairwise comparison)를 통해 상대 중요도 또는 상대 가중치를 도출하는 데 있다.

이 기법은 인간의 사고체계와 유사한 접근방법으로서 문제를 분석하고 분해하여 구조화할 수 있다는 점과, 모형을 이용하여 상대적 중요도 또는 선호도를 체계적으로 비율척도(ratio scale)화하여 정량적인 형태의 결과를 얻을 수 있다는 점에서 그 유용성을 인정받고 있다.

뿐만 아니라 간결한 적용절차에도 불구하고 척도선정, 가중치 산정절차, 민감도분석 등에 사용되는 각종 기법이 실증분석과 엄밀한 수리적 검증과정을 거쳐 채택된 방법들을 활용한다는 점에서 이론적으로 높이 평가되고 있다.

이러한 장점으로 인해 AHP 기법은 현존하는 의사결정기법 중 가장 광범위하게 활용되고 있는 기법의 하나이며, 집단의사결정 과정에 AHP 기법을 적극 활용할 수 있는 방법론들이 지속적으로 개발되고 있다.

DEA 기법이 조직의 효율성 자체를 평가하는 기법이라면, DEA 분석에서 가장 중요한 투입 요소와 산출 요소에 대한 정량적 및 정성적 기준에 대한 현실적인 평가 내역을 제시해 준다는 점에서, DEA와 AHP는 매우 훌륭한 짝의 기법이 되며, AHP는 DEA의 효율성 평가를 더욱 빛나게 해준다.

(2) AHP 기법의 특성

AHP 기법에는 사람들이 문제를 해결하기 위해 보편적으로 사용한다는 세 가지 원리로, 첫째, 복잡다단한 문제를 해결하기 위해 먼저 계층 구조로 단순화하여 문제를 설정한다는 계층적 구조 설정(hierarchical structuring) 원리, 둘째, 설정된 구조를 구성하는 평가요소들에 대하여 상대적 중요도를 찾아서 생각한다는 상대적 중요성 설정(weighting) 원리와, 셋째, 이러한 판단 과정들이 일관성이 있게 정리되었는지를 살펴보는 논리적 일관성(consistency) 원리를 사용하여 최종 의사결정에 이른다는 기법이다.

이미 앞에서 언급한 바가 있지만 다시 같은 예를 들어 살펴보기로 하자.

한 기업은 최근 생산제품에 대한 수요가 급증하여 새롭게 공장을 증설하려고 한다. 원자재의 해외 수송비를 감안하여 항만 가까운 곳에 증설 공장의 입지를 생각하고 있다. 고민 끝에 항만을 배후로 하고 있는 울산, 군산, 광양으로 후보지를 압축하였다.

많은 비용과 함께 이해관계들이 엮여 있는 관계로 공정한 심사를 통해 세 후보지 중에서 증설 공장입지를 결정하려는 한, 기업의 전략부서 고민을 살펴보자. 이들은 어떻게 결정에 도달할까?

공장입지를 선정하기 위하여 먼저 선정 기준이 있어야 할 것이다. 이러한 선정 기준은 이 기업이 도달하고자 하는 목적이나 목표에 기인한 것이어야 할 것이다. 이 전략 부서에서는 기업의 전제 목표를 달성할 수 있는 기준으로 ① 땅값을 포함한 건설비, ② 수송비, ③ 노조와의 관계 등 3가지 기준을 선정했다고 하자. 회사에서 현재 평가기준으로 고려하고 있는 기준은 땅값을 포함한 건설비, 수송비, 등 세 가지이며, 공정한 평가를 위해 기준과 입지 후보지들의 평가는 외부 심사자들을 초빙하여 맡긴다고 한다.

이러한 3가지 입지 선정 기준을 공시하고, 의사결정 과정을 진행하고 있는데, 공정한 입찰 심사를 위하여 3명의 외부 전문가를 초빙하여 심사하도록 하였다.

입지 선정 기준이 3가지이고, 3명의 심사자 판단을 함께 고려해서 최종 결정을 하게 되는 일반적으로 많은 조직이 직면하게 되는 장면들이다.

이 상황에서 의사결정은 어떻게 진행하여야 할까?

가장 먼저 해야 할 일은 기업이 지향하는 목표를 생각하는 것이다. 이 부서에서 달성하여야 할 목표를 가장 선명하게 정리하는 것이다.

입지 선정 기준으로 내세운 기준들도 결국에는 기업의 목표를 잘 달성하기 위한 기준들이기에, 선정 기준에 가장 적합한 입지를 선정하는 것이 자연스럽게 기업의 목표를 달성하게 되는 것이다.

그래서 가장 중요한 선결 문제는 기업의 목표에 맞는, 그 행위를 하면 자연스럽게 기업의 목표를 달성하는 행위가 되도록 목표와 기준을 조율하는 것임을 명심하여야 한다.

선결 문제가 잘 정리되어 있으면, 본격적으로 AHP 기법을 적용할 준비가 잘 되어 있다는 것이다.

이제 첫 번째 하여야 할 일을 생각해 보자. 그것은 계층 구조를 그림으로 그리는 것이다. 그림을 그리기 전에 생각을 해 보자.

이 입찰에서는 최적의 입지를 선정하는 것이고, 최적의 입지를 선정한다는 것은 이미 목표와 잘 조율되어 선정한 3가지 기준을 가장 잘 충족시키는 입지를 선정한다는 것이다.

[그림 4-1] 계층 구조의 그림

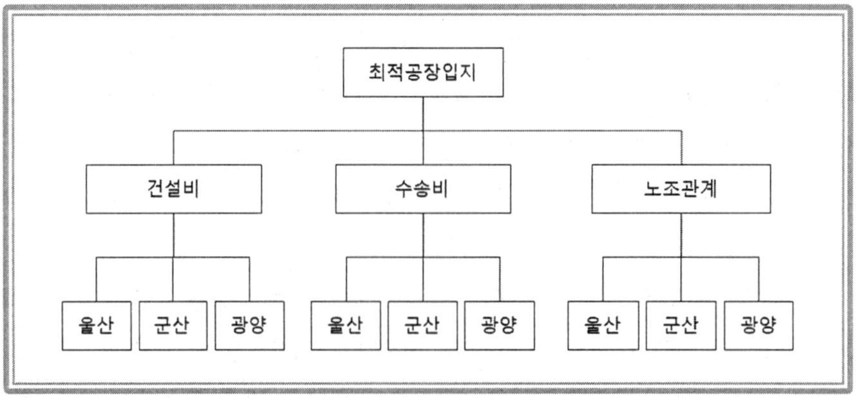

그러면 가장 상위에는 최적의 입지를 선정한다는 의사결정의 목표가 자리 잡게 될 것이고, 이 목표는 3가지 선정 기준을 통해서 이루어지는 것이니, 그 다음 자리에 3가지 기준을 위치하면 될 것이고, 각 기준에 대해 입지 후보지들을 평가하게 되니, 입지 후보지들이 가장 하위에 자리 잡게 될 것이다.

이러한 배경을 그림으로 정리하면 다음과 같이 세 개의 계층으로 이루어진 나무 구조가 될 것이다. 가장 상위 계층인 1계층은 우리가 달성하려는 의사결정 목표 계층이고, 두 번째인 2계층은 목표를 달성하기 위한 기준들이 자리 잡게 된다.

그리고 가장 하위 계층에는 최종 선정하려는 입지 후보지들이 자리 잡게 된다. 이 입지 후보지들 중에서 우리의 목표와 기준에 가장 부합되는 후보지를 선정하게 되니, 이 후보지들은 결정해야 할 대안(alternatives)이 된다. 즉 최하위 계층에는 대안이 나타나는 대안 계층이 된다.

이렇게 계층 구조의 그림이 그려지면, 두 번째 진행해야 할 일은 기준들 간의 상대 중요도를 평가하는 일이다.

이는 의사결정 대안들을 평가하기 위해 반드시 필요한 일이다. ① 건설비, ② 수송비, ③ 노조관계 등 기준들 간의 상대 중요도를 알 수 있다면 평가가 훨씬 쉽게 이루어질 것이다.

그리고 세 번째는 의사결정 기준들에 따라서 후보지들(대안) 간의 우열을 판단하여야 한다. ① 건설비, ② 수송비, ③ 노조관계 등 각 기준 하에서 울산, 군산, 광양이라는 입지 후보지를 평가하여야 한다.

특정 기준 하에 각 대안들 간의 평가는 객관적인 자료로 수집할 수 있겠지만, 주관적 판단에 의존해야 하는 경우도 많이 존재한다.

그리고 마지막으로, 각 기준 하에 평가된 각 후보지들의 평가 결과를 어떻게 종합할 것인가가 중요한 이슈가 된다.

외부에서 초빙한 3명의 전문가들 의견을 어떻게 종합할 것인가?

사실 이 내용들로 인해 미국 국무부가 고심하였던 부분이며, 이 부분을 해결하고자 한 기법이라, 가장 탁월한 해법을 제공해 준다.

각 외부 심사자들의 의견들을 토대로 획득한 평가 결과를 가중평균으로 종합하여 점수화할 수 있을 것이다. 이에 대해서는 사례를 진행하면서 살펴보도록 하자.

남아 있는 문제가 하나 더 있다. 외부 심사자들의 평가가 얼마나 신뢰할 수 있느냐는 문제이다. 바로 논리적 일관성에 대한 내용으로, 의사결정의 신뢰성에 대한 내용이라 할 수 있다.

AHP 기법은 이러한 다기준 의사결정 문제를 계층화하여 주관적인 평가 내용을 정리하고, 좀 더 객관적이고 체계적인 결과를 얻을 수 있는 일반적인 해법을 제공한다. 특히, 각 의사결정 기준 하에서 각 대안들에 대한 주관적인 판단 및 의사결정 기준들의 상대적인 중요도에 대한 주관적인 판단을 하게 된다. 이러한 주관적 판단은 쌍대비교(pairwise comparison)를 통해 이루어지는데, 이러한 과정과 결과가 일관되게 진행되어야 한다는 것이다.

AHP 기법에 의한 평가 결과가 얼마나 일관되게 진행되었냐를 평가하는 것이 의사결정의 신뢰성을 높이는 것이 된다.

이렇게 AHP 기법에는 계층 구조 설정, 기준이나 대안의 상대 중요도 평가, 평가 과정의 일관성, 복수 심사자들 의견의 가중합 등이 핵심 사항이라 할 수 있다.

우리는 앞에서 DEA 분석에서와 마찬가지로 AHP의 해를 얻기 위해, Excel을 활용하고자 하며, 나아가서 R 프로그램으로도 AHP의 해를 구하고자 한다.

DEA를 이해하기 위해 우리는 Excel, R을 사용하였고, 나아가서 전용 프로그램인 DEA-Solver 프로그램을 이용하여 해를 구하는 과정과 분석 결과를 설명한 바 있다.

그런데 AHP에서는 Excel과 R만을 사용하여 해를 구하는 과정을 설명하고자 한다. 물론 훌륭한 전용 프로그램들도 많지만, 비용을 들이지 않고도 우리가 필요한 해를 찾아내는 데는 문제가 없다고 판단하였다. 그리고 DEA처럼 macro 기능을 사용하는 것도 아니기 때문에 보다 간단한 과정을 통해서 해를 구할 수 있기도 하다. 그래서 우리는 Excel, R로만 해법을 구하는 과정을 설명하고, 분석 결과에 대해 설명할 것이다. 그럼 먼저 Excel 해법을 알아보자.

2 Excel 기반 사업자 선정 AHP 사례 해법

(1) ERP 사업자 선정 사례에 대한 이해

외식산업 업체인 한국 푸드에서는 가맹점의 영업실적을 실시간으로 파악하고, 노후된 전산시스템의 선진화를 위해 전사적 자원관리(ERP) 시스템을 도입하기로 결정하였다. 이에 따라 ERP 시스템의 설계 및 구축을 담당할 사업자 선정을 위해 공개입찰을 진행하였다. 해당 사업의 수주를 위해 I사, S사, D사가 입찰에 참여하였고, 한국 푸드는 사업을 수행할 업체의 선정을 위해, ① 사업관리, ② 성능 및 품질, ③ 유지보수, ④ 비용 등 4가지 기준을 업체 평가의 기준으로 사용하기로 하였다.

한국 푸드의 경영기획실장은 공정한 평가를 통해 사업자를 선정하기를 희망하고 있다. 그러나 경영기획실장의 고민은 한국 푸드가 적용하고자 하는 4가지 기준들이 모두 정량적으로 측정하기 어려운 기준들이라는 것이다.

네 번째 기준인 비용 항목은 정량적 평가가 가능하지만, 나머지 기준의 항목들은 심사자의 주관에 따라 달라질 수 있는 정성적 기준이라는 것이다. 정량적 판단이 가능한 비용 항목이라고는 하지만, 때에 따라서는 상대적인 주관적 판단 기준을 사용해야할 경우도 있다.

그리고 적용할 각 결정기준 간의 중요도 역시 심사자의 주관적 판단에 따라 달라지기 때문에 합리적인 판단이 쉽지 않은 상황이다. 심사자에 따라서는 사업관리 항목이 가장 중요한 기준이 될 수도 있으며, 성능 및 품질 항목이 더 중요하다고 판단할 수도 있다.

이러한 경영기획실장의 고민을 해결하기 위해, 비록 심사자들의 주관적인 평가에 근거한다 하더라도, 체계적이고 합리적으로 의사결정을 수행할 수 있는 AHP 기법을 적용하여 보자.

(2) 결정 사례의 계층화

한국 푸드 사례에 대해 먼저 계층 구조를 설정하도록 하자. 앞에서도 제시하였지만, 계층 구조 설정은 복잡하고 큰 문제를 작은 세부 문제로 분해하여 계층화하고, 이해와 평가가 용이하도록 만드는 작업이다.

한국 푸드 사례의 최종 목표는 이 기업에 최적화된 ERP 업체를 선정하는 것이다. 그리고 이 업체들은 네 개의 기준으로 평가하여 선정하며, 각 기준들에 대해서 네 개 업체 각각을 평가하게 된다.

최상위 계층에는 목표 계층이 있어야 하며, 다음의 그림과 같이 설정할 수 있다.

목표 계층 밑에 목표를 달성하기 위한 기준이 제시되는 기준 계층이 설정되며, 최하위 계층에는 대안으로써의 평가 업체들이 나타나는 대안 계층이 설정된다.

의사결정 목표와 대안 사이에 단 한 개 계층의 의사결정 기준이 존재하지만, 실제 문제에서는 여러 개의 계층이 존재할 수 있다. 세 번째 기준인 성능 및 품질 항목에도 그 하위 계층으로 Ⓐ 품질보증, Ⓑ 교육훈련, Ⓒ 기밀보안 등의 하위 세부 기준 항목들이 포함될 수 있다.

해결하고자 하는 사례에 대한 계층 구조 설정은 의사결정자에게 여러 요소들을 한꺼번에 고려하여 대안을 평가해야 하는 부담을 줄여주며, 특정 세부 기준에 의거하여 대안들(업체들)을 평가하게 함으로써 의사결정을 보다 쉽게 진행할 수 있도록 도와준다.

[그림 4-2] 한국 푸드 사례의 계층 구조

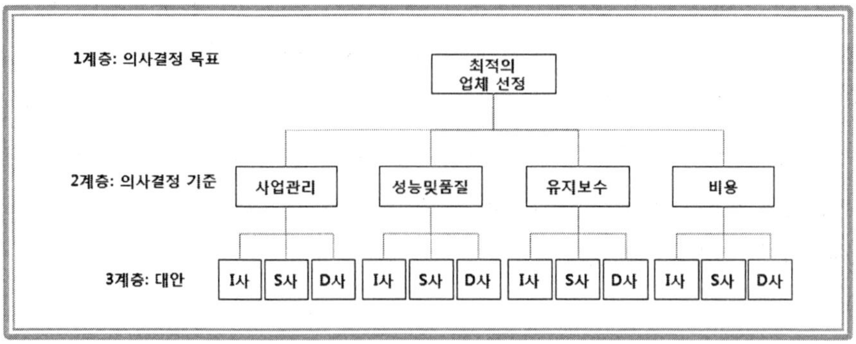

(3) 평가 기준에 대한 상대 중요도 추정

계층 구조를 설정한 후, 결정 기준에 대한 상대 중요도를 평가하여야 한다. 결정 기준에 대한 상대 중요도, 또는 가중치라고도 할 수 있는데, 상대 중요도를 평가하기 위해, ① 결정 기준들 간 쌍대비교(pairwise comparison) 자료를 수집하고, ② 수집한 자료를 토대로 하여 결정 기준들의 상대 중요도를 평가한다.

1) 쌍대비교 자료 수집

AHP에서는 의사결정자의 주관적인 가중치를 보다 체계적이고 일관적으로 도출할 수 있도록 쌍대비교를 한다. 이 쌍대비교는 결정 기준들의 상대 중요도 평가뿐만 아니라 대안의 상대 중요도 평가에서도 동일하게 사용된다.

쌍대비교는 각 결정 기준들을 동시에 비교하지 않고, 두 개씩 짝을 지어 비교한다. 한국 푸드 사례의 비교 결정 기준이 4개이므로, [그림 4-3]과 같이 총 6차례 쌍대비교를 하게 된다.

[그림 4-3] 한국 푸드 사례의 9점 척도 쌍대비교 자료

평가기준 (A1)	9	8	7	6	5	4	3	2	1	2	3	4	5	6	7	8	9	평가기준 (A2)
사업관리-A					√													성능 및 품질-B
사업관리-A											√							유지보수-C
사업관리-A									√									비용-D
성능 및 품질-B																	√	유지보수-C
성능 및 품질-B													√					비용-D
유지보수-C						√												비용-D

심사자는 ① 사업관리와 성능 및 품질, ② 사업관리와 유지보수, ③ 사업관리와 비용, ④ 성능 및 품질과 유지보수, ⑤ 성능 및 품질과 비용, ⑥ 유지보수와 비용에 대해서 쌍대비교를 한다. 일반적으로 n개의 의사결정 기준 항목이 존재할 경우, 쌍대비교 수는 n개에서 순서에 상관없이 2개를 뽑는 조합의 개수와 같다($_nC_2$).

쌍대비교를 할 때, 심사자는 두 개 비교 기준 중에서 ① 어느 기준이 중요한

지 선택해야 하며(상대적인 중요 기준 선택), 동시에 ② 얼마나 중요한지도 평가해야 한다(상대적인 중요 점수 평가).

한 요소가 다른 요소보다 얼마나 중요한지에 대한 평가를 위해서는 상대적인 중요 점수를 평가하기 위해 일반적으로 다음 [표 4-1]과 같은 9점 척도를 사용한다. 9점 척도 각각의 의미는 표에 제시된 바와 같다.

[표 4-1] 중요도 척도

척도	의미
1	동일함
2	1-3 사이로 중요함
3	약간 더 중요함
4	3-5 사이로 중요함
5	상당히 중요함
6	5-7 사이로 중요함
7	매우 중요함
8	7-9 사이로 중요함
9	극히 중요함

필요에 따라서는 9점 척도가 아닌 5점 척도나 7점 척도의 사용도 가능하다.

예를 들어, 심사자가 사업관리와 성능 및 품질의 쌍대비교에서, 사업관리 기준이 성능 및 품질 기준보다 상당히 중요하다고 생각한다면, 상대적 중요 기준으로 사업관리를, 상대적 중요도 점수로 5를 평가하게 된다. 외부 심사자는 쌍대비교 기준에 대해 평가를 완료하고, [표 4-2]의 쌍대비교 평가 자료를 제시하였다.

[표 4-2] 중요도 척도

쌍대비교	상대 중요 기준	상대적 중요도 수치
사업관리 : 성능 및 품질	사업관리	5
사업관리 : 유지보수	유지보수	3
사업관리 : 비용	동일함	1
성능 및 품질 : 유지보수	유지보수	9
성능 및 품질 : 비용	비용	5
유지보수 : 비용	유지보수	4

2) 결정 기준들의 상대 중요도 평가

쌍대비교 평가 자료를 토대로 해서 결정 기준들의 상대 중요도(또는 가중치)를 Excel에서 구해 보자. 먼저 쌍대비교 평가 자료를 투입 자료로 하여 Excel에서 표현하여야 한다. 이를 위해 다음 순서에 따라 작업을 하면 된다.

① 쌍대비교 평가 자료로 쌍대비교행렬을 작성한다.

② 표준화 행렬을 구한다.

- 먼저 쌍대비교행렬에서 각 열의 합계를 구한다.
- 쌍대비교행렬 각 열의 숫자를 열의 합계로 나누어 구한다.

③ 표준화 행렬 각 행의 값에 대한 평균값 계산하여, 평균값 열벡터행렬을 구한다. 이 열벡터행렬의 값(평균값)이 전문가가 판단한 기준들의 개별 상대 중요도(가중치)이다.

결정 기준들의 상대 중요도 구하는 과정을 더 구체적으로 알아보자.

2-1) 쌍대비교행렬(pairwise comparison matrix)의 작성

쌍대비교행렬에서 각 행과 열은 결정기준들을 나타내며, 각 수치는 각 행에 해당하는 기준이 열에 해당하는 기준에 비해 더 중요한 정도를 나타내고 있다.

쌍대비교행렬에서 같은 기준간의 상대 중요도는 대각선에 위치하며, 상대 중요도는 1이다. 대각선 오른쪽 상단에는 쌍대비교 측정값을 표기하고, 대칭되는 왼쪽 하단은 역수 값을 설정한다.

사업관리 항목은 성능 및 품질 항목보다 5만큼 더 중요하므로, 대각선 상단 사업관리 항목(A) 행의 2열값에 5를 기입한다. 그리고 대칭되는 대각선 하단 즉, 성능 및 품질 항목(B) 행의 1열에는 5의 역수인 1/5이 되도록 작성한다.

2-2) 쌍대비교행렬을 토대로 하여 표준화 행렬(normalize matrix)을 구한다.

표준화 행렬(normalize matrix)은 다음과 같이 구한다.

(단계 1) 쌍대비교행렬에서 각 열의 합계를 구한다.

(단계 2) 쌍대비교행렬 각 셀의 값을 해당 열의 합계로 나누면 된다.

[그림 4-4] 한국 푸드 사례의 쌍대비교행렬

평가기준 (A)	9	8	7	6	5	4	3	2	1	2	3	4	5	6	7	8	9	평가기준 (B)
사업관리-A					√													성능 및 품질-B
사업관리-A											√							유지보수-C
사업관리-A									√									비용-D
성능 및 품질-B																	√	유지보수-C
성능 및 품질-B													√					비용-D
유지보수-C						√												비용-D

결정기준	A	B	C	D
A	1.00	5.00	0.33	1.00
B	0.20	1.00	0.11	0.20
C	3.00	9.00	1.00	4.00
D	1.00	5.00	0.25	1.00

① 쌍대비교행렬 각 열 합계 : C18:F18 영역 셀에 각 열의 합계를 설정한다.

C18 셀의 수식 입력 : =SUM(C14:C17) (F18 셀까지 채우기 핸들로 복사)

② 다음과 같이 쌍대비교행렬 각 셀의 값을 해당 열의 합계로 나눈다.

G14 셀의 수식 입력 : =C14/C$18 (J17 셀까지 채우기 핸들로 복사)

[그림 4-5] 한국 푸드 사례의 표준화 행렬과 상대 중요도

결정기준	A	B	C	D	A/합계	B/합계	C/합계	D/합계	w
A	1.00	5.00	0.33	1.00	0.192	0.250	0.197	0.161	0.200
B	0.20	1.00	0.11	0.20	0.038	0.050	0.066	0.032	0.047
C	3.00	9.00	1.00	4.00	0.577	0.450	0.590	0.645	0.566
D	1.00	5.00	0.25	1.00	0.192	0.250	0.148	0.161	0.188
합계	5.200	20.000	1.694	6.20					1.000

3) 결정기준의 상대가중치열벡터(w) 산정

표준화 행렬(normalize matrix)이 구해지면, 이제 우리는 결정 기준들에 대한 상대가중치(w)를 구할 수 있다. 결정 기준의 상대가중치(w)는 표준화 행렬의 각 행에 대한 평균값을 계산하여 구한다.

K14:K17 영역의 셀이 바로 결정기준의 상대가중치가 된다. K14 셀의 수식 입력은 다음과 같이 설정하고, K17 셀까지 채우기 핸들로 복사한다.

[표 4-3] 표준화 행렬 값과 상대가중치(또는 중요도)

결정기준	A	B	C	D	가중치(w)
A	0.192	0.250	0.197	0.161	0.200
B	0.038	0.050	0.066	0.032	0.047
C	0.577	0.450	0.590	0.645	0.566
D	0.192	0.250	0.148	0.161	0.188

K14 셀의 수식 입력 : =AVERAGE(G14:J14)

이러한 작업으로 상대 중요도를 구할 수 있다. 이 때 합계는 반드시 1이 된다. 만일 경영기획실장이 의뢰한 전문가가 아무런 모순 없이 쌍대비교를 수행했다면, 정규화행렬의 각 열의 값은 모두 같아질 것이다. 그러나 실제 상황에서 의사결정자가 모순 없이 평가를 수행하기를 기대하는 것은 어렵다. 따라서 심사자가 범한 모순의 정도가 어느 정도인지를 확인해 보아야 한다. AHP 기법이 탁월할 수 있는 것은 이러한 일관성 검사를 통하여 논리적이고 합리적인 의사결정이 가능하기 때문이다.

(4) 쌍대비교에 대한 일관성 검사

주관적인 의사결정에 있어서 완전한 일관성을 유지하는 것은 어려운 일이며, 모순을 범한 정도가 작다면 앞에서 구한 각 결정 기준 항목의 중요도를 최종의 가중치로 사용하는 것이 바람직 할 것이다. 그러나 만일 의사결정자가 범한 모순의 정도가 크다면 각 결정 기준 항목의 중요도는 잘못된 결과를 유도할 수 있다. 따라서 의사결정자가 제시한 쌍대비교 결과에 대한 모순의 정도를 살펴보는 것이 필요하며, 이를 AHP 기법에서는 일관성 검사(Consistency test)라고 한다.

의사결정자가 쌍대비교에서 범할 수 있는 모순의 예는 다음과 같다.

<일관성을 벗어난 사례>

① 「항목 A」와 「항목 B」와의 쌍대비교에서 「항목 A」가 중요하다고 평가

② 「항목 B」와 「항목 C」와의 쌍대비교에서 「항목 B」가 중요하다고 평가

③ 「항목 A」와 「항목 C」와의 쌍대비교에서 「항목 C」가 중요하다고 평가

<일관성을 벗어난 사례>

① 「항목 A」와 「항목 B」 쌍대비교에서 「항목 A」가 3만큼 중요하다고 평가

② 「항목 B」와 「항목 C」 쌍대비교에서 「항목 B」가 2만큼 중요하다고 평가

③ 「항목 A」와 「항목 C」 쌍대비교에서 「항목 A」가 9만큼 중요하다고 평가

첫 번째 사례에서는 ①과 ②의 쌍대비교 결과를 고려할 때, ③의 비교에서는 의사결정자는 「항목 A」가 더 중요하다고 평가하여야 일관된 평가라고 할 수 있다. 두 번째 사례에서는 ①과 ②의 중요도 수치를 감안할 때, ③의 비교에서는 「항목 A」가 6만큼(=3×2) 더 중요하다고 평가해야 일관된 평가라고 할 수 있다.

AHP 기법의 일관성 검사를 수행하는 정확한 방법은 수학적으로 고유값(eigenvalue)을 구하는 것에 해당한다. 이 책에서는 보다 쉽게 스프레드시트 해법으로 쉽게 이해하며 구할 수 있는 근사법에 의해 일관성 검사를 수행하도록 한다.

[그림 4-6]에서 M13:N21 영역에 나타난 결과가 근사법에 의한 일관성 검사 결과이다. 이제 일관성 검사 과정을 알아보자.

[그림 4-6] 한국 푸드 사례의 일관성 검사

	결정기준	A	B	C	D	A/합계	B/합계	C/합계	D/합계	w	s		n
14	A	1.00	5.00	0.33	1.00	0.192	0.250	0.197	0.161	0.200	0.809	4.045	4
15	B	0.20	1.00	0.11	0.20	0.038	0.050	0.066	0.032	0.047	0.187	4.015	
16	C	3.00	9.00	1.00	4.00	0.577	0.450	0.590	0.645	0.566	2.336	4.131	
17	D	1.00	5.00	0.25	1.00	0.192	0.250	0.148	0.161	0.188	0.762	4.058	
18	합계	5.200	20.000	1.694	6.20					1.000	sum(s/w)	16.249	
19											λmax	4.062	4.062
20											CI	0.021	
21											**CR**	**0.023**	

(절차 1) 쌍대비교행렬(C14:F17)과 상대가중치행렬(K14:K17)을 곱하여 추정가중치열벡터(M14:M17)를 구한다. 행렬 계산을 위해 MMULT( ) 함수를 이용한다.

M14:M17 셀의 수식입력 : {=MMULT(C14:F17,K14:K17)}

행렬 수식으로 표현하면 다음과 같다.

쌍대비교행렬 × 상대가중치행렬 = 추정가중치열벡터

$$\begin{bmatrix} 1.00 & 5.00 & 0.33 & 1.00 \\ 0.20 & 1.00 & 0.11 & 0.20 \\ 3.00 & 9.00 & 1.00 & 4.00 \\ 1.00 & 5.00 & 0.25 & 1.00 \end{bmatrix} \times \begin{bmatrix} 0.200 \\ 0.047 \\ 0.566 \\ 0.188 \end{bmatrix} = \begin{bmatrix} 0.809 \\ 0.187 \\ 2.336 \\ 0.762 \end{bmatrix}$$

(절차 2) 추정가중치열벡터(M14:M17)를 기준의 상대가중치행렬의 해당 각 셀의 값(K14:K17)으로 나누어 상대추정가중치열벡터(N14:N17)를 구한다. 이 때, N14 셀의 수식 입력은 다음과 같이 설정하고, N17 셀까지 채우기 핸들로 복사한다.

N14 셀의 수식 입력 : =M14/K14 (N17 셀까지 채우기 핸들로 복사)

행렬 계산은 다음과 같다.

$$\begin{bmatrix} 0.809/0.200 \\ 0.187/0.047 \\ 2.336/0.566 \\ 0.809/0.188 \end{bmatrix} = \begin{bmatrix} 4.045 \\ 4.015 \\ 4.131 \\ 4.058 \end{bmatrix}$$

(절차 3) 각 기준에 대한 일관성 측도의 평균을 계산하여 최대 고유값 λ를 구한다. N19 셀의 값이며, 수식 입력은 다음과 같다.

N19 셀의 수식 입력 : =AVERAGE(N14:N17)

$$\lambda_{\max} = (4.045 + 4.015 + 4.131 + 4.058)/4 = 4.062$$

상대추정가중치를 평균한 것이 최대 고유값 $\lambda_{\max}$다. 최대 고유값 $\lambda_{\max}$를 이용하여 쌍대비교행렬의 값들에 대한 일관성을 검정한다.

$\lambda_{\max}$는 언제나 n보다 크거나 같게 된다. 계산된 $\lambda_{\max}$가 n에 가까운 값일수록 쌍대비교행렬의 값들은 일관성을 가진다고 할 수 있다.

(절차 4) 일관성을 알아보기 위해 일관성지수(consistency index, CI)를 계산한다.

만일 한국 푸드 사례에서 심사자의 쌍대비교행렬 값에 모순이 전혀 없다면, λ는 비교 항목의 수인 n과 같아져서 4가 되어야 한다. 그러나 모순이 클수록 λ

는 n으로부터 벗어난 값을 갖게 된다. λ가 n으로부터 얼마나 벗어났는지를 검토함으로써 쌍대비교행렬에서의 일관성지수(Consistence Index: CI)를 정의한다.

$$CI = \frac{\lambda - n}{n - 1}$$

$$= \frac{4.062 - 4}{4 - 1} = 0.021$$

(단, n은 비교 항목의 수)

* 엑셀에서의 행렬 처리 절차

1. 행렬 계산을 위하여 MMULT( ) 함수를 이용한다.
2. MMULT( ) 함수를 이용할 때 행렬의 행과 열이 서로 일치하여야 한다는 것을 잊어버려서는 안 된다. 행렬을 표현할 때 행의 수와 열의 수로써 표현한다. 다음과 같은 A, B의 행렬이 있다고 하자.

$$A = \begin{pmatrix} 1 & 2 & 3 \\ 2 & 4 & 5 \end{pmatrix} \qquad B = \begin{pmatrix} 1 & 2 \\ 3 & 4 \\ 5 & 6 \end{pmatrix}$$

A행렬의 경우 행의 수가 2이고, 열의 수가 3이므로, 2×3행렬이라고 하고, B행렬의 경우 행의 수가 3이고, 열의 수가 2이므로, 3×2행렬이라고 한다. 행렬을 서로 곱할 때, 곱하기 앞의 행렬의 열과 곱하기 뒤의 행렬의 행의 크기가 일치하도록 해야 한다.

3. MMULT( ) 함수 실행으로 얻을 결과 값 행렬 자리를 먼저 지정하고 MMULT( ) 함수를 실행한다.
4. MMULT( ) 함수로 해당 행렬을 지정한 뒤, Ctrl+Shift+Enter 키를 동시에 눌러서 결과를 얻는다.

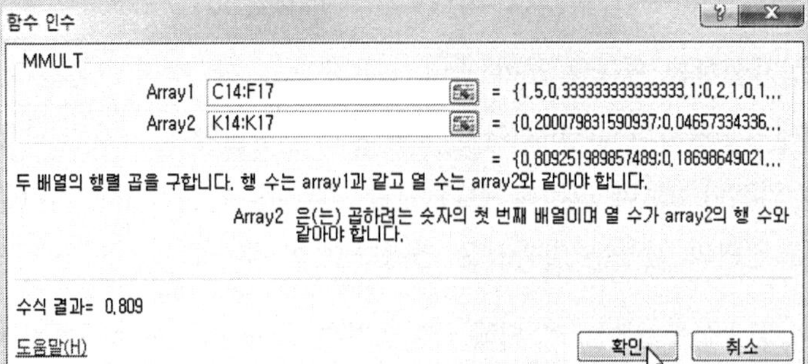

[그림 4-6]에서는 N20 셀의 값이 해당한다. N20 셀의 수식 입력은 다음과 같다.

N20 셀의 수식 입력 : =(N19-O14)/(O14-1)

CI 값이 크다면 쌍대비교의 모순이 크다는 것을 의미한다. 쌍대비교행렬의 CI 값이 상당히 작을 경우, 심사자가 일관성 있게 비교하였다고 판단한다.

(절차 5) CI 값이 얼마나 큰지를 판단하기 위하여 RI(Random Index)와 비교한다. RI는 의사결정자가 무작위로 쌍대비교를 수행할 경우 발생하게 되는 CI 값을 의미한다. 따라서 RI는 일관성이 전혀 없을 경우 발생하는 일관성 지수라고 할 수 있으며, 다음 공식을 사용하여 일관성비율(consistency ratio: CR)을 계산한다.

$$CR = \frac{CI}{RI} = \frac{0.021}{0.90} = 0.023$$

[그림 4-6]에서는 N21 셀의 값이 해당한다. N21 셀의 수식 입력은 다음과 같다.

N20 셀의 수식 입력 : =N20/VLOOKUP(O14,RI지수!$A$1:$B$11,2)
(RI지수 시트에 RI 지수가 A1:B11영역에 입력되어 있음)

RI는 미리 계산되어 있으며 비교항목의 개수 n에 따라 다음과 같이 주어진다.

[표 4-4] RI 지수

n	2	3	4	5	6	7	8	9	10
RI	0	0.58	0.9	1.12	1.24	1.32	1.41	1.45	1.49

한국 푸드 사례에서 CR 값은 0.023이다. 일반적으로 CR 값이 0.1 이하일 경우에는 의사결정자의 일관성 정도가 만족할 만한 수준이며, 쌍대 비교 분석은 적절하다고 판단한다. 한편, [표 4-4]에서 비교항목이 2개인 경우 RI 값이 0임을 알 수 있다. 실제로 n이 2인 경우는 의사결정자는 단 한 번의 쌍대비교를 수행하게 되며, 따라서 쌍대비교에서 모순은 있을 수가 없고 일관성 검사는 필요하지 않다.

(5) 대안의 상대 중요도 계산과 종합화

1) 결정기준별 대안들의 상대 중요도 계산

지금까지 우리는 결정 기준의 상대 중요도 산정 과정을 알아보았다. 이제는 각 결정 기준별로 대안의 상대 중요도를 계산하여야 한다. 그런데 이 산출 과정은 앞에서 설명한 결정 기준의 상대 중요도 계산 과정과 동일하다.

① 기준 항목별 대안들의 쌍대 비교 자료를 수집하여 쌍대비교행렬을 계산한다.

한국 푸드 사례의 계층 구조를 보면 각 결정 기준별로 대안이 제시되어 있다. 먼저, 사업관리 기준 항목 하에서 각 대안들인 I사, S사, D사를 평가하자.

먼저 각 대안들에 대해서도 각 결정 기준별로 쌍대비교행렬 자료를 수집한다. 3개 기업에 대한 결정 기준별 쌍대비교행렬 자료는 총 3회$\left({}_3C_2 = 3\right)$ 쌍대비교(I사 : S사, I사 : D사, S사 : D사)를 통해 얻을 수 있다.

각 결정 기준 하에서 대안들 간의 쌍대비교행렬 자료를 획득하였으면, 앞에서 행하였던 똑같은 과정을 거쳐 대안들 간의 쌍대비교행렬 자료를 구하게 되며, 그 결과는 다음과 같다.

사업관리 기준

	I사	S사	D사
I사	1	1/5	3
S사	5	1	7
D사	1/3	1/7	1

성능 및 품질 기준

	I사	S사	D사
I사	1	4	5
S사	0.25	1	3
D사	1/5	1/3	1

유지보수 기준

	I사	S사	D사
I사	1	2	8
S사	0.5	1	6
D사	1/8	1/6	1

비용 기준

	I사	S사	D사
I사	1	1/3	4
S사	3	1	7
D사	1/4	1/7	1

② 표준화 행렬과 상대가중치열벡터(w)를 계산한다.

대안들의 쌍대비교행렬을 토대로 표준화 행렬과 상대가중치열벡터(w)를 계산한다. 먼저 사업관리 기중 항목에 있어서 대안 I, S, D사의 표준화 행렬 및 상대

가중치열벡터(w) 계산 단계는 다음과 같다([그림 4-7] 참조).

(절차 1) 쌍대비교행렬 각 열의 합계를 구한다.

	I사	S사	D사
I사	1.00	0.20	3.00
S사	5.00	1.00	7.00
D사	1/3	1/7	1.00
합	6.333	1.343	11.000

(절차 2) 표준화 행렬을 계산한다.

표준화 행렬은 쌍대비교행렬 각 셀의 값을 해당 열의 합계로 나눈다.

	I사	S사	D사
I사	0.158	0.149	0.273
S사	0.789	0.745	0.636
D사	0.053	0.106	0.091

(절차 3) 상대가중치열벡터(w)를 계산한다.

상대가중치열벡터(w)는 표준화 행렬의 각 행에 대한 평균값을 계산하여 구한다. [그림 4-7]에서 I14:I16 영역의 셀이 결정기준의 상대가중치열벡터가 된다. 이 때 I14 셀의 수식 입력은 다음과 같이 설정하고, I16 셀까지 채우기 핸들로 복사한다.

I14 셀의 수식 입력 : =AVERAGE(F14:H14)

	I사	S사	D사	w
I사	0.158	0.149	0.273	0.193
S사	0.789	0.745	0.636	0.724
D사	0.053	0.106	0.091	0.083

(절차 4) 일관성 검사를 실시한다.

가. 쌍대비교행렬과 각 기준의 상대가중치행렬을 곱하여 추정가중치열벡터를 구한다. 이를 위해 MMULT( ) 함수를 이용한다.

M14:M16 셀의 수식입력 : {=MMULT(C14:E16,I14:I16)}

[그림 4-7] 한국 푸드 사례 대안들의 표준화 행렬과 일관성 검사

12											
13	사업관리	I	S	D	I/합계	S/합계	D/합계	w			
14	I	1.00	0.20	3.00	0.158	0.149	0.273	0.193	0.5878	3.0427	3
15	S	5.00	1.00	7.00	0.789	0.745	0.636	0.724	2.2726	3.1411	
16	D	0.33	0.14	1.00	0.053	0.106	0.091	0.083	0.2511	3.0137	
17	합계	6.333	1.343	11.000				1.000	λmax	3.066	
18									CI	0.033	
19									CR	**0.057**	
20	성능/품질	I	S	D	I/합계	S/합계	D/합계	w			
21	I	1.00	4.00	5.00	0.690	0.750	0.556	0.665	2.1086	3.1705	3
22	S	0.25	1.00	3.00	0.172	0.188	0.333	0.231	0.7089	3.0677	
23	D	0.20	0.33	1.00	0.138	0.063	0.111	0.104	0.3139	3.0226	
24	합계	1.450	5.333	9.000				1.000	λmax	3.087	
25									CI	0.043	
26									CR	**0.075**	
27	유지보수	I	S	D	I/합계	S/합계	D/합계	w			
28	I	1.00	2.00	8.00	0.615	0.632	0.533	0.593	1.7990	3.0315	3
29	S	0.50	1.00	6.00	0.308	0.316	0.400	0.341	1.0303	3.0200	
30	D	0.13	0.17	1.00	0.077	0.053	0.067	0.065	0.1964	3.0034	
31	합계	1.625	3.167	15.000				1.000	λmax	3.018	
32									CI	0.009	
33									CR	**0.016**	
34	비용	I	S	D	I/합계	S/합계	D/합계	w			
35	I	1.00	0.33	4.00	0.235	0.226	0.333	0.265	0.8019	3.0282	3
36	S	3.00	1.00	7.00	0.706	0.677	0.583	0.656	2.0075	3.0623	
37	D	0.25	0.14	1.00	0.059	0.097	0.083	0.080	0.2395	3.0071	
38	합계	4.250	1.476	12.000				1.000	λmax	3.033	
39									CI	0.016	
40									CR	**0.028**	
41											

나. 추정가중치열벡터를 기준의 상대가중치행렬의 해당 각 셀의 값으로 나누어 상대추정가중치열벡터를 구한다. [그림 4-7]에서 N14:N16 영역의 셀이 여기에 해당하며, N14 셀의 수식 입력은 다음과 같이 설정하여 처리한다.

N14 셀의 수식 입력 : =M14/I14 (N16 셀까지 채우기 핸들로 복사)

다. 각 판단에 대한 일관성 측도의 평균을 계산하여 최대 고유값 λ를 구한다. [그림 4-7]에서는 N17 셀의 값이며, 수식 입력은 다음과 같다.

N17 셀의 수식 입력 : =AVERAGE(N14:N16)

$$\lambda_{\max} = (3.0427 + 3.1411 + 3.0137)/3 = 3.066$$

라. 다음 공식을 사용하여 일관성지수(consistency index, CI)를 계산한다.

$$CI = \frac{\lambda - n}{n-1}$$

$$= \frac{3.066 - 3}{3-1} = 0.033$$

(단, n은 비교 항목의 수)

[그림 4-7]에서는 N18 셀의 값이 해당한다. N18 셀의 수식 입력은 다음과 같다.

N20 셀의 수식 입력 : =(N17-O14)/(O14-1)

[그림 4-7]에서는 N19 셀의 값이 해당한다. N19 셀의 수식 입력은 다음과 같다.

N19 셀의 수식 입력 : =N18/VLOOKUP(O14,RI지수!$A$1:$B$11,2)

대안들에 쌍대비교 판단의 일관성 비율 CR은 0.057로 나타났다. 일반적으로 CR 값이 0.1 이하일 경우에는 의사결정자의 일관성 정도가 만족할 만한 수준이며, 대안의 쌍대비교는 일관성이 있다고 판단한다.

동일한 방법으로 성능 및 품질, 유지보수, 비용의 기준 하에서 상대가중치열벡터는 [그림 4-7]에서 확인할 수 있다.

사업관리 기준의 상대가중치열벡터는 I14:I16 영역 셀에, 성능/품질 기준의 상대가중치열벡터는 I21:I23 영역 셀, 유지보수 기준의 상대가중치열벡터는 I28:I30 영역 셀, 비용 기준의 상대가중치열벡터는 I35:I37 영역 셀에 제시하였다.

그리고 나머지 세 기준에 있어서 대안들의 쌍대비교에 대한 일관성 검사 결과는 [그림 4-7]의 M21:N26, M28:N32, M35:N40 영역에 제시되어 있다. 이들 기준들에 대한 일관성 검사에서 보다 일관성이 있다고 판단된다.

이들 상대가중치열벡터를 종합하면 기준별 대안의 상대가중치행렬을 구할 수 있다. 상대가중치행렬은 [그림 4-8]의 P23:T26 영역에 제시하였다.

[표 4-5] 결정 기준 항목별 대안의 추정가중치행렬

	사업관리	성능 및 품질	유지보수	비용
I사	0.193	0.665	0.593	0.265
S사	0.724	0.231	0.341	0.656
D사	0.083	0.104	0.065	0.080

2) 종합화에 의한 대안들의 최종 평가

결정 기준 항목별 대안들의 상대가중치행렬이 주해지면, 대안들에 대한 최종 가중치(또는 중요도)를 평가하는 일이 AHP 분석의 마지막 단계이다.

[그림 4-8] 한국 푸드 사례 대안들의 표준화 행렬과 일관성 검사

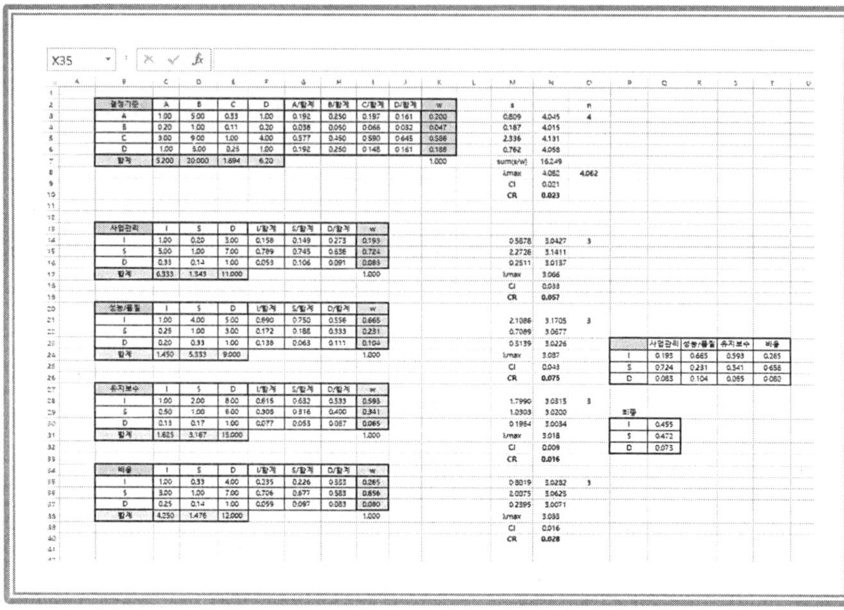

X35

결정기준	A	B	C	D	A/합계	B/합계	C/합계	D/합계	w
A	1.00	5.00	0.33	1.00	0.192	0.250	0.197	0.161	0.200
B	0.20	1.00	0.11	0.20	0.038	0.050	0.066	0.032	0.047
C	3.00	9.00	1.00	4.00	0.577	0.450	0.590	0.645	0.566
D	1.00	5.00	0.25	1.00	0.192	0.250	0.148	0.161	0.188
합계	5.200	20.000	1.694	6.20					1.000

s		n
0.809	4.045	4
0.187	4.015	
2.336	4.131	
0.762	4.058	
sum(s/w)	16.249	
λmax	4.062	4.062
CI	0.021	
CR	0.023	

사업관리	I	S	D	I/합계	S/합계	D/합계	w
I	1.00	0.20	3.00	0.158	0.149	0.273	0.193
S	5.00	1.00	7.00	0.789	0.745	0.636	0.724
D	0.33	0.14	1.00	0.053	0.106	0.091	0.083
합계	6.333	1.343	11.000				1.000

0.5878	3.0427	3
2.2726	3.1411	
0.2511	3.0137	
λmax	3.066	
CI	0.033	
CR	0.057	

성능/품질	I	S	D	I/합계	S/합계	D/합계	w
I	1.00	4.00	5.00	0.690	0.750	0.556	0.665
S	0.25	1.00	3.00	0.172	0.188	0.333	0.231
D	0.20	0.33	1.00	0.138	0.063	0.111	0.104
합계	1.450	5.333	9.000				1.000

2.1086	3.1705	3
0.7089	3.0677	
0.5139	3.0226	
λmax	3.087	
CI	0.043	
CR	0.075	

유지보수	I	S	D	I/합계	S/합계	D/합계	w
I	1.00	2.00	8.00	0.615	0.632	0.533	0.593
S	0.50	1.00	6.00	0.308	0.316	0.400	0.341
D	0.13	0.17	1.00	0.077	0.053	0.067	0.065
합계	1.625	3.167	15.000				1.000

1.7990	3.0315	3
1.0303	3.0200	
0.1964	3.0034	
λmax	3.018	
CI	0.009	
CR	0.016	

비용	I	S	D	I/합계	S/합계	D/합계	w
I	1.00	0.33	4.00	0.235	0.226	0.333	0.265
S	3.00	1.00	7.00	0.706	0.677	0.583	0.656
D	0.25	0.14	1.00	0.059	0.097	0.083	0.080
합계	4.250	1.476	12.000				1.000

0.8019	3.0282	3
2.0075	3.0625	
0.2395	3.0071	
λmax	3.033	
CI	0.016	
CR	0.028	

	사업관리	성능/품질	유지보수	비용
I	0.193	0.665	0.593	0.265
S	0.724	0.231	0.341	0.656
D	0.083	0.104	0.065	0.080

최종

I	0.455
S	0.472
D	0.073

대안들의 최종 가중치는 [그림 4-8]의 P30:Q32 영역에 제시하였다. 최종 가중치는 다음의 행렬곱을 통하여 계산한다.

각 대안 최종가중치 = 대안 상대가중치행렬 × 기준의 상대가중치열벡터

$$\begin{bmatrix} I\text{사} \\ S\text{사} \\ D\text{사} \end{bmatrix} = \begin{bmatrix} 0.193 & 0.665 & 0.593 & 0.265 \\ 0.724 & 0.231 & 0.341 & 0.656 \\ 0.083 & 0.104 & 0.065 & 0.080 \end{bmatrix} \times \begin{bmatrix} 0.200 \\ 0.047 \\ 0.566 \\ 0.188 \end{bmatrix} = \begin{bmatrix} 0.455 \\ 0.472 \\ 0.073 \end{bmatrix}$$

P30:Q32 영역 셀의 수식입력 : {=MMULT(Q24:T26,K3:K6)}

경영기획실장은 한국 푸드의 ERP 시스템 구축 사업자로 S사가 가장 높게 평가되었음을 확인하였다.

(6) 복수 심사자 판단의 종합화 사례

1970년대 초 T. Saaty가 AHP 기법을 개발하게 된 직접적인 계기가 다수의 전문가들이 모여 협업을 수행하는데, 이들 다수 전문가들의 의견을 어떻게 합리적으로

종합, 조정하느냐의 문제에 있었다. 그러므로 AHP 기법은 다수의 전문가 또는 의사결정자의 의견을 합리적으로 종합화하는 데 매우 탁월한 의사결정 기법이 된다.

한국 푸드 사례에서 경영기획실장이 한 명의 전문가에게 결정 기준에 대한 판단을 부탁하였다고 한다면, 이제 한 명의 심사자가 아니라, 복수의 심사자에게 결정 기준에 대한 판단을 부탁하였다고 하자.

한국 푸드의 경영기획실장은 앞선 심사자 외에 2명의 전문심사자에게 결정 기준에 대한 비교판단을 의뢰하였고, 의견이 다음과 같이 제시되었다. 경영기획실장은 3명의 심사자 의견을 종합하여 최종 결정 기준에 대한 상대 중요도를 평가하고자 한다. 어떻게 하여야 할까?

쌍대비교	상대적 중요 항목	심사자별 중요도		
		가	나	다
사업관리 : 성능 및 품질	사업관리	5	4	4
사업관리 : 유지보수	유지보수	3	4	4
사업관리 : 비용	동일함	1	1	1
성능 및 품질 : 유지보수	유지보수	9	7	6
성능 및 품질 : 비용	비용	5	5	5
유지보수 : 비용	유지보수	4	7	5

이 저서에서는 다음의 복수 심사자 사례를 통하여 AHP 기법의 핵심이 되는 복수의 협업 전문가 의견을 합리적으로 통합하는 과정을 살펴보기로 하자.

심사자 한 명이었던 앞의 사례에서 진행한 단계들을 정리하면 다음과 같다.

(1) 상대가중치열벡터 구하는 영역

1) 의사결정 문제의 계층화

2) 결정 기준의 상대 중요도 계산

① 쌍대비교를 통하여 자료를 수집한다.

② 쌍대비교행렬(pairwise comparison matrix)을 작성한다.

③ 표준화 행렬(normalize matrix)을 구한다.

- 먼저 쌍대비교행렬에서 각 열의 합계를 구한다.
- 쌍대비교행렬 각 열의 숫자를 열의 합계로 나누어 구한다.

④ 표준화 행렬 각 행의 값에 대한 평균값으로 상대 중요도를 계산한다.

(2) 쌍대비교 의견에 대한 일관성 검사 영역

3) 결정기준의 추정가중치열벡터(w) 산정

4) 쌍대비교에 대한 일관성 검사

(3) 최종 평가 또는 종합화 영역

5) 대안의 최종 평가 또는 의견의 종합화 과정

재정리한 AHP 기법의 적용 단계에서 크게 세 개의 영역으로 분류하면, 첫 번째는 상대가중치열벡터를 구하는 단계, 그리고 두 번째는 쌍대비교에 대한 일관성 검사 단계, 그리고 세 번째는 최종평가 또는 종합화 과정이다.

첫 번째 영역인 상대가중치열벡터를 구하는 과정은 AHP 기법에서는 가장 기본적인 단계에 해당한다.

두 번째 영역인 쌍대비교 의견에 대한 일관성 검사를 수행하는 과정 역시 AHP 기법이 합리적이고 논리적인 특성을 갖는 영역으로 매우 중요한 과정이다. 특히 다수의 전문가 의견을 종합하는 과정에서 전문가들이 진술하는 의견이 일관되어 있는가를 검토하여 일관성이 없는 전문가의 의견은 제외하게 된다.

다수 심사자(또는 응답자)들의 의견을 통합하여 가중치를 산출할 때에는 Escobar et al.(2004)이 제시한 두 가지 방법을 따르게 된다. 한 방법은 개인별 판단행렬 통합(aggregation of individual judgement, AIJ) 방법이며, 다른 방법은 개인별 가중치벡터 통합(aggregation of individual priority, AIP) 방법이다(이홍배·이우광, 2013).

이 두 가지 방법은 실질적으로 동일한 결과를 가져오지만, 대개는 개인별 판단행렬 통합 방법을 토대로 하는 경우가 많다(김영 외, 2009).

개인별 판단행렬(쌍대비교행렬)로부터 얻은 각자의 상대 중요도를 통합해야하는데, 다수 전문가들의 상대 중요도를 종합화하는 방법으로는 첫째, 수정된 산술평균법(Dong et al., 2007)과 둘째, Satty and Sodenkamp(2008)가 제시한 가중기하평균법(weighted geometric mean method, WGMM)이 있다. 이들 두 가지 방법을 비교하여 가중기하평균법을 이용하여 종합적인 가중치를 산정하는 방식이 가장 우수한 것으로 널리 활용되고 있다(박일규·김상훈, 2011).

다수의 심사자들로부터 수집된 쌍대 비교 자료를 이용하여 성과평가와 관련한 영역별, 항목별 가중치 설정에 대한 AHP 분석은 다음 [그림 4-9]와 같은 절차를 통하여 이루어진다.

[그림 4-9] 평가 영역 및 항목 가중치 산출

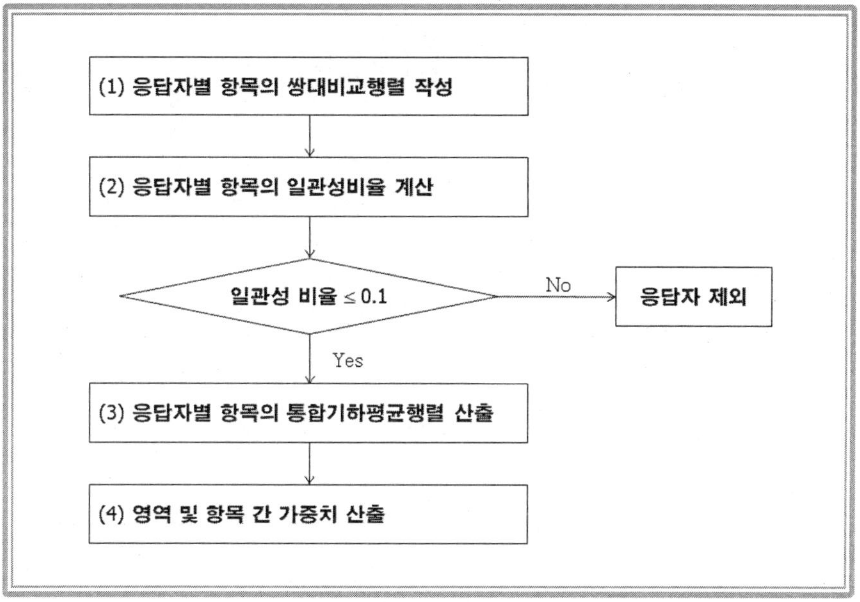

그리고 심사자 개인별로 응답한 평가 영역 및 항목별 쌍대비교 수치에 대한 응답의 논리적 일관성을 판정하기 위해 일관성 비율(consistency ratio)을 산출하게 되는데, Dodd et al.(1993) 연구에서는 따르면 일관성 지수의 기준은 비교대상의 수와 유의수준에 따라 차별적으로 적용해야 한다고 하였지만, Saaty(1983)는 일반적으로 0.1 이하의 기준일 경우 합리적인(reasonable) 평가, 0.2 이하일 경우에는 허용할 수 있는(tolerable) 평가라고 하였다(Dodd et al., 1993; Saaty, 1983).

이 저서에서는 일관성 지수가 0.15 이하로 나타난 심사자의 의견을 하나로 통합하는 다음 단계의 분석을 수행하였고, 이들 심사자들이 평가한 각 항목별 의견을 통합하기 위해서 가중기하평균법(weighted geometric mean method, WGMM)을 활용하였다.

[그림 4-10] 복수 심사자 의견 일관성 검사와 종합화

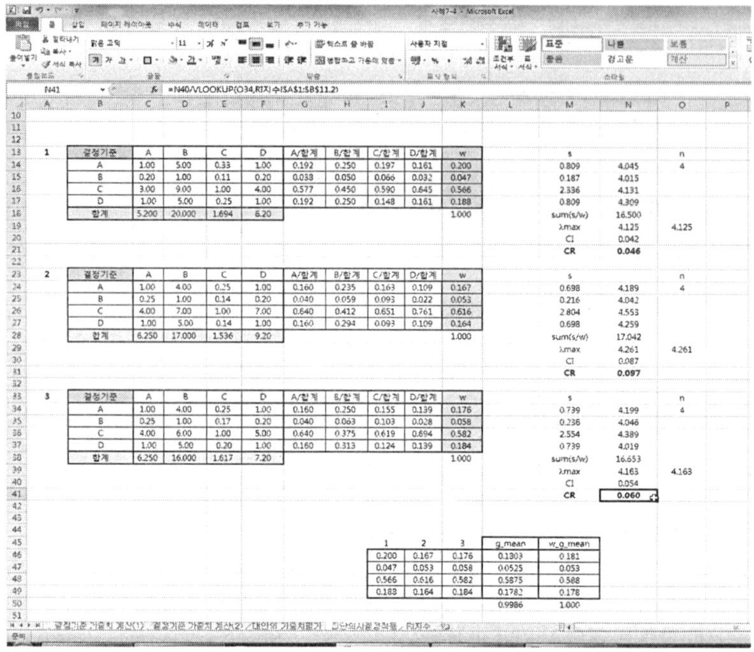

한국 푸드 첫 번째 사례에서는 CR 값 계산까지는 앞의 논리에 따라 수행한다고 전제하고, CR 값 결과로부터 종합화하는 과정을 살펴보기로 하자. CR 값 계산 과정과 종합화 계산 과정에 대해서는 [그림 4-10]에 제시하였다.

[그림 4-10]에 제시되어 있듯이 상대가중치열벡터 구하는 과정과 쌍대비교 의견에 대한 일관성 비율인 CR 값 계산 과정은 앞에서 설명한 과정과 똑같다.

세 명의 전문 심사자 의견에 대한 일관성비율인 CR을 계산한 결과는 N21, N31, N41 셀에 각각 0.046, 0.097, 0.060으로 계산되어 있으며, 모두 0.15 미만의 값을 충족시키고 있기에, 세 명의 전문 심사자 의견은 일관성이 있다고 판단한다. 따라서 세 명의 전문 심사자의 의견을 모두 채택하여 종합하는 과정만 추가로 살펴보기로 한다.

단일한 개인 의견이 아니라 일반적인 다수 전문가들의 의견들을 통합해 가중

치를 산출할 때, 대개 개인별 판단행렬(쌍대비교행렬)로부터 계산된 각자의 가중치를 통합하는 개인별 판단행렬 통합(aggregation of individual judgement, AIJ) 방법을 사용하였다. 통합하는 방법은 Saaty and Sodenkamp(2008)가 제시한 가중기하평균법(weighted geometric mean method)을 적용하였다.

즉, 개인별 판단행렬인 쌍대비교행렬의 상대가중치열벡터를 기하평균으로 통합하는 가중기하평균법은 다음과 같이 계산한다.

① 세 명의 심사자가 평가한 쌍대비교행렬의 상대가중치열벡터인 K14:K17 영역의 셀, K24:K27 영역의 셀, K34:K37 영역의 셀 값을 I46:K49 영역의 셀에 취합하여 정리한다.

I47 셀의 수식입력 : =K14 (I49 셀까지 채우기 핸들로 복사)
J47 셀의 수식입력 : =K24 (J49 셀까지 채우기 핸들로 복사)
K47 셀의 수식입력 : =K34 (K49 셀까지 채우기 핸들로 복사)

② 각 결정 기준 항목별로 기하평균값을 구한다. 기하평균값을 구하기 위하여 L46 셀에 다음과 같이 기하평균을 구하는 수식을 입력한다.

L46 셀의 수식 입력 : =GEOMEAN(I46:K46)
(L49 셀까지 채우기 핸들로 복사)

③ 네 개의 결정 기준 항목에 대한 기하평균을 구한 다음, 이들의 합계를 계산한다. 합계는 L50 셀에 다음과 같이 수식을 입력하여 구한다.

L50 셀의 수식 입력 : =SUM(L46:L49)

④ 기하평균의 합계는 1이 아닌 경우가 일반적이다. 따라서 전체가 1이 되도록 조정을 한다. 이렇게 조정한 기하평균값을 가중기하평균값이라고 한다. 이 가중기하평균값이 이 책에서 구하고자 하는 각 결정 기준 항목의 가중치가 된다. 1이 되도록 하기 위해서는 앞 단계에서 구한 기하평균값 합계로 각 결정 기준 항목의 기하평균값을 나누어 준다. 첫 번째 결정 기준 항목의 가중기하평균값을 계산하기 위해서 M46 셀에 다음과 같이 수식을 입력한다.

M46 셀의 수식 입력 : =ROUND(L46/$L$50,3)

소수 네 번째 자리에서 반올림하여 소수 셋째 자리까지 구하도록 ROUND( )를 동시에 사용하였다. 종합화한 최종 통합가중치는 사업관리, 성능/품질, 유지보수, 비용 기준 항목 순서별로 최종 0.181, 0.053, 0.588, 0.178 값이 됨을 확인하였다.

3 R 기반 사업자 선정 AHP 사례 분석

(1) R 언어 기반의 AHP 효율성 분석

우리는 이 책에서 AHP 분석을 위한 R 패키지로는 ahpsurvey 패키지를 사용한다. 그리고 DEA 분석에서 하였던 것과 같이 분석에 필요한 패키지도 함께 사용하고자 한다. DEA 분석에서 R 분석을 위해 Excel 데이터를 읽고 저장하게 해주는 패키지(readxl, writexl, openxlsx), R 분석 결과 데이터 처리를 용이하게 해주는 패키지(dplyr) 등도 함께 사용할 것이다.

다시 언급하지만, R에서 자료를 용이하게 처리하도록, C: 드라이브 밑에 R과 관련한 별도의 작업 디렉토리(working directory)를 설정하는 것이 좋을 것이다. 이 책에서는 C:/r_data2021이라는 폴더(directory)를 새로 생성하였고, RStudio에서 지정 작업 디렉토리(wd)를 C:/r_data2021로 설정하여 분석하였다.

그리고 R에서 자료 형식이 중요한데, 이 책에서는 행렬(matrix), 데이터프레임(dataframe) 형식을 주로 사용하였다.

이 책에서 우리는 AHP 분석과 관련하여 필요한 R 지식을 전하는 것에 만족하며, 연구자들이 노력하여서 더 진화, 발전시켜 주기를 바란다.

(2) 한국 푸드 사례 분석

1) 입력 데이터 설정

R 기반 분석에서 중요한 첫 작업은 입력 데이터 구조를 설정하는 것이다.

AHP 분석에서 가장 중요한 입력 데이터 자료가 쌍대비교 자료이다. excel에서는 쌍대비교 자료를 행렬 형태로 입력 데이터를 재설정하여 분석하였다.

R 기반 분석에서는 쌍대비교 자료를 다음과 같이 정리하여 설정하여야 한다.

R 기반에서는 방향을 설정하여야 하기 때문에, 음수 값을 사용하여 정리하고 나중에 음수 값을 보정하여 처리하게 된다.

[표 4-6]에서 보다시피, 첫 기준이 비교 기준보다 상대적으로 중요하다고 하면, 음수 값으로 정리하여 방향을 결정한다. 예를 들어, 사업관리와 성능 및 품질 기준을 비교하는데, 첫 비교 기준이 중요하다고 하면, 음수 값으로 설정하여 정리하고, 후자의 기준이 중요하다고 하면 양수 값으로 방향을 구분한다.

[표 4-6] 쌍대 비교 입력 데이터 구조

쌍대비교(괄호 안은 영문변수명)	상대 중요기준	상대 중요도	Data 구조
사업관리(busi) : 성능및품질(qual)	사업관리	5	-5
사업관리(busi) : 유지보수(main)	유지보수	3	3
사업관리(busi) : 비용(cost)	동일함	1	1
성능 및 품질(qual) : 유지보수(main)	유지보수	9	9
성능 및 품질(qual) : 비용(cost)	비용	5	5
유지보수(main) : 비용(cost)	유지보수	4	-4

[표 4-6]에 제시한 결정 기준 영문명을 사용하여 엑셀 데이터 자료(kfood01.xlsx)는 다음 [그림 4-11]과 같이 설정하여야 한다. 이러한 데이터 구조는 ahpsurvey 패키지에서 데이터를 처리, 분석을 용이하기 위해 설정한 것이고, 그 형식에 따라 엑셀 투입 파일을 설정하였다.

[그림 4-11] 결정 기준 엑셀 입력 데이터

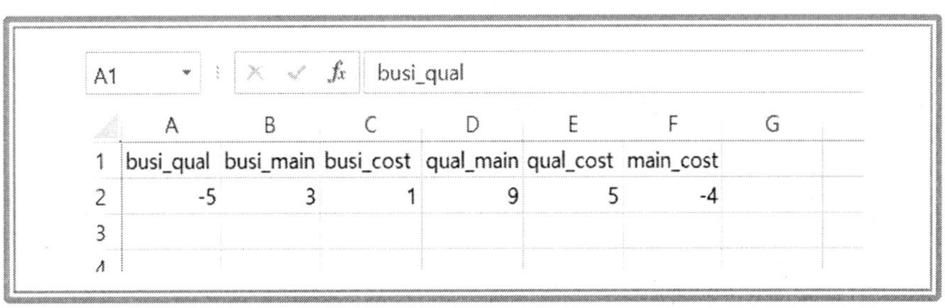

한편, 각 결정 기준에 따른 대안 기업들(I, S, D)의 영문 변수명을 Ico, Sco, Dco로 제시하고, 쌍대 비교 관련 엑셀 데이터 자료(kfood11.xlsx)는 다음 [그림 4-12]와 같이 설정한다.

[그림 4-12] 대안 입력 데이터

A1 fx Ico_Sco

	A	B	C	D
1	Ico_Sco	Ico_Dco	Sco_Dco	
2	5	-3	-7	
3	-4	-5	-3	
4	-2	-8	-6	
5	3	-4	-7	
6				

한편, 각 결정 기준에 따른 복수 심사자들, 즉 3인의 심사자들 평가를 종합하여 처리한다고 하면, 결정 기준 엑셀 데이터 자료를 보완하여 각 심사자들의 쌍대 비교에 대한 의견 엑셀 자료(kfood21.xlsx)는 다음의 [그림 4-13]과 같이 설정한다.

[그림 4-13] 복수 심사자들의 평가 입력 데이터

A1 fx busi_qual

	A	B	C	D	E	F	G
1	busi_qual	busi_main	busi_cost	qual_main	qual_cost	main_cost	
2	-5	3	1	9	5	-4	
3	-4	4	1	7	5	-7	
4	-4	4	1	6	5	-5	
5							

2) 한국 푸드 AHP 분석 R 언어 프로그램

① 필요한 패키지(ahpsurvey, dplyr, readxl) 엑셀 자료 읽고 R에서 파일 생성

```
install.packages("ahpsurvey")
library(ahpsurvey)
```

```
install.packages("dplyr")
library(dplyr)
install.packages("readxl")
library(readxl)
kfood11 <- read_excel("kfood01.xlsx")
```

② 결정 기준 속성(변수) 이름 설정(atts), 결정 기준의 쌍대비교행렬 추출

```
kfood <- as.matrix(kfood11)
atts <- c("busi", "qual", "main", "cost")
ahp.mat(kfood, atts, negconvert = TRUE)
```

③ 결정 기준의 개별, 종합 상대 중요도 산출

```
kfoodahp <- ahp(kfood, atts, negconvert = TRUE, agg = TRUE)
kfoodahp
kfoodahp$aggpref
kfoodahp$indpref
```

④ 각 결정 기준의 일관성 비율(CR) 산출과 평가 기준 부합 여부

```
cr <- kfood %>%
  ahp.mat(atts, negconvert = T) %>%
  ahp.cr(atts)
table(cr <= 0.1)
```

⑤ 결정 기준 개별 상대 중요도 행렬 자료로 추출

```
xind1 <- subset(kfoodahp$indpref, select = c(busi, qual, main, cost))
x1 <- as.matrix(xind1)
dim(x1)
x1
```

⑥ 대안 기업들의 변수 이름 설정, 쌍대비교 행렬 추출

```
kfood12 <- read_excel("kfood11.xlsx")
```

```
kfood1 <- as.matrix(kfood12)
atts <- c("Ico","Sco","Dco")
ahp.mat(kfood1, atts, negconvert = TRUE)
```

⑦ 대안 기업들의 개별, 종합 상대 중요도 산출

```
kfood1ahp <- ahp(kfood1, atts, negconvert = TRUE, agg = TRUE)
kfood1ahp
kfood1ahp$aggpref
kfood1ahp$indpref
```

⑧ 각 대안 기업들의 일관성 비율(CR) 산출과 평가 기준 부합 여부

```
cr <- kfood1 %>%
   ahp.mat(atts, negconvert = T) %>%
   ahp.cr(atts)
table(cr <= 0.1)
```

⑨ 대안 기업 개별 상대 중요도 행렬 자료로 추출, 전치 행렬 추출

```
yind1 <- subset(kfood1ahp$indpref, select = c(Ico, Sco, Dco))
y1 <- as.matrix(yind1)
y1
t(y1)
dim(y1)
```

⑩ 결정 기준과 각 대안 기업 최종 상대 중요도 산출

```
solahp1 <- t(y1)%*%t(x1)
solahp1
```

⑪ 복수 심사자 평가 자료의 쌍대비교행렬 추출

```
kfood21 <- read_excel("kfood21.xlsx")
kfood2 <- as.matrix(kfood21)
```

```
atts <- c("busi", "qual", "main", "cost")
ahp.mat(kfood2, atts, negconvert = TRUE)
```

⑫ 복수 심사자들의 개별, 종합 상대 중요도 산출

```
kfood2ahp <- ahp(kfood2, atts, negconvert = TRUE, agg = TRUE)
kfood2ahp
kfood2ahp$aggpref
kfood2ahp$indpref
```

⑬ 복수 심사자들의 일관성 비율(CR) 산출과 평가 기준 부합 여부

```
cr <- kfood2 %>%
   ahp.mat(atts, negconvert = T) %>%
   ahp.cr(atts)
table(cr <= 0.1)
```

⑭ 복수 심사자 개별 및 종합 상대 중요도 행렬 자료로 추출

```
xind2 <- subset(kfood2ahp$indpref, select = c(busi, qual, main, cost))
x2 <- as.matrix(xind2)
dim(x2)
x2
xagg2 <- subset(kfood2ahp$aggpref, select = c(AggPref))
x21 <- as.matrix(xagg2)
dim(x21)
x21
```

3) R 분석 결과에 대한 이해

프로그램 실행 결과, 생성된 자료나 분석 결과만을 앞의 프로그램 번호 중심으로 설명하기로 하면 다음과 같다.

② 결정 기준의 쌍대비교행렬 추출

: ahp.mat 함수를 통하여 쌍대비교행렬을 구할 수 있다.

```
> ahp.mat(kfood, atts, negconvert = TRUE)
[[1]]
```

	busi	qual	main	cost
busi	1.0	5	0.3333333	1.0
qual	0.2	1	0.1111111	0.2
main	3.0	9	1.0000000	4.0
cost	1.0	5	0.2500000	1.0

③ 결정 기준의 개별, 종합 상대 중요도 산출

: ahp 함수로 결정 기준의 기준별 상대 중요도와 전체를 묶은 종합 상대 중요도를 구할 수 있다.

만약 개별 상대 중요도를 구하려면, kfoodahp(생성파일명)$indpref으로 생성파일에 생성변수(구분자가 $)인 indpref를 붙이면 된다. 종합 상대 중요도는 $aggpref를 부이면 된다. 입력 데이터가 하나밖에 없으면 개별이나 종합 상대 중요도 값은 같은 값이 된다.

개별 상대 중요도 결과값에는 상대 중요도와 함께 일관성 비율(CR)도 제시된다. 결과로 제시되는 값들이 앞의 엑셀 결과 값과는 다소 차이가 있을 수 있다. 이는 계산에 사용된 수치들의 자리 값에서 나는 차이이므로 무시하여도 좋다.

속성이 main인 유지보수가 가장 상대 중요도가 높게 나타나고 있다. 그리고 일관성 비율은 0.023으로 기준을 충분히 충족시키고 있음을 알 수 있다.

```
> kfood1ahp <- ahp(kfood1, atts, negconvert = TRUE, agg = TRUE)
> kfoodahp
$indpref
```

	busi	qual	main	cost	CR	top1	top2	top3
1	0.197558	0.04575749	0.5708376	0.1858469	0.0233704	qual_main	main_cost	qual_cost

```
$aggpref
        AggPref      SD.AggPref
busi    0.19755797   NA
qual    0.04575749   NA
main    0.57083762   NA
cost    0.18584691   NA
> kfoodahp$indpref
    busi     qual       main      cost      CR        top1      top2      top3
1 0.197558 0.04575749 0.5708376 0.1858469 0.0233704 qual_main main_cost qual_cost
```

④ 각 결정 기준의 일관성 비율(CR)의 평가 기준 부합 여부

: 일관성 비율(CR)의 평가 기준(<0.1) 부합 여부에서, 1개의 일관성 비율은 참으로 나타난다.

```
TRUE
  1
```

⑤ 결정 기준 개별 상대 중요도 행렬 자료로 추출

: kfoodahp$indpref 결과에서 busi, qual, main, cost 변수(속성)에 해당하는 값들을 추출하여 xind1 파일을 생성시키고, 생성 파일 xind1을 행렬 형태의 자료로 변환한 x1 파일을 생성한다. 이 때 생성되는 행렬은 1×4 행렬이고, 결과를 참고하기 바란다.

```
> xind1 <- subset(kfoodahp$indpref, select = c(busi, qual, main, cost))
> x1 <- as.matrix(xind1)
> dim(x1)
[1] 1 4
> x1
```

```
       busi       qual       main       cost
1  0.197558  0.04575749  0.5708376  0.1858469
```

⑥ 대안 기업들의 변수 이름 설정, 쌍대비교 행렬 추출

: 변수 이름을 Ici, Sco, Dco로 설정하고, ahp.mat 함수로 쌍대비교행렬을 추출한다. 네 개의 결정 기준별로 대안 기업들에 대한 쌍대비교행렬이 제시된다.

```
> atts <- c("Ico","Sco","Dco")
> ahp.mat(kfood1, atts, negconvert = TRUE)
[[1]]
          Ico        Sco     Dco
Ico  1.0000000  0.2000000   3
Sco  5.0000000  1.0000000   7
Dco  0.3333333  0.1428571   1

[[2]]
      Ico       Sco     Dco
Ico  1.00  4.0000000   5
Sco  0.25  1.0000000   3
Dco  0.20  0.3333333   1

[[3]]
      Ico        Sco     Dco
Ico  1.000  2.0000000   8
Sco  0.500  1.0000000   6
Dco  0.125  0.1666667   1

[[4]]
      Ico       Sco     Dco
Ico  1.00  0.3333333   4
Sco  3.00  1.0000000   7
Dco  0.25  0.1428571   1
```

⑦ 대안 기업들의 개별, 종합 상대 중요도 산출

: ahp 함수로 대안 기업들의 상대 중요도를 산출한다. ahp 함수로 상대 중요도 결과를 kfood1ahp 파일로 생성하게 한다. kfood1ahp 파일을 실행시키면 저장된 결과가 나타난다. 여기에 개별 상대 중요도($indpref)와 종합 상대 중요도($aggpref)가 함께 나타나는데, 개별 상대 중요도에는 일관성 비율(CR)도 함께 제시된다. 결과로 나타난 일관성 비율(CR)을 보면, 모두 1.0 기준을 넘지 않고 있음을 알 수 있다.

```
> kfood1ahp <- ahp(kfood1, atts, negconvert = TRUE, agg = TRUE)
> kfood1ahp
$indpref
        Ico       Sco        Dco         CR    top1    top2    top3
1 0.1883941 0.7306447 0.08096123 0.06177786 Ico_Dco Ico_Sco Sco_Dco
2 0.6738106 0.2255355 0.10065393 0.08165634 Ico_Sco Sco_Dco Ico_Dco
3 0.5946878 0.3403738 0.06493845 0.01741794 Ico_Sco Ico_Dco Sco_Dco
4 0.2627532 0.6586300 0.07861686 0.03081545 Ico_Dco Ico_Sco Sco_Dco

$aggpref
       AggPref   SD.AggPref
Ico 0.37528441   0.24007675
Sco 0.43840922   0.24404207
Dco 0.08031217   0.01471494
```

: 생성된 파일(kfood1ahp)의 개별 상대 중요도($indpref)가 제시된다.

```
> kfood1ahp$aggpref
       AggPref   SD.AggPref
Ico 0.37528441   0.24007675
Sco 0.43840922   0.24404207
Dco 0.08031217   0.01471494
```

: 생성된 파일(kfood1ahp)의 종합 상대 중요도($aggpref)가 제시된다.

```
> kfood1ahp$indpref
        Ico       Sco        Dco         CR    top1    top2    top3
1 0.1883941 0.7306447 0.08096123 0.06177786 Sco_Dco Ico_Sco Ico_Dco
2 0.6738106 0.2255355 0.10065393 0.08165634 Ico_Sco Sco_Dco Ico_Dco
3 0.5946878 0.3403738 0.06493845 0.01741794 Ico_Sco Ico_Dco Sco_Dco
4 0.2627532 0.6586300 0.07861686 0.03081545 Ico_Dco Ico_Sco Sco_Dco
```

⑧ 각 대안 기업들의 일관성 비율(CR) 산출과 평가 기준 부합 여부

: 각 결정 기준에 대한 대안 기업들의 일관성 비율(CR)은 모두 기준(<= 0.1)을 충족하고 있음을 보여주고 있다.

```
> cr <- kfood1 %>%
+  ahp.mat(atts, negconvert = T) %>%
+  ahp.cr(atts)
> table(cr <= 0.1)
TRUE
  4
```

⑨ 대안 기업 개별 상대 중요도 행렬 자료로 추출, 전치 행렬 추출

: 대안 기업들에 대한 개별 상대 중요도 행렬 자료를 추출하기 위해, subset 함수를 사용하며, 앞의 결과에서 Ico, Sco, Dco 변수 값들만 추출하고, yind1 파일로 생성하여 저장한다. 이 때 yind1 파일은 행렬 형태의 자료로 변환하여 y1 파일에 저장한다. y1에 저장된 결과는 아래에 나타난 결과이다. 이 값들은 결정 기준에 대한 대안 기업들의 상대 중요도 값들이다. 이 값과 앞에서 계산한 결정 기준 상대 중요도를 행렬 곱을 하여 최종 상대 중요도를 계산하여야 한다. 이를 이해하기위해서, 엑셀에서 행하였던 계산 과정의 일부를 다시 언급하기로 하자.

우리는 각 대안 기업에 대한 최종 상대 중요도(가중치)를 계산하고자 한다. 그러면 엑셀에서 계산한 것은 다음과 같다.

각 대안 최종가중치 = 대안 상대가중치행렬 × 기준의 상대가중치열벡터

$$\begin{bmatrix} I\text{사} \\ S\text{사} \\ D\text{사} \end{bmatrix} = \begin{bmatrix} 0.193 & 0.665 & 0.593 & 0.265 \\ 0.724 & 0.231 & 0.341 & 0.656 \\ 0.083 & 0.104 & 0.065 & 0.080 \end{bmatrix} \times \begin{bmatrix} 0.200 \\ 0.047 \\ 0.566 \\ 0.188 \end{bmatrix} = \begin{bmatrix} 0.455 \\ 0.472 \\ 0.073 \end{bmatrix}$$

여기에 대안 상대가중치행렬이 y1 행렬의 전치 행렬에 해당한다. 그래서 우리는 R에서 y1 행렬을 전치(transpose) 시킨다. y1 행렬을 전치시키기 위해, t 함수를 사용한다.

앞에서 계산한 x1 행렬도 전치시켜야, 우리가 구하고자 하는 최종 상대 중요도 값을 얻을 수 있다.

```
> yind1 <- subset(kfood1ahp$indpref, select = c(Ico, Sco, Dco))
> y1 <- as.matrix(yind1)
> y1
        Ico       Sco        Dco
1 0.1883941 0.7306447 0.08096123
2 0.6738106 0.2255355 0.10065393
3 0.5946878 0.3403738 0.06493845
4 0.2627532 0.6586300 0.07861686
> t(y1)
             1         2          3          4
Ico 0.18839410 0.6738106 0.59468777 0.26275317
Sco 0.73064467 0.2255355 0.34037378 0.65862997
Dco 0.08096123 0.1006539 0.06493845 0.07861686
```

⑩ 결정 기준과 각 대안 기업 최종 상대 중요도 산출

: ⑨의 결과에서 제시하였듯이, 최종 상대 중요도를 산출하기 위해서, 우리는 다음의 수식을 다시 주목하자.

각 대안 최종가중치 = 대안 상대가중치행렬 × 기준의 상대가중치열벡터

대안 기업들의 상대 중요도 행렬(y1)을 전치하여 대안 상대가중치행렬 t(y1)을

얻었고, 결정 기준의 상대 중요도 행렬(x1)을 전치하여 기준의 상대가중치열벡터인 t(x1)을 얻게 된다. 이에 대한 행렬곱이 다음과 같으며, 그 결과로 solahp1 파일을 생성하라는 것이다. 생성한 최종 내용에서 Sco 기업이 상대적으로 우수한 것으로 판단하게 된다.

```
> solahp1 <- t(y1)%*%t(x1)
> solahp1
             1
Ico  0.45635266
Sco  0.47136712
Dco  0.07228022
```

⑪ 복수 심사자 평가 자료의 쌍대비교행렬 추출

: 3명의 복수 심사자 평가 자료에 대한 쌍대비교행렬을 추출하는 것이다. 변수(atts)는 busi, qual, main, cost로 사용하였다. ahp.mat 함수로 쌍대비교행렬을 계산한다. 이에 3명의 복수 심사자 쌍대비교행렬이 제시된다.

```
> kfood21 <- read_excel("kfood21.xlsx")
> kfood2 <- as.matrix(kfood21)
> atts <- c("busi", "qual", "main", "cost")
> ahp.mat(kfood2, atts, negconvert = TRUE)
[[1]]
      busi  qual      main   cost
busi   1.0     5  0.3333333   1.0
qual   0.2     1  0.1111111   0.2
main   3.0     9  1.0000000   4.0
cost   1.0     5  0.2500000   1.0
```

```
[[2]]
     busi qual      main cost
busi 1.00    4 0.2500000  1.0
qual 0.25    1 0.1428571  0.2
main 4.00    7 1.0000000  7.0
cost 1.00    5 0.1428571  1.0

[[3]]
     busi qual      main cost
busi 1.00    4 0.2500000  1.0
qual 0.25    1 0.1666667  0.2
main 4.00    6 1.0000000  5.0
cost 1.00    5 0.2000000  1.0
```

⑫ 복수 심사자들의 개별, 종합 상대 중요도 산출

: 복수 심사자들에 대한 개별, 종합 상대 중요도를 계산한다. 마찬가지로 ahp 함수를 사용하여 계산한다. 개별 상대 중요도 결과에는 일관성 비율(CR)도 제시되는데, 모두 기준에 부합하고 있음을 알 수 있다.

종합 상대 중요도의 계산 방법은 기하평균을 기본값으로 하여 계산하게 된다. 그래서 별다른 가공 없이 결과 값을 그대로 사용하면 된다.

```
> kfood2ahp <- ahp(kfood2, atts, negconvert = TRUE, agg = TRUE)
> kfood2ahp
$indpref
       busi       qual      main      cost         CR      top1      top2      top3
1 0.197558  0.04575749 0.5708376 0.1858469 0.0233704  qual_main main_cost qual_cost
       busi       qual      main      cost         CR      top1      top2      top3
2 0.1585425 0.04990428 0.6373498 0.1542035 0.08929565 qual_main main_cost qual_cost
       busi       qual      main      cost         CR      top1      top2      top3
3 0.1713765 0.05550311 0.5956196 0.1775007 0.07547235 qual_main main_cost qual_cost
```

```
$aggpref
          AggPref      SD.AggPref
busi    0.17509102   0.019884617
qual    0.05023107   0.004890804
main    0.60064767   0.033614022
cost    0.17198210   0.016399835
> kfood2ahp$aggpref
          AggPref      SD.AggPref
busi    0.17509102   0.019884617
qual    0.05023107   0.004890804
main    0.60064767   0.033614022
cost    0.17198210   0.016399835
```

⑬ 복수 심사자들의 일관성 비율(CR) 산출과 평가 기준 부합 여부

: 이미 앞에서 확인하였지만, 한 번 더 평가 기준 부합 여부를 확인하는 것이다. 세 명의 심사자 모두 일관성 비율 기준을 충족시키고 있음을 알 수 있다.

```
> cr <- kfood2 %>%
+   ahp.mat(atts, negconvert = T) %>%
+   ahp.cr(atts)
> table(cr <= 0.1)
TRUE
   3
```

⑭ 복수 심사자 개별 및 종합 상대 중요도 행렬 자료로 추출

: 복수 심사자들의 개별 상대 중요도와 종합 상대 중요도 결과 값을 행렬 형태의 자료로 저장 생성한다. AHP 기법에서 얻고자 하였던 복수 심사자들에 대한 의견 조율값이 바로 종합 상대 중요도 값이다. 종합 상대 중요도 값을 행렬 형태의 자료로 저장하여, 최종 상대 중요도를 얻기 위한 기초 파일로 사용하게 될 것이다. 연구자는 참고하기 바란다.

```
> xind2 <- subset(kfood2ahp$indpref, select = c(busi, qual, main, cost))
> x2 <- as.matrix(xind2)
> dim(x2)
[1] 3 4
> x2
       busi        qual       main       cost
1  0.1975580  0.04575749  0.5708376  0.1858469
2  0.1585425  0.04990428  0.6373498  0.1542035
3  0.1713765  0.05550311  0.5956196  0.1775007
> xagg2 <- subset(kfood2ahp$aggpref, select = c(AggPref))
> x21 <- as.matrix(xagg2)
> dim(x21)
[1] 4 1
> x21
         AggPref
busi  0.17509102
qual  0.05023107
main  0.60064767
cost  0.17198210
```

종합화한 최종 통합가중치는 사업관리, 성능/품질, 유지보수, 비용 기준 항목 순서별로 최종 0.1751, 0.0502, 0.6006, 0.1720 값이 됨을 확인하였다. 엑셀 결과와는 차이가 있으나, 계산에 적용되는 값에 의한 오차이니, 크게 고민할 필요가 없음을 알려둔다.

4 R 언어 설치와 기초 팁 지식(뛰어넘어도 되는 부록 편)

이 장은 R 언어 기초 사용자를 위한 설치 및 기초 지식을 언급하는 장이므로, 복잡하게 고민하게 된다면, 이 장은 뛰어넘고 다음 장으로 가도 무방하리라 생각한다. 물론 R 언어 기초 사용에 대해 너무 궁금하다면 이 장을 살펴보아도 좋겠다. 그리고 더 알고 싶다면 R 관련 책자들을 참고하여도 좋다.

이 장에서는 R 언어 기초 사용자를 위한 장인 만큼, R 언어 사용을 위한 간단한 설치와, 설치한 후 보다 편리하게 사용 환경을 정리하는 내용을 제시하였다. 그렇다 하더라도, 기본적인 내용을 독자에게 제시하는 내용이므로 관심이 있는 독자만 참고하기를 바란다.

이 장에서는 R 언어 설치와, 보다 편리한 활용을 위한 RStudio 설치를 제시하고, 개개인의 특성에 맞추어 환경 설정하는 방법, 그리고 필요한 외부파일, 특히 엑셀 파일을 불러들이기 위한 환경 설정을 설명하고자 한다. 또한 R 언어 사용에서 반드시 알아두어야 할 자료 특성에 대해서도 간단하게 살펴보고자 한다.

(1) R 프로그래밍 언어 설치

R 프로그래밍 언어에 대해서는 2 장에서 간단하게 언급한 바 있다. R 언어 설치를 위하여 구글을 사용한다면, 구글에서 cran을 검색하면 된다.

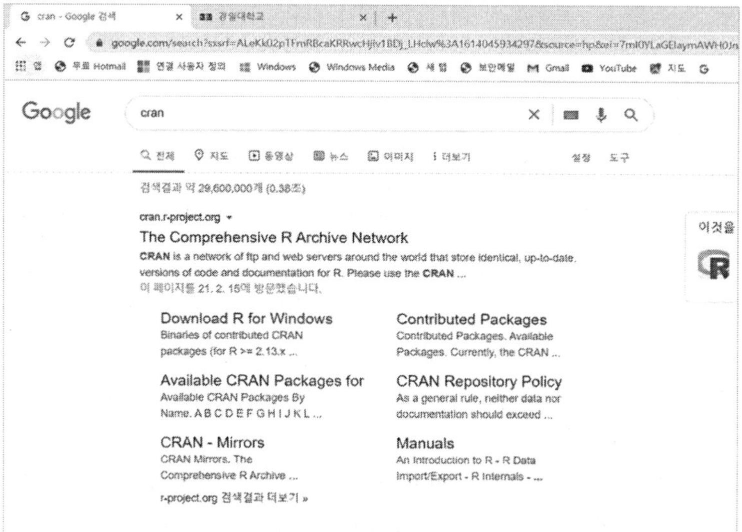

cran은 R 언어 설치를 위한 네트워크이며, 여기에서 windows에서 사용할 R을 다운받기 위해, Download R for Windows를 클릭하면 다음의 사이트로 연결되며, windows를 위한 R version을 다운받으면 된다. 만약 처음 다운받는 독자라면 다음 그림에서와 같이, install R for the first time을 클릭하면 된다.

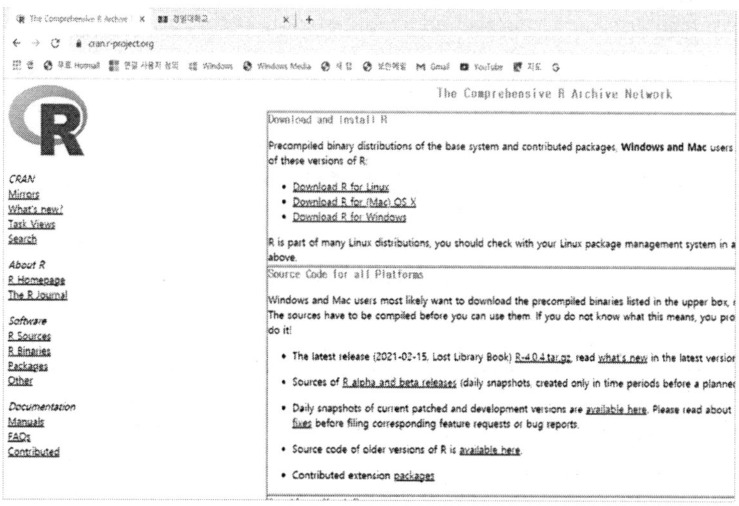

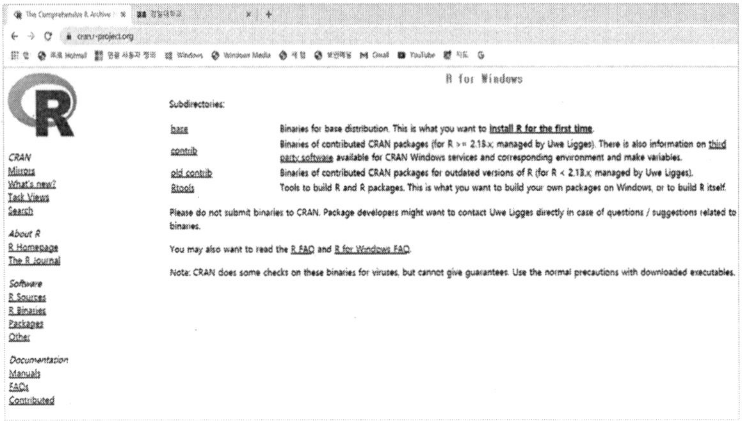

다음 상황은 windows 상에 설치할 R 언어 버전이 제시되면 선택하여 클릭하면 다운로드에 설치 파일을 받아 설치하면 된다.

사용할 언어를 한국어로 선택하고, 설치 작업을 계속하면 된다. 그러면 설치할 위치를 지정하여 설치한 후, 바탕화면에 바로가기를 설정한다.

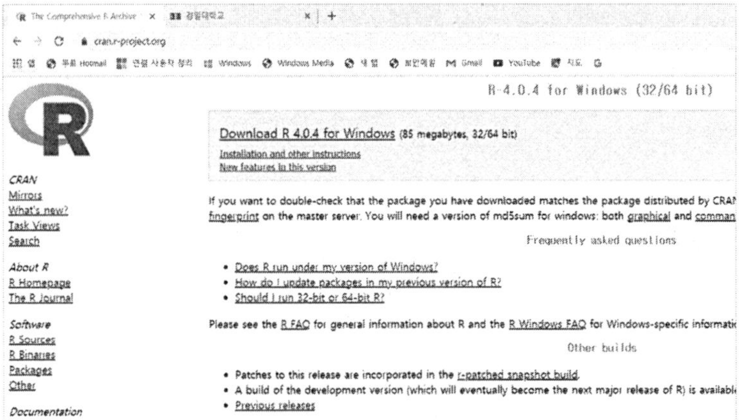

바로가기를 실행하면 다음과 같은 RGui에서 R console 화면이 나타난다. 물론 console 화면에서도 R 코드 소스(실행시킬 내용들)를 입력하여 실행시키면 되지만, R 편집기를 활용하는 것이 좋다.

R 편집기는 파일 메뉴를 클릭하여 스크립트 열기를 클릭하면 나타난다. 이 R 편집기 화면에서 필요한 R 코드 소스를 입력하여 실행하면 되지만, 전체를 파악

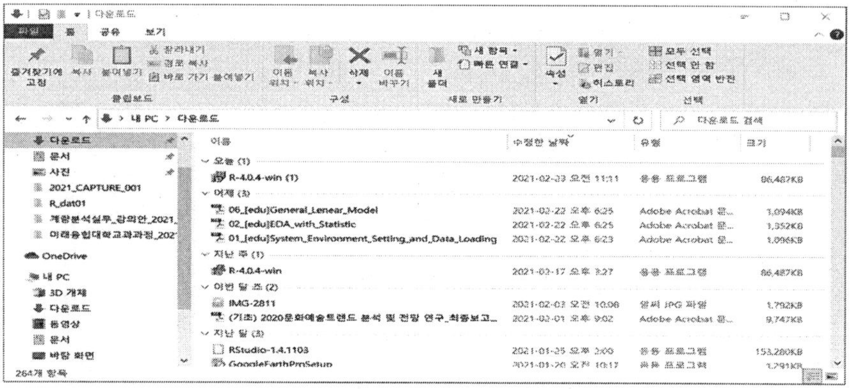

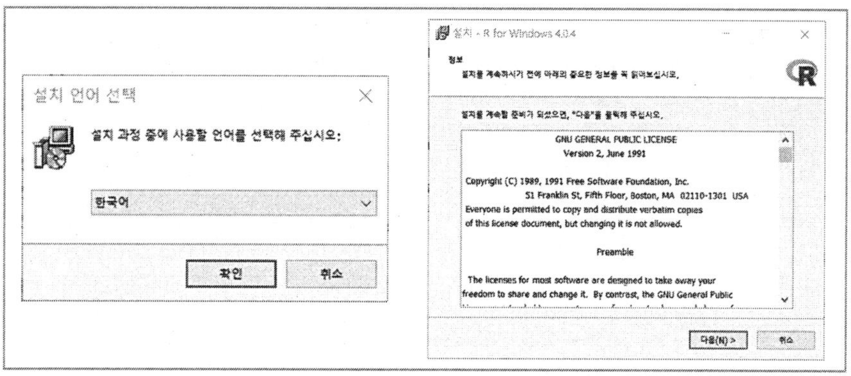

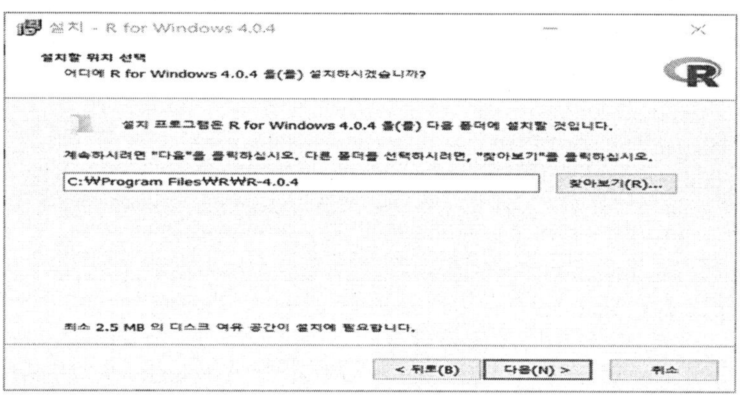

하여 처리하기에 불편함이 있으므로, 이를 해소하고 보다 용이하고 R 언어의 실행과 결과를 알아보기 위해 RStudio를 설치하는 것을 적극 권장한다.

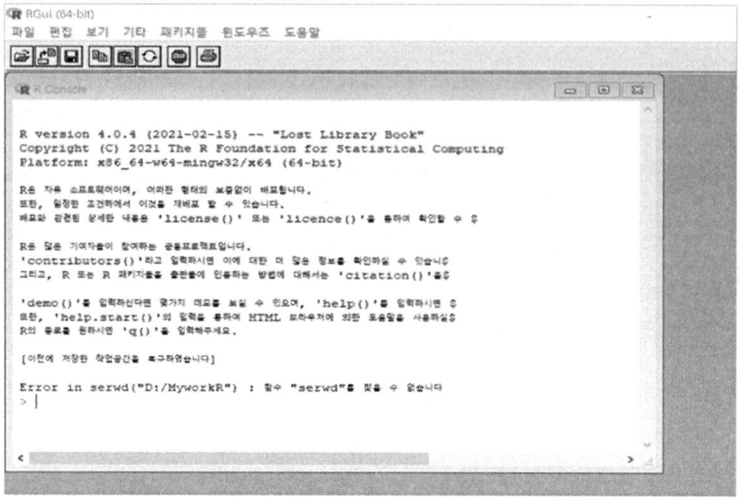

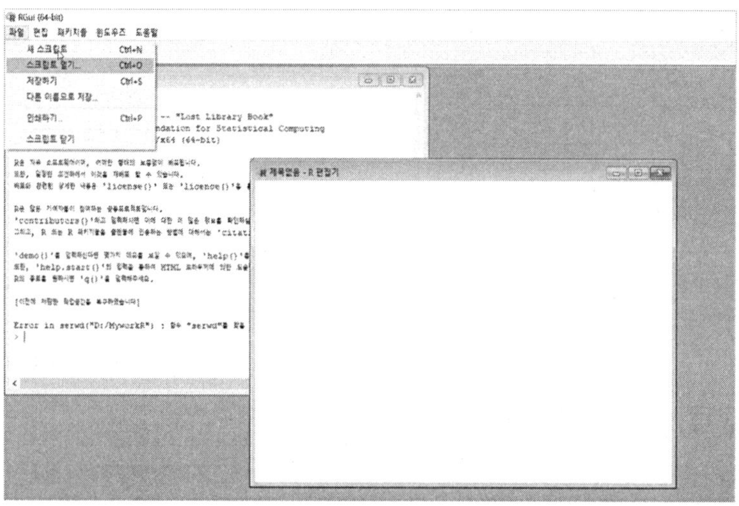

(2) RStudio 설치

구글에서 rstudio를 검색하면, 다음의 그림과 같이 RStudio에 해당하는 내용이 나타난다. 여기에서 Download the RStudio IDE(오픈 소스 통합 개발 환경)을 클릭한다.

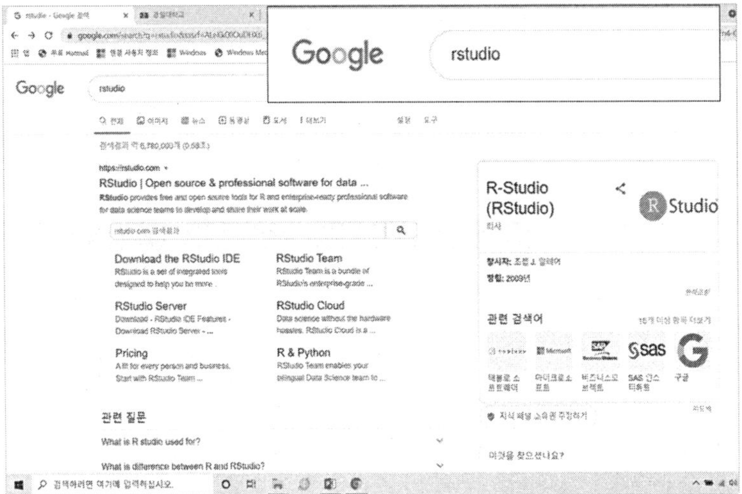

그러면 rstudio.com 사이트의 Download the RStudio IDE 창이 열린다. 이 창에서 아래로 내려가면 RStudio Desktop의 Free(무료판)를 다운로드 받고, 컴퓨터에 설치하여 바로가기를 설정하면 된다.

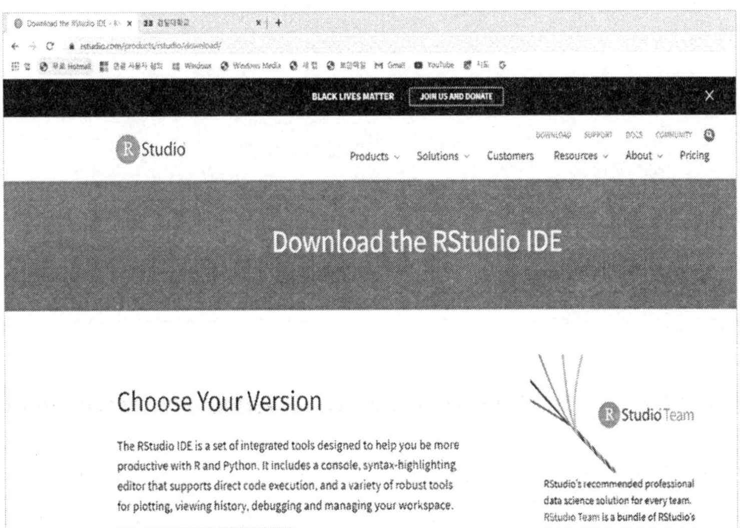

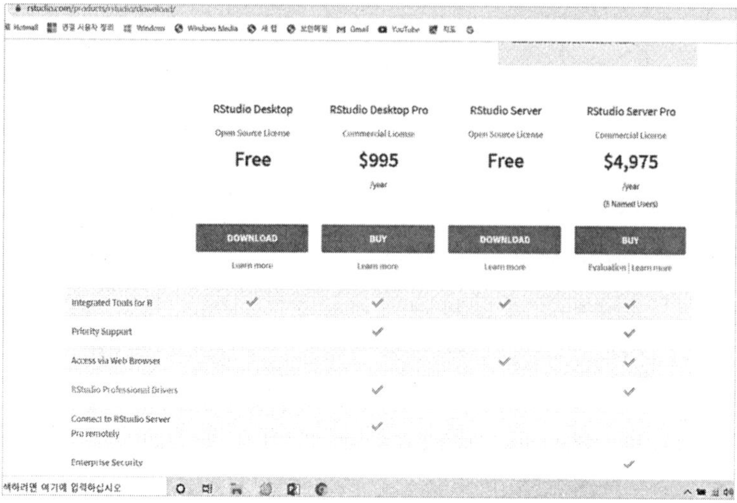

설치된 rstudio 바로가기를 실행하면 다음 그림과 같이 네 개의 방(room)이 있는 화면이 나타난다.

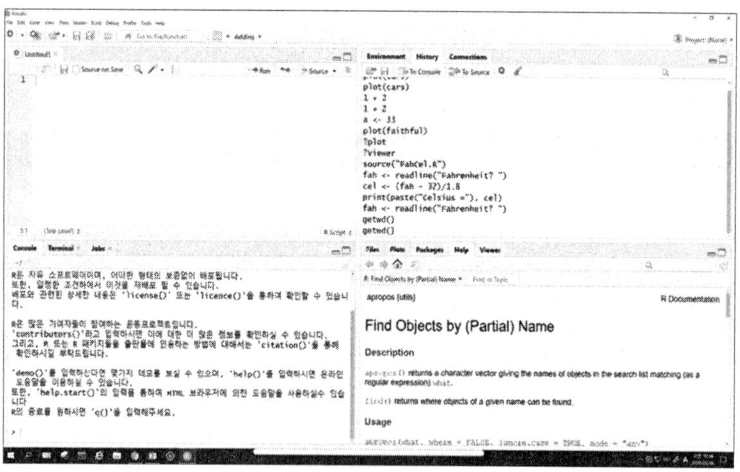

네 개의 방(room)은 좌상에 있는 프로그램 또는 소스를 입력하게 될 스크립트 편집기 방(room)으로 source code 편집, 주석 작성 및 수정을 위한 입력 창이다. 좌하에 있는 실행된 프로그램 결과가 제시되는 console 방으로 source code 결과를 확인하는 창이다.

우상의 방(room)은, R 작업을 위해 불러들인 데이터, 객체, 행렬, 함수 목록이 표시되며, 그동안 독자가 실행시킨 명령들의 history가 나타나는 environment 방이다. 우하의 방(room)은, 실행된 그래프가 나타나는 Plots, 실행하고 있는 Files, 현재 사용할 수 있는 Packages나 도움말(help) 등이 나타나는 기타 방(room)으로 판단하면 된다.

명령어 입력은 주로 Script 창에 입력하여 실행하거나, Console창의 경우 프롬프트('>') 옆에 입력하여 실행하면 된다. 이 때 명령어 실행은 스크립트 창의 [Run] 버튼을 클릭하거나, [Ctrl] + [Enter]를 입력하거나, [Ctrl] + [R]을 입력하면 실행되면 그 결과가 console room에 나타난다.

이렇게 일목요연하게 입력 내용과 결과, 그리고 관련 그래프 등을 확인할 수 있기에 RStudio를 이용하면 쉽고 용이하게 R 언어를 운용할 수 있다.

(3) 보다 쉽게 사용하기 위한 팁

RStudio에서 R 언어를 보다 쉽게 사용하기 위해, 다음의 세 가지를 먼저 숙지하는 것이 좋다.

첫째, R 작업 관련 파일과 결과들을 저장하기 위한 나만의 작업 환경(working directory: wd)을 구축하는 것이다. 둘째, R 언어 핵심이라고 할 수 있는 package에 대해 이해하는 것이고, 셋째, 자료 처리 위주의 R 언어에서 사용하는 자료(data)의 구조를 알아 두는 것이다.

1) 나만의 작업 환경(working directory: wd) 구축

우리들은 나만의 작업 환경으로 c:/r_data2021을 설정하여 사용하였다. 이렇게 나만의 작업 환경을 설정하기 위해, setwd() 함수를 사용한다.

먼저 getwd() 함수를 실행하여, 현재의 환경을 확인한 후, 필요한 작업 환경을 설정하여야 한다.

c:/r_data2021 폴더로 작업 환경을 설정하기 위해, setwd("c:/r_data2021")로 설정하여 처리하면 된다.

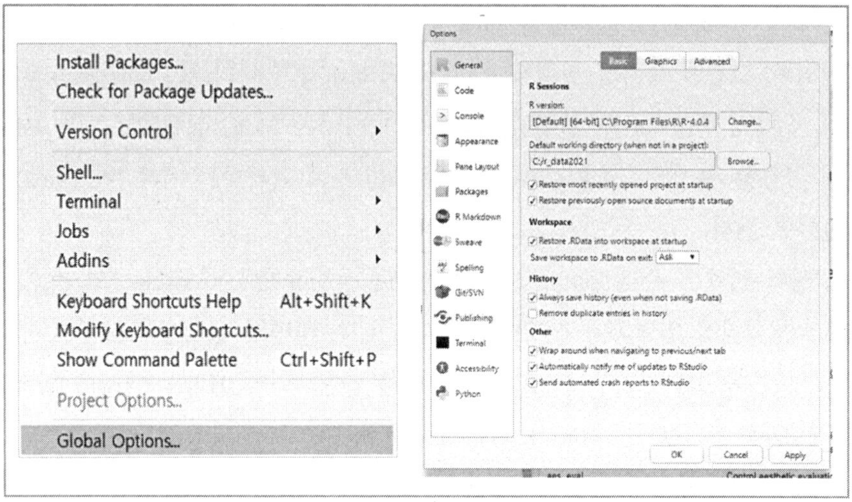

RStudio에서 설정하려면, Tools 메뉴에서 Global Options을 선택하여 클릭하면 다음의 그림과 같은 내용이 나오면, Default working directory에서 c:/r_data 2021을 설정하면 된다.

2) Package에 대한 이해와 활용

R 언어의 핵심인 Packages는 활용 가능한 함수(function)들과 예제 Dataset, 패키지 사용 방법에 대한 개요 및 설명서(Vignette), 함수 도움말(R document) 파일들로 구성되어 있다. R 언어에서는 개발자 및 실무진뿐만 아니라 일반 사용자들도 특정 주제에 대하여 완성도가 높고 설계가 잘된 코드들을 제3자가 이용하기 쉽도록 패키지 형태로 배포하고 있다. 이러한 Packages는 CRAN을 통해 공유하며, available.packages() 함수를 통해 패키지 내용들을 확인할 수 있다.

Packages는 install.packages() 함수 안에 패키지명을 넣어 설치한다. 예를 들어, 그래프에 탁월한 ggplot2 package를 설치하기 위해, install.packages("ggplot2")를 입력하고 실행하면 된다.

그리고 설치된 패키지를 사용하기 위해서는 반드시 library() 함수 이용하여야 한다. 예를 들어, library(ggplot2) 함수를 실행하면 된다. 이렇게 실행하면, ggplot2 패키지에 있는 여러 가지 함수들을 사용할 수 있다. 유용한 패키지 관련

함수들을 보면 다음과 같다.

search() 함수 : 설치된 package 목록 보기

searchpaths() 함수 : 설치된 패키지 목록과 경로 같이 보기

libPaths() 함수 : 패키지가 어떤 경로에 설치되어 있는지 확인하기

help(package = “ggplot2”) : ggplot2 패키지에 대한 도움말

이러한 패키지들은 CRAN, BioConductor, Github에서 다운받을 수 있으며, 모든 R패키지는 Rdocumentation에서 확인할 수 있다.

우리들은 DEA 분석을 위해 Benchmarking package를 이용하였고, AHP 분석을 위해 ahpsurvey package를 활용하였다. 이외에도 유용한 패키지들이 많다.

dplyr, plyr, data.table 등은 패키지의 자료를 다루기 쉽게 도와주며, stringr 패키지는 string을 다룰 때 유용하다. 규칙/비규칙 시계열 데이터 작업할 때는 zoo, 머신러닝을 하려면, caret 패키지가 유용하다. 그리고, 매우 중요한 시각화 기능을 제공해 주는 패키지로는 ggplot2, ggvis, lattice, rCharts 등이 있다.

특히 우리들은 외부에 있는 엑셀 파일의 xlsx, xls 문서를 가져와서 분석하였다. 엑셀 파일을 외부에서 가져오기 위해서 readxl 패키지를 설치하여야 한다.

예를 들어, install.packages("readxl")로 readxl 패키지를 설치하고, library(readxl) 함수로 사용할 수 있다.

특정한 엑셀 문서를 불러오기 위해서, readxl 패키지에 있는 read_excel() 함수를 사용한다.

예를 들어, LED.stat <- read_excel("c:/r_data2021/LED.xlsx")의 스크립트를 이용하면 되고, 이는 c:/r_data2021/LED.xlsx 파일을 불러와서, LED.stat로 설정하라는 것이다.

3) R 언어 사용 자료(data)의 구조 이해

R 언어는 자료 처리를 핵심으로 하는 언어이기 때문에, 자료 구조를 먼저 이해할 필요가 있다. 가장 기본적인 자료는 1개의 구성인자를 갖는 스칼라(Scala)이다.

동일한 유형의 자료 처리를 위해, 스칼라(Scala)로 구성된 벡터(Vector)와 범주형

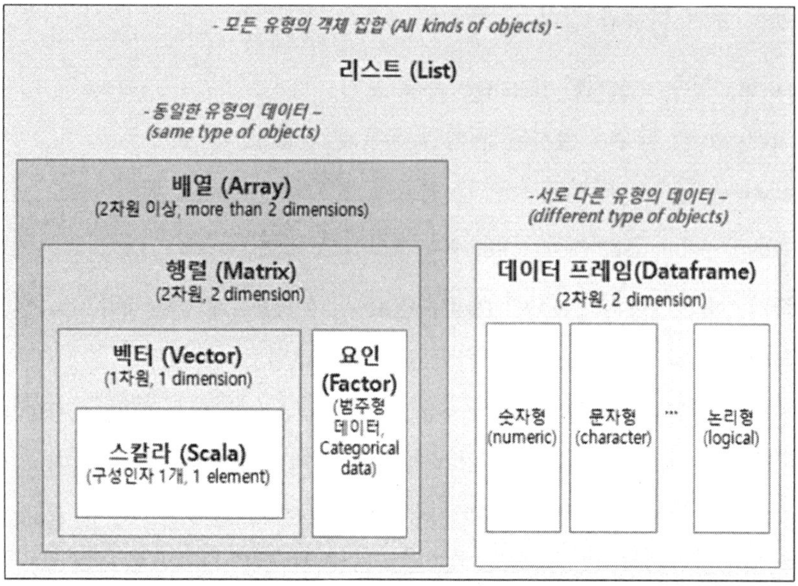

자료 구조인 요인(Factor), 벡터와 요인을 아우르는 2차원의 자료 구조인 행렬(Matrix), 배열이 있다. 그리고 서로 다른 유형의 자료 처리를 위해, 데이터 프레임(data frame)을 사용한다. 이들 모두를 아우르는 자료 유형으로 리스트(list)가 있다.

먼저 벡터(Vector)는 동일한 유형의 데이터가 구성인자 1개 이상이며, 1차원으로 구성되어 있는 자료 구조로써, 구성인자가 하나이면 스칼라(Scala)가 된다. 이 때 자료나 객체들을 하나로 결합하기 위해 c() 함수를 사용한다. 간단하게 combine이라고 이해하여도 좋다.

숫자형 벡터 구성은 v1 <- c(1, 2, 3)

문자형 벡터 구성은 v2 <- c("Kim", "Lee", "Choi")

논리형 벡터 구성은 v3 <- c(TRUE, TRUE, FALSE)으로 하면 된다.

그리고 요인(Factor)은 범주형(명목형 또는 순서형)의 자료구조로 factor() 함수를 사용하며, 요인이 가질 수 있는 값들을 수준(level)이라고 한다. 예를 들어,

```
f1 <- c("Middle", "Low", "High")
f2 <- factor(f1)
```

f3 <- factor(f2, order = TRUE, level = c("Low", "Middle", "High"))

등으로 사용하며, 이들 결과 값들은 다음과 같이 나타난다.

f1 : [1] "Middle" "Low" "High"

f2 : [1] Middle Low High, Levels: High Low Middle

f3 : [1] Middle Low High, Levels:Low<Middle<High

한편 행렬(Matrix)은 동일한 유형의 2차원 자료 구조를 의미하며, matrix() 함수를 사용한다. 최적화(optimization) 할 때, 제약조건을 행렬로 입력하면 된다. 예를 들어 다음과 같이 설정한다면,

m1 <- matrix(1:12, nrow=4)

m2 <- matrix(1:12, nrow=4, byrow=TRUE)

결과는 각각 다음과 같이 나타난다.

```
     [,1] [,2] [,3]              [,1] [,2] [,3]
[1,]    1    5    9        [1,]    1    2    3
[2,]    2    6   10        [2,]    4    5    6
[3,]    3    7   11        [3,]    7    8    9
[4,]    4    8   12        [4,]   10   11   12
```

동일한 유형의 자료 구조로 최상위에 있는 구조로 배열(Array)이 있다. 이는 동일한 유형의 자료가 2차원 이상으로 구성된 구조이며, 행렬의 층층 구조라고 할 수 있다. 예를 들어, 다음과 같이 설정한다면,

a1 <- array(1:24, c(3,4,2))

그 결과는 다음과 같이 나타난다.

```
, , 1                               , , 2

     [,1] [,2] [,3] [,4]                 [,1] [,2] [,3] [,4]
[1,]    1    4    7   10            [1,]   13   16   19   22
[2,]    2    5    8   11            [2,]   14   17   20   23
[3,]    3    6    9   12            [3,]   15   18   21   24
```

data 유형에 관계없이 2차원 형태의 자료 구조를 설정하기 위해서는 데이터 프레임(Data Frame)을 사용한다. 이는 통계, Data Mining 분석에서 주로 사용되고 있는 데이터 구조이다. 예를 들어 다음과 같이 데이터 구조를 설정한다면,

```
d1 <- c(1,2,3,4)
d2 <- c("Kim","Lee","Choi","Park")
d3 <- data.frame(cust_id = d1, last_name = d2)
```

그 결과는 다음과 같이 나타난다.

```
  cust_id last_name
1       1       Kim
2       2       Lee
3       3      Choi
4       4      Park
```

그리고 최상위 자료 구조로써, 벡터, 행렬, 배열, 데이터 프레임 등과 같은 서로 다른 구조의 자료를 모두 묶은 객체인 리스트(Lis)가 있다.

만약 다음과 같은 L1, L2, L3, L4의 벡터, 행렬, 배열, 데이터 프레임 구조의 데이터 유형들을 리스트(list)로 처리한다고 하자.

```
L1 <- c(1, 2, 3, 4)
L2 <- matrix(1:6, 3, byrow=TRUE)
L3 <- array(1:24, c(3,4,2))
L4 <- data.frame(cust_id = c(1, 2, 3, 4), last_name =
                 c("Kim", "Lee", "Choi", "Park"))
L5 <- list(L1, L2, L3, L4)
```

이때 나타나는 L5의 결과는 다음과 같이 나타난다.

```
[[1]]
[1] 1 2 3 4

[[2]]
     [,1] [,2]
[1,]    1    2
[2,]    3    4
[3,]    5    6

[[3]]
, , 1
     [,1] [,2] [,3] [,4]
[1,]    1    4    7   10
[2,]    2    5    8   11
[3,]    3    6    9   12
, , 2
     [,1] [,2] [,3] [,4]
[1,]   13   16   19   22
[2,]   14   17   20   23
[3,]   15   18   21   24

[[4]]
  cust_id last_name
1       1       Kim
2       2       Lee
3       3      Choi
4       4      Park
```

이러한 data 구조를 잘 확인하여, 적절한 data 처리 유형을 활용하여, 필요한 결과를 얻도록 하는 것이 중요하다.

5
chapter

논문 사례를 통한 DEA/AHP 분석 이해

제5장에서는 제자들의 학회 발표 논문과 박사 논문을 중심으로, 연구 목적과 기존 연구들 동향을 살펴보고, 이들의 연구 모형, DEA 투입/산출 요소, 실증 분석 결과와 내용을 살펴본다.

금융 부문에서 새마을금고 사례(박무완(2016, 2017)), 증권사 사례(김광수(2017, 2018)), 관광 부문에서는 호텔 사례(표지연(2018, 2019)), 제조업 부문에서는 기술혁신 사례(김환섭(2018, 2019)), 프로젝트 운영 사례(김수하(2019, 2020))의 내용을 발췌, 요약하고, 부분적으로 미진한 부분은 보완하여 제시하고자 한다. 의료부문에서 검진기관 사례(이우광(2014))가 있지만, 박무완(2017)의 논문에 반영된 부분이 많기 때문에, 이 저서에서는 이우광(2014)의 논문은 제외하고, 5명의 박사 논문 내용을 정리하여 검토하도록 한다. 박무완(2017) 연구는 Single Stage DEA 연구이고, 나머지 4명의 논문은 Two Stage DEA 연구들이기에 같이 검토하고자 한다.

1 DMU 순위 결정과 Benchmarking 분석: 금융 사례

(1) 박무완(2017)의 연구 목적과 연구 모형 이해

금융기관 중 새마을금고를 대상으로 한 박무완(2017) 연구는 대구경북지역 100개 새마을금고의 효율성 분석과 함께, DMU 간의 순위를 결정하기 위한 최적의 모형을 제시하는 것이었다. 새마을금고의 효율성 분석을 위해, 기본적인 CCR, BCC 모형을 사용하였다. 그리고 박무완(2017)은 DMU 간의 순위 결정을 위한 연구를 수행하였다. 이전의 연구에서는 초효율성 모형이나 여분을 고려한 초효율성 모형을 통하여 DMU 간의 순위 결정을 제시하였다. 이에 반해 박무완(2017)은 초효율성 모형이나 여분을 고려한 초효율성 모형이 갖고 있는 한계를 극복하기 위한 연구 모형인 교차효율성 모형과 교차효율성 모형 개선 연구 중에 검토되고 있었던 Shannon entropy 결합 교차 효율성 모형을 연구하였다.

또 박무완(2017)은 Shannon entropy 결합 교차 효율성 모형의 순위 신뢰도를 검토하기 위한 과정이면서, 동시에 비효율 집단이 효율 집단으로 나아가기 위해 참조집단 benchmarking 과정을 검토하기 위해 Tier 분석을 수행하였다.

우리는 박무완(2017) 논문에서 새마을 금고의 효율성 분석을 위해, 중요하다고 판단되는 내용인 투입 요소와 산출 요소의 결정과 DEA 모형, 비효율 집단이 효율 집단으로 거듭나기 위해 benchmarking해 나가는 과정인 Tier 분석에 대해서만 정리하여 설명하기로 한다.

박무완(2017)에서는 CCR-i, BCC-i 모형을 적용하여 경영효율성을 평가하기 위해 먼저, 사용할 투입 및 산출 변수의 수치가 평가항목에 따라 십 단위이거나 억 단위가 되는 등 단위의 심한 불균형을 극복하기 위해 해당 평가항목의 측정치 중 최댓값을 100점으로 설정하여 표준화 상대점수를 산출하였고, 표준화한 상대점수로 해당 평가항목의 가중총합을 산출하기 위해 산술평균값을 산출하였다.

① AHP기법을 이용하여 BSC 지표가 고려된 각 변수(또는 평가기준)의 가중치를 구하고,

② 투입 및 산출 변수의 값을 상대적인 값(relative score)으로 변환한다. 이 과정에서는 각 변수별로 가장 큰 값을 갖는 DMU의 데이터를 100으로 두고 다른 DMU의 데이터를 비율적으로 변환하고,

③ 모든 변수의 상대적인 값(relative score)을 구한 후, AHP기법에서 구한 변수별 가중치를 곱하여 상대적 가중값(relative weighted score)을 구하고,

④ 상대적 가중값(relative weighted score)을 DEA 모형의 입력데이터로 반영하여 효율성을 측정하였다.

[표 5-1] 원 자료의 100점 표준화 상댓값

평가단위코드	1805	…	1816	…	1843
원자료	489	…	761	…	843
표준화 상댓값	33.95	…	52.88	…	58.59

(2) 박무완(2017)의 투입, 산출 요소

1) 새마을금고에 대한 DEA 기존 연구들

DEA 기법을 이용하여 금융기관의 효율성을 분석한 국내 논문으로는 이상규·권영준(1999), 최승빈(2003), Harada(2006), 정준(2006), 홍봉영·김성아(2007), 이민희(2010) 등이 있다. 은행권의 연구보다는 늦게 DEA 기법을 적용한 새마을금고의 경영효율성분석이 시도되었다. 이는 새마을금고가 다른 나라에서는 볼 수 없는 특이한 성격을 가지고 있는 특수 금융의 성격을 가지고 있기 때문이었다. 다른 금융기관과 달리, 아직도 정부 부서의 관리 속에서 경영이 이루어지고 있다는 특성을 가지고 있다.

최승빈(1997)이 대전을 비롯한 전국 15개 지역의 1994년 새마을금고 통합자료를 이용하여 DEA를 통한 기술효율성과 규모경제 여부를 측정하였다. 노덕환·한승우(2002)는 1999년부터 2001년까지의 자료를 이용하여 군산지역 14개 새마을금고의 효율성을 측정하여, 비효율 원인이 기술적인 요인보다는 규모적인 요인에 더 기인한다는 결과를 제시하였다.

한편 문준호(2002)는 인천지역 48개 새마을금고에 대해, DEA-CCR 모형을 통한 효율성을 측정하여, 총자산 순이익률이 새마을금고연합회의 경영실태평가 결과와 유의한 관계에 있다고 제시하였다.

김병태(2003)는 1996년부터 2000년까지의 기간 동안 부산지역 50개 새마을금고의 효율성을 측정한 결과, 외환위기 이후가 이전보다 인건비의 초과투입률이 급격히 감소하고 있어 인력부문의 효율성이 증대된 것을 제시하였다.

이만수·변우섭(2003)은 충북지역 40개 새마을금고를 대상으로 1999년부터 2002년도까지의 효율성을 분석한 결과, 외환위기 이후 증가하는 것으로 분석 결과를 제시하여, 김병태(2003)의 연구결과와 유사한 결론을 얻었다. 또한 효율성 증가의 이유는 주로 예·대마진 차이에서 비롯된 것을 발견하였다.

백자욱·김선곤(2004)은 외환위기를 전후해서 울산·경남 지방에서 이루어진 새마을금고의 합병 금고 60개를 합병되지 않은 비슷한 그룹의 금고에 대한 DEA 효율성 연구에서, 연구결과 합병그룹의 효율성이 비합병그룹보다 오히려 좋지 않고 농촌보다는 도시지역의 합병그룹의 효율성이 더 좋게 나타났으며, 그리고 대규모의 합병 금고가 소규모의 합병 금고보다 그 효율성이 높은 것으로 나타났다.

서은정(2009)은 2005년부터 2007년까지 합병한 16개의 새마을금고(신설합병 제외)들을 대상으로 한 DEA 분석 결과도 유사한 결론을 얻었다.

손용정(2009)은 1999년부터 2005년까지의 자료를 이용하여 IMF 구제금융신청 이후 전국 13개 지역 새마을금고의 효율성을 DEA 분석을 수행하였으며, 그 결과 서울과 부산지역의 효율성이 타 지역보다 높게 나타났으며, 개별새마을금고를 대형화하는 방안과 증권, 보험 등 다양한 금융상품 및 서비스 제공이 필요하다는 점 등을 정책 방안으로 제시하였다.

박진배(2010)는 서울지역 새마을금고를 대상으로 투입요소로 인건비, 총이자비용(사업비용), 업무용고정자산을 사용하였으며, 산출요소로 총자산, 당기순이익, 대출금을 사용하여 효율성을 분석 결과로 건전금고 흡수합병과 손실금고 흡수합병의 효율성에 유의한 차이가 있다는 증거가 없다고 제시한 바 있다.

각 연구들의 내용들을 요약하면 [표 5-2]와 같다.

그리고 김병철(2011)은 DEA/Malmquist 모형을 이용하여 2002년부터 2009년까지 전국 13개 지역별 새마을금고를 대상으로 생산성 변화 정도를 분석하여 생산성 변화의 향상을 위한 정책적 시사점을 제시한 바 있다.

박춘광·김병철(2012)은 DEA-CCR, DEA-BCC, 초효율성 모형을 이용하여, 2002년부터 2009년까지 전국 13개 지역별 새마을금고를 분석한 결과, 순수기술효율성에 비해 규모효율성이 전체적으로 낮다는 사실을 밝혀 새마을금고가 아직 규모 확대 여지가 있음을 제시하였다.

[표 5-2] 기존 선행연구 결과

연구자	표본	연구내용
최승빈(1997)	전국 15개 새마을금고	DEA기술효율성과 규모경제 여부를 측정
노덕환 · 한승우(2002)	군산지역 14개 새마을금고	규모적인 요인에 의해 비효율이 초래되었음을 확인
문준호(2002)	인천지역 48개 새마을금고	총자산 순이익률과 경영실태평가 결과와 유의한 관계에 있음
김병태(2003)	부산지역 50개 새마을금고	외환위기 이후 인건비의 초과투입률이 급격히 감소하여 인력부문의 효율성 증대
이만수 · 변우섭(2003)	충북도내 40개 새마을금고	예대마진 차이에 의해 효율성 증가가 이루어졌음을 제시
백자욱 · 김선곤(2004)	합병한 금고 60개 새마을금고	합병그룹과 비합병그룹의 경영효율성 차이 비교
서은정(2009)	합병한 금고 16개 새마을금고	합병이 전략적 차원보다 구조조정의 수단이 되어 오히려 효율성 저하로 나타남
손용정(2009)	IMF 이후 13개 지역 새마을금고	대도시의 새마을금고가 높은 효율성을 보이고 있음을 확인
박진배(2010)	서울지역 새마을금고	합병 직후 경영능력 부재에 기인한 평균기술효율성의 악화를 확인
김병철(2011)	13개 지역 새마을금고 전체	DEA/Malmquist 모형을 이용, 13개 지역별 새마을금고 생산성 변화 분석
박춘광 · 김병철(2012)	전국 13개 지역	CCR, BCC, 수정DEA 모형을 이용하여 13개 지역별로 최적 투입 · 산출요소 및 효율성 강화 방안제시
정진호 · 임성묵(2014)	대구 · 경북지역 270개	DEA/Malmquist 모형을 이용, 효율성과 생산성 변화를 분석

그리고 정진호·임성묵(2014)은 새마을금고의 기능을 부가가치기능 접근법, 생산기능적 접근법, 중개기능적 접근법 등 세 가지 기능을 종합적으로 고려하여야 한다고 주장하고, 대구·경북지역 270개 새마을금고의 2003년부터 2008년까지 6년간 자료를 대상으로 DEA/Malmquist 모형을 이용하여 효율성과 생산성 변화를 분석한 결과, 2008년도부터 진행된 금융위기가 새마을금고의 영업환경에도 영향을 크게 미치고 있음을 확인하였으며, 동시에 순수기술비효율성이 더 크게 발생하였다는 사실도 제시하였다.

2) DEA 투입 요소와 산출 요소의 선정

이미 앞에서 언급하였듯이, DEA 분석에서 가장 핵심적인 요소는 평가 DMU의 핵심 투입 요소와 산출 요소를 파악하는 것이다.

정진호·임성묵(2014)은 분석을 위해 사용할 투입 요소와 산출 요소에서의 투입요소와 산출요소 선택에는 명확하고 일반적인 기준은 존재하지 않고, 적용 분야의 특성과 효율성 평가 목적에 따라 그 선택이 달리 이루어지고 있다고는 하지만, 가장 적절한 투입 요소와 산출 요소를 선정하는 것이 가장 중요한 일이다.

정진호·임성묵(2014)은 자신들의 연구에서, 금융기관의 효율성을 추정하는데 이용하게 될 투입/산출 변수들은 금융기관 서비스의 기능을 어떻게 보느냐에 따라 조금씩 다른 변수를 사용하고 있다고 언급하였다.

금융업 기능을 바라보는 관점으로는 부가가치기능 접근법(value-added function approach), 생산기능 접근법(production approach), 중개기능 접근법(intermediation approach) 등이 있다.

그들은 부가가치기능 접근법에서는 금융기관을 자본과 예수금을 통해 조달한 자금으로 대출과 유가증권투자와 같은 이익창출활동을 통해 부가가치를 산출하는 주체로 파악하여, 투입요소는 자본, 노동과 총이자비용으로, 산출요소로는 총대출금, 총투자자산과 총예수금을 주로 고려한다고 하였다(정진호·임성묵, 2014). 그리고 생산기능 접근법에서는 금융기관에 대해 사업운영을 통하여 비용을 지불하고 수입을 창출하는 기능을 담당하는 것으로 파악하여, 투입요소로 자본,

노동 및 총이자비용을, 산출요소로는 순이자소득과 비이자소득을 고려한다고 하였다(정진호·임성묵, 2014).

중개기능 접근법에서는 금융기관을 자금을 모아 대출과 다른 종류의 자산에 배분하는 기능을 담당하는 기관으로 파악하여, 투입요소는 자본, 노동, 총예수금을, 산출요소는 총대출금과 총투자자산을 고려하는 것으로 정리하였다(정진호, 2014). 새마을금고의 경우 다음 [표 5-3]의 선행연구 결과에서 알 수 있듯이, 일치된 의견이 나타나고 있지는 않다.

[표 5-3] 선행연구의 새마을금고 투입/산출 요소

연구자	연도	투입요소	산출요소
최승빈	1997	금고수, 직원수, 출자금	예수금, 대출금
한승우 외	2001	금고수, 회원수, 임직원	예·적금, 대출금, 복지투자사업, 이익잉여금
문준호	2002	직원수, 고정자산, 출자금	총예탁금, 총대출금, 공제계약건수
노덕환 외	2002	임직원수, 출자금	예수금, 대출금, 이익잉여금
이만수 외	2003	임직원 급여, 자본비용, 예금이자	대출수익, 유가증권수익, 기타수익
김병태	2003	인건비, 물적 자본 비용, 예금이자	대출관련 수익, 유가증권관련 수익, 각종수수료 포함 기타 수익
백자옥 외	2004	인건비, 감가상각비, 예,적금이자	예수금, 당기순이익, 대출금
손용성	2009	금고수, 임직원수, 고정자산	예·적금, 대출금, 유가증권
심재포 외	2010	인건비, 고정자산, 자본금	영업이익, 대출채권, 예수금
박춘광 외	2012	금고수, 임직원수, 출자금	예수금
정진호 외	2014	고정자산, 인건비, 이자비용	매입채무, 투자자산, 영업수익

박무완(2017)은 자신의 논문에서 정진호·임성묵(2014)의 견해와 같이, 어느 하나의 관점으로 금융업의 기능을 정의하는 방식을 취하기보다는, 세 가지 기능을 종합적으로 고려하여 투입요소 및 산출요소를 선정하였다. 특히, 금융업으로서의 새마을금고의 기능을 고려하여, 투입요소로 고정자산과 노동 그리고 이자비용에 해당하는 요소를 고려하기로 하여 고정자산액, 인건비, 이자비용을 선정하였다.

한편 박무완의 연구(2017)에서는 기존 연구들과는 달리, 산출 요소로 매입채무, 투자자산, 그리고 영업수익을 고려하되, 기존 연구들에서 고려하지 못한 비재무적 성과도 동시에 고려하고자 하였다. 그래서 박무완(2017)은 손성호·문성병(2009)이 탐색적 연구로 제시한 네 가지 관점의 BSC 성과를 산출 요소로 고려하였고, 이러한 산출 요소의 고려 사항이 기존 논문의 방향과 많은 차이를 보이고 있다.

3) DEA 산출 요소로서의 BSC 성과지표

BSC 성과관리는 1990년에 KPMG의 연구자인 Nolan Norton 연구소가 수행한 미래 조직에서의 성과측정(Measuring performance in the organization of the future) 연구에서 시작되었다(이우광, 2014). Kaplan and Norton(1992)은 균형성과표-성과를 이끌어내는 방법이라는 제목으로 1992년 Harvard Business Review지에 발표하였고, Kaplan and Norton(1992)은 전략적 성과지표들의 묶음 또는 조직 가치 창출의 원천을 관점(perspectives)이라 하고 이를 통해 조직의 비전과 전략을 측정하고 관리할 수 있도록 하였다(이우광·이홍배, 2013).

① BSC의 기본 관점(perspectives)

BSC 성과측정체계에서는 균형 관점에 따라 핵심성공요인(CSF)과 핵심성과지표(KPI)를 도출하게 되면 이는 조직의 가치가 어디에서부터 창출되는지를 정의하여 조직의 경쟁우위를 밝히는 과정이 된다(이우광, 2014).

Kaplan and Norton(1992)은 전략적 성과지표들의 묶음 또는 조직 가치 창출의 원천을 관점(perspectives)이라 하고 재무 관점, 고객 관점, 내부 프로세스 관점, 학습 및 성장 관점의 네 가지를 제시하였으며, 이들 관점을 통해 조직의 비전과 전략을 비롯하여 성과를 측정하고 관리하도록 하였다(Kaplan and Norton, 1992).

② 재무 관점

박무완(2017)은 선행 연구들이 주로 산출 요소로 고려하였던 요소들을 토대로 재무 관점에 부합하는 요소를 고려하기로 하였다. 그중에서 투자자산, 영업수익, 대출금증가율을 고려하였다.

③ 고객 관점

기존의 연구들이 제시한 대표적인 측정지표는 시장점유율, 신규 고객확보율, 고객수익성, 고객유지율, 고객만족도(개인 또는 의뢰기관), 조직 이미지 제고 등을 고려할 수 있다(이우광, 2014). 손성호·문성병(2009)은 고객의 접근성, 수신이율과 여신이율의 고객수익성, 배당률, 보험계약건수 등을 고려한 바 있다. 박무완(2017)은 신규고객확보율, 시장점유율, 배당률을 선정하였다.

④ 내부 프로세스 관점

기존 연구들이 제시하고 있는 대표적인 측정지표로는 신제품 개발 및 신시장 개척, 프로세스 효율성(유기적 네트워크 강화로 검진 소요시간 등), 프로세스 타임, 프로세스 품질, 프로세스 원가, 종업원의 능력, 고객 서비스 향상(대기 시간 단축률, 프로세스 개선 건수 등), 의료사고 방지(검진 사고 건수 등), 자산 활용률 극대화(장비 활용도 등) 등이다(김영환, 2005). 손성호·문성병(2009)은 전자금융이용도, 종업원이직률, 신규고객확보율, 시장점유율, 우수고객관리 등을 고려하였지만, 기존 BSC 연구들이 제시하고 있는 지표와는 다소 거리가 있어서, 박무완(2017)은 1인당 대손상각비, 1인당 당기순이익, 전자금융이용도(전자금융거래비율) 등을 고려하여 산정하였다.

⑤ 학습 및 성장 관점

대표적인 측정지표로는 직원숙련도, 직원만족, 정보획득 가능성, 첨단 검진법 개발, 사회봉사 활동 참여, 정보시스템 구축(검진 정보화 계획 달성도 등), 책임 경영제 강화(위임 전결권 확대 정도 등) 등을 고려하여 검토되어 왔다(김재구·손명호, 2003). 한편, 손성호·문성병(2009)은 직장분위기, 최고경영자리더십, 생산성, 교육훈련비, 목표일체화, 직원평가시험 등을 고려하였으나, 평가 등의 제반 문제가 나타날 가능성이 높아, 박무완(2017)은 직원숙련도의 대용지표로 비록 비용의 개념이지만, 직원 학습 성장의 산출 투자로 파악하여 1인당 교육훈련비 지출 정도(총교육훈련비/직원수)를, 동시에 종업원이직률(평균 근속연수)을 고려하였다.

박무완(2017)이 제시한 투입 요소와 산출요소는 다음의 [표 5-4]와 같다.

[표 5-4] 새마을금고의 경영효율성 평가에 사용할 투입/산출 요소

요소	자원 및 관점	측정 항목	KPI
투입 요소	투입 자원	인건비	노동 관련
		고정자산액	자본 관련
		이자비용	금융비용 관련
산출 요소	재무관점 성과	투자자산	투자자산액
		영업수익	영업수익액
		대출금증가율	전기 대비 대출금 증가율
	고객관점 성과	신규고객확보율	신규고객증가율
		시장점유율	해당금고투자산액/지역전체투자자산액
		배당률	당해 연도 배당률
	내부 프로세스 관점 성과	1인당 대손상각비	대손상각비/(상근임원+직원수)
		1인당 당기순이익	당기순이익/(상근임원+직원수)
		전자금융이용도	전자금융거래횟수/전체거래횟수 (인터넷 및 폰뱅킹, ATM 거래)
	학습 및 성장 관점 성과	1인당 교육훈련비	1인당 교육훈련비 지출 정도 (총교육훈련비/직원수)
		종업원이직률	평균 근속연수(개월)

[표 5-4]에 제시되어 있듯이, 산출요소는 네 개의 관점에서 전체 11개 요소이다. 투입요소와 함께 고려하면 총 14개의 요소가 되지만, 박무완(2017)은 산출요소중 최상위에 있는 관점별 성과만을 고려하였다. 따라서 평가 대상의 요소는 투입요소 3개, 산출요소 4개로 총 7요소가 된다.

투입/산출 요소의 적정 수에 대하여, Banker et al.(1984)은 DMU의 수는 최소한의 투입요소와 산출요소의 수를 합한 것보다 3배 이상이 되어야 한다는 연구결과를 제시하였고, Boussofiane et al.(1991)은 투입요소의 수와 산출요소의 수를 곱한 수보다 커야 한다고 제시한 바 있으며(Banker et al., 1984; Boussofiane et al., 1991), DMU의 수가 투입 요소와 산출 요소 수의 합보다 2배 이상 되어야 한다는 의견(Fitzsimmons and Fitzsimmons, 1994)을 모두 충족시키도록 설정하기 위해 BSC 관점별 산출요소를 고려하였다.

그리고 DEA 모형은 선형계획법에 의한 수리적 해결을 통해 단순히 DMU가 효율적인지 비효율적인지에 대한 정보만을 제공해 주기 때문에 때로는 현실을 잘 반영해 주지 못하는 경우가 충분히 발생할 수 있고, DEA 모형의 변별력 문제를 해결하기 위하여 가중치가 가질 수 있는 값의 범위를 다양한 방법으로 제한할 수 있다(Roll and Golany, 1993). 한 방법은 Thompson et al.(1990)에 의해 개발된 AR(Assurance Region)모형이며, 다른 방법은 Jyoti et al.(2008)이 제안한 DEA-AHP 통합기법이다(이우광·이홍배, 2013).

박무완(2017)은 평가 DMU의 수가 신생 금고를 제외한 대구지역 새마을금고 100개로, 고려 대상의 투입 및 산출 변수(14개 변수)보다 많지만, 그래도 변별력에 문제가 발생할 수 있을 가능성을 감안하여, BSC 관점으로 산출 요소를 검토하고자 하였다. 그리고 DEA/BSC/AHP 통합기법을 적용함으로써 보다 현실적인 의미를 고려한 효율성 평가가 이루어지도록 하였다.

(3) 박무완(2017)의 연구 모형 설계

1) 박무완(2017)의 AHP 계층 분할과 연구 모형

박무완(2017)은 DEA 모형의 변별력을 제고하기 위해 Jyoti et al.(2008)의 DEA-AHP 통합모형을 토대로, 산출요소로 다양한 성과지표를 고려하면서, 이를 BSC에서 제시하는 네 가지 관점으로 묶은 재무 및 비재무 성과지표를 고려한 DEA/BSC/AHP 통합모형을 적용하였다(이우광·이홍배, 2013).

이를 위해 박무완(2017)은 통상 AHP 기법을 토대로 투입과 산출이라는 두 개의 목표(goal)를 설정하고 각 목표별로 하위 계층을 구성하였다.

투입 요소에 대한 산출 요소의 비율로 정리한 경영효율성 개념을 AHP 기법으로 고려하기 위해 [그림 5-1]과 같이 먼저 투입 계층과 산출 계층의 2 개 계층을 구성하고, 효율성이라는 목표 하에 투입 계층과 산출 계층의 하위 목표 계층을 설정하고, 각 계층별로 분할하도록 하였다.

투입 계층에는 투입(Input Score)을 두고, 2계층은 평가항목들로 인건비, 고정자산, 이자비용을 설정한다. 최하층에는 평가 DMU인 100개 금고가 위치한다.

그리고 산출 계층의 제일 먼저 산출을 설정하고, 2계층은 BSC 관점에 따른 학습 및 성장, 내부 프로세스, 고객, 재무 등의 평가항목을 둔다. 그리고 제3계층에는 제2계층의 하위 내용, 즉 CSF를 설정한다(이우광, 2014). 재무의 하위 계층에는 투자자산, 영업수익, 대출금증가율, 고객의 하위 계층에는 신규고객확보율, 시장점유율, 배당률을, 내부 프로세스의 하위 계층에는 1인당 대손상각비, 1인당 당기순이익, 전자금융이용도를, 학습 및 성장의 하위 계층에는 1인당 교육훈련비, 종업원 이직률을 설정한다. [그림 5-1]의 계층은 전체 효율성을 측정하는 계층 구조가 된다.

새마을금고의 경영효율성을 평가하기 위하여 기본 투입 모형으로는 CCR-i 모형을 근간으로 BSC/AHP 통합 모형을 이용하였으며, 규모가변 모형인, BCC-i 모형과 교차효율성 모형과 Shannon entropy 모형을 적용하여 비교, 평가하였다. 분석대상은 3년 이내 개설한 신규 금고를 제외한 2015년 대구지역 100개의 새마을금고 지표를 대상으로 효율성을 분석하였다.

[그림 5-1] 효율성 측정 모형의 투입-산출변수

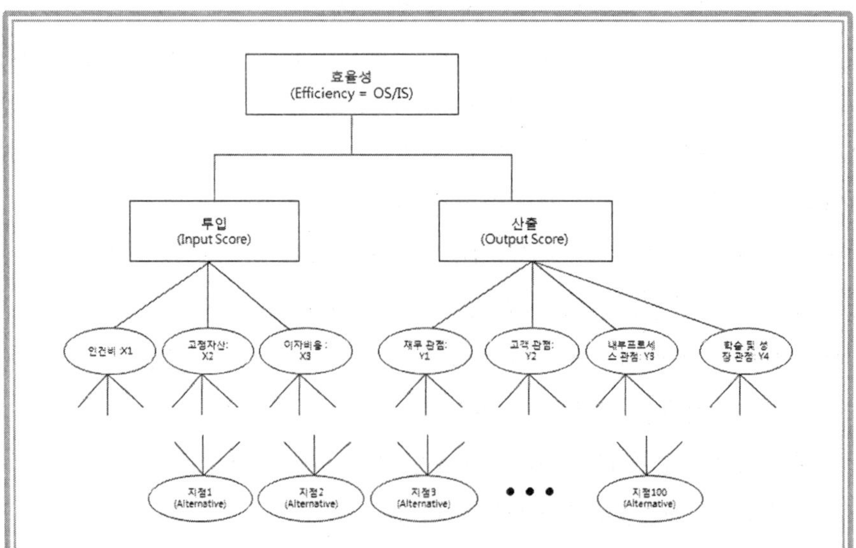

$$\text{Max} \quad E_k = \sum_{r=1}^{100} u_r p_r y_{rk}$$

$$\text{s.t.}$$

$$\sum_{i=1}^{3} v_i q_i x_{ik} = 1 \tag{1}$$

$$\sum_{r=1}^{4} u_r p_r y_{rj} - \sum_{i=1}^{3} v_i q_i x_{ij} \leq 0; \; j = 1,2,\ldots,100$$

$$\text{for } u_r, v_i \geq 0; \; r = 1,2,3,4; \; i = 1,2,3$$

$$p_r, q_i : AHP \text{ 기법으로 산정한 가중치}$$

2) 상대적 가중치 산출

박무완(2017)은 경영효율성을 평가하기 위해서 먼저 투입 요소와 산출 요소에 대한 총괄 가중합(aggregate summation) 계산이 필요함에 유의하였다. 총괄 가중합 계산을 해야 하는 평가항목들의 값들이 매우 큰 편차가 있어서, 보다 유의한 분석 결과를 이루어내기 위해 상대적인 값을 고려하면서 동시에 각 평가항목에 대한 실무진의 전문적인 의견을 반영할 필요가 있었다. 체계적인 총괄 가중합을 산출하기 위하여 AHP 기법을 적용하여 투입 및 산출 요소에 대한 평가항목별 가중치를 계산하였다.

박무완(2017)은 각 평가항목의 가중치를 산출하기 위해서 경험이 많은 중견 실무 간부(20명)을 평가자로 선정하여 설문을 진행하였다. 각 평가자들에 대한 설문은 9점 척도로 이루어진 쌍대비교 질문으로 수행하였다.

많은 항목에 대한 쌍대비교가 이루어진 관계로 일관성 비율의 기준을 0.15 미만으로 설정하고, 쌍대비교와 관련한 전 항목에서 일관성 비율이 모두 0.15 미만으로 나타난 20명의 의견을 추출하여 분석하였다. 평가자 20명의 쌍대비교 결과를 통합하여 가중기하평균값으로 산출한 가중치 결과는 [표 5-5]에 제시하였다.

투입 요소의 평가항목 중에 인건비의 가중치가 0.658, 고정자산의 가중치는 0.147, 이자비용이 0.269로 나타났다.

[표 5-5] 평가항목 및 CSF의 상대적 가중치

평가항목		CSF	상대적 가중치		최종가중치	산출근거
투입	인건비		0.658		0.658	
	고정자산		0.147		0.147	
	이자비용		0.269		0.269	
산출	재무		0.512			
		투자자산		0.130	0.067	0.512*0.130
		영업수익		0.436	0.223	0.512*0.436
		대출증가		0.456	0.233	0.512*0.456
	고객		0.219			
		신규고객		0.420	0.092	0.219*0.420
		점유율		0.418	0.091	0.219*0.418
		배당률		0.177	0.039	0.219*0.177
	내부프로세스		0.159			
		대손상각		0.235	0.037	0.159*0.235
		단기이익		0.652	0.103	0.159*0.652
		전자금융		0.182	0.029	0.159*0.182
	학습 및 성장		0.111			
		교육훈련		0.703	0.078	0.111*0.703
		이직률		0.297	0.033	0.111*0.297

산출 요소 중에는 재무 가중치가 0.512로 가장 높았으며, 고객 가중치가 0.219, 내부 프로세스 가중치 0.159, 학습 및 성장 가중치는 0.111의 최하위 값으로 나타났다. 그리고 제3계층에서 재무의 하위 계층에서는 투자자산이 0.130, 영업수익이 0.436, 대출증가율이 0.456으로 나타났다. 그리고 고객의 하위 계층에서는 신규고객증가율이 0.420, 시장점유율이 0.418, 배당률이 0.177로 나타났다. 한편 내부프로세스 계층에서는 1인당 대손상각비가 0.235, 1인당 당기순이익이 0.652, 전자금융이용도가 0.182로 나타났다. 학습 및 성장 계층에서는 1인당 교육훈련비가 0.703, 이직률이 0.297로 나타났다.

현재 대구지역 새마을금고의 경우, 투입요소 중에서 인건비를 가장 중시하고 있다. 반면 산출 요소에서는 재무 관점을 가장 중요하게 파악하고 있으며, 고객 관점, 내부 프로세스 관점, 학습 및 성장 관점 순으로 중요도가 나타나고 있다.

(4) 박무완(2017)의 기술 및 규모 효율성 실증 분석 결과

1) CCR-i 모형에 의한 기술효율성 분석 결과

CCR-i 모형에 의한 100개 새마을금고의 기술효율성 분석결과는 [표 5-6]에 제시하였다.

[표 5-6] 2015년 지표 기준 CCR-i 모형에 의한 기술효율성 분석 결과

DMU	효율성	순위	참조집단(Lambda 값)
1805	0.6268	30	1905(0.312) 1946(0.304) 2101(0.024) 2109(0.316)
1808	0.4006	74	1902(0.066) 1905(0.316) 2034(0.225) 2109(0.221)
1811	0.5884	32	1902 0.038 1946 1.05 2034 0.146
1813	0.363	87	1902 0.118 1905 0.315 2003 0.323 2109 0.125
1815	0.8004	15	1902 0.117 1905 0.42 1946 0.347 2109 0.375
1816	0.4291	66	1905 0.083 1946 0.101 2003 0.1 2101 0.091 2109(0.473)
1823	0.3891	77	1905 0.472 2001 0.157 2003 0.098 2109 0.128
1826	0.4069	71	1905 0.364 2001 0.09 2034 0.048 2109 0.208
1827	0.4202	68	1902 0.203 1905 0.297 2003 0.258 2109 0.231
1828	0.5331	41	1902 0.487 1905 0.485 2003 0.035
1829	0.3522	90	1946 0.293 2101 0.079 2109 0.668
1830	0.3565	89	1902 0.217 1905 0.295 1946 0.042 2003 0.229 2109(0.145)
1831	0.5469	38	1905 0.508 2001 0.158 2003 0.135 2109 0.306
1832	0.3781	82	1905 0.227 2001 0.111 2003 0.091 2109 0.481
1833	0.5321	42	1902 0.661 1905 0.295 1946 0.347
1835	0.5118	49	1905 0.22 2003 0.037 2101 0.091 2109 0.496
1837	0.6301	29	1905 0.112 1946 0.852 2101 0.189 2109 0.107
1838	0.7188	21	1902 0.443 1946 0.09 2003 0.108 2109 0.352
1839	1	1	1839 1
1840	0.5254	44	1905 0.109 2001 0.258 2034 0.161 2109 0.173
1841	0.5275	43	1905 0.359 2034 0.253 2109 0.688
1843	0.5479	37	1905 0.071 2003 0.321 2109 0.651
1853	0.2865	95	1902 0.076 1905 0.042 2003 0.073 2109 0.637
1854	0.4014	73	1905 0.121 2003 0.124 2109 0.687
1855	0.929	10	1905 0.006 2001 0.487 2034 0.08 2109 0.185
1901	0.729	19	1905 0.424 1946 0.721
1902	1	1	1902 1
1903	0.4861	51	1905 0.088 2001 0.05 2034 0.439 2109 0.158
1904	0.7164	22	1902 0.172 1905 0.321 1946 0.296 2109 0.203
1905	1	1	1905 1
1907	0.6514	26	1905 0.34 1946 0.225 2003 0.145 2034 0.259
1908	0.4148	69	1905 0.105 1946 0.779 2101 0.173
1909	0.2312	100	1905 0.796 1946 0.152 2101 0.013 2109 0.196
1912	0.8811	12	1902 0.887 1905 0.687 1946 0.003

1914	0.5638	34	1905	0.613	2001	0.246	2034	0.039	2109	0.496		
1915	0.8022	14	1902	0.049	2001	0.41	2003	0.196	2109	0.2		
1916	0.3048	94	1905	0.322	2001	0.146	2034	0.101	2109	0.252		
1917	0.393	76	1902	0.457	1905	0.314	2003	0.041	2109	0.018		
1922	0.7965	16	1902	0.186	1946	0.926	2003	0.455	2034	0.097		
1923	0.3638	86	1905	0.327	2034	0.432						
1924	0.5197	47	1905	0.275	1946	0.323	2003	0.036	2034	0.086	2109(0.296)	
1926	0.3871	78	1902	0.058	1905	0.205	1946	0.602	2034	0.112	2109(0.006)	
1934	0.385	80	1905	0.193	1946	0.369	2003	0.053	2034	0.022	2109(0.429)	
1935	0.4804	52	1905	0.244	2001	0.054	2034	0.01	2109	0.699		
1936	0.4328	65	1902	0.396	1905	0.235	1946	0.196	2034	0.089		
1937	0.4757	55	1905	0.413	1946	0.629	2101	0.129				
1939	0.6913	24	1905	0.498	1946	0.135	2003	0.321	2034	0.564		
1940	0.5374	40	1905	0.261	1946	0.703	2003	0.005	2034	0.114	2109	0.076
1941	0.4649	56	1905	0.823	1946	0.62	2003	0.077	2101	0.034	2109	0.119
1942	0.6473	27	1902	0.183	1905	0.283	1946	0.087	2109	0.69		
1944	0.4019	72	1902	0.025	1905	0.229	2034	0.082	2109	0.488		
1946	1	1	1946	1								
1947	0.5993	31	1902	0.054	1905	0.395	1946	0.274	2034	0.032	2109	0.31
1948	0.3761	83	1905	0.27	2001	0.176	2034	0.07	2109	0.337		
1949	0.5617	35	1946	0.924	2101	0.15	2109	0.389				
1951	0.3478	92	2101	0.372	2109	0.398						
1952	0.3508	91	1902	0.133	1905	0.616	2003	0.229	2109	0.25		
1954	0.2389	99	1902	0.02	1905	0.65	1946	0.336	2034	0.023	2109	0.027
1961	0.5763	33	1905	0.065	2101	0.334	2109	0.523				
1962	0.6374	28	1902	0.107	1905	0.467	1946	0.479	2109	0.018		
1963	0.2768	97	1902	0.209	1905	0.426	1946	0.106	2109	0.144		
2001	1	1	2001	1								
2003	1	1	2003	1								
2004	0.5186	48	1902	0.299	1905	0.593	2003	0.238	2109	0.014		
2006	0.5254	44	1902	0.011	1905	0.259	1946	0.07	2034	0.114	2109	0.649
2008	0.7318	18	1905	0.039	1946	1.355	2034	0.044				
2009	0.3833	81	1905	0.101	1946	0.07	2003	0.11	2101	0.068	2109	0.52
2010	0.3696	84	1905	0.051	2001	0.055	2003	0.303	2109	0.499		
2011	0.3586	88	1905	0.354	2001	0.098	2109	0.486				
2012	0.462	57	1946	0.903	2101	0.306	2109	0.234				
2013	0.8814	11	1905	0.287	1946	1.631						
2018	0.4242	67	1905	0.717	1946	0.6	2003	0.278	2034	0.077		
2020	0.6967	23	1946	0.515	2101	0.159	2109	0.798				
2021	0.4596	58	1902	0.135	1905	0.353	2003	0.295	2109	0.174		
2022	0.491	50	1902	0.012	1905	0.019	1946	1.112				
2023	0.4804	52	1905	0.337	2034	0.078	2109	0.469				
2024	0.4351	64	2101	0.07	2109	0.87						
2025	0.4088	70	2101	0.294	2109	0.587						
2026	0.7248	20	1902	0.106	1905	0.4	1946	0.362	2003	0.365		

2029	0.7965	16	1905	0.306	2101	0.066	2109	0.785						
2034	1	1	2034	1										
2101	1	1	2101	1										
2102	0.4564	59	1905	0.552	2001	0.166	2109	0.228						
2103	0.3662	85	1905	0.39	1946	0.65								
2105	0.2554	98	1905	0.22	2001	0.052	2003	0.189	2109	0.351				
2106	0.6667	25	1902	0.124	1905	0.478	1946	0.207	2003	0.066	2034	0.017	2109	0.248
2107	0.5571	36	1905	0.238	1946	0.074	2003	0.328	2101	0.105	2109	0.299		
2108	0.4456	60	1905	0.229	1946	0.287	2003	0.205	2034	0.076	2109	0.297		
2109	1	1	2109	1										
2110	0.3982	75	1905	0.576	2003	0.18	2034	0.441	2109	0.32				
2111	0.477	54	1905	0.208	1946	0.599	2101	0.032	2109	0.283				
2112	0.3869	79	1905	0.366	2034	0.211	2109	0.441						
2114	0.8185	13	1905	0.051	1946	1.293								
2116	0.5207	46	2003	0.127	2101	0.131	2109	0.838						
2122	0.4434	61	1905	0.823	2034	0.275								
2124	0.2834	96	1905	0.172	2001	0.134	2003	0.336	2109	0.178				
2125	0.3403	93	1946	0.009	2034	0.233	2101	0.445	2109	0.213				
2126	0.4416	63	1905	0.202	1946	0.296	2034	0.158	2101	0.009	2109	0.131		
2127	0.4424	62	1902	0.135	1946	0.647	2109	0.401						
2131	0.5393	39	1902	0.421	1905	0.405	1946	0.325						
평균	0.5491													

분석결과 100개 금고의 평균 효율성은 54.91%로 45.09% 정도의 효율성 개선 여지가 큰 것으로 나타났다. 금고별로 보면, 효율적인 금고는 9개로 나타났으며, 비효율적인 금고는 91개로 나타나, 전반적으로 대구지역 새마을금고의 기술효율성이 떨어지는 것으로 나타났다. 다른 서비스 산업보다 떨어지는 결과를 보이고 있음을 알 수 있다.

DMU1805의 효율성은 0.6268로 대구지역 평균보다는 높지만, 현재의 산출물은 실제 이용된 인건비, 고정자산액 및 이자비용 투입물의 62.68%만을 이용하여 달성할 수 있음을 의미한다. 따라서 DMU1805는 37.32%의 비효율이 발생하고 있다.

CCR-i 모형의 특징 중 하나는 비효율적인 집단을 효율적 집단으로 바꾸기 위한, 쉽게 말해 효율적인 프런티어(frontier)로 가기 위한 참조집단(reference group)을 제시해 준다는 것이고, 이를 통해 어느 집단을 벤치마크 할 것인지, 어느 정도의 개선노력이 필요한지를 가늠할 수가 있고, 구체적인 내용은 Tier 분석을 통한 민감도 분석(sensitivity analysis)에 의해 제시하였다.

[표 5-6]에는 참조집단(reference group)과 람다값을 제시하였다. 참조집단은 효율치가 1인 효율적인 DMU집합으로서, 비효율적인 DMU의 투입물과 산출물의 구성이 가장 유사하며, 비효율적인 DMU의 평가에 이용되는 DMU이다. 람다 값은 참조집단의 투입물과 산출물의 가중치를 의미한다.

DMU1805의 참조집단은 DMU1905, 1946, 2101, 2109이다. 이들 참조집합은 투입물과 산출물의 구성이 DMU1805와 가장 유사하며, DMU1805는 이들 집합에 비해 비효율적임을 의미한다. 즉, DMU1805는 이들 참조집단의 투입물과 산출물의 람다 값을 고려하여 현재의 비효율적인 상황을 개선할 수 있다는 것이다.

[표 5-7]에서 알 수 있듯이 인건비, 고정자산액, 이자비용에서 개선이 이루어져야 하며, 산출 부문에서는 재무와 고객 영역에서 개선이 이루어져야 한다.

[표 5-7] 비효율 차이(DMU 1805, 1808)

DMU	인건비			고정자산액			이자비용		
	실제	이상	차(%)	실제	이상	차(%)	실제	이상	차(%)
1805	22.34	14.00	37.33	1.98	1.24	37.33	6.23	3.91	37.33
1808	38.64	15.48	59.94	3.04	1.22	59.94	7.00	2.80	59.94

DMU	재무			고객			내부			학습		
	실제	이상	차(%)	실제	이상	차(%)	실제	이상	차(%)	실제	이상	차(%)
1805	12.39	14.58	17.67	6.68	8.39	25.56	8.54	8.54	0.00	5.03	5.03	0.00
1808	15.91	15.91	0.00	4.18	7.35	75.79	8.05	8.05	0.00	3.46	3.86	11.48

[표 5-7]은 비효율적 DMU1805가 효율적 DMU로 변하기 위해 목표로 달성해야 하는 투입물과 산출물의 양을 보여주고 있다. 즉 DMU1805의 효율적인 참조집단인 DMU1905, 1946, 2101, 2109의 투입물과 산출물에 이들 참조집단의 람다 값을 곱한 결과를 합산한 결과인, DMU1805의 효율성 개선전략을 위한 이상적인 투입량과 산출량 정보를 보여준다. 실제 DMU1805의 투입요소에서 인건비, 고정자산액, 이자비용 모두 37.33% 과다 투입되고 있으며, 산출요소에서는 재무관점에서 17.67%가, 고객관점에서는 25.56%의 과소산출이 나타나고 있음을 나타낸다.

투입 부문의 감축 전략이 쉽지 않다면, 산출 부문의 증가 전략을 새롭게 강구하여야 할 것이다. 이것은 참조집단의 금고들을 통하여 체계적인 벤치마킹 전략을 구사하여 금고의 효율성을 제고하여야 할 것이다.

그리고 [표 5-7]을 통해 모든 금고를 대상으로 효율적인 금고가 되기 위한 이상적인 투입량과 산출량을 파악할 수 있다. 즉, 비효율적인 금고가 효율적인 금고로 전환하기 위해서는 이상적인 투입량에 도달할 수 있도록 투입수준을 낮추고, 산출부문에서는 이상적인 산출량을 실현할 수 있도록 하는 효율성 개선전략이 필요함을 시사하고 있다.

2) BCC-i 모형에 의한 규모 및 순수기술효율성 분석 결과

CCR-i 모형의 목적함수와 제약함수식에 u_0 항목이 추가되는 BCC-i 모형에서, u_0는 평가대상 DMU들의 규모수익효과를 측정하는 척도로써, $u_0 < 0$이면 규모수익체증 또는 규모의 경제성(increasing), $u_0 = 0$이면 규모수익불변(constant), $u_0 > 0$이면 규모수익체감 또는 규모의 비경제성 효과(decreasing)가 있다고 평가한다([표 5-7] 참고).

규모효율성은 규모수익불변을 가정한 CCR-i모형과 그 가정을 배제한 BCC-i 모형의 차이이며, 그 값은 CCR-i모형에 의한 기술효율성을 BCC-i모형에 의한 순수기술효율성으로 나눈 값으로 측정된다(강석규, 2008).

[표 5-8]은 BCC-i모형에 의한 순수기술효율성을 분석한 결과이다. 효율성이 1인 효율적인 금고는 DMU1839, 1855, 1902, 1905, 1912, 1914, 1922, 1939, 1941, 1946, 1949, 2001, 2003, 2008, 2013, 2020, 2029, 2034, 2101, 2109, 2114 등 21개로 나타난 반면, 비효율적인 금고는 나머지 79개 금고로 나타났다. 순수기술효율성의 평균값은 64.23%로 분석되었으며, 이는 기술효율성의 평균 54.91%보다 약 17%포인트 높게 나타난 수치이다. 현재 대구지역 새마을금고는 2015년 현재 규모의 경제 효과가 상대적으로 크게 나타나고 있다. 상대적으로 순수기술효율성이 낮게 나타나고 있기 때문에 규모의 경제 효과를 뒷받침할 수 있는 기술효율성 제고 방안이 반드시 제시되어야 할 것이다.

[표 5-8]은 새마을금고의 비효율성 원인과 규모수익의 특성을 살펴보기 위하여 금고별로 기술효율성, 순수기술효율성, 규모효율성 및 규모수익의 특성을 비교·정리한 것이고, 규모효율성이 1의 값을 지니면, 최적의 규모로 경영효율성을 달성하고 있음을 보여주는 것이며, 그렇지 못하면 최적규모가 아니기 때문에 발생하는 규모의 비효율성이 존재함을 의미한다(강석규, 2008).

박무완(2017)은 RTS 특성에서 constant로 제시된 DMU의 경우, 규모의 비효율보다는 순수기술효율성의 문제로 파악하였다.

그리고 RTS 특성에서 Increasing이나 Decreasing 결과가 나온 경우, 규모의 비효율 문제를 제기하였다. 이는 DEA-Solver 프로그램의 결과를 그대로 정리하여 판단한 것이다.

[표 5-8] 규모 및 순수기술효율성, 비효율성 원인, 규모수익 특성

DMU	기술 효율성	순수기술 효율성	규모 효율성	비효율 원인		u(0)	RTS
				순수기술	규모		
1805	0.6268	0.6500	0.9643	○		-0.61778	Constant
1808	0.4006	0.4695	0.8532	○		-0.40756	Constant
1811	0.5884	0.6970	0.8442	○	○	0.46341	Decreasing
1813	0.3630	0.4025	0.9019	○		-0.39218	Constant
1815	0.8004	0.8985	0.8908	○	○	0.54890	Decreasing
1816	0.4291	0.4880	0.8793	○		-0.46042	Constant
1823	0.3891	0.4345	0.8955	○	○	-0.41282	Increasing
1826	0.4069	0.5340	0.7620	○		-0.51918	Constant
1827	0.4202	0.4232	0.9929	○		-0.27276	Constant
1828	0.5331	0.5344	0.9976	○	○	0.19481	Decreasing
1829	0.3522	0.3573	0.9857	○	○	0.12945	Decreasing
1830	0.3565	0.3701	0.9633	○		-0.35846	Constant
1831	0.5469	0.7171	0.7627	○	○	1.71921	Decreasing
1832	0.3781	0.3996	0.9462	○	○	-0.32697	Increasing
1833	0.5321	0.6922	0.7687	○	○	2.42435	Decreasing
1835	0.5118	0.5798	0.8827	○	○	-0.48338	Increasing
1837	0.6301	0.8030	0.7847	○	○	0.78784	Decreasing
1838	0.7188	0.7230	0.9942	○		-0.68448	Constant
1839	1.0000	1.0000	1.0000			0.00000	Constant
1840	0.5254	0.6018	0.8730	○	○	-0.59467	Increasing
1841	0.5275	0.7490	0.7043	○	○	1.13411	Decreasing
1843	0.5479	0.5856	0.9356	○	○	0.88273	Decreasing
1853	0.2865	0.3384	0.8466	○		-0.30761	Constant
1854	0.4014	0.4226	0.9498	○	○	-0.36533	Increasing

1855	0.9290	1.0000	0.9290		○	-0.31110	Increasing
1901	0.7290	0.7465	0.9766	○		0.12111	Constant
1902	1.0000	1.0000	1.0000			0.00000	Constant
1903	0.4861	0.6211	0.7826	○		-0.55062	Constant
1904	0.7164	0.7187	0.9968	○		-0.28470	Constant
1905	1.0000	1.0000	1.0000			0.00000	Constant
1907	0.6514	0.6678	0.9754	○		-0.53421	Constant
1908	0.4148	0.4229	0.9808	○		0.14097	Constant
1909	0.2312	0.3507	0.6593	○	○	1.35632	Decreasing
1912	0.8811	1.0000	0.8811		○	0.20618	Decreasing
1914	0.5638	1.0000	0.5638		○	1.18522	Decreasing
1915	0.8022	0.8722	0.9197	○	○	-0.48170	Increasing
1916	0.3048	0.3471	0.8781	○	○	-0.29761	Increasing
1917	0.3930	0.4527	0.8681	○		-0.41220	Constant
1922	0.7965	1.0000	0.7965		○	0.30669	Decreasing
1923	0.3638	0.3860	0.9425	○	○	-0.13021	Increasing
1924	0.5197	0.5248	0.9903	○	○	0.45923	Decreasing
1926	0.3871	0.3920	0.9875	○		-0.34417	Constant
1934	0.3850	0.3994	0.9639	○	○	0.26587	Decreasing
1935	0.4804	0.4890	0.9824	○	○	1.41279	Decreasing
1936	0.4328	0.4607	0.9394	○		-0.41654	Constant
1937	0.4757	0.5379	0.8844	○	○	0.57606	Decreasing
1939	0.6913	1.0000	0.6913		○	0.65143	Decreasing
1940	0.5374	0.6701	0.8020	○	○	0.87104	Decreasing
1941	0.4649	1.0000	0.4649		○	1.95547	Decreasing
1942	0.6473	0.9999	0.6474		○	7.71630	Decreasing
1944	0.4019	0.4762	0.8440	○		-0.42766	Constant
1946	1.0000	1.0000	1.0000			0.00000	Constant
1947	0.5993	0.6282	0.9540	○	○	0.48476	Decreasing
1948	0.3761	0.4129	0.9109	○	○	-0.35310	Increasing
1949	0.5617	1.0000	0.5617		○	2.93390	Decreasing
1951	0.3478	0.4176	0.8329	○		-0.30224	Constant
1952	0.3508	0.4881	0.7187	○	○	1.10619	Decreasing
1954	0.2389	0.2533	0.9432	○	○	0.27656	Decreasing
1961	0.5763	0.6091	0.9462	○		-0.42404	Constant
1962	0.6374	0.6613	0.9639	○	○	0.64643	Decreasing
1963	0.2768	0.3053	0.9066	○		-0.27492	Constant
2001	1.0000	1.0000	1.0000			0.00000	Constant
2003	1.0000	1.0000	1.0000			0.00000	Constant
2004	0.5186	0.5421	0.9567	○	○	0.16250	Decreasing
2006	0.5254	0.6484	0.8103	○	○	1.61228	Decreasing
2008	0.7318	1.0000	0.7318		○	0.70176	Decreasing
2009	0.3833	0.4292	0.8931	○		-0.40443	Constant
2010	0.3696	0.3976	0.9296	○	○	-0.35142	Increasing
2011	0.3586	0.3713	0.9658	○	○	-0.31218	Increasing

2012	0.4620	0.5629	0.8207	○	○	1.02482	Decreasing
2013	0.8814	1.0000	0.8814		○	0.12922	Decreasing
2018	0.4242	0.7918	0.5357	○	○	1.77094	Decreasing
2020	0.6967	1.0000	0.6967		○	1.07905	Decreasing
2021	0.4596	0.4698	0.9783	○		-0.45528	Constant
2022	0.4910	0.5521	0.8893	○	○	0.62634	Decreasing
2023	0.4804	0.5005	0.9598	○	○	-0.42672	Increasing
2024	0.4351	0.4534	0.9596	○		-0.30413	Constant
2025	0.4088	0.4452	0.9182	○		-0.30787	Constant
2026	0.7248	0.9247	0.7838	○	○	1.72260	Decreasing
2029	0.7965	1.0000	0.7965		○	1.28949	Decreasing
2034	1.0000	1.0000	1.0000			0.00000	Constant
2101	1.0000	1.0000	1.0000			0.00000	Constant
2102	0.4564	0.4654	0.9807	○	○	-0.30866	Increasing
2103	0.3662	0.3739	0.9794	○	○	0.20019	Decreasing
2105	0.2554	0.3057	0.8355	○	○	-0.28335	Increasing
2106	0.6667	0.7996	0.8338	○	○	1.76730	Decreasing
2107	0.5571	0.5768	0.9658	○	○	0.65883	Decreasing
2108	0.4456	0.4692	0.9497	○	○	0.33430	Decreasing
2109	1.0000	1.0000	1.0000			0.00000	Constant
2110	0.3982	0.9999	0.3982		○	8.27256	Decreasing
2111	0.4770	0.5130	0.9298	○	○	0.29247	Decreasing
2112	0.3869	0.3897	0.9928	○		0.15493	Constant
2114	0.8185	1.0000	0.8185		○	0.77631	Decreasing
2116	0.5207	0.9999	0.5208		○	6.95314	Decreasing
2122	0.4434	0.7441	0.5959	○		3.06740	Constant
2124	0.2834	0.3303	0.8580	○	○	-0.31253	Increasing
2125	0.3403	0.3523	0.9659	○		-0.12133	Constant
2126	0.4416	0.5387	0.8198	○		-0.48769	Constant
2127	0.4424	0.5214	0.8485	○	○	0.48911	Decreasing
2131	0.5393	0.5753	0.9374		○	0.30578	Decreasing
평균	0.5491	0.6423	0.8720	45	46		

금고의 규모효율성은 평균 87.2%로 결과가 나왔으며, 규모에서의 비효율성이 나타나고 있다. 여기에서 기술효율성을 순수기술효율성과 규모효율성으로 분리하면, 금고별로 비효율성의 원인이 순수기술, 즉 비능률적인 업무요인에 있는지 아니면 규모요인에 있는지를 알 수 있다.

9개의 DMU들(1839, 1902, 1905, 1946, 2001, 2003, 2034, 2101, 2109)은 순수기술효율성과 규모효율성이 모두 1의 값으로 측정되는데, 이들 9개의 DMU들은 능률적인 업무와 최적의 규모 하에서 효율성을 달성하고 있고, 순수기술효율성 측정값이 규모효율성 측정값보다 낮은 45개의 DMU들은 비효율성의 원인이 규모요인보다는 비능률적인 업무요인에 의해 발생하고 있음을 보여주고 있으며, 이들 45개 금고의 경우, 효율성 제고를 위하여 사업규모를 확대하거나 축소하는 것보다 오히려 상대적으로 투입 요소를 줄이거나 성과요소를 확대하는 전략을 고려할 필요가 있을 것이다. 특히, 네 가지 관점의 성과를 극대화하려는 확대 노력에 더욱 고심할 필요가 있을 것이다. 그리고 46개의 DMU들은 비효율성의 원인이 비능률적인 업무요인보다는 규모요인에 의해 발생하고 있음을 보여주고 있다.

그리고 또 다른 46개의 DMU는 규모와 기술요인 모두에서 비효율이 발생하고 있음을 주지할 필요가 있다.

(5) 박무완(2017)의 Tier 분석과 Benchmarking 과정

1) Tier 분석의 필요와 산출

박무완(2017)은 CCR-i 모형을 기본으로 하여 효율적인 DMU와 비효율적인 DMU로 구분된 분석대상들에 대해 효율집단을 단계적으로 계층화하여 비효율집단이 효율 집단으로 나아갈 수 있는 경로를 파악하고, 벤치마킹 프로세스를 제시하기 위해 Tier 분석을 실시하였다.

CCR-i 모형을 통한 분석에서 [그림 5-2]와 같이 효율성이 1인 DMU들을 단계별로 효율 프런티어(efficient frontier)를 생성하고, 다음에는 이미 효율적인 그룹으로 설정된 효율 프런티어 전체를 제거한 후 다시 DEA 분석을 통해 효율성 1이 되는 집단을 도출하는 반복 과정을 통하여 행하게 된다(홍한국 외, 2000; 강인규 외, 2012).

1차 CCR-i 분석 결과 효율성이 1인 금고를 Tier 1 효율그룹이라 하고, 이를 제외한 나머지 비효율 금고를 대상으로 2차 CCR-i 분석을 연속하여 반복적으로 수행하면 비효율 금고 중에서 효율 금고(Tier 2 효율그룹)가 나타나게 되고, DMU 개수가 충분하다면 이를 반복하여 Tier그룹을 구분해 낼 수 있다(이우광, 2014).

박무완(2017)은 분석 종료 기준으로 Fitzsimmons and Fitzsimmons(1994)의 견해에 따라서 산출변수와 투입변수의 합의 2배보다 커야 한다는 기준을 설정하

[그림 5-2] 단계별 효율 프런티어(efficient frontier)

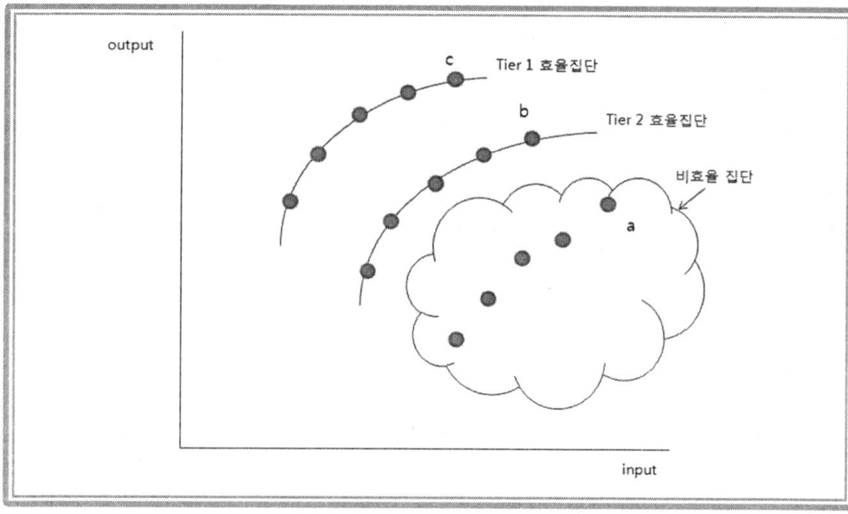

였고, DEA 분석을 통해 벤치마킹의 대상이 규명되더라도 양자 간 규모나 효율성 격차가 현저할 경우 직접 벤치마킹의 대상으로 삼는 것이 어려울 수 있다.

Tier 분석이 필요한 첫 번째 이유는 DEA 모형의 단점을 보완하여 벤치마킹 대상과 실질적 개선 목표를 단계적·선택적으로 추정하기 위한 것이다.(윤경준 등, 2005; Morgan et al., 2006). 비효율 집단의 획기적인 개혁이 필요하겠지만, 현실적으로 어려움이 있다면, Morgan et al.(2006) 등과 같이, Tier 분석을 통하여 형성된 상대적 효율 집단을 벤치마킹함으로써 점진적인 개선 방향을 모색하는 것도 매우 중요한 조직 성장 정책이라고 말할 수 있다(이우광, 2014).

[그림 5-2]의 비효율 집단에 포함된 DMU a가 1차 효율적인 집단의 DMU c를 벤치마킹하는 것이 정상이지만, 투입-산출 요소에 어려움이 많다면 단계적인 개선을 위해 새로운 방향을 모색하는 것이고, [그림 5-3]에서와 같이 비효율적인 DMU a는 최초 DEA 분석결과 c라는 DMU를 벤치마킹하여야 하지만 a와 c의 생산성 격차가 크기 때문에 a가 c를 당장 벤치마킹하기보다는 분석의 반복을 통해 b를 거쳐 c에 도달하게 함으로써 보다 쉽게 벤치마킹 대상을 단계적으로 설정할 수 있다(이우광, 2014).

[그림 5-3] 벤치마킹 경로

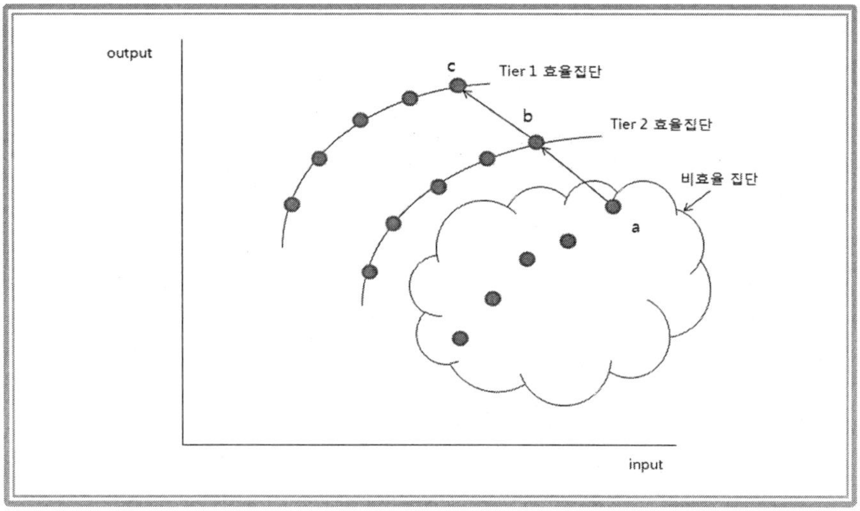

즉, a는 단기적으로 Tier 2의 효율 프런티어에 있는 b를 벤치마킹하고, 장기적으로 Tier 1의 효율 프런티어에 있는 c를 벤치마킹 대상으로 삼을 수 있고, 벤치마킹 경로를 a → b → c로 선정이 가능하다.

이처럼 Tier 분석을 통해 현실적인 벤치마킹 대상 DMU를 선정할 수 있고 이를 위해 효율성 수준이 크게 차이나지 않는 벤치마킹의 대상을 먼저 규명하고, 규모나 효율성 점수가 비슷한 DMU가 둘 이상인 경우에는 보다 더 적합한 벤치마킹의 대상을 선정하기 위해 가중치가 더 높은 집단을 벤치마킹 대상으로 선택하여야 한다(조형석·문상호, 2007).

반면, Tier 분석이 필요한 또 다른 이유는, Tier 분석을 통하여 산출할 수 있는 참조횟수는 Smith and Mayston(1987)의 연구에 따라 DMU 효율성 점수의 신뢰도를 판단할 수 있다는 것이다. 참조횟수에 의한 순위와 동시에 효율성 검토는 서로 다른 기법들의 평가에 있어서 신뢰도를 제시할 있다는 점에서 매우 중요한 분석의 이유가 된다. 이 부분의 내용은 이 저서에서는 생략하기로 한다.

2) Tier 분석의 결과

100개의 새마을금고에 대한 CCR-i 모형을 통하여 Tier 분석을 수행한 결과는 다음 [표 5-9]와 같이 4개의 효율 집단(Tier 1, Tier 2, Tier 3, Tier 4 효율 집단)과 비효율적인 집단으로 남은 금고는 25개로 나타났다.

[표 5-9] 효율 집단과 비효율 집단(단위: 개)

구분	Tier 1 집단	Tier 2 집단	Tier 3 집단	Tier 4 집단	비효율 집단
개수	9	21	24	21	25

Tier 1 효율 집단에는 9개의 금고가 포함되었고, 이를 제외하고 연속적으로 CCR-i 분석을 실시하여 21개의 Tier 2 효율 집단, 24개의 Tier 3 효율 집단, 21개의 Tier 4 효율 집단이 구분되었다. 견해에 따라 더 이상 분석을 실시하지 않고 비효율 집단으로 설정한 집단은 25개로 나타났다(Boussofiane et al., 1991).

이후 각 분석 단계에서 상대적으로 비효율 집단으로 분류된 Tier n 효율 집단과 비효율 집단이 벤치마킹하여야 할 참조집단(reference group)을 고려하여야 한다(이우광, 2014). DEA에 있어서는 참조집단의 존재가 각 DMU의 효율성과 비효율성의 정도 그리고 비효율적인 부문이 참조집단을 통해서 상대적으로 측정되기 때문에 중요한 의미를 지닌다(이건남, 2009).

참조집단은 비효율적인 조직의 관리향상을 위해 벤치마킹의 대상이 된다는 점에서 의의를 갖는데, 그것은 참조집단이 되는 DMU는 벤치마킹하고자 하는 DMU와 투입 및 산출구조에 있어서 비교적 동질성을 가지는 집단들로 구성되기 때문이고, 참조집단은 첫째, 각각의 비효율적 DMU에 대하여 참조집단이 되는 DMU들에 관한 것이며, 둘째는 효율적 DMU가 참조집단으로 출현한 횟수에 관한 것이다.

박무완(2017)은 먼저 비효율 집단에 대해서 Excel 해 찾기 민감도 분석(sensitivity analysis)의 잠재가격(shadow price: λ)을 계산하여 참조집단을 산출할 수 있으나, DEA-Solver ver 13.1 프로그램을 통하여 도출하였고, 참조집단으로 출연한 횟수가 많은 DMU일수록 효율적일 가능성이 높다는 것을 제시하였고, 효율적으로 판명된 DMU의 효율성 점수의 신뢰도는 참조횟수에 따라 판단할 수 있다는 Smith and Mayston(1987)의 연구에 따른 것이다.

Tier 1 효율집단(전체에 대한 효율집단)의 참조횟수는 DMU 1905(77), 2109(70), 1946(49), 2003(36), 1902(34), 2034(32) 순으로 나타나고 있다([표 5-10] 참조).

[표 5-10] Tier 1 효율집단의 참조횟수

tier 1의 효율집단	참조횟수	순위
1905	77	1
2109	70	2
1946	49	3
2003	36	4
2034	34	5
1902	32	6
2101	23	7
2001	17	8
1839	0	9

Tier 2 효율집단(전체에 대한 효율집단)의 참조횟수는 DMU 1815(31), 1855(31), 2106(31) 등의 순으로 나타나고 있다([표 5-11], [표 5-12] 참조).

[표 5-11] Tier 2 효율집단의 참조횟수

tier 2의 효율집단	참조횟수	순위
1815	31	1
1855	31	1
2106	31	1
2029	29	4
1838	25	5
2026	17	6
2122	16	7
2020	15	8
2008	14	9
1939	10	10
1837	9	11
2114	8	12
1901	5	13
1961	5	13
1912	4	15
1915	4	15
1922	4	15
2013	2	18

1805	0	19
1811	0	19
1962	0	19

[표 5-12] Tier 2 비효율집단의 참조집단과 람다 값

DMU	Reference(Lambda)								
1805	1805	1							
1808	1815	0.406	1838	0.01	1855	0.059	1939	0.323		
1811	1811	1								
1813	1815	0.303	1855	0.165	2026	0.261	2029	0.081		
1815	1815	1								
1816	1838	0.049	2020	0.286	2026	0.306	2029	0.18		
1823	1815	0.176	2029	0.397	2122	0.262				
1826	1815	0.142	1855	0.18	2029	0.105	2106	0.03	2122	0.29
1827	1815	0.384	1838	0.091	1855	0.268	1912	0.033	2026	0.152
1828	1815	0.074	1912	0.384	2013	0.003	2026	0.2	2114	0.062
1829	1815	0.195	1838	0.13	1855	0.166	2020	0.503		
1830	1838	0.172	1855	0.036	1915	0.055	2026	0.56	2029	0.02
1831	1815	0.061	2029	0.642	2106	0.259	2122	0.064		
1832	1838	0.073	1855	0.258	1922	0.042	2029	0.291	2106	0.287
1833	1838	0.44	1912	0.045	2008	0.646				
1835	1855	0.019	1961	0.205	2029	0.259	2106	0.41		
1837	1837	1								
1838	1838	1								
1840	1855	0.778	2106	0.117	2122	0.027				
1841	1855	0.705	2106	0.785	2122	0.017				
1843	1855	0.12	1915	0.78	2029	0.518				
1853	1815	0.204	1838	0.24	1855	0.403	2008	0.033		
1854	1855	0.39	1915	0.204	1922	0.01	2026	0.493		
1855	1855	1								
1901	1901	1								
1903	1838	0.58	1855	0.164	1939	0.227				
1904	1815	0.52	1837	0.008	1838	0.051	2008	0.141	2106	0.098
1907	1901	0.023	1939	0.308	2008	0.075	2106	0.352		
1908	1837	0.707	2008	0.105	2114	0.052				
1909	1815	0.255	2029	0.454	2122	0.288				
1912	1912	1								
1914	1815	0.123	1855	0.532	2029	0.212	2106	0.233	2122	0.398
1915	1915	1								
1916	1855	0.452	2106	0.294	2122	0.161				
1917	1815	0.055	1838	0.212	1855	0.129	2008	0.389		
1922	1922	1								
1923	1855	0.756	2122	0.287						
1924	1815	0.098	1837	0.035	1838	0.119	2020	0.066	2106	0.638
1926	1815	0.184	1837	0.204	1838	0.049	2008	0.43		
1934	1838	0.181	2020	0.235	2026	0.076	2029	0.015	2106	0.485
1935	1855	0.332	1939	0.189	2026	0.013	2029	0.172	2106	0.3
1936	1838	0.429	1939	0.018	2008	0.471				

1937	1837	0.272	2013	0.01	2106	0.595	2114	0.019		
1939	1939	1								
1940	1837	0.445	1838	0.004	1922	0.083	2008	0.263	2106	0.2
1941	2106	1.319	2122	0.068						
1942	1815	0.529	1838	0.182	1855	0.248	2020	0.233		
1944	1815	0.13	1855	0.253	1939	0.159	2106	0.266		
1947	1815	0.358	1901	0.015	2106	0.608	2122	0.015		
1948	1855	0.543	1939	0.005	2106	0.3	2122	0.104		
1949	1837	0.32	1838	0.096	2020	0.44	2114	0.412		
1951	1961	0.819	2029	0.051						
1952	1815	0.749	2029	0.298						
1954	1815	0.272	2029	0.002	2106	0.323	2122	0.311		
1961	1961	1								
1962	1962	1								
1963	1901	0.034	1939	0.049	2008	0.093	2106	0.606		
2004	1815	0.87	2029	0.09						
2006	1815	0.354	1838	0.059	1855	0.36	2020	0.179	2106	0.287
2008	2008	1								
2009	1838	0.203	2020	0.126	2026	0.022	2029	0.237	2106	0.307
2010	1855	0.213	1915	0.517	1922	0.051	2026	0.259		
2011	1815	0.315	2029	0.519						
2012	1837	0.952	2020	0.225						
2013	2013	1								
2018	2026	0.323	2029	0.033	2106	1.047				
2020	2020	1								
2021	1815	0.143	1855	0.141	2026	0.504	2029	0.082		
2022	2008	0.372	2114	0.502						
2023	1855	0.165	2106	0.691	2122	0.053				
2024	1855	0.652	2020	0.425	2029	0.146				
2025	1961	0.258	2020	0.27	2029	0.34				
2026	2026	1								
2029	2029	1								
2102	2029	0.654	2122	0.249						
2103	1815	0.313	1901	0.321	2008	0.162	2106	0.048		
2105	1815	0.402	1855	0.226	2029	0.155				
2106	2106	1								
2107	2026	0.517	2029	0.283	2106	0.199				
2108	1838	0.249	2020	0.039	2026	0.242	2029	0.092	2106	0.405
2110	1855	0.242	1939	0.531	2106	0.462	2122	0.095		
2111	1815	0.432	1837	0.229	2020	0.123	2114	0.119		
2112	1815	0.205	1855	0.298	1961	0.03	2106	0.637		
2114	2114	1								
2116	1838	0.382	2020	0.262	2026	0.077	2029	0.45		
2122	2122	1								
2124	1815	0.016	1855	0.464	2026	0.28	2029	0.11		
2125	1815	0.444	1901	0.217	1961	0.432				
2126	1815	0.459	1838	0.019	1939	0.087	2008	0.159	2106	0.042
2127	1838	0.625	2020	0.187	2114	0.453				
2131	1838	0.034	1912	0.173	2008	0.424	2026	0.25	2114	0.001

Tier 3 효율집단(전체에 대한 효율집단)의 참조횟수는 DMU 1907(21), 1914(20), 1904(19) 등의 순으로 나타나고 있다([표 5-13], [표 5-14] 참조).

[표 5-13] Tier 3 효율집단의 참조횟수

tier 3의 효율집단	참조횟수	순위
1907	21	1
1914	20	2
1904	19	3
1942	14	4
1840	13	5
2116	13	5
1903	10	7
1833	8	8
1940	8	8
2107	8	8
1947	7	11
1835	6	12
2006	5	13
1831	4	14
1949	4	14
1843	3	16
2022	2	17
2102	2	17
1941	1	19
1937	0	20
1951	0	20
2024	0	20
2025	0	20
2131	0	20

[표 5-14] Tier 3 비효율집단의 참조집단과 람다 값

DMU	Reference(Lambda)									
1808	1903	0.082	1904	0.233	1907	0.408	1914	0.056	2006	0.188
1813	1831	0.036	1914	0.136	1942	0.375	2107	0.184		
1816	1940	0.023	1947	0.289	2107	0.106	2116	0.416		
1823	1831	0.303	1914	0.286	2102	0.123				
1826	1835	0.138	1914	0.412	1947	0.046				
1827	1840	0.098	1903	0.078	1904	0.415	1942	0.319	2116	0.086
1828	1833	0.151	1904	0.819	1942	0.034				

1829	1903	0.028	1904	0.043	1942	1.009				
1830	1833	0.12	1904	0.114	1907	0.385	2116	0.39		
1831	1831	1								
1832	1840	0.176	1843	0.004	1914	0.186	2107	0.096	2116	0.409
1833	1833	1								
1835	1835	1								
1840	1840	1								
1841	1840	0.495	1843	0.025	1907	0.899	1914	0.105		
1843	1843	1								
1853	1840	0.188	1903	0.735	1942	0.138				
1854	1840	0.092	1903	0.143	1907	0.038	2116	0.725		
1903	1903	1								
1904	1904	1								
1907	1907	1								
1908	1940	0.454	1949	0.285	2022	0.124				
1909	1831	0.449	1835	0.092	1914	0.287	2102	0.053		
1914	1914	1								
1916	1840	0.056	1907	0.036	1914	0.367	2006	0.247		
1917	1833	0.316	1903	0.147	1904	0.286	1942	0.046		
1923	1840	0.365	1907	0.048	1914	0.456				
1924	1904	0.726	1907	0.127	1940	0.078	2107	0.247	2116	0.019
1926	1833	0.069	1940	0.644	2022	0.205				
1934	1833	0.016	1904	0.163	1907	0.096	1940	0.386	2116	0.369
1935	1840	0.192	1904	0.105	1907	0.211	1914	0.204	2116	0.338
1936	1833	0.651	1903	0.041	1907	0.144				
1937	1937	1								
1940	1940	1								
1941	1941	1								
1942	1942	1								
1944	1840	0.011	1903	0.181	1904	0.174	1914	0.227	2006	0.187
1947	1947	1								
1948	1840	0.239	1903	0.094	1904	0.293	1907	0.02	1914	0.259
1949	1949	1								
1951	1951	1								
1952	1904	0.379	1914	0.602						
1954	1907	0.198	1914	0.274	1947	0.402				
1963	1904	0.346	1907	0.133	1947	0.44				
2004	1904	0.789	1914	0.277						
2006	2006	1								
2009	1835	0.058	1907	0.136	1947	0.167	2006	0.017	2116	0.494
2010	1840	0.414	1903	0.054	2116	0.556				
2011	1831	0.324	1835	0.415	1942	0.204				
2012	1942	0.181	1949	0.817						
2018	1907	1.119	1941	0.031	2107	0.407				
2021	1904	0.092	1914	0.018	1942	0.241	2107	0.472	2116	0.065
2022	2022	1								
2023	1835	0.152	1843	0.018	1907	0.275	1914	0.333	2107	0.072
2024	2024	1								
2025	2025	1								
2102	2102	1								

2103	1904	0.523	1907	0.031	1940	0.37				
2105	1914	0.199	1942	0.455						
2107	2107	1								
2108	1833	0.029	1907	0.567	1940	0.13	2116	0.38		
2110	1840	0.166	1907	1.444	1914	0.09				
2111	1904	0.515	1942	0.162	1949	0.274				
2112	1907	0.066	1914	0.194	1947	0.265	2006	0.462		
2116	2116	1								
2124	1840	0.337	1942	0.227	2107	0.106	2116	0.213		
2125	1835	0.458	1942	0.209	1947	0.481				
2126	1833	0.024	1904	0.74	1907	0.168	1940	0.026		
2127	1904	0.029	1942	0.314	1949	0.51				
2131	2131	1								

Tier 4 효율집단(전체에 대한 효율집단)의 참조횟수는 DMU 1924(20), 1935(11), 1841(8) 등의 순으로 나타나고 있다([표 5-15], [표 5-16] 참조).

[표 5-15] Tier 4 효율집단의 참조횟수

tier 4의 효율집단	참조횟수	순위
1924	20	1
1935	11	2
1841	8	3
1828	5	4
1936	5	4
2010	5	4
1816	4	7
2023	4	7
1823	3	9
1908	3	9
2004	3	9
2127	3	9
1826	1	13
1854	1	13
2108	1	13
1926	0	16
2009	0	16
2012	0	16
2018	0	16
2111	0	16
2125	0	16

[표 5-16] Tier 4 비효율집단의 참조집단과 람다 값

DMU	Reference(Lambda)									
1808	1841	0.122	1924	0.703	1936	0.124				
1813	1828	0.088	1935	0.497	2004	0.258				
1816	1816	1								
1823	1823	1								
1826	1826	1								
1827	1828	0.289	1924	0.322	1935	0.119	1936	0.003	2010	0.308
1828	1828	1								
1829	1816	0.728	2127	0.536						
1830	1854	0.315	1924	0.619	2108	0.071				
1832	1816	0.572	1935	0.335	2010	0.083	2127	0.074		
1841	1841	1								
1853	1841	0.06	1935	0.388	2010	0.404				
1854	1854	1								
1908	1908	1								
1909	1823	0.909	1924	0.283						
1916	1841	0.042	1924	0.328	1935	0.188	2023	0.358		
1917	1828	0.146	1924	0.061	1936	0.637	2010	0.069		
1923	1841	0.465	1924	0.204	2023	0.152				
1924	1924	1								
1926	1926	1								
1934	1816	0.324	1924	0.735	2127	0.069				
1935	1935	1								
1936	1936	1								
1944	1841	0.055	1924	0.308	1935	0.407	1936	0.093		
1948	1841	0.087	1924	0.027	1935	0.723	2023	0.03		
1952	1823	0.568	1924	0.305	2004	0.391				
1954	1826	0.595	1924	0.573						
1963	1828	0.036	1908	0.027	1924	0.843				
2004	2004	1								
2009	2009	1								
2010	2010	1								
2011	1823	0.063	1924	1.003						
2012	2012	1								
2018	2018	1								
2021	1924	0.391	1935	0.416	2004	0.087	2023	0.085		
2023	2023	1								
2103	1828	0.216	1908	0.51	1924	0.289				
2105	1816	0.333	1924	0.069	1935	0.488				
2108	2108	1								
2110	1841	0.3	1924	1.285						
2111	2111	1								
2112	1841	0.09	1924	1.046	1935	0.016				
2124	1935	0.525	2010	0.346						
2125	2125	1								
2126	1908	0.063	1924	0.604	1936	0.194				
2127	2127	1								

2) Tier 분석을 통한 개선 방향

한편 [표 5-6], [표 5-12], [표 5-14], [표 5-16]에 제시된 상대적 비효율 집단에 대한 효율집단의 참조집단과 람다 값은 상대적 비효율 집단의 경영 개선 방향을 모색해 준다는 점에서 매우 중요한 의미를 갖게 된다.

먼저 최종 비효율집단으로 분류된 25개의 DMU 중에서 DMU 1808을 중심으로 검토하면, [표 5-17]에서 [표 5-20]까지 제시되어 있듯이, 참조집단은 DMU 1841, 1924, 1936이다. DMU 1808의 금고가 개선을 추구한다면, 1차적으로 세 개의 참조집단을 벤치마킹하여 개선할 수 있을 것이다.

[표 5-17] DMU 1808의 참조집단과 람다 값

DMU	Reference(Lambda)
1808	1841(0.122), 1924(0.703), 1936(0.124)

[표 5-18] DMU 1936의 참조집단과 람다 값

DMU	Reference(Lambda)
1936	1833(0.651), 1903(0.041), 1907(0.144)

[표 5-19] DMU 1903의 참조집단과 람다 값

DMU	Reference(Lambda)
1903	1838(0.58), 1855(0.164), 1939(0.227)

[표 5-20] DMU 1939의 참조집단과 람다 값

DMU	Reference(Lambda)
1939	1905(0.498), 1946(0.135), 2003(0.321), 2034(0.564)

만약 [그림 5-3]에 제시된 예와 같이 DMU 1808에서 DMU 1936을 근간으로 벤치마킹하여 DMU 1936의 특성을 갖게 된다면, 그 다음으로 DMU1833, 1903, 1907을 참조집단으로 해서 개선을 해 나가면 된다. 나아가서 DMU1903의 유형에 근접하면 다시 DMU1838, 1855, 1939를 참조집단으로 해서 지속적인 개선 전략을 추구한다면 효율적인 집단으로 나아갈 수 있을 것이다.

[그림 5-3] 새마을금고의 Tier 개선 경로 예

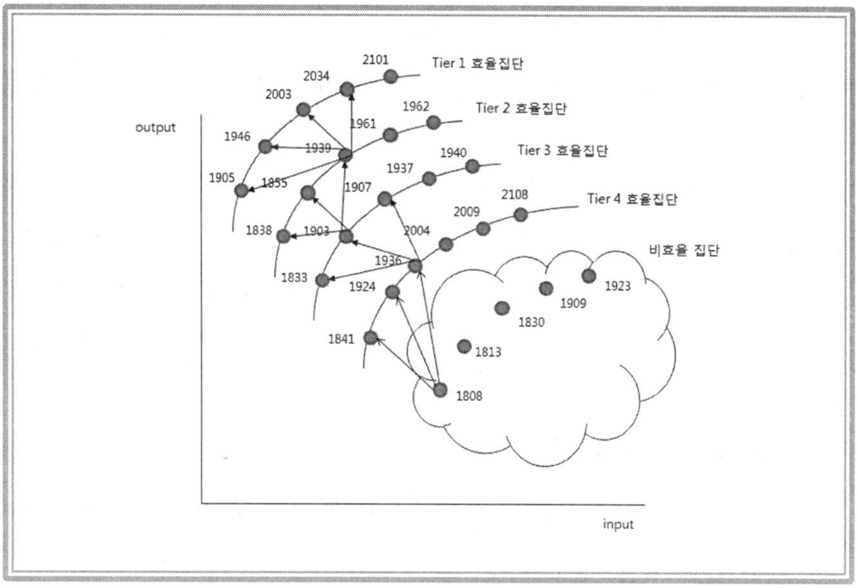

상대적 효율성 점수가 제시되고, 참조집단을 이루는 DMU들이 어떤 것인지를 알더라도 구체적으로 어느 부문이 얼마나 비효율적인지를 알지 못하면 정작 효율성 향상의 목표를 세우기 어렵다. DEA 모형에 의한 효율성 측정이 가지는 일반적인 장점은 비효율적인 금고가 효율적인 금고로 가기 위해 참조집단을 벤치마킹하여 어떤 요소를 얼마만큼 개선해야 할 것인가에 대한 정도를 파악할 수 있다는 것이다(김기성, 2011).

[표 5-21] DMU 1939의 참조집단과 람다 값

DMU	효율성	참조집단(λ: 잠재가격)
1939	0.6931	1905(0.498), 1946(0.135), 2003(0.321), 2034(0.564)

첫 번째 DEA 분석에서 Tier 1 효율 금고로 분류되지 못한 Tier 2, 비효율 집단은 효율 금고가 되기 위한 벤치마크 금고를 Tier1 효율 집단 중에서 찾는다(이우광, 2014). 예를 들어서 [표 5-21]에서 보다시피, Tier 2 효율 집단에 속한 DMU 1939의 경우에는 DMU 1905(0.498), 1946(0.135), 2003(0.321), 2034(0.564)

가 참조 금고로 나타났다. 괄호 안의 값은 각 참조 금고의 비중을 나타내는 람다 값인데, 이는 DEA의 민감도 분석을 통하여 산출되는 것으로 잠재가격(shadow price)이자 고유값(eigenvalue)의 의미를 지니고 있으며, 각 참조 금고가 DMU 1939 금고의 효율성에 영향을 미치는 가중치가 된다.

자원의 잠재가격이자 고유값을 이용하면 DMU 1939 금고의 비효율적 요소와 개선해야할 정도를 산출해 낼 수 있다. 이는 참조집단과 그 참조집단의 고유값인 DMU 1905(0.498), 1946(0.135), 2003(0.321), 2034(0.564)를 통하여 산출한다.

투입 요소에 인력, 비용, 재무 경우에는 아래와 같은 과정을 통해 개선의 정도를 산출해 낼 수 있다.

DMU 1939의 목표 인건비

= DMU1905*0.498+DMU1946*0.135+DMU2003*0.321+DMU2034*0.564

DMU 13의 목표 고정자산액

= DMU1905*0.498+DMU1946*0.135+DMU2003*0.321+DMU2034*0.564

DMU 13의 목표 이자비용

= DMU1905*0.498+DMU1946*0.135+DMU2003*0.321+DMU2034*0.564

등의 방식으로 계산하게 된다. 그 결과를 [표 5-22]에 제시하였다.

[표 5-22] DMU 1939 금고의 개선 요소와 정도

구분	투입 요소			산출 요소			
	인건비	고정 자산액	이자 비용	재무 요소	고객 요소	프로세스 요소	종업원 요소
실제값	42.03	3.23	7.00	26.52	14.81	11.10	2.05
목표값	29.06	2.23	4.84	26.52	14.81	14.57	4.69
개선정도(%)	▽30.87	▽30.87	▽30.87	0.000	0.000	△31.31	△128.82

DMU 1939 금고가 효율적인 금고로 거듭나기 위해서 인건비는 29.06으로 줄이고, 고정자산액은 2.230, 이자비용은 4.840의 축소가 절실히 필요하다. 그리고 투입 부분에서의 축소가 현실적 어려우면 산출 부분의 개선에 집중해야 한다.

[표 5-22]에서 알 수 있듯이, DMU 1939 금고의 경우, 재무 요소와 고객 요소는 효율적인 금고와 균형을 맞추고 있으나, 내부 프로세스 요소에서는 14.57, 종업원 요소에서는 4.69로 늘리도록 노력해야 한다. 즉, 내부 프로세스 관점에서는 1인당 대손상각비를 줄이고, 1인당 당기순이익은 높여 나가고, 전자금융이용도 지표를 높여야 나가야 할 것이다. 그리고 종업원 관점에서는 직원의 역량제고를 위해 1인당 교육훈련비 지출을 효과적으로 늘리도록 하고, 종업원 이직률을 제고하는 방안을 강구하여야 할 것이다.

전체 새마을금고들에 대한 분석은 박무완 논문(2016)에 부록으로 제시한 바 있다. 구체적인 개선을 위해서 세부적인 분석이 필요하겠지만, 전체적인 특성에서 판단하면, Tier 2 집단의 금고들은 상대적으로 효율적인 금고들에 비교하여 투입 요소는 많지만 산출 요소는 부족하게 나타났다. 현재 새마을금고의 상황에서 인건비나 고정자산액 등 단기간에 줄일 수 없는 인적, 물적 자산들을 감안하면, 산출 요소를 확대하여 효율적 집단으로 개선할 가능성인 높다고 판단된다. 물론 앞에서 언급하였듯이 현재 이루어지고 있는 새마을금고의 성과평가시스템이 기본 비전, 전략으로 구성되어 있지만 새롭게 재설정이 필요하다고 판단된다.

비효율적인 집단에 포함된 금고에서도 같은 현상이 나타나고 있다. 즉 인적 자원이나 물적 자원이 과다하거나 비용이 과다하게 나타남으로써 비효율적인 금고로 나타난 것은 충분히 개선의 여지가 있음을 보여주는 것이고, DMU 1939 금고의 경우에는 과다한 비용을 축소하면서 내부 프로세스 요소와 종업원 요소 부분에 보다 공격적인 노력을 한다면 효율적인 조직으로 발돋움할 수 있을 것으로 판단된다.

2 Two Stage NSBM DEA 효율성 분석: 증권회사 사례

(1) 김광수(2018)의 연구 목적과 연구 모형 이해

한국 경제는 이미 수년간 진행되고 있는 인구고령화와 저성장, 저금리의 메

가트렌드가 지속되면서, 이러한 기조가 New Normal로 적용되는 시대로 접어들었다. 이러한 저성장 환경에서 무엇보다도 중요한 것은 조직의 경영효율성을 높이는 것이다.

자본시장법 시행과 더불어 금융기관의 겸영 허용, 금융투자 상품의 범위에 대한 포괄주의로 변화, 투자자 보호 장치의 강화 등은 증권업에 큰 변화를 가져왔다. 각 증권사들은 경쟁력을 강화하기 위해 운용을 특성화하고 세분화 하며 인수합병과 증자를 통한 대형화를 모색하고 있다. 이와 같은 증권사의 변화와 정부의 한국형 IB(Investment Bank) 육성을 위한 금융정책은 증권 산업이 기존의 단순 브로커의 역할에서 벗어나 자금의 운용과 투자의 역할을 강화함으로써 국내 증권시장을 한 단계 더 발전시키는 토대가 될 것이다. 이러한 상황에서 국내 증권 산업의 경쟁력 강화를 위한 기업의 효율성 측정 및 분석은 필수적이다.

이에 김광수(2018)는 비모수 접근법의 DEA(data envelopment analysis) 모형을 근간으로 증권회사의 경영효율성을 분석, 검토하였다. 그동안 다양하게 발전되어 온 여러 DEA 모형들을 통해서 중대형 이상의 국내 증권회사 효율성을 체계적으로 분석하여 향후 증권사들이 나아갈 방향을 제시하고자 하였다.

김광수(2018)는 국내 증권회사의 경영효율성을 측정하기 위해서 자기자본 4,000억 이상의 증권사 중 파생상품을 투자하고 있지 않는 증권회사를 제외하여 총 22개 중대형 증권회사(상장, 비상장 포함)를 대상으로 다양한 DEA 모형을 이용하여 분석하였다.

김광수(2018)는 증권회사들이 갖는 비효율성의 문제를 체계적으로 검토하기 위해서, Charnes et al.(1978)의 CCR 모형 기술효율성, 규모 문제를 고려한 Banker et al.(1984)의 BCC모형 순수기술효율성과 규모효율성, Tone(2001)의 SBM(Slack-Based Measure) DEA 모형을 활용한 혼합효율성을 분석, 검토하였다.

그리고 5년간의 동태적인 효율성 변화를 파악하기 위해 Malmquist 모형으로 분석하였다. Malmquist 모형의 전체 기술효율성 변화지수(TECI: Technical Efficiency Change Index)와 함께, TECI를 세분화한 순수기술효율성 변화지수(PECI: Pure Efficiency Change Index)와 규모효율성 변화지수(SECI: Scale Efficiency Change Index),

기술 변화지수(TCI: Technical Change Index) 등의 효율성 개념을 토대로 2011년~2015년 5년간 국내 주요 중대형 증권회사 효율성을 분석, 검토하였다.

나아가서 비효율성을 보다 체계적으로 파악하기 위해, Tone and Tsutsui(2009)가 제시한 비방사형(non-radial) Network Slack-Based Measure(NSBM) DEA 모형을 적용하여 분석하였다. 다만, 이 저서에서는 동태 효율성 변화 파악으로 제시한 Malmquist 모형 분석은 소개하지 않았다. 필요한 연구자는 관련 논문을 참고하기 바란다.

(2) 김광수(2018)의 투입, 산출 요소

1) 기존 연구에 대한 이해

DEA 기법을 적용한 증권사의 경영효율성에 대한 연구는 은행권의 연구보다는 늦게 시도되었다.

그럼에도 불구하고, 다수의 해외 연구 저널(Journal of Econometrics in 1990, Journal of Banking and Finance in 1993, European Journal of Operations research in 1997, Journal of Economics and Business in 1998, Interfaces in 1999, and Management Science in 1999)에서는 특정 연도에 DEA 특별호를 발간할 정도로, 해외의 금융 산업에 대한 DEA 연구는 엄청나게 많이 이루어졌다(박무완, 2017).

Goldberg et al.(1991)은 트랜스로그 비용함수(translog cost function)를 활용하여 과거 미국 증권사의 경제성 효과를 추정하였다. 투입물로는 인력, 지점 수를 사용하고, 산출물로는 위탁매매수수료수익, 인수주선수수료 수익, 계좌관리 보수, M&A 수수료, 리서치수수료 등을 사용하였다. 그들은 분석을 통하여 전문화된 소형 증권사(small specialized firms)에서는 규모의 경제성(economy of scale)이, 대형 증권사(large diversified firms)들은 규모의 비경제성(diseconomy of scale)이 나타나고 있음을 보고하였다. 그리고 전국을 영업 지역으로 하는 대형 증권사의 경우, 범위의 비경제성(diseconomies of scale)이 있음을 밝혔으며, 전문화된 소형 증권사들의 경우에는 범위의 경제성(economies of scope)이 나타나는 것을 확인하였다.

Fukuyama and Weber(1999)는 DEA 방법을 사용하여 1988~1993년 기간의 일본 증권사들의 비용효율성을 측정하였다. 특히 비용효율성을 배분효율성, 규모효율성과 순수기술효율성 그리고 투입물 잉여효율성(input congestion efficiency)으로 분해하여 검토하였다. 또한 Malmquist 생산성 지수를 사용해 4대 증권사와 기타 중소형 증권사들 간의 생산성 변화 추세를 측정하였다. 증권사의 투입물로는 인력과 자본을 사용하고, 산출물로는 위탁매매수수료수익과 인수주선수수료수익을 사용하였다. 분석 기간 동안 4대 증권사의 평균 효율성은 65~82%로 나타났다.

이후 효율성의 문제를 보다 체계적으로 분석하고자 하는 노력이 진행되었으며, 특히 Tone and Tsutsui(2009)는 비효율성의 특성을 체계적으로 이해하기위한 방안으로 NSBM DEA 모형을 제시하였다. Matthews(2013)는 Tone and Tsutsui(2009)의 NSBM 모형을 적용한 15개 중국은행을 대상으로, 은행 업무를 3단계 네트워크 또는 업무 단계로 분리하여 효율성을 분석하였다. 1단계 투입물은 운영비용, 고정자산으로, 2단계에서는 예수금과 함께, 1단계에서의 중간산출물인 인건비, 운영비용(인건비 제외)을 투입물로 하고 2단계의 산출물은 발생하는 비이자이익을 사용하였다. 마지막 3단계에서는 무수익여신을 투입물로, 산출물은 이자이익을 사용하여 분석하였다.

Lin and Chiu(2013)은 Taiwan 30개 은행을 대상으로 2단계 NSBM 모형을 이용하여 효율성을 분석하였다. 여기에서 1단계 투입물은 고정자산, 운영비용, 자본금이며, 1단계에서의 산출물인 예수금, 대출금, 회수대출금으로 2단계에서의 투입물로 사용되며, 2단계 산출물은 이자수익, 비이자수익, 순익을 사용하여 분석하였다(강은경, 2016).

Ohtoshi and Takahashi(2015)는 3단계 NSBM 모형을 설정하여, 일본의 은행 효율성을 분석하였다. 업무 프로세스를 1단계의 수신 프로세스, 2단계의 여신 프로세스, 3단계의 유가증권 투자 프로세스로 분리하여 효율성을 측정하였다. 예금 유치를 행하는 수신 프로세스에서 투입물은 고정자산, 운영비용, 자기자본을, 여신 프로세스에는 직원 수를 투입물로, 예금을 중간산출물로 함과 동시에 산출물로 이자수익을 활용하였다. 마지막 3단계에서 유가증권 투자를 투입물로, 배당금, 이자수익, 매각이익을 산출물로 하여 분석하였다.

DEA 기법을 이용하여 증권회사의 효율성을 분석한 국내 논문으로는 지홍민·장진숙(2007)의 사이버 증권거래와 증권업의 효율성, 홍봉영·강은영·박소현(2007)의 DEA 방법에 의한 국내 증권업의 제도적 효율성분석, 이형석·김기석(2008)의 DEA 모형을 이용한 증권업의 다단계 효율성 분석과 분해, 하귀룡·신용호(2013)의 국내 증권업의 경영효율성 분석, 최순영(2015)의 미국 증권회사의 그룹 전문화전략 등이 있다.

지홍민 외(2007)는 1999~2003년 데이터 수집이 가능한 33개 증권사를 대상으로 효율성을 분석하였다. 그들은 특히, 사이버거래의 활성화와 함께 시작된 매매수수료 하락이 브로커 비중이 높은 국내증권업의 효율성에 미친 영향과 사이버거래 등 증권사들의 특성이 효율성에 미친 영향을 분석하였다. 그들은 Malmquist 생산성 지수를 이용하여, 증권업 전체의 효율성 및 생산 프런티어 변화 추이를 분석하였다. 투입물로는 종업원 수, 차입금(예수금, 장단기차입금, 콜머니, RP매도, 회사채)과 물적 요소(영업비용+영업외비용–인건비–이자비용)를 사용하였다. 산출물로는 장내 및 장외 증권·파생 위탁거래실적과 자기매매실적, 인수주선실적을 사용하였다. 또한 효율성을 결정하는 요인(증권사별 특성)으로 사이버거래비중, 총자산순이익률, 기업규모, 수익 구조, 영업용순자본비율, 자기매매비중, 인수주선비중을 사용하였다. 이들은 분석결과로써, 첫째 국내증권사들은 자원을 비효율적으로 활용하여 비용대비 수익 효율성이 낮은 것으로 분석되었고, 둘째 사이버거래의 도입으로 규모가 큰 증권사는 효율성이 악화된 반면 규모가 작은 증권사들의 효율성은 향상되었으며, 셋째 국내증권사들은 효율성을 높이기 위해서는 기업규모에 따라 증권사의 고유 업무인 위탁매매업무(brokerage), 자기매매업무(dealing), 인수주선업무(underwriting) 등에 있어 차별적인 경쟁우위 전략이 필요한 것으로 제시되었다.

홍봉영 외(2007)는 투입물 기준(input oriented)의 BCC 모형을 활용하여 2000년~2004년 37개 상장·비상장 증권사에 대해 상장으로 인한 제도 효율성을 측정하였다. 그들은 먼저, 상장사 그룹과 비상장사 그룹에 각각 DEA 모형을 적용한 후 내부경영 효율성(pure technical efficiency, 순수기술효율성)들을 구하고, 측정된 효율성들을 모든 기업들의 투입물에 곱해 순수기술효율적 기업을 계산한 후, 2개 그룹을 통합하여 제도 효율성을 구하는 방식으로 효율성을 제시하였다. 상장사와 비상장사의 제도 효율성을 비교한 결과, 비상장사의 효율성이 더 높은 것으로 나타났다. 상장사의 제도 효율성이 낮다는 사실은 상장은 증권사의 효율성에 도움이 되지 않음을 의미하며, 이 결과는 증권사들이 상장유지 의무 때문에 상장을 기피한다는 주장과도 일치한다. 그러므로 상장이 효율성에 악영향을 주지 않도록 상장유지 조건을 완화할 필요가 있고, 경영진은 통제 가능한 효율성에 의해서만 평가되어야 한다고 주장한다.

이형석 외(2008)는 다양한 DEA 모형, 특히 CCR, BCC, Slack adjusted efficiency 모형, Super efficiency 모형들을 이용하여 2006년 21개 상장 증권사들의 효율성을 수익성·시장성·전체 효율성의 3단계로 분석하였다. 수익성(profitability) 측정 단계에서는 종업원 수와 자본금을 투입해서 수수료 수익, 매출액, 당기순이익을 산출하는 효율성을 평가하였다. 시장성(marketability) 측정 단계에서는 전단계의 산출변수를 투입변수로 해서 시가총액, 투자자 수익, 주당순이익을 산출하는 효율성을 평가하였다. 그리고 3단계는 1단계의 투입물(종업원 수, 자본금)을 이용해 2단계의 산출물(시가총액, 주가, 주당순이익)을 산출하는 효율성을 평가하였다. 또한 이 논문은 효율성을 분해해 비효율성의 원인이 투입물 여분(slack)에 기인하는지, 또는 규모(scale)효과에 기인하는지 찾고자 하였다.

이러한 연구들이 진행되었지만, 해외에서도 주로 은행권의 연구에 집중하였으며, 국내에서 증권회사에 대한 비효율성의 문제에 대한 다양한 접근이 이루어졌지만, 해외 은행권에서 제시되었던 Tone and Tsutsui(2009)의 Network Slack-Based Measure(NSBM) DEA 모형을 제시한 연구는 거의 없었다.

2) DEA 투입/산출 요소 선정

DEA에서의 투입요소와 산출요소 선택에는 명확하고 일반적인 기준은 존재하지 않고, 적용 분야의 특성과 효율성 평가 목적에 따라 그 선택이 달리 이루어지고 있다(정진호 · 임성묵, 2014).

증권회사의 경우 다음의 [표 5-23] 선행연구 결과에서 알 수 있듯이, 일치된 의견이 나타나고 있지는 않다.

[표 5-23] 선행연구의 증권사 투입/산출 요소

연구자	연도	투입요소	산출요소	단계
Goldberg et al.	1991	노동비용, 임대비용	위탁거래수입, 인수 및 자기거래수입, 계좌관리수입	1단계
Fukuyama et al.	1999	종업원 수, 고정자산	위탁매매수수료, 인수업무수수료	1단계
Wang	2003	종업원 수, 자본 (사무실 면적)	브로커리지 수입, 매매이익, 언더라이팅 수입	1단계
Zhang et al.	2006	노동, 자본, 자산	수수료수익, 매매수익, 투자수익, 자산관리수익, 매출액	1단계
이형석 외	2008	종업원 수, 자본금, 수수료수익 매출액, 당기순이익	수수료수익,매출액, 당기순이익 시가총액, 주가 주당순이익	1단계 2단계
Lin and Chiu	2013	고정자산, 운영비용, 자본금 예수금, 대출금, 회수대출금	예수금, 대출금, 회수대출금, 이자수익, 비이자 수익, 순익	1단계 2단계
김영진 외	2013	트레이딩평가, 고객 예수금, 기매매이익, 광고비, 애널리스트 수	최종산출요소: ROA, ROE	1,2,3 단계
Yu et al.	2013	직원 수, 고정자산, 운영비용 예수금	예수금 대출과 유가증권	1단계 2단계
Ohtoshi and Takahashi	2015	고정자산, 운영비용, 자기자본, 직원 수, 유가증권	예금유치예금, 이자수익, 배당금, 이자수익, 매각이익	1단계 2단계 3단계

김광수(2018)는 투입변수로서 노동과 자본, 자산구성을 계량적으로 측정하기 위해 인건비, 자본총계, 파생상품, 대출채권, 영업이익(Operating Income)을 선정하였다. 그리고 산출변수로는 당기순이익, 영업수익(Operating Revenue), ROE(Return on equity), NCR(Net-operating Capital Ratio)을 사용하였다.

특히, 비방사형 NSBM 모형을 적용하기 위해, 증권사의 업무를 운영 프로세스와 기업가치 프로세스로 분리하여 검토하였으며, 각각의 프로세스에 대한 투입요소 및 산출요소를 제시하였다.

운영 프로세스에서의 투입변수로서 인건비, 자본총계, 파생상품, 대출채권을 선정하였고, 산출변수로는 당기순이익을 선정하였다. 기업가치 프로세스에서는 투입요소로 영업이익을, 산출변수로는 ROE와 NCR을 사용하였다. 두 개의 프로세스를 연결하는 매개변수로는 영업수익을 선정하였다.

김광수(2018)는 특히 기존 연구에서는 변수로 사용되지 않았던 파생상품, 대출채권, NCR을 투입과 산출변수로 활용하여 증권사를 분석하고자 했다.

현재 국내 증권사들은 위탁매매수수료, 인수수수료, 자산관리수수료 등 기존의 수수료수입이 감소하는 상황에서 ELS(Equity Linked Securities), DLS(Derivative Linked Securities)와 같은 파생상품 수익과 부동산, 주식 관련 담보대출 수익으로 기존 수익을 보전하고 있다. 하지만 이러한 고수익의 위험자산 투자에는 항상 적절한 위험관리가 필요하다. 또한 위험발생에 대비한 건전성 규제는 적정수준으로 유지할 필요가 있다. 금융당국이 증권사의 건전성을 규제하는 대표적인 지표가 NCR이다. 이러한 이유로 기존의 연구들의 투입/산출 변수와는 달리 현실적인 여건을 고려한 파생상품과 대출채권을 투입변수로 고려하였으며, NCR을 산출변수로 추가하여 고려하였다.

3) 김광수(2018)의 연구 모형 설계

김광수(2018)는 black box로 치부되었던 조직 내부 프로세스 간 연계과정을 거쳐 다양한 변수 간의 상호관계가 어떻게 성과로 나타나는지를 구체적으로 규명 가능한 Network 구조의 DEA 모형을 이용하여 경영 비효율성의 특성을 구체적으로 파악하고자 하였다. 이를 위해 전체 생산프로세스를 연계된 하위의 세부 프로세스로 구분함으로써, 투입물 및 산출물의 실제적인 효과를 확인할 수 있기 때문이다.

단순한 네트워크 구조의 프로세스를 두 개의 프로세스로 분리시켜서 분석한 연구자들은 Charnes et al.(1986)과 Wang et al.(1997) 등이 있다. 그리고 Cook et al.(2010)

과 박이숙·고대영(2017)은 두 개의 프로세스가 연결된 구조에서 두 번째 프로세스에서 이전 프로세스의 산출물을 투입물로 이용하여 최종산출물을 생산하는 기본적인 형태의 모형을 제시한 바 있다(박이숙·고대영, 2017).

김광수(2018)는 국내 증권회사의 프로세스를 운영 프로세스와 기업가치 프로세스라는 두 개의 프로세스로 구분하였고, 여분(slack) 기반 하의 비방사형 Network DEA 모형을 확장한 NSBM 모형을 이용하여 증권회사들의 경영효율성을 구체적으로 분석하였다.

[그림 5-4] 김광수(2018)의 NSBM DEA 모형

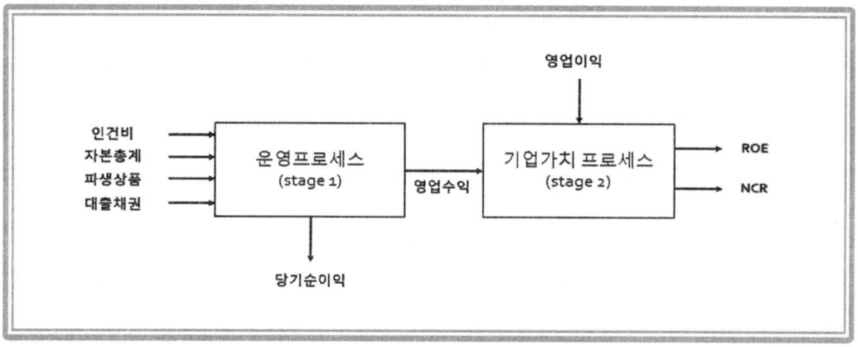

김광수(2018)는 운영 프로세스의 투입 요소는 인건비, 자본총계, 파생상품, 대출채권을, 산출 요소는 당기순이익으로, 기업가치 프로세스에서는 투입요소로 영업이익을, 산출변수로는 ROE와 NCR을 사용하여 분석하였으며, 영업수익을 두 프로세스 간의 매개변수로 설정하였다.

김광수(2018)는 비방사형 NSBM 모형을 이용한 이유로, 방사형 CCR, BCC 모형을 이용할 경우 프로세스 별로 나누어 각 프로세스의 부분적인 효율성을 분석할 수 있지만, 줄어들어야 하는 투입물의 양과 증가되어야 하는 산출물의 양이 더 존재함에도 똑같이 효율성 점수가 1로 나와 엄밀한 측정에 어려움이 있기 때문이라고 제시하였다(김지훈, 2015). 그리고 이들 방사형 DEA 모형들은 투입요소와 산출물의 비방사적 여유분을 반영하지 않았기 때문에 효율성을 과대 측정하여 개선해야하는 양에 대해서도 정확한 지표를 얻기가 어렵다는 문제가 있기 때문이다(박이숙·고대영, 2017)는 점을 상기시켰다.

그래서 NSBM 모형은 투입물과 산출물의 여유분(slack)을 기반으로 효율성을 도출하기 때문에 방사형 DEA 모형의 한계점을 보완할 수 있으며, 하위 프로세스의 효율성 분석에도 매우 유용성이 크다는 장점이 있기에 NSBM 모형을 채택하여 분석하였다.

김광수(2018)는 노동과 자본 차원에서 투입/산출 변수를 선정하였다. 노동과 자본을 계량적으로 측정하기 위한 운영 프로세스에서의 투입 변수로서 인건비, 자본총계, 증권회사의 자산구성에서 점차 중요성이 강조되고 있는 파생상품과 대출채권을 선정하였다.

1단계에서의 산출 변수로는 당기순이익(Net Income: NI)을 선정하였다. 당기순이익은 기업이 한 사업연도 동안 영업활동에 의한 총이익에 각종 충당금과 법인세를 공제하여 구하는 것으로 수익에서 모든 지출 비용을 공제하고 순수하게 남은 이익으로, 영업수익과 함께 경영 상태를 나타내는 대표 지표이다.

김광수(2018)는 영업수익(Operating Revenue: OR)을 매개변수(intermediate)로 하여 1단계(1st stage) 운영 프로세스와 2 단계(2nd stage) 기업가치 프로세스를 연결하였다. 증권회사의 영업수익은 수수료수익, 증권평가 및 처분이익, 파생상품 관련이익, 이자수익, 대출채권 관련 이익 등으로 구성된다. 영업수익은 기존의 연구에서 최종산출요소로 이용되어온 변수이다. 그러나 기업의 최종적인 목표가 영업수익과 같은 산출물을 통해 기업의 이익을 창출하여 기업 가치를 높이는 데 있다고 볼 때, 영업수익을 최종적인 산출요소가 아니라 기업의 운영활동의 결과물인 중간산출요소이면서 최종적인 성과물인 기업 가치를 창출하는 데 있어 투입 변수의 역할을 한다고 판단하였다.

두 번째 기업가치 프로세스의 투입 변수는 영업이익을 사용하였다. 영업이익(Operating Income: OI)이란 기업의 주된 영업활동에 의해 발생된 이익으로 영업수익에서 영업비용과 판매비와 관리비를 뺀 것을 말한다. 즉 기업이 본연의 영업활동을 통해서 창출된 이익을 말한다.

기업가치 프로세스의 산출 변수이면서 전체 프로세스의 최종 산출 변수는 투자자 즉 주주의 입장에서 기업 가치를 측정할 수 있는 ROE와 채권자의 입장에서 기업의 안정성을 판단할 수 있는 NCR을 사용 하였다.

자기자본이익률(Return On Equity: ROE)은 순이익/자기자본 비율 값이다. 부채를 제외하고 자기자본으로 기업을 운영해서 얼마나 이익을 냈느냐를 수치로 나타내는 것으로, ROE가 높다는 것은 기업의 수익성과 성장성이 높다는 것을 의미한다. 또 다른 산출 요소로 영업용 순자본비율(Net-operating Capital Ratio: NCR)을 선정하였다. 영업용 순자본비율(NCR)은 은행의 BIS 비율과 비슷한 개념으로 증권사의 재무 건전성을 대표하는 지표이다.

NCR은 영업용 순자본에서 총 위험액을 빼고 업무별로 필요한 자본으로 나눈 값이다. 총 위험액은 기초 위험액(기부 내부요인에 의한 가격 변동 등), 시장 위험액(정치·경제·사회적 요인)을 더한 금액이다. 총 위험액이 증권사의 유동성 자기자본(영업용 순자본) 대비 적정한지를 판단하는 지표로, NCR이 높을수록 재무상태가 양호하다는 의미이다. 투입과 산출 변수를 [표 5-24]로 요약, 정리하였다.

[표 5-24] 증권사 효율성 평가에 사용할 투입/산출 변수

투입요소	운영 프로세스(S_1)	인건비, 자본총계, 파생상품, 대출채권
	기업가치 프로세스(S_2)	영업이익
산출요소	매개변수($S_{1,}S_2$)	영업수익
	운영 프로세스(S_1)	당기순이익
	기업가치 프로세스(S_2)	ROE, NCR

투입 및 산출 변수의 수를 많이 반영하여 효율성을 측정할 경우 효율성 값은 왜곡될 가능성이 커진다(이우광, 2014). 변수 수가 늘어날수록 DEA 모형의 판별력은 낮아지고, DMU수가 많을수록 DEA 모형의 판별력은 높아진다(Banker et al., 1986; 이우광·이홍배, 2013). 따라서 DEA 분석의 판별력을 확보받기 위해서, Banker et al.(1986)은 DMU의 개수가 (투입변수 수) × (산출 변수 수)의 3배 이상 되어야 한다고 하였으며, Boussofiane et al.(1991)은 최소한 산출변수와 투입변수의 곱보다 커야 한다고 지적하였다(양동현, 2010). Cooper et al.(2007)은 DMU 개수(n), 투입요소 수(m), 산출요소 수(s)의 관계가 $n \geq \max\{m \times s,\ 3(m+s)\}$의 조건을

갖추는 것이 바람직하다고 제시하였다.

김광수(2018)는 DMU의 수가 투입 요소와 산출 요소 수의 합보다 2배 이상 되어야 한다는 Fitzsimmons and Fitzsimmons(1994)의 견해를 토대로 평가하였다(이우광, 2014). 김광수(2018) 연구에서, DMU수는 2×(투입요소 5+산출요소 4) = 18이 되어 최소 18개 이상 DMU의 수가 요구된다. 김광수(2018)의 분석대상은 국내 22개 증권회사의 5개년도 데이터이므로 판별력에는 문제가 없는 것으로 판단하였다.

(3) 김광수(2018)의 실증 분석 결과

1) One Stage DEA 모형 분석 결과

증권사의 효율성을 분석하기 위해 방사형 모형인 CCR, BCC 모형뿐만 아니라 비방사형 모형인 SBM 모형을 통해 비효율성의 원인을 분석하였다. 그리고 동태적인 효율성 평가 차원에서, 효율성 변화와 기술적 변화를 구분하여 평가하기 위해 Malmquist 기법을 활용하였다. 이러한 분석을 통해 기술적인 효율성보다 규모 효율성과 혼합 효율성에 의한 비효율성이 존재하였다.

Single Stage에서 제시된 비효율적인 원인을 구체적으로 규명하기 위해, 김광수(2018)는 Tone and Tsutsui(2009)가 제시한 NSBM 모형을 이용한 Two Stage DEA 모형을 적용하였다.

김광수(2018)는 분석을 위한 자료를 금융감독원 금융통계 정보시스템을 이용하여 수집하였다. 분석기간은 한국채택국제회계기준(K-IFRS) 도입 이후인 2011년부터 2015년까지로 설정하여 효율성을 측정 분석하였다.

Single Stage 분석 결과, 방사형 DEA 모형인 CCR과 BCC의 5년 평균 효율성이 0.9628, 0.9900로 효율성이 높았지만, 비방사형 모형인 SBM과 NSBM의 5년 평균 효율성은 각각 0.8231, 0.7736으로 크게 떨어졌다. 이는 비방사형 모형이 투입과 산출의 여분(slack) 요소를 반영하여, 보다 엄격하게 효율성을 측정하기 때문이다. SBM 모형 분석 결과, 증권사들의 비효율성은 주로 효율적인 DMU와의 상이한 투입비율로 인한 혼합효율성에 기인하고 있음을 확인하였다. NSBM의 평균 효율성은 0.7736으로 같은 비방사형 모형인 SBM 평균보다 0.0495 더 비효율적으로 분석되었다. 이는 전통적 DEA 모형이 각 부서들을 연결시켜주는 중간산출물을 고려하지 않고 효율성을 측정함으로써 효율성이 과대평가되고 있는 것이다.

이러한 비효율성을 보다 구체적으로 파악하고자 NSBM 모형을 활용하여 각 stage별 효율성을 측정한 결과는 기업운영 효율성이 평균 08109, 기업가치 효율성이 평균 0.7939로 나왔다.

2015년을 기준으로 기업운영 효율성은 0.8956로 높아지고 있지만 기업 가치 효율성은 0.7513로 크게 떨어지고 있다. 좀 더 세부적인 분석을 위해 한국형 IB 증권사 기준인 자기자본 3조원 이상인 증권사(2015년도 기준)와 그 이하 증권사로 구분하여 분석하였다.

NSBM 모형을 통한 프로세스별로 분석한 결과 5년 평균 기업운영 효율성은 한국형IB 증권사가 중대형 증권사 대비 0.0231 더 효율적으로 분석되었지만 5년 평균 기업가치 효율성은 오히려 0.1154 더 비효율적으로 분석되었다. 본격적인 대형화를 시작한 2012년을 기준으로 보면 중대형 증권사의 기업가치 효율성은 0.7809에서 0.8630으로 더 효율적으로 변화하고 있지만 한국형IB 증권사의 경우 0.7853에서 0.4536으로 비효율성이 급격하게 확대되고 있다.

2012년 이후 한국형 IB 육성을 위해 정부가 증권사 대형화를 유도하면서, 증자와 합병을 통해 규모를 키운 대형증권사들이 자기자본대비 수익성이 악화되고 전체 효율성이 나빠지고 있는 것이다.

이것은 증권사들이 무조건 대형화를 통한 규모 키우기만 할 것이 아니라 각 증권사의 특성에 맞는 규모를 유지하고 기업 가치를 높이는데 집중하는 것이 중요하다는 것을 의미한다.

특히 2015년을 기준으로 개별 DMU 수준에 살펴보면 상대적으로 자기자본이 작은 IBK증권 교보증권, SK증권 등 9개의 증권사는 기업가치 효율성이 1이다.

이들 중대형 증권사들은 향후에도 규모를 키울 것이 아니라 불필요한 라이선

스는 반납하여 자기자본 부담을 줄이고 선택과 집중을 통해서 운영의 효율성을 높임으로써 전체 효율성을 높일 수 있을 것으로 판단된다. 반면 한국형 IB 증권사가 되기 위해서 대규모 유상증자를 단행한 현대증권, NH투자증권, 대우증권, 미래에셋증권, 신한금융투자, 삼성증권, 한국투자증권은 기업가치 효율성이 0.60을 밑돌고 있다. 실제로 이들 6개 증권사는 2015년 기준 규모효율성 분석에서도 투입물의 증가가 낮은 산출물로 이어져서 규모를 줄일 필요가 있다는 DRS(규모에 대한 수익감소)로 판명되었다.

이들 증권사들은 증자를 통해서 확보한 자본을 효율적으로 활용하지 못함으로써 기업의 가치를 훼손하고 있다는 반증이다. 즉 대형화가 기업가치의 상승으로 연결되고 있지 않은 것이다. 앞으로 이들 증권사들은 대형화를 통해 확보한 자본을 가지고 기업 금융 강화, 위험투자 자산의 확대, 해외진출 등의 사업다각화로 신규 수익원을 창출하고, 이를 통해서 기업의 수익성을 회복하는 것이 매우 중요해 보인다.

향후에도 정부는 대형화를 통한 한국형 IB 육성에 집중할 것이다. 하지만 각 증권사는 무조건 대형화에 나설 것이 아니라 적절한 규모를 가지고 핵심역량 강화 및 차별화를 하여 기업의 수익성을 높임으로써 기업 가치를 향상시키는 것이 개별 증권사뿐만 아니라 증권업계 전체의 효율성을 높이는 방법이라고 판단된다. 증권업계의 효율성이 좋아진다면 한국경제의 체질개선, 성장산업의 육성 등에 더욱 큰 기여를 할 수 있을 것이다. 또한 이를 통해 한국의 자본시장이 한 단계 더 발전하는 계기가 될 것으로 생각된다.

첫째, 김광수(2018)의 연구는 증권사의 경영효율성을 측정 분석한 연구로 자산 구성요소 중 증권사의 수익성과 재무건전성에 영향을 미치는 주요항목인 대출채권과 파생상품을 투입변수로, 채권자와 정부당국이 중요시 하는 NCR과 주주입장에서 중요시하는 ROE를 산출변수로 설정한 것이 기존 연구와 차별된다고 할 수 있다.

둘째, 김광수(2018)의 연구는 방사형 모형과 비방사형 모형 그리고 Malmquist 생산성지수를 통한 동태적 분석, 더 나아가 NSBM 모형을 이용한 체계적인 비효율성 원인 분석은 향후 국내 증권업이 한 단계 더 발전하려면 참고할 만한 가치가 있는 연구라고 생각된다.

셋째, 김광수(2018)의 연구에서, 한국형IB 증권사 기준인 자기자본 3조원 이상인 증권사와 그 이하 증권사로 나누어서 분석한 결과 방사형 모형인 CCR, BBC 모형에서는 큰 차이점을 찾을 수 없지만 비방사형 모형에서는 상대적으로 큰 차이점을 보이고 있다. 이것은 두 그룹 간 존재하는 비방사형 여분의 차이가 매우 크고, 투입요소에 대한 효율적인 혼합비율도 확연한 차이를 보이는 것이다.

넷째, 김광수(2018)의 연구를 통하여, 증권사가 지속적인 성장과 발전을 위해서는 규모의 대형화도 중요하지만, 내실을 기할 수 있는 투입요소의 투입비율 효율화 전략에 보다 깊은 고민을 하여야 할 것이다. 나아가서 각 증권사의 특성에 맞는 선택과 집중을 하여 기업 가치를 높이는 것이 더 중요하다는 결과를 얻을 수 있었다. 그러면 Two Stage NSBM 모형을 적용한 분석 결과를 보다 자세하게 살펴보도록 하자.

2) Two Stage NSBM 모형 분석 결과

기본적으로 비방사적 모형인 SBM 모형이 방사형 모형(CCR, BCC)보다 비효율적으로 분석되었다. 비효율성을 보다 명확하게 분석하기 위해 NSBM 모형으로 증권사를 기업운영 프로세스와 기업가치 프로세스로 나누어 분석하였다.

NSBM 평균 효율성은 0.7736으로 같은 비방사형 모형인 SBM 평균보다 0.0495 더 비효율적으로 분석되었다. 이는 전통적 DEA 모형이 각 부서들을 연결시켜주는 중간산출물을 고려하지 않고 효율성을 측정함으로써 효율성이 과대평가 되고 있다는 것을 알 수 있었다.

프로세스별로 분석해보면 기업운영 프로세스 평균효율성이 0.8109, 기업가치 프로세스 평균효율성은 0.7939로 분석되었다. 5년 평균적으로는 운영효율성이 가치효율성보다 0.0170 정도 앞서고 있다. 전체 효율성이 2014년 이후 반등하는 것은 가치효율성의 하락(-0.0841)보다 운영효율성의 상승(0.1534)이 더 크게 나타났기 때문이다. 5년 동안 지속적으로 효율성이 1인 증권사는 Ki 하나뿐이다.

[표 5-25] 중대형 증권사 vs 한국형IB 증권사 NSBM 효율성 비교

구분 \ 연도	2011	2012	2013	2014	2015
NSBM(중대형)	0.7844	0.7312	0.8190	0.7794	0.8585
Div_oper(중대형)	0.7748	0.7341	0.8711	0.7547	0.8881
Div_value(중대형)	0.8188	0.7809	0.7927	0.8714	0.8630
NSBM(한국형IB)	0.7790	0.8348	0.7241	0.6476	0.6036
Div_oper(한국형IB)	0.8184	0.9249	0.7710	0.7087	0.9156
Div_value(한국형IB)	0.7678	0.7835	0.8050	0.7397	0.4536

규모별 NSBM 효율성 분석 결과([표 5-25], [그림 5-5], [그림 5-6] 참조)는 한국형IB 증권사가 중대형 증권사 대비 비효율적으로 분석되었고 2012년 이후 한국형IB 증권사 NSBM의 비효율성은 확대되고 있다.

중대형 증권사 NSBM 평균효율성은 0.7945이며, 한국형IB 증권사의 NSBM 평균효율성 0.7178로 중대형 증권사가 더 효율성이 높은 것으로 분석되었다. 그리고 한국형IB 증권사 NSBM 평균 효율성은 2012년 이후 지속적으로 비효율성이 심화되고 있음을 알 수 있다.

[그림 5-5] 중대형 증권사 NSBM 효율성 추이

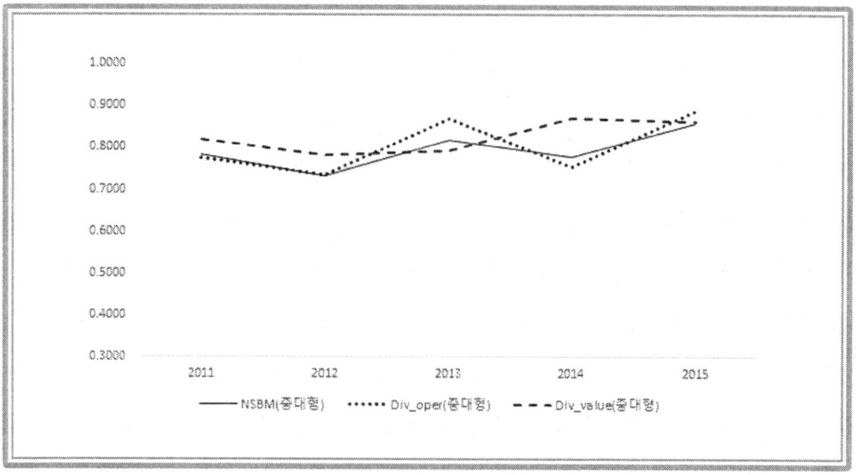

[그림 5-6] 한국형IB 증권사 NSBM 효율성 추이

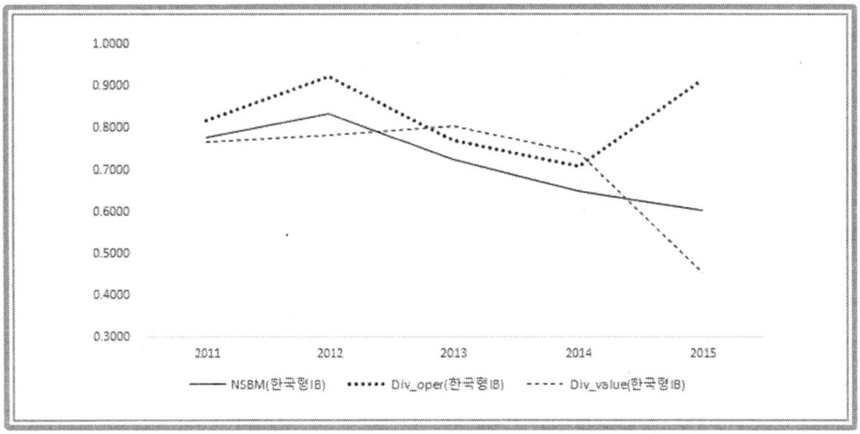

세부적인 분석을 위해 프로세스별로 분석해 보면, 운영 프로세스 평균효율성은 중대형 증권사가 0.8046, 한국형IB 증권사가 0.8277로 큰 차이가 없었다. 반면에 기업가치 프로세스의 평균효율성은 중대형 증권사가 0.8253, 한국형IB 증권사가 0.7099로 그 차이가 0.1154로 운영효율성 차이 0.0232보다 크게 나타났다. 그러므로 한국형IB 증권사와 중대형 증권사의 NSBM 효율성의 차이는 주로 기업가치 효율성에 기인한 것으로 분석된다. 특히 한국형IB 증권사의 기업가치 효율성이 2013년도 0.8050에서 2015년도 0.4536으로 크게 악화되었다.

증권사 영업 전략을 모색하기 위해서 2015년 기준으로 개별 DMU를 분석해 보면 기업운영 효율성이 0.6 이하인 증권사는 D, Ya 2개인 반면에 기업가치 효율성이 0.6 이하인 증권사는 Kb_h, N, M_1, M_2, Sa, HK 6개이다.

실제로 이들 6개 증권사는 2015년 기준 규모효율성 분석에서도 투입물의 증가가 낮은 산출물로 이어져서 규모를 줄일 필요가 있다는 DRS로 판명되었다. 증권업 전체의 효율성이 좋아지기 위해서는 종합 IB업무를 위해서 대규모 증자를 단행한 한국형IB 증권사들의 기업 가치를 높이는 노력이 중요해 보인다.

3) Single Stage 모형과 Two Stage NSBM 모형 분석 결과 비교

김광수(2018)가 분석한 Single Stage 모형과 Two Stage 모형의 종합적인 효율

[표 5-26] 증권사 효율성 종합 분석

구분 / 연도	BCC	CCR	SBM	NSBM	Div_oper	Div_value
2011	0.9860	0.9559	0.7122	0.7829	0.7867	0.8049
2012	0.9881	0.9372	0.7864	0.7595	0.7862	0.7816
2013	0.9906	0.9804	0.9386	0.7932	0.8438	0.7960
2014	0.9913	0.9740	0.8761	0.7434	0.7422	0.8354
2015	0.9939	0.9664	0.8022	0.7889	0.8956	0.7513
AVER	0.9900	0.9628	0.8231	0.7736	0.8109	0.7939

성 분석 결과 값은 [표 5-26]과 같다.

분석기간 전체적으로 방사형 DEA 모형인 BCC, CCR 모형에 비해 비방사형 모형인 SBM, NSBM 모형이 더 비효율적으로 분석되었다. 또 NSBM 모형이 가장 엄격한 효율성을 보이고 있다.

CCR-i 모형의 증권사의 평균 효율성은 2014년도 0.9804가 최고치이고 그 이후 점차 하락하고 있다. 5년 평균은 0.9628로 측정되었다. BCC-i 모형에 의한 순수기술효율성을 분석한 결과 5년 평균 순수기술효율성의 평균값은 0.9900로 분석되었으며, 이는 기술효율성의 5년 평균 0.9628보다 평균 0.0272포인트 높게 나타난 수치이다.

비방사형 모형인 SBM 평균 효율성을 살펴보면 2011년도 0.7122로 최소치를, 2013년도 0.9386로 최대치로 측정되며 5년 평균 효율성은 0.8231로 표시된다. 이는 방사형 DEA 모형인 CCR 평균보다 0.1397 낮고 BCC 평균보다 0.1669 낮게 나왔다. 이는 비방사형 모형이 효율성 값에 여분(slack)을 반영함으로써 방사형 모형보다 비효율성의 원인이 확연히 드러난 것이기 때문이다.

NSBM의 평균 효율성은 0.7736로 가장 낮게 평가되었다. 이는 기존 DEA 모형이 전체를 하나의 동일한 프로세스로 분석함으로써 각 프로세스별로 효율성을 분석하는 NSBM 모형보다 다소 과대평가된다고 볼 수 있다. 또한 기존 DEA 모형은 비효율적인 투입/산출요소의 구체적인 원인과 시점을 분석하기가 어려운 한계가 있다.

따라서 기존의 DEA 모형에서는 효율적인 DMU로 판별이 되더라도 각 Stage별로 정확한 투입, 산출요소를 정하여 효율성을 측정하게 되는 NSBM 모형에서는 비효율적인 DMU가 될 수도 있다. 엄격한 측정과 함께 비효율성의 원인을 보다 체계적으로 파악하기 위한 의사결정 문제에서는 NSBM 모형에 의한 분석이 적합하다고 판단된다.

[그림 5-7] 증권사의 종합적인 효율성추이

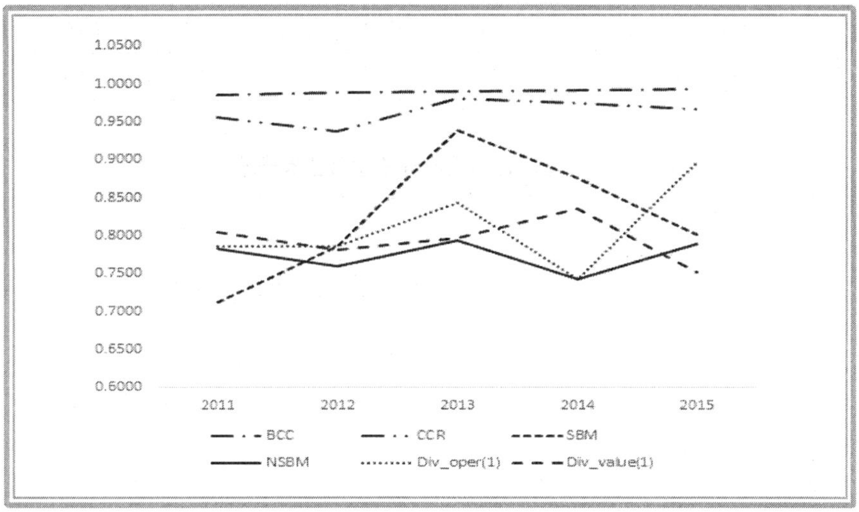

[그림 5-7]은 NSBM 모형과 전통적 DEA 모형의 효율성 값에 대하여 각 DMU별로 5개년도 평균을 정리하여 그래프로 나타낸 것이다. 이러한 그래프를 통해서도 전통적인 DEA 모형의 효율성이 NSBM 모형의 효율성보다 더 고평가되고 있다는 것을 확인할 수 있다.

자기자본 3조원을 기준으로 중대형 증권사와 한국형IB 증권사로 구분하여 종합적인 효율성추이([표 5-27], [그림 5-8], [표 5-28], [그림 5-9] 참조)를 분석해 보면, 방사형 모형인 CCR, BBC 모형에서는 큰 차이점을 찾을 수 없지만 비방사형 모형에서는 상대적으로 큰 차이점을 보이고 있다.

SBM 모형에서 중대형 증권사의 5년 평균 효율성은 0.9232인 반면에 한국형 IB 증권사의 평균 효율성은 0.5597로 확연한 차이를 보이고 있다. 대형 증권사

[표 5-27] 중대형 증권사의 종합적인 효율성 분석

구분 \ 연도	2011	2012	2013	2014	2015	AVER
CCR(일반)	0.9604	0.9603	0.9909	0.9860	0.9923	0.9780
BCC(일반)	0.9874	0.9836	0.9930	0.9880	0.9923	0.9889
SBM(일반)	0.8359	0.8756	0.9589	0.9582	0.9876	0.9232
NSBM(일반)	0.7844	0.7312	0.8190	0.7794	0.8585	0.7945
Div_oper(일반)	0.7748	0.7341	0.8711	0.7547	0.8881	0.8046
Div_value(일반)	0.8188	0.7809	0.7927	0.8714	0.8630	0.8253

[그림 5-8] 중대형 증권사의 종합적인 효율성 추이

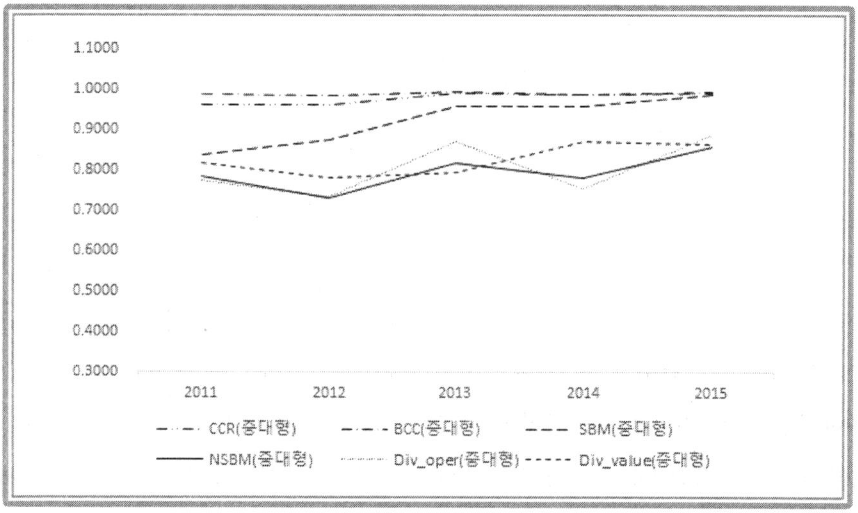

들이 정부의 한국형IB 기준인 3조원의 자본총계를 맞추기 위해서 각 증권사별 특성과 수익성을 무시하고 무리하게 증자나 합병을 통해 규모를 키운 것이 주요 원인으로 판단된다.

비효율성 분석을 위해 NSBM 모형을 통한 프로세스별로 분석한 결과 5년 평균 기업운영 효율성은 한국형IB 증권사가 중대형 증권사 대비 0.0231 더 효율적으로 분석되었다. 반면에 5년 평균 기업가치 효율성은 오히려 0.1154 더 비효율적으로 분석되었다.

[표 5-28] 한국형IB 증권사의 종합적인 효율성 분석

구분 \ 연도	2011	2012	2013	2014	2015	AVER
CCR(일반)	0.9439	0.8757	0.9522	0.9421	0.8975	0.9223
BCC(일반)	0.9821	1.0000	0.9843	1.0000	0.9980	0.9929
SBM(일반)	0.3823	0.5543	0.8967	0.6574	0.3078	0.5597
NSBM(일반)	0.7790	0.8348	0.7241	0.6476	0.6036	0.7178
Div_oper(일반)	0.8184	0.9249	0.7710	0.7087	0.9156	0.8277
Div_value(일반)	0.7678	0.7835	0.8050	0.7397	0.4536	0.7099

[그림 5-9] 한국형IB 증권사의 종합적인 효율성 추이

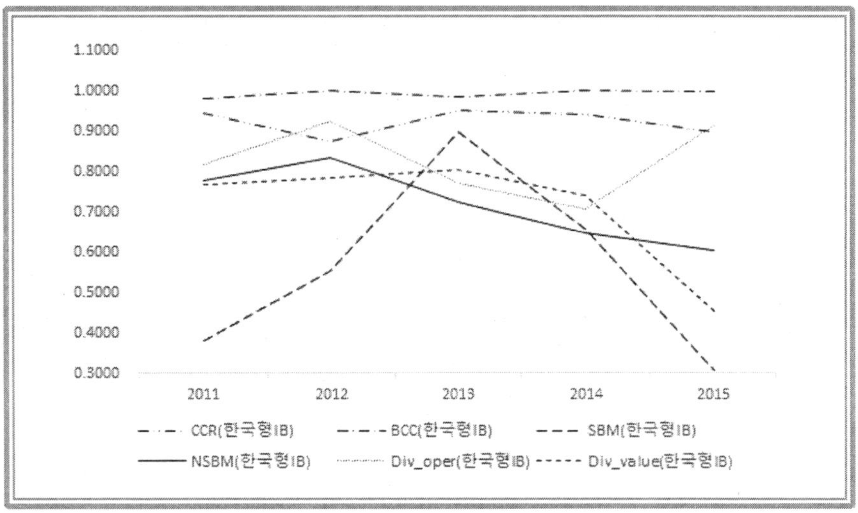

특히 본격적인 대형화를 시작한 2012년을 기준으로 보면 중대형 증권사의 기업가치 효율성은 0.7809에서 0.8630으로 효율성이 증가하고 있지만, 한국형IB 증권사의 경우 0.7853에서 0.4536으로 비효율성이 급격하게 확대되고 있다. 이는 앞에서 연구한 것과 같이 대규모 증자나 합병을 통해서 기업의 규모만 키우고 그 규모에 맞는 수익성을 확보하지 못함으로써 기업의 가치가 심각하게 훼손되고 있다는 반증이다.

향후에도 대형화를 통한 한국형IB 육성에 대한 정부의 강한 의지와, 증권사들이 대형화를 하고자 하는 바람은 지속될 것이다. 하지만 각 증권사는 무조건 대형화에 나설 것이 아니라 적절한 규모를 가지고 핵심역량 강화 및 차별화하여 기업의 수익성을 제고하여야 할 것이다. 이를 통해 기업 가치를 높이는 것이 개별 증권사뿐만 아니라 더 나아가 국내 증권업계 전체의 효율성을 높이는 방법이라고 판단된다.

3 Two Stage DEA 확장 모형 분석: 호텔 효율성 사례

(1) 표지연(2019)의 호텔산업 서비스 운영효율성 연구

표지연(2019)은 국내 서울, 경기, 부산, 제주, 대구, 경주에 소재하는 특급호텔(4성급, 5성급)을 대상으로 서비스 운영효율성을 평가하였다.

표지연(2019)은 국내 특급호텔 43개를 대상으로 분석하였다. 분석을 위한 자료 수집은 2018년 4월부터 2018년 6월까지 조사하였으며, 분석기간은 2014년부터 2016년까지로 설정하였다. 등급별로 4성급 17개, 5성급 26개 호텔을 대상으로 하였으며, 수도권 21개, 비수도권 22개(제주·부산권 12, 경주·대구권 10)를 대상으로 분석하였다.

몇몇의 연구자들(Guan and Chen, 2010a; Guan and Chen, 2012; Cullmann et al., 2012; Wang et al., 2013a, 2013b; Wang et al., 2016)은 혁신 효율성을 평가하기 위해 Two Stage DEA 모형을 적용하였다. 표지연(2019) 역시 서비스 운영효율성을 평가하기 위해 서비스창출 관점에서 혁신 과정을 고려하였으며, 선형의 DEA 모형으로 변환하여 서비스 운영효율성을 평가하였다.

[그림 5-10]과 같은 Two Stage 모형에서, Moon and Lee(2005), Sharma and Thomas (2008) 등의 연구자들은 첨단기술의 기업이나 사업체들의 경우, 전방의 기술 개발과 후방의 경제적 성과로의 변환과정이라는 두 단계를 포함하였다(Wang et

[그림 5-10] 표지연(2019)의 Two Stage 기본 모형

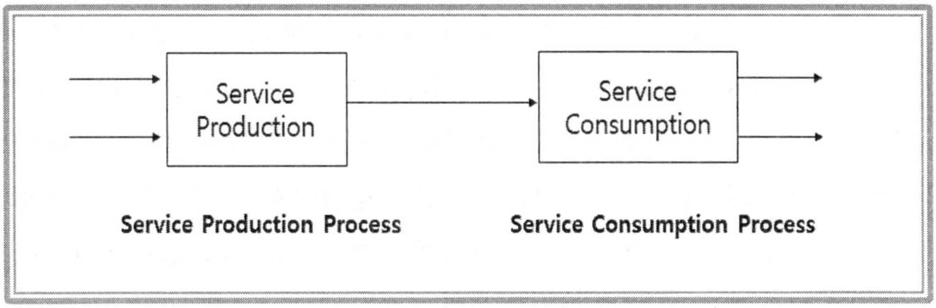

al., 2016). 표지연(2019)은 호텔산업 역시 전방의 서비스창출과 후방의 창출된 서비스로 경제적 성과로의 변환과정이라는 두 단계를 포함하는 것으로 제시한다.

표지연(2019)은 보다 체계적이고 구체적인 서비스 운영효율성 분석을 위하여, 서비스창출 과정(service production efficiency process: SPEP)과 서비스수익획득과정(service consumption effectiveness process: SCEP) 두 개의 과정으로 분리하고, NSBM(network slacks-based measure) 모형을 적용하여 부분 및 전체 서비스 운영효율성을 분석하여 지역별(수도권, 비수도권), 등급별(4성급, 5성급) 호텔 서비스 운영효율성을 비교 검토하여 서비스 운영 전략 방향을 제시하고자 하였다.

1) 서비스 운영효율성의 측정 접근방법

서비스 운영효율성을 측정하기 위해, 연구자들은 단일의 투입요소에 대한 단일의 산출요소 비율로 효율성 값을 계산하여 왔으나, 이러한 방식은 매우 단순하여 다수의 투입요소나 산출요소에 대해서는 비효율성 원천을 탐지하지 못하였다.

많은 연구자들은 다수 요소들에 대한 효율성 계산 방법으로 크게 SFA(stochastic frontier analysis)와 DEA 같은 frontier 분석방법론을 개발하여 활용하여 왔다.

SFA는 Aigner et al.(1977)과 Meeusen and van den Broeck(1977)에 의해 처음 제안된 모수 측정방법으로, Jondrow et al.(1982), Greene(1990) 등에 의해 발전되었다(조성택, 2016). SFA는 투입과 산출 요소 간의 관계에 대해 사전에 규정된 명확한 함수가 요구되며, frontier를 결정하기 위해 미지의 모수를 추정하는 계량경제학 모형이다.

SFA 기법은 그동안 제조, 금융을 비롯한 다양한 영역에서 효율성 측정에 사용되어 왔다(Wang and Huang, 2007; Liadaki and Gaganis, 2010; Charoenrat and Harvie, 2014). 특히 Anderson et al.(1999)은 SFA 기법을 적용하여 호텔 산업을 분석하면서, 제공되는 서비스의 특성과 혼합 서비스를 동시에 고려하지 않으면 호텔산업의 상대적 생산성에 대한 바른 결론을 도출하기 어려움이 있음을 지적하였다(Huang et al., 2012). 이후 SFA 기법을 근간으로 Chen(2007), Chen et al.(2010) 등이 호텔 효율성 연구를 진행하기도 하였다.

SFA는 산출요소에 영향을 미치는 확률 요인을 고려한다는 장점이 있으나(Aigner et al., 1977), 오차에서 기술적 효율성과 무작위 오차를 분리해 내기 때문에 조직단위(또는 생산단위)가 왜 비효율적으로 운영되는지 더 정확한 분석이 가능하다는 장점을 지닌다(유금록, 2001; 한동성·신민철, 2010). 그러나 다수의 산출요소를 고려할 수 없다는 단점이 있기 때문에 DEA와 상호보완적으로 사용되어 왔지만, 최근 들어 DEA의 확장 모형 개발로 많은 혁신 효율성 연구가 DEA로 대체되는 경향이 나타나고 있다(Guan and Chen, 2010a).

SFA와 DEA의 장단점에 대해 윤경준(1998), 유금록(2001), 한동철·신민철(2010) 등이 제시한 내용을 참고로 정리하여 [표 5-29]에 제시하였다.

반면 DEA는 사전에 특정한 함수 형태를 설정하지 않고도 다수 투입요소와 다수 산출요소를 처리할 수 있는 비모수 접근방법이다(Guan and Chen, 2012b). Wöber(2006)는 1986년~2006년 사이의 관광 및 호텔 산업 분야에 대한 DEA 기법 적용 관련 광범위한 문헌 연구를 수행한 바 있다. 그는 문헌 연구를 통하여 연구자들 가운데 Andeson et al.(2000), Chiang et al.(2004) 등의 몇몇 학자들만이 주목받고 있다고 언급하였다. 그리고 Pulina et al.(2010)은 2006년~2009년 사이, 주목할 만한 DEA 기법 적용 문헌을 검토하였다.

[표 5-29] DEA와 SFA의 장단점 비교

구분	DEA	SFA
특징	- 프런티어 추정을 위해 투입요소와 산출요소 간에 명확한 함수형태가 없는 모수적인(non-parametric) 수리계획방법	- 프런티어 추정을 위한 함수형태를 가지는 모수적(parametric) 계량경제학적 방법 - 잔차가 무작위오차와 비효율성으로 분리됨
효율성 측정	기술적 효율성, 규모 탄력성, 규모 효율성, 배분효율성, 컨제스천 효율성, 기술변화와 총요소생산성 변화	기술적 효율성, 규모탄력성, 규모 효율성, 배분효율성, 기술변화와 총요소생산성 변화
장점	- 함수형태가 요구되지 않음 - 다수 산출(outputs), 투입(inputs) 요소 계산가능 - 벤치마킹의 대상으로 삼을 수 있는 변경(frontier) 선상의 준거집단 제공	- 통계적 유의성 검정으로 모형의 타당성 검정가능 - 비효율성 부분을 엄밀 측정 가능 - 회귀모형이므로 산출변수(outputs)가 하나가 되어야 함
단점	- outlier에 크게 좌우됨 - 비효율성과 무작위오차가 분리가 안 되어 모두 비효율성에 포함 - 모형의 타당성을 검정할 유의성 검정 수단이 부재	- 함수식 필요, 분포의 가정 필요(잘못된 함수형태 가정시 측정오류 초래)

출처: 윤경준(1998), 유금록(2001), 한동철 · 신민철(2010) 내용을 재구성

2) 호텔산업 운용 효율성 기존 연구

호텔산업의 운영성과는 CVP(cost-volume-profit) 지표, 수익, 재무제표, 숙박지수 등의 여러 가지 재무지표로 측정되어 왔다(Fay et al., 1971; Coltman, 1978; Van Doren and Gustke, 1982; Kimes, 1989; Wassenaar and Stafford, 1991; Baker and Riley, 1994). 그런데 문제는 재무지표의 경우 산출성과만을 반영한다는 점에서 문제가 많이 제기되어 왔다. 이러한 문제제기에 따라 다수의 학자들은 관광호텔의 성과를 제대로 평가하기 위해서 다수의 투입요소와 다수의 산출요소를 동시에 고려할 수 있는 효율성 측정치를 적용하여 왔다(Huang et al., 2014). 그동안 연구되어 왔던 DEA 기반 연구들이 바로 이러한 연구 성과라고 할 수 있다.

호텔 전체 운영효율성을 검토한 Morey and Dittman(1995)의 연구를 시작으로,

Hwang and Chang(2003), Barros(2005), Wang et al.(2006a, b)과 Gunjan(2007), Barros and Mascarenhas(2005)는 호텔의 기술 효율성과 배분 효율성을 분석하였다.

특히, Anderson et al.(2000)은 기술 및 배분 효율성 측정을 위해 48개 호텔 대상으로 DEA-CCR, DEA-BCC 분석을 하였다. Wöber(2002)는 DEA 기법으로 호텔산업의 상대적 효율성을 분석하여 벤치마킹 대상을 제시하였다. 이러한 DEA 분석의 또 다른 효용이 나타나면서 호텔산업 효율성 평가를 위해 DEA 기법이 다양하게 적용되었다.

Sigala(2004)는 stepwise DEA 기법을 설정하여 영국 3성급 호텔의 생산성을 측정하였고, 비효율 호텔에 대한 벤치마킹 대상을 제시하였다. Barros and Dieke (2008)는 Bootstrap 방법으로 Luanda, Angola에서의 호텔 기술 효율성을 추정하였다. Chaabouni(2017)는 bootstrap 방법과 Two Stage model을 이용하여 2008~2013년의 31개 지역 중국 관광 효율성을 분석하였다.

한편 Yan(1997), Chen(2002)과 Yang and Lu(2006)의 연구에서 남아도는 객실 수, 식음료매장 크기 등, 그리고 과도한 객실 종사원과 식음료 매장 종사자들의 수 등의 문제와 같이 투입 자원을 충분히 활용하지 못하여 발생하는 호텔의 비효율성을 지적하기도 하였다. 이들 연구들이 사용한 구체적인 DEA 기법들을 정리하여 [표 5-30]으로 제시하였다.

다른 한편으로는 DEA 기법과 다른 주요기법들을 복합적으로 사용하여 효율성과의 관계를 제시하기도 하였다.

Cheng(2000)과 Wang et al.(2006a, b)은 CCR 모형에 서비스 품질 기준을 투입하여, 서비스 품질과 호텔 효율성 관계를 설명하였다. Liu(2001)는 호텔 성과에 미치는 기술 도입의 영향을 조사하기 위해 CCR/BCC 모형을 이용하였다.

Sun and Lu(2005)는 호텔산업 성과 평가를 위해 SBM(Slacks-Based Measure)-DEA 기법을 적용하였으며, Ashrafi et al.(2013)은 Sun and Lu(2005)의 연구를 토대로 효율적인 DMU 순위를 제시하였다.

Wang(2006)은 균형성과표(BSC: balanced scorecard)를 이용하여 CCR 모형에 적용할 평가 기준을 추출하였다. 또한 Dennis and Gary(2007)는 62개 호텔 체인

[표 5-30] 호텔 관련 선행연구들이 적용한 DEA 기법

Author	Year	Used Model
Anderson et al.	2000	CCR and BCC
Brown and Ragsdale	2002	CCR and cluster analysis
Reynolds	2003	CCR and BCC
Hwang and Chang	2003	CCR/super efficiency, Malmquist
Chiang et al.	2004	CCR and BCC
Barros	2005	Malmquist
Sun and Lu	2005	SBM
Yang and Luu	2006	SBM, Window analysis
Haugland et al.	2007	CCR
Chen	2007	SFA
Pérez-Rodriguez and Acosta-Gonzàlez	2007	CCR and BCC
Tsai	2009	DEA
Pulina et al.	2010	Window analysis
Chen et al.	2010	SFA
Ashrafi et al.	2013	SBM
Oliveira et al.	2013	DEA
Luo et al.	2014	DEA model
Li et al.	2014	DEA-CCR and BCC, boostrap-DEA
Chaabouni	2017	DEA, boostrap DEA(Two Stage)

점을 대상으로 체인점 전체와 개별 호텔의 효율성 원천을 찾기 위해 통제불가능 변수(uncontrollable variables)를 투입하여, 관리 가능한 전략을 제시하고자 하였다.

그런데 다양한 투입과 산출 요소를 지니고 있는 호텔 산업의 상황을 보다 현실적인 차원에서 검토하기 위해서는 지금까지 국내에서 연구해온 단일 과정(Single Stage) DEA 모형으로는 분석에 한계가 있다고 판단된다.

특히 DEA 연구 초기 Morey and Dittman(1995)의 경우, 비효율성의 원천을 규명하거나 규모경제를 체계적으로 분석하지 못하였으며, Tsaur(2001), Hwang and Chang(2003)은 조직내 다른 부서의 효율성을 체계적으로 제시하지 못하기도 하였다.

한편 Sigala(2004), Sun and Lu(2005) 등은 호텔 조직내 다른 부서의 성과를

평가하기 위해 적절한 DEA 모형을 제시하였으나, 성과 변수가 가지고 있는 내재적 복합 구성개념과의 통합은 하지 못하였으며, 최적 자원 배분에 대한 제안도 제대로 제시하지 못하였다.

이들 연구 이후, 특급 호텔들의 서비스 특성을 고려하여, 호텔 서비스를 창출하는 과정과 창출한 서비스를 통하여 수익을 획득하는 과정이 연계 진행되는 점과 여러 가지 투입요소와 산출요소를 고려한 업무 수행 효율성과 생산성 추이 변화 연구들로 진화되어 왔다(Chen and Zhu, 2004; Keh et al., 2006; Yu and Lee, 2009; Hsieh and Lin, 2010; Huang et al., 2014).

국내에서의 호텔 산업 효율성 연구로는 심동회 외(2001)는 CCR 모형의 서비스 효율성을 측정하여 특1, 특2급 호텔을 비교 평가하였다([표 5-31] 참조).

[표 5-31] 국내 호텔 서비스 효율성 DEA 기법(2001년 이후)

연구자	연도	모형
심동회 외	2001	CCR
김강정	2004	CCR, Malmquist
홍봉영 · 김강정	2004	CCR, BCC
홍봉영 · 강은경	2005	CCR, BCC
김근종 외	2008	CCR, BCC, Malmquist
장현종	2016	CCR, BCC

김강정(2004)은 CCR 기법과 Malmquist 기법을 적용하여 1997년부터 2002년까지의 호텔산업 효율성과 생산성을 비교, 검토하였으며, 이 기간 동안 국내 호텔산업의 효율성은 낮아졌지만, 생산성은 나아진 것으로 평가하였다. 홍봉영·김강정(2004)은 CCR/BCC 모형을 이용하여, 기술 효율성, 순수기술 효율성과 규모 효율성을 측정하였다. 효율성의 차이는 있지만, 통계적으로 유의한 차이를 찾지 못하였다.

한편 홍봉영·강은경(2005)은 1999년~2003년 사이의 국내 호텔산업 효율성을 평가한 결과, 효율성이 낮아지고 있으며, 규모의 경제에서 이탈하고 있다고 판단하였다.

김근종 외(2011)는 CCR, BCC, Malmquist 모형을 적용하여, 2002년부터 2005

년까지 49개 호텔을 분석하여, 효율성은 하락하였지만, 기술 진보로 인하여 생산성은 계속 증가하였음을 제시하였다. 한편 장현종(2016)은 서울 지역 17개 호텔의 효율성을 CCR, BCC 모형으로 분석하여, 서비스 제공 유형과 지역 간의 효율성 차이를 비교, 평가하였다. 그의 연구에서 지역 간 과 서비스 유형간의 효율성 차이가 있음을 제시하였다.

[표 5-30]과 [표 5-31]에서 제시된 연구들은 다양한 DEA 방법을 사용하여 호텔 산업의 서비스 효율성을 측정하였지만, 호텔 성과 시스템을 단일 stage로 제시함으로써 호텔 산업 서비스창출-수익획득 과정을 black-box로 파악하게 하였다(Wang et al., 2016). 이러한 연구들은 서비스 시스템의 내적 메커니즘을 평가할 수 없을 뿐만 아니라, 내부 운영 시스템과 서비스와 관련된 과정들이 통합 서비스 효율성에 미치는 영향을 제대로 파악할 수도 없게 된다. 그리고 단일 stage 서비스 과정은 현실적인 서비스창출-수익획득 과정을 반영하지도 못한다(Wang et al., 2013a, b).

(2) 표지연(2019)의 Two Stage network DEA 모형

효율성 평가를 위해 제시된 기본 network 구조는 [그림 5-11]에 제시되어 있는 Two Stage 기본 모형이다. 기본 모형은 투입 요소인 X_i를 처음 과정에 투입하여 매개 산출 요소 Z_g를 산출하며, 이 매개 산출요소는 두 번째 과정의 투입요소가 되어 최종 산출요소인 Y_r를 산출하는 프로세스를 갖는다.

Wang et al.(1997)은 22개 금융기관을 대상으로 성과에 미치는 IT 영향을 조사하기 위해, 시스템을 펀드 모금과 투자 운영의 두 과정으로 분리하여 연구하였다. 그리고 Seiford and Zhu(1999)는 55개의 미국 내 상업은행 수익성과 시장성을 평가하기 위해, 은행 운영 과정을 두 개로 나누어 분석하였다.

이들 연구를 근간으로 하여, 포춘 500대 기업(Zhu, 2000), 10억 달러 이상의 재산을 보유한 미국 245개 은행(Luo, 2003), 14개 대만 금융지주회사(Lo and Lu, 2006, 2009), 미국 S&P 500대 기업(Lo, 2010), 대만의 IC Fabless 기업 40개(Lu and Hung, 2009), 그리스의 19개 건설회사(Tsolas, 2013) 등의 연구들이 수행되었다.

유사한 연구들로, 28개 대만 IC 설계 기업의 R&D 발명 효율성과 시장성 평가 연구(Lu, 2009), 미국 13개 소매점 생산성 평가 연구(Keh and Chu, 2003), 대만 28개 온라인 주식중개업체의 운영효율성과 효과 분석(Ho and Oh, 2008), 아시아 태평양 호텔 체인 내 49개 호텔의 시장과 서비스 효율성 평가 연구(Keh et al., 2006), 대만 11개 생명 보험회사의 운영 및 수익성 효율성 분석(Tsai and Wang, 2010) 등의 연구들도 진행되었다.

Sun and Lu(2005)는 2001년 55개 대만 호텔의 성과를 측정하기 위해 SBM 모형을 제시하였으며, Ashrafi et al.(2013)는 super-efficiency SBM 모형으로 싱가포르 16개 호텔의 성과를 평가하였다.

[그림 5-11] Two Stage 기본 모형

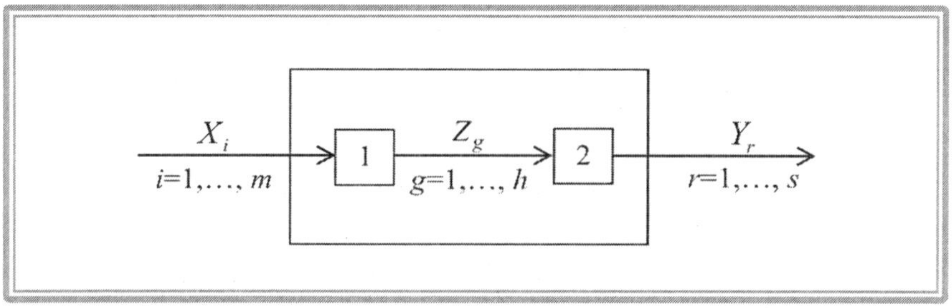

[그림 5-11]의 Two Stage 기본 모형은 Liang et al.(2008), Kao and Hwang(2008) 등이 제시한 모형으로, 이미 설명한 바 있다. 이 기본 모형을 토대로 하여, Li et al.(2012)은 두 번째 stage에서 매개 투입 요소와 함께 별도의 투입요소를 고려한 모형이다([그림 5-12] 참조).

[그림 5-12] Li et al.(2012) Two Stage 모형

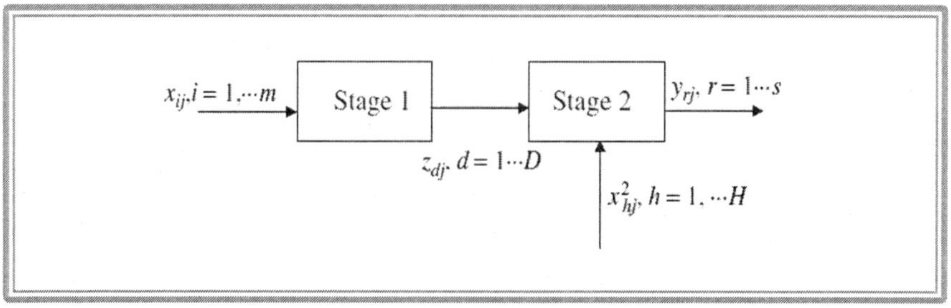

Yu and Lee(2009)는 대만 호텔 효율성 연구에서, Two Stage 모형 첫 번째 stage에서 서비스창출 효율성을, 두 번째 stage에서 수익획득 유효성을 측정하기도 하였다. 더 나아가서 Hsieh and Lin(2010)은 Yu and Lee(2009)의 연구 틀을 유지하되, 두 번째 stage를 객실 부문과 외식사업 부문으로 나누어 평가하였다.

Huang et al.(2014)은 Hsieh and Lin(2010)과 Yu and Lee(2009)의 연구를 기반으로 [그림 5-13]과 같이 모형을 설정하여 58개 대만 국제 호텔들의 효율성과 유효성을 측정, 평가하였다.

[그림 5-13] Huang et al.(2014)의 연구 모형

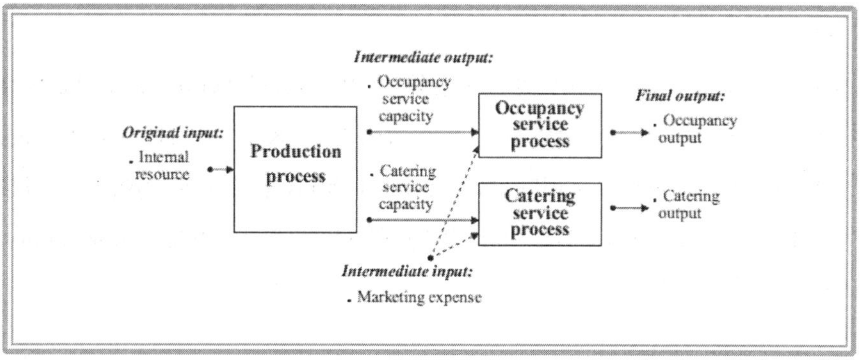

Huang et al.(2014)은 최초의 투입 요소로 호텔 운영비, 객실 수, 외식매장 면적, 종업원 수 변수를 사용하였고, 매개 산출 및 투입 요소로 숙박 서비스 능력과 외식 서비스 능력 변수를, 그리고 두 번째 stage 투입요소로 마케팅비용을 사용하였다. 또한 최종 산출 요소로 객실 수익과 외식사업 수익을 각 서비스 부문에서 적용하였다. 첫 번째 투입요소는 Muler (1999), Sun and Lu(2005), Yang and Lu(2006), Yu and Lee(2009), Hsieh and Lin(2010) 등의 연구에서 이미 제시된 바 있으며, 매개 산출 및 투입 요소는 Muler(1999), Yu and Lee(2009)의 연구에서, 두 번째 투입요소는 Keh et al.(2006)의 연구에서 제시되었다. 그리고 최종 산출 요소는 Yu and Lee(2009), Hsieh and Lin(2010)의 연구 요소를 활용하였다.

표지연(2019)은 Yu and Lee(2009), Hsieh and Lin(2010), Huang et al.(2014)의 연구모형을 기반으로 국내 43개 특급호텔의 효율성을 평가하고자 한다. 다만,

[그림 5-14] Two Stage model

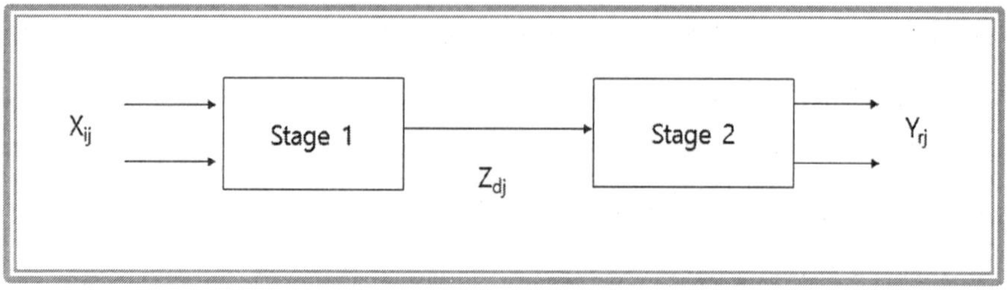

국내 상황과 국내 연구와 연계하여 일부 투입, 매개, 산출 요소의 변경과 함께 분석기법은 투입자원의 slack을 고려한 network SBM 기법을 사용하여 분석하고자 한다.

Two Stage를 고려한 DEA 연구는 금융산업에 적용한 Seiford and Zhu(1994)의 연구를 시작으로 호텔산업에 적용한 연구들은 Keh et al.(2006), Yu and Lee(2009), Hsieh and Lin(2010), Huang et al.(2014)의 연구로 이어지고 있다. Two Stage 모형([그림 5-14] 참조)과 수리모형 (4-2) Z_{dj}는 매개변수(intermediate measures)이다.

$$\text{Max} \quad E_o = \sum_{i=1}^{s} u_r Y_{rjo} \tag{2}$$

$$\text{s.t.} \quad \sum_{r=1}^{m} v_i X_{ijo} = 1$$

$$\sum_{r=1}^{s} u_r Y_{rj} - \sum_{d=1}^{D} w_d Z_{dj} \le 0, \text{ for } j = 1, 2, \ldots, n$$

$$\sum_{d=1}^{D} w_d Z_{dj} - \sum_{i=1}^{m} v_i X_{ij} \le 0, \text{ for } j = 1, 2, \ldots, n$$

$$u_r, v_i, w_d \ge \epsilon, \text{ for } r = 1, 2, \ldots, s, \ i = 1, 2, \ldots, m, d = 1, 2, \ldots, D$$

DEA 모형은 가중치를 반영한 총괄투입물과 총괄산출물을 이용하여 분석대상의 상대적 효율성을 측정하며, 이는 각 분석 대상이 내면을 알 수 없는 black box 상태의 생산과정을 통해 투입물을 산출물로 변환한다는 가정에 근거를 두고 있다(한진석, 2010).

DEA 기법에서는 총괄투입량이 어떠한 과정을 거쳐 총괄산출물로 변환되는지를 모르기 때문에 이 과정을 생산조직의 black box라고 한다(박이숙·고대영 2017). 하지만 이러한 DEA 모형은 복잡한 생산과정을 가지는 분석대상에는 적용하기가 어려우며, 생산과정 내부에서 이루어지는 연계과정을 고려하지 못하는 단점이 있다(한진석, 2010).

표지연(2019)은 이들의 연계 과정을 효과적으로 분석할 수 있는 DEA 모형으로, 내부 프로세스에 존재하는 여러 요소 간 상호관계가 어떠한 연계 과정을 거쳐 성과로 나타나는지 규명하기 위한 Two Stage구조의 DEA 모형([그림 5-15] 참조)을 이용하였다.

[그림 5-15] Li et al.(2012) 확장 모형

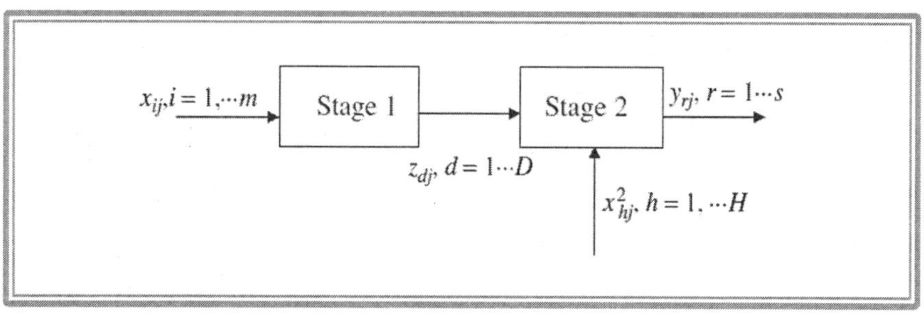

기존 DEA 모형의 이러한 단점을 해결하기 위해 노드와 링크의 개념을 추가한 network DEA 모형이 제안되었다(한진석, 2010). Färe(1991)는 분석대상의 프로세스를 집계하지 않으면서, 프로세스 간 연계과정을 반영할 수 있는 network 구조를 통해 효율성 분석을 시도하였으며, 이러한 연구는 이후 Färe and Grosskopf(2000)의 연구를 통해 분석대상의 black box에 대한 고려가 가능한 network DEA 모형으로 발전하였다(박이숙·고대영 2017).

표지연(2019)의 Two Stage network DEA 모형은 조직을 하나의 network로 파악하여, network를 두 개의 프로세스로 나누어 각 프로세스에 대한 개별적 효율성을 계산할 수 있다.

특히, 표지연(2019)은 호텔 내 이루어지는 서비스창출과 수익획득, 두 개의 과

정으로 분리하였으며, 두 번째 과정에서 새로운 투입요소(표지연(2019)는 유형자산)를 고려한 새로운 모형으로 호텔산업 서비스 효율성 분석하였다(그림 [5-16] 참조).

[그림 5-16] Two Stage expansion model

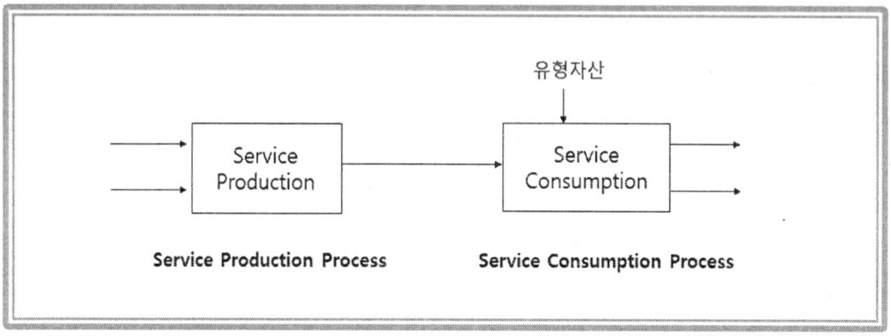

(3) 표지연(2019)의 투입, 산출 요소

서비스 운영효율성을 측정, 평가하기 위해 Two Stage DEA 모형에 사용할 투입 및 산출요소 선정 기준은 명확하고 일반적인 기준이 존재하지 않고, 적용 분야의 특성과 평가 목적에 따라 달라질 수 있을 것이다(정진호·임성묵, 2014).

표지연(2019)은 Anderson et al.(1993) 연구 이후 관광/호텔 산업 분야에서 진행되어 호텔 서비스 운영효율성 관련 국내외 연구들(Anderson et al. 1999; Anderson et al., 2000; Hwang and Chang, 2003; Chiang et al., 2004; Sigala, 2005; Barros and Santos, 2006; Wöber, 2006; Pérez- Rod riguez and Acosta-Gonzàlez, 2007; Perrigot et al., 2009; Yang and Chang, 2009; Pulina et al., 2010; Barros et al., 2011; Oliveira et al., 2013; Li et al., 2014; Chaabouni, 2017; 심동회 외, 2001; 김강정, 2004; 홍봉영·김강정, 2004; 홍봉영·강은경, 2005; 김근종 외, 2008; 장현종, 2016)을 토대로, 서비스 운영효율성 측정을 위한 투입/산출 변수들은 정리한 후, 특급호텔의 여건과 Two Stage model을 고려하여 적절한 투입/산출 요소를 선정하고자 하였다.

2009년 이후 국내 서비스 운영효율성 관련 연구([표 5-32] 참조)에서 사용한 투입요소를 보면, 종업원 수, 유형 또는 고정 자산, 객실 수, 매출원가 등으로 나

[표 5-32] 국내 서비스 효율성 연구 투입/산출 요소(2001년 이후)

연구자	연도	투입요소	산출요소
심동회 외	2001	종업원 수, 유형자산, 객실 수	매출액
김강정	2004	종업원 수, 고정자산, 객실 수, 매출원가	매출액
홍봉영 · 김강정	2004	종업원 수, 고정자산, 객실 수	매출액
홍봉영 · 강은경	2005	종업원 수, 고정자산, 객실 수, 매출원가	매출액
김근종 외	2008	종업원 수, 고정자산, 객실 수, 매출원가	매출액
장현종	2017	종업원 수, 객실 수, 매출원가	매출액, 당기순이익

타나고 있다. 한편 산출 요소는 보다 단출한 매출액, 당기순이익 등을 활용한 것으로 나타난다.

반면, Anderson et al.(1993) 연구 이후 해외 서비스 운영효율성 관련 연구([표 5-33] 참조)들이 사용한 공통적인 투입 및 산출요소를 보면 국내 연구보다 매우 다양한 투입/산출 요소를 활용하고 있음을 알 수 있다.

투입요소로는 종업원 수, 객실 수, 식음료 매장면적 등의 유형자산, 운영비용 등이며, 산출 요소로는 매출수익, 객실 이용률, 객실 수입, 식음료 매장 수입, 기타 수입 들을 사용하고 있음을 알 수 있다.

특히 Two Stage model로 분석한 Yu and Lee(2009), Hsieh and Lin (2010), Yen and Othman(2011)의 연구에서는 Single Stage model을 토대로 분석한 다른 연구들에 비해, 투입/산출 요소가 다소 많은 것을 알 수 있다. Yu and Lee(2009)의 경우, 객실 종업원 수, 식음료매장 종업원수, 객실 수, 식음료 매장 면적, 서비스 부문 제비용, 공유 투입내용 등을 투입요소로, 객실 수익, 식음료 매장 수익, 기타 수익을 산출요소로 사용하였다.

Hsieh and Lin(2010)은, 객실 관련 제 비용, 객실 종업원 수, 식음료 관련 제 비용, 식음료 관련 종업원 수, 객실 수, 식음료 매장 면적을 투입 요소로, 객실 수익과 식음료매장 수익을 산출 요소로 제시하였다.

한편, Yen and Othman(2011)의 연구에서는 투입 요소를, 가용 숙박객실 수, 종업원 수, 장부가액의 유형자산, 총 영업비용, 비영업비용, 식음료 관련 비용으로 제시하였으며, 산출요소로는 숙박객실 수, 고객 수, 평균 객실 이용률, 영업수익, 기타 수익, 식음료 관련 수익을 사용하였다.

[표 5-33] 호텔 관련 선행연구와 투입/산출 요소

Author	Year	Input	Output
Anderson et al.	2000	average employee annual wage, average price of a room, average price of food and beverage operations, average price of casino operations, average price of hotel operations, average price of other expenses.	Total revenues which consist of revenue from rooms, gaming, food and beverage, and other type.
Brown and Ragsdale	2002	median price; problems(defined in a 4-point scale); service; upkeep; hotels and rooms.	satisfaction value (100 point scale); value(defined 5 point scale)
Reynolds	2003	front-of-the-house hours worked per day during lunchtime; front-of-the-hours worked during dinner per day; average wages; Uncontrollable input: number of competitors within a two-mile radius; seating capacity	sales, customer satisfaction
Hwang and Chang	2003	number of full time employees; number of guest rooms; total area of meal department; operating expenses	room revenue; food and beverage revenue; other revenue.
Chiang et al.	2004	Number of hotel rooms, food and beverage capacity, number of employees, total cost of the hotel.	Yielding index, F&B revenue, miscellaneous
Barros	2005	Full-time workers, cost of labor, book value of property, external costs.	Sales, number of guests, nights spent in the hotel
Yang and Lu	2006	Total operating expenses, number of employees, number of guest rooms, total area of catering division.	Total operating revenues, average room rate, average production value per employee(catering division), average production value(catering division)
Haugland et al.	2007	Number of hotel rooms, number of employees	Sales revenue, occupancy rate
Yu and Lee	2009	Full-time employees in the room service department, full-time employees in the F&B department, number of rooms, floor area in the F&B service department; expenses for each service sector, shared input	Rooms revenue, F&B revenue, other revenue

Chen et al.	2010	No. of guest rooms; employees; floor space of catering division	F&B revenues; rooms revenues; other revenues
Hsieh and Lin	2010	Accommodation costs, number of employees of the accommodation department, catering cost, employees of the catering department, rooms, catering floors	Accommodation revenue, catering revenue
Hsieh et al.	2010	No. of rooms, number of employees, facilities expenses, management expenses	Occupied room rate, total revenue
Chen	2011	Employees, surface area of floors, guest rooms, operating expenses, depreciation expenses	No. of guests, occupancy rate, guest satisfaction index, room revenue, other revenue
Yen and Othman	2011	Room nights available, number of employees, book value of the property, total operating expenses, non-operating expenses, F&B costs	No. of room nights occupied, number of guests; average occupancy rate, operating revenues, other revenues, F&B revenues
Honma and Hu	2012	No. of employees, number of temporary staff, number of seats in restaurants and bars, number of rooms	Real revenue
Ashrafi et al.	2013	Standard average room rate, total international visitor arrivals, GDP	Hotel room revenue, hotel F&B revenue, occupancy rate, gross lettings
Manasakis et al.	2013	No. of employees, number of beds, total operational cost	Total revenues, total number of nights spent

표지연(2019)은 먼저 특급 호텔의 서비스 프로세스를 Two Stage로 정리한 바 있다. 전체 프로세스를 가장 단순한 형태인 두 개의 프로세스로 분리시켜 분석한 연구는 Charnes et al.(1986)과 Wang et al.(1997) 연구들이었다.

이후 Färe and Grosskopf(2000), Seiford and Zhu(1999), Sexton and Lewis(2003), Hwang and Kao(2006), Kao and Hwang(2008)의 연구와 Chen et al.(2009a, 2010b), Cook et al.(2010)의 연구를 거쳐, 두 개의 stage가 연결된 구조에서 이전 stage의 산출물을 투입물로 이용하여 최종 산출물을 생산하는 기본적인 형태의 모형을 제시하였다. 그리고 Huang et al.(2014)의 수정 Two Stage DEA model이 제시되었다.

[그림 5-17] Two Stage expansion model

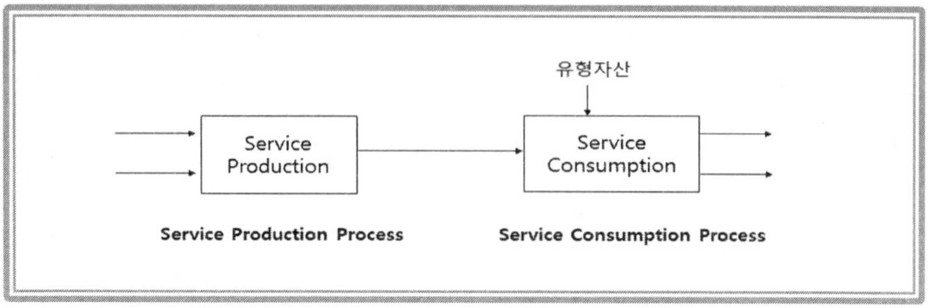

이들의 연구를 토대로 하여 표지연(2019)은 [그림 5-17]과 같이 호텔의 서비스 업무 stage를 크게 서비스창출(service production) stage와 서비스수익획득(service consumption) stage, 두 개의 stage로 분리하여 제시하였으며, 두 번째 stage에서 새로운 투입요소로 유형자산의 중요성을 고려하여 검토하기로 하였다.

그리고 표지연(2019)은 서비스 수익획득(service consumption) stage의 경우, 병렬의 두 stage로 구분하였다. 표지연(2019)은 Huang et al.(2014)의 수정 Two Stage DEA model을 토대로 서비스 수익획득(service consumption) stage를 객실서비스 과정과 부대시설 서비스 과정의 병렬 프로세스를 고려하고, 이들의 수익 창출에는 유형 자산의 중요성을 중심에 두고 모형을 수정하였다([그림 5-18] 참조).

[그림 5-18] 확장 수정 Two Stage model

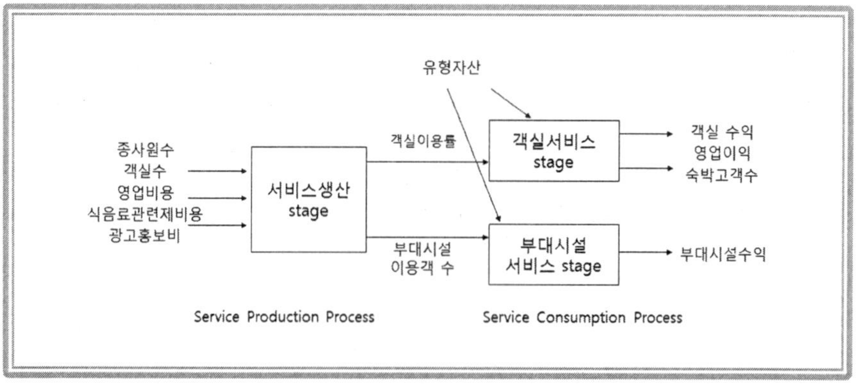

$$\text{Max} \quad E_o = \sum_{r=1}^{s} u_r Y_{ro} \tag{3}$$

$$\text{s.t.} \quad \sum_{i1=1}^{m1} v_{i1} X_{i1o} + \sum_{i2=1}^{m2} v_{i2} X_{i2o} = 1$$

$$\sum_{r=1}^{s} u_r Y_{rj} - \left(\sum_{i1=1}^{m1} v_{i1} X_{i1j} + \sum_{i2=1}^{m2} v_{i2} X_{i2j} \right) \le 0, \text{ for } j = 1,2,\ldots,n$$

$$\sum_{d=1}^{D} w_d Z_{dj} - \sum_{i1=1}^{m1} v_{i1} X_{i1j} \le 0, \text{ for } j = 1,2,\ldots,n$$

$$\sum_{r=1}^{s} u_r Y_{rj} - \left(\sum_{d=1}^{D} w_d Z_{dj} + \sum_{i2=1}^{m2} v_{i2} X_{i2j} \right) \le 0, \text{ for } j = 1,2,\ldots,n$$

$$u_r, v_{i1}, v_{i2}, w_d \ge \epsilon, \text{ for } r = 1,2,\ldots,s, \ \ i = 1,2,\ldots,m, d = 1,2,\ldots,D$$

먼저, n개의 의사결정 단위(decision making units: DMU_s)(개별 호텔)를 고려하며, 각 DMU_j(j=1,2,...,n)에 첫 번째 stage에 투입되는 m_1가지의 최초 투입요소(inputs) X_{i1j}(i1=1,2,...,m1)와 두 번째 stage에 투입되는 m_2가지의 투입요소 X_{i2j}(i2=1,2,...,m2)를 설정한다. 그리고 첫 번째 stage에서 두 번째 stage로 매개하는 매개(intermediate) 또는 연결(link) 변수를 Z_{dj}(d=1,2,...,D)로 정의하고, 최종 산출요소를 Y_{rj}(r=1,2,...,s)로 설정하여 제시한 것이다.

이미 앞에서 지적하였지만, 호텔 서비스 운영효율성 초기 연구에서는 서비스 관련 투입요소와 산출요소만을 이용하여 서비스 운영효율성을 추정해 오면서, 서비스 운영 과정의 효율성을 기업 성과와 연계하면서 매출액, 당기순이익 등의 산출요소를 적용하고 있는 것으로 파악된다.

표지연(2019)은 서비스 운영 활동들이 초기 서비스창출 활동을 거쳐 수익 획득 활동을 거쳐 호텔기업 성과에 미치는 효율성을 분석하고자 하는 연구 목적을 달성할 수 있는 관련 투입 및 산출 요소를 선정할 필요가 있다고 판단하였다. 또한 동시에 분석 모형으로 검토한 [그림 5-17]의 Two Stage network DEA 일반 모형을 전제로 [그림 5-18]의 투입/산출 요소를 고려한 모형을 설정하였다.

DEA 모형의 특성에서 투입요소는 인력, 자본 등으로 제시되고, 산출 요소는 성과로 제시된다. 기존 연구들에서 인력 항목으로 혁신 활동이 가능한 인력을 사용하고 있으며, 표지연(2019)은 종업원 수를 고려하여 사용하였다. 그리고 자본에 해당하는 객실 수와 유형자산을 사용하였으며, 제반 비용들을 고려하여, 영업비용, 식음료 관련 제 비용, 광고홍보비를 활용하였다. 표지연(2019)은 설정한 Two Stage 특성에 따라, 1단계의 산출요소는 고려하지 않았고, 1단계 매개산출로는 객실 이용률, 부대시설 평균 이용 수를 고려하였다.

1단계 매개산출은 2단계 매개투입으로 활용되며, 2단계 투입요소로 유형자산 장부가액을 활용하였다. 그리고 2단계의 산출요소로는 서로 다른 두 개의 서비스수익획득 과정으로 객실 서비스수익획득 과정에서는 객실 수익, 숙박 고객 수, 영업이익 등을 사용하였다. 반면 부대시설 관련 수익획득 과정에서는 부대시설 수익을 사용하였다.

표지연(2019)의 연구에서 호텔산업의 Two Stage 서비스 효율성을 분석하기 위해, 투입/산출 요소와 매개 요소는 다음 [표 5-34]와 같이 고려하였으며, 투입/산출/매개 요소와 정의, 그리고 측정 지표는 다음과 같다.

[표 5-34] 투입변수, 매개변수, 산출변수 지표 정의와 측정

투입변수	투입변수 지표 정의와 계산
종업원 수	해당 호텔 운영에 참여하는 모든 계층의 근로자 수(단위: 명)
객실 수	등록된 객실 수(단위: 개)
광고홍보비	매출촉진과 호텔광고를 위해 미디어 및 웹 홍보비용(단위: 만원)
식음료관련제비용	식음료 관련 모든 운영비용(단위: 만원)
영업비용	호텔운영에 소요되는 전체비용(단위: 만원)
유형자산	유형자산
매개변수	**매개변수의 정의와 지표 계산**
객실 이용률	객실수 대비 숙박에 소요된 객실수(%)
부대시설운영역량	부대시설 이용고객수
산출변수	**산출변수의 정의와 지표계산**
객실 수익	객실운영으로 얻은 총수입(단위: 만원)
숙박고객수	숙박 고객수(단위: 명)
영업이익	호텔 영업이익(단위: 만원)
부대시설 수익	식음료매장 등 부대시설에 의해 획득한 총수익(단위: 만원)

(4) 표지연(2019)의 효율성 분석 결과

1) Single Stage와 Two Stage 분석 비교

지금까지 분석한 효율성을 종합하여 살펴보면 [표 5-35]와 같다. 분석기간 전체적으로 방사형 DEA 모형인 BCC, CCR 모형에 비해 비방사형 모형인 SBM, Two Stage network 모형이 가장 엄격한 효율성을 보이고 있으며, 효율성의 값이 아주 낮게 나타났다.

분석 모형에 따라 효율성이 차이를 보이며, 비록 투입요소의 투입비율 문제로 효율성이 저하되고 있긴 하지만, 전체적으로 국내 특급호텔의 효율성은 증가추세를 보이고 있는 것으로 나타났다.

CCR-i 모형에서 국내 특급호텔의 평균 효율성은 2016년도 0.9791로 최고치이고 계속 증가하여 왔다. 3년 평균은 0.9673으로 평가되었다. 그리고 BCC-i 모형에 의한 순수 서비스 운영효율성을 분석한 결과 3년 평균 순수 서비스 운영효율성의 평균값은 0.9814로 분석되었다.

비방사형 모형인 SBM 평균 효율성을 살펴보면 2015년도 0.9578로 높았다가 2016년에는 0.9290으로 감소되었으며, 3년간 평균 효율성은 0.9438로 나타났다. 이는 비방사형 SBM 모형이 여분(slack)을 반영함으로써 방사형 모형보다 비효율성의 원인을 더 세부적으로 평가되었기 때문이다.

한편 Two Stage의 전체 평균 효율성은 0.2758로 가장 낮게 평가되었다. 이는 기존 Single Stage DEA 모형이 전체를 하나의 프로세스로 분석함으로써 각 프로세스

[표 5-35] 분석 효율성 종합 비교

전체	2014	2015	2016
CCR	0.9462	0.9767	0.9791
BCC	0.9667	0.9847	0.9929
SBM	0.9445	0.9578	0.9290
Two Stage(전체 효율성)	0.2347	0.2819	0.3109
Div-prod(1)(서비스창출 효율성)	0.3754	0.3619	0.3789
Div-rev(1)(객실 수익 효율성)	0.2458	0.2845	0.2857
Div-cat(1)(부대시설 수익 효율성)	0.0831	0.1993	0.2680

별로 효율성을 분석하는 Two Stage network 모형보다 과대평가된다고 볼 수 있다.

그리고 기존 Single Stage DEA 모형의 경우, 비효율적인 투입/산출요소의 구체적인 원인과 시점을 분석하기가 어려운 한계가 있다. 따라서 기존의 Single Stage DEA 모형에서는 효율적인 DMU로 판별이 되더라도 Two Stage network 모형에서는 각 stage별로 정확한 투입, 산출요소를 정하여 효율성을 측정함으로써 비효율적인 DMU로 나타날 수도 있다. 엄격한 측정과 함께 비효율성의 원인을 보다 체계적으로 파악하기 위한 의사결정 문제에서는 Two Stage network모형에 의한 분석이 적합하다고 판단된다.

[그림 5-19]는 Two Stage network 모형과 전통적 DEA 모형의 효율성 값에 대하여 각 DMU별로 3개년도 평균을 정리하여 그래프로 나타낸 것이다. 그래프를 통해서 Single Stage DEA의 효율성이 Two Stage network 모형의 효율성보다 훨씬 고평가되고 있다는 것을 확인할 수 있다.

[그림 5-19] 분석 효율성 종합 비교 그래프

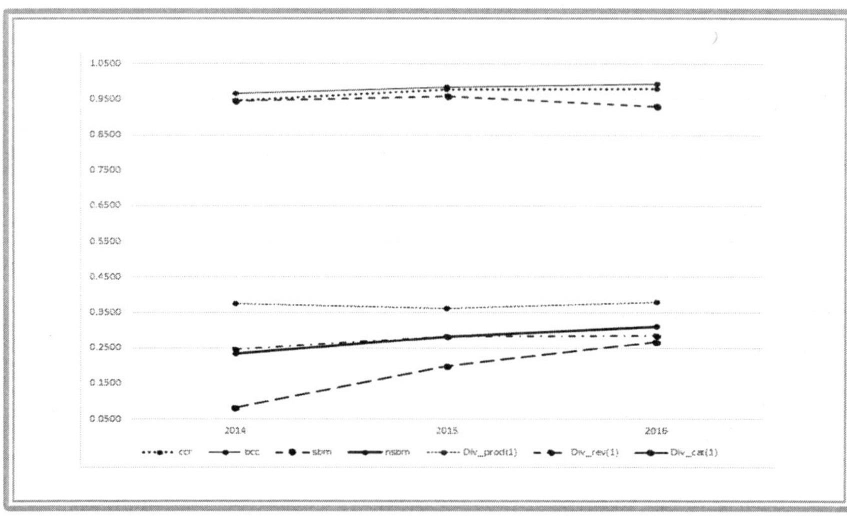

등급별 효율성 변화([표 5-36], [그림 5-20], [표 5-37], [그림 5-21] 참조)를 분석해보면, Single Stage 모형인 CCR, BCC, SBM 모형에서는 4성급 호텔이 5성급 호텔에 비해 서비스 효율성에서 통계적으로 유의한 차이로 높게 나타났지만, Two

Stage 모형 분석에서는 오히려 수익획득 프로세스에서 효율성에서 5성급 호텔이 4성급 호텔보다 높게 나타났다.

서비스창출 프로세스의 효율성은 4성급 호텔이 높지만, 서비스수익 획득 프로세스의 효율성에서는 5성급 호텔이 더 높게 나타난다는 사실을 Two Stage 모형 분석에서 찾아낸 것이다.

특히, 4성급 호텔의 경우, 부대시설 효율성이 개선되고 있지만, 5성급 호텔의 효율성보다 떨어진다는 사실도 Two Stage 모형 분석에서 제시된 것이다.

[표 5-36] 4성급 호텔의 종합 효율성

4성급	2014	2015	2016
CCR_4	0.9908	0.9933	0.9964
BCC_4	0.8751	0.9406	0.9227
Size_4	0.9908	0.9974	0.9964
SBM_4	0.9477	0.9522	0.8985
Two Stage_4(전체 효율성)	0.2113	0.2889	0.3157
Div-prod(1)_4(서비스창출 효율성)	0.4037	0.3921	0.4072
Div-rev(1)_4(객실 수익 효율성)	0.1999	0.3004	0.2829
Div-cat(1)_4(부대시설 수익 효율성)	0.0304	0.1744	0.2568

[그림 5-20] 4성급 호텔의 종합 효율성 그래프

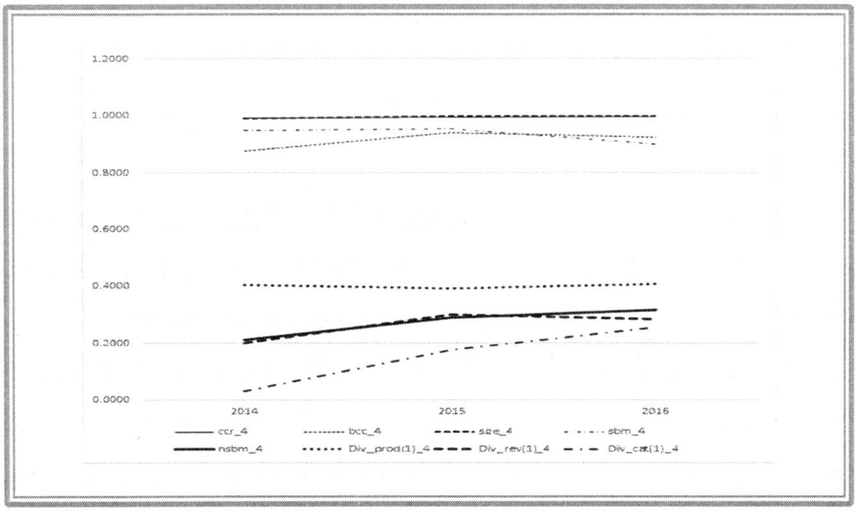

[표 5-37] 5성급 호텔의 종합 효율성

5성급	2014	2015	2016
CCR_5	0.9170	0.9659	0.9678
BCC_5	0.8200	0.8545	0.8677
Size_5	0.9615	0.9883	0.9792
SBM_5	0.9424	0.9616	0.9489
Two Stage_5(전체 효율성)	0.2501	0.2773	0.3078
Div-prod(1)_5(서비스창출 효율성)	0.3568	0.3421	0.3604
Div-rev(1)_5(객실 수익 효율성)	0.2757	0.2740	0.2875
Div-cat(1)_5(부대시설 수익 효율성)	0.1176	0.2156	0.2753

[그림 5-21] 5성급 호텔의 종합 효율성 그래프

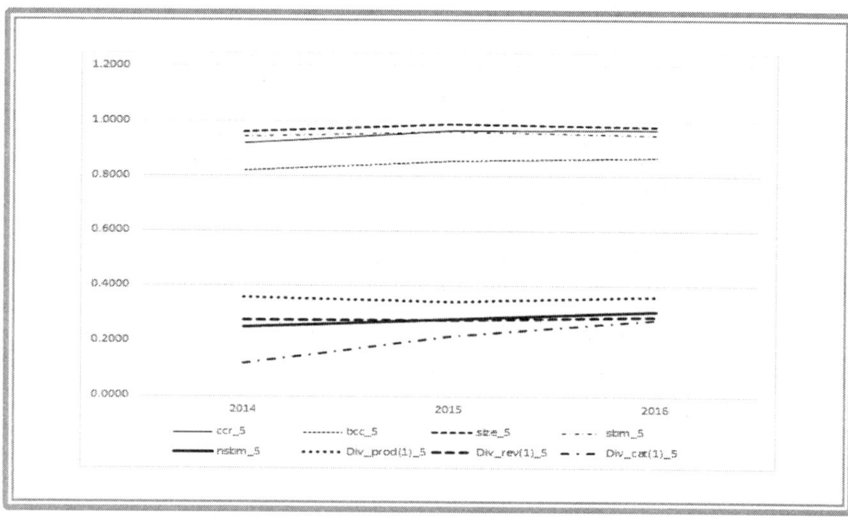

Single Stage 모형 분석에서 수도권역보다 비수도권역의 호텔 서비스 운영효율성이 2104, 2015년도에는 높은 것으로 나타났으며, 2016년에 들어서야 수도권역의 호텔 서비스 운영효율성이 높게 나타나는 것으로 분석되었다.

그러나 Two Stage 모형 분석에서는 비수도권역의 호텔 효율성이 수도권역의 호텔 효율성보다 낮게 나타나고 있다는 것도 주목하여야 한다. 특히 수익 획득 프로세스의 효율성은 비수도권역의 호텔보다 높게 나타나고 있는 것도 Two Stage 모형 분석 결과이다. 그리고 광역권별 분석에서는 Single Stage 모형의 효율성 분석에서 가장 높은 효율성을 보인 경주·대구권역의 효율성이 수도권, 제

[표 5-38] 수도권 호텔의 종합 효율성

수도권	2014	2015	2016
CCR_s	0.9347	0.9681	0.9854
BCC_s	0.9627	0.9721	0.9922
Size_s	0.9603	0.9959	0.9930
SBM_s	0.9594	0.9824	0.9605
Two Stage_overall_s(전체 효율성)	0.2468	0.3325	0.3707
Div-prod(1)_s(서비스창출 효율성)	0.3578	0.4083	0.4046
Div-rev(1)_s(객실 수익 효율성)	0.3004	0.3523	0.3700
Div-cat(1)_s(부대시설 수익 효율성)	0.0822	0.2370	0.3374

[그림 5-22] 수도권 호텔의 종합 효율성 그래프

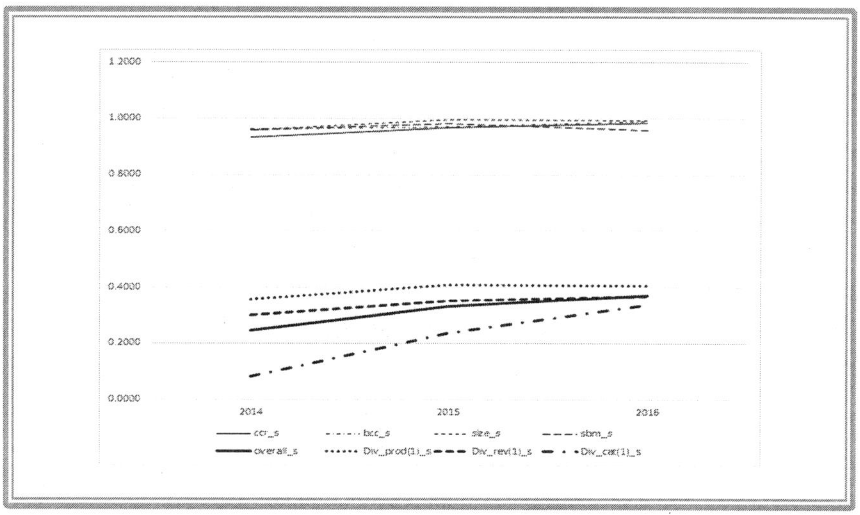

주·부산권역보다 낮게 나타나고 있는 것으로 분석된 것도 주목할 필요가 있다. Two Stage 모형 분석 결과로 경주·대구권역의 호텔 경우, 객실이나 부대시설에 의한 수익획득 과정의 효율성이 현저하게 낮게 나타나고 있으며, 증가세도 다른 권역보다 낮음으로 기인되었음을 알 수 있다.

Two Stage 모형 분석을 통해서 우리나라 호텔 산업의 효율성 향상 여지가 매우 큰 것으로 판단된다. 물론 제한된 범위 내에서 분석이기에 다소 일반적 확장은 조심되지만, 2016년까지 모든 서비스 운영효율성 지표가 증가 추세에 있다는 것은 매우 의미 있는 것이며, 규모 효율성의 제고와 함께 치열해 지는 국제무대

[표 5-39] 비수도권 호텔의 종합 효율성

비수도권	2014	2015	2016
CCR_p	0.9572	0.9850	0.9731
BCC_p	0.9705	0.9967	0.9935
Size_p	0.9853	0.9882	0.9794
SBM_p	0.9303	0.9344	0.8989
Two Stage_overall_p(전체 효율성)	0.2232	0.2335	0.2538
Div-prod(1)_p(서비스창출 효율성)	0.3922	0.3175	0.3544
Div-rev(1)_p(객실 수익 효율성)	0.1936	0.2197	0.2052
Div-cat(1)_p(부대시설 수익 효율성)	0.0839	0.1634	0.2018

[그림 5-23] 비수도권 호텔의 종합 효율성 그래프

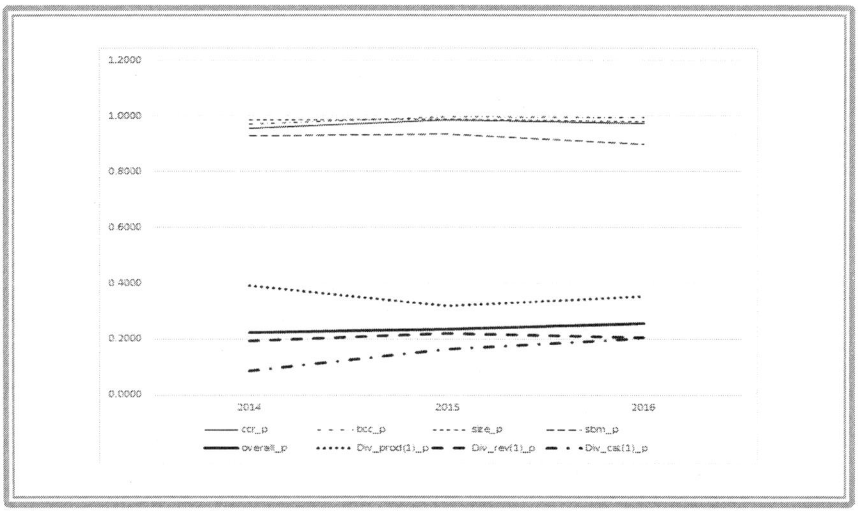

의 경쟁에서도 호텔 서비스혁신 진보를 통해 더욱 성장할 수 있는 전략, 핵심역량 강화, 객실뿐만 아니라 부대시설을 이용한 수익 획득 효율성을 높이는 등 차별화 전략을 강구하여 호텔의 수익성을 높일 필요가 있을 것이다.

2) Two Stage 주요 항목의 운영효율성 분석

① Two Stage 전체 효율성 분석 의미

전통적 DEA 모형이 각 프로세스들을 연결시켜주는 중간산출물을 고려하지 않고 효율성을 측정함으로써 효율성이 과대평가되고 있는 것은 사실이지만,

[표 5-40] Two Stage 모형으로 분석한 효율성

전체	2014	2015	2016
Overall(전체 효율성)	0.2347	0.2819	0.3109
Div-prod(1)(서비스창출 효율성)	0.3754	0.3619	0.3789
Div-rev(1)(객실 효율성)	0.2458	0.2845	0.2857
Div-cat(1)(부대시설 효율성)	0.0831	0.1993	0.2680

[그림 5-24] Two Stage 모형 효율성 추이

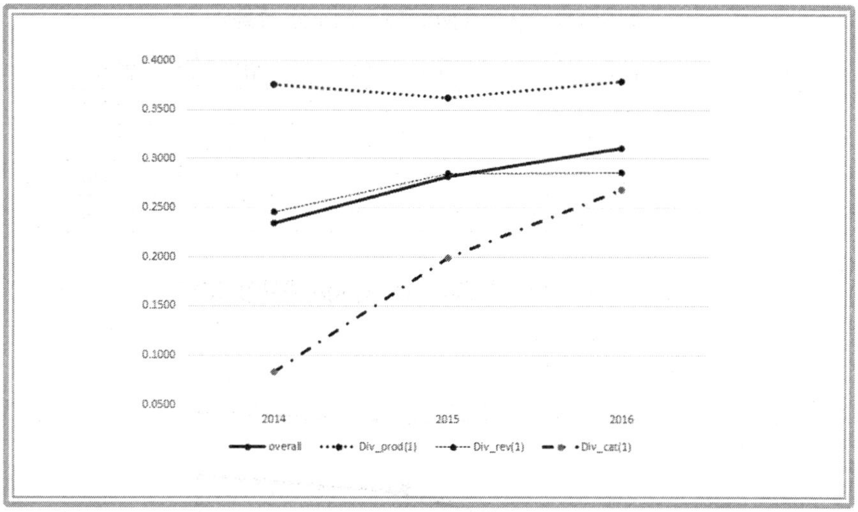

Two Stage 모형을 통한 전체 효율성(overall)은 Single Stage 효율성으로 파악한 효율성보다는 매우 낮게 나타나고 있다. 개별 stage별 효율성 분석에서 서비스창출 효율성(Div-prod)은 상대적으로 높게 나타나고 있다. 그리고 서비스 수익획득 과정(Div-rev or Div-cat)에서의 효율성이 낮게 나타나서, 특히 부대시설 수익 효율성이 매우 낮아서 전체적으로 낮은 효율성을 보이고 있다.

그러나 2015, 2016년에는 부대시설을 통한 수익획득 과정(Div-cat)이 크게 개선되어 전체 효율성이 개선되고 있음을 알 수 있다. 국내 호텔 산업에서 서비스 수익획득 과정(Div-rev or Div-cat)에 대해 차별적인 전략을 모색할 필요가 있다.

② 호텔 등급별 운영 효율성 비교 분석

보다 세분하여 등급별 효율성 변화와 권역별 효율성 변화를 분석하였다. 먼저 등급별 효율성 분석에서 4성급 호텔의 경우, 수익획득 과정의 효율성 중 부대시설 효율성이 크게 개선됨으로써 전체 효율성이 점차 개선되고 있음을 알 수 있다. 다만 객실 관련 수익획득 부분에서 하락세가 보이고 있는 것은 주목하여 살펴보아야 할 것이다.

[표 5-41] 4성급 호텔의 Two Stage 효율성

4성급	2014	2015	2016
Overall(전체 효율성)	0.2113	0.2889	0.3157
Div-prod(1)(서비스창출 효율성)	0.4037	0.3921	0.4072
Div-rev(1)(객실 효율성)	0.1999	0.3004	0.2829
Div-cat(1)(부대시설 효율성)	0.0304	0.1744	0.2568

[그림 5-25] 4성급 호텔의 Two Stage 효율성 그래프

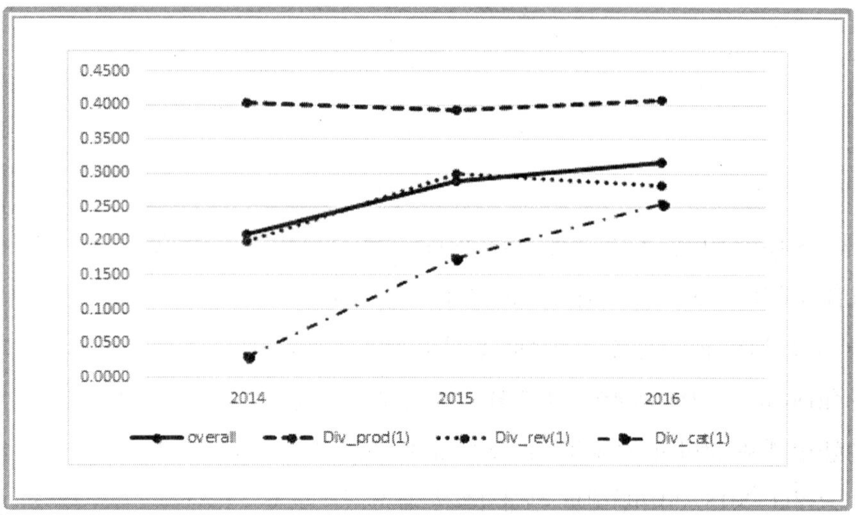

한편 5성급 호텔의 경우, 수익획득 과정의 효율성 중 부대시설 효율성이 크게 개선됨으로써 전체 효율성이 점차 개선되고 있음을 알 수 있다.

한편 등급별 비교분석에서, 4성급, 5성급 호텔 모두 전체 효율성은 차이가 보이지 않았다. 수익창출 프로세스의 효율성은 4성급 호텔이 높게 나타나고 있으

[표 5-42] 5성급 호텔의 Two Stage 효율성

5성급	2014	2015	2016
Overall(전체 효율성)	0.2501	0.2773	0.3078
Div-prod(1)(서비스창출 효율성)	0.3568	0.3421	0.3604
Div-rev(1)(객실 효율성)	0.2757	0.2740	0.2875
Div-cat(1)(부대시설 효율성)	0.1176	0.2156	0.2753

[그림 5-26] 5성급 호텔의 Two Stage 효율성 그래프

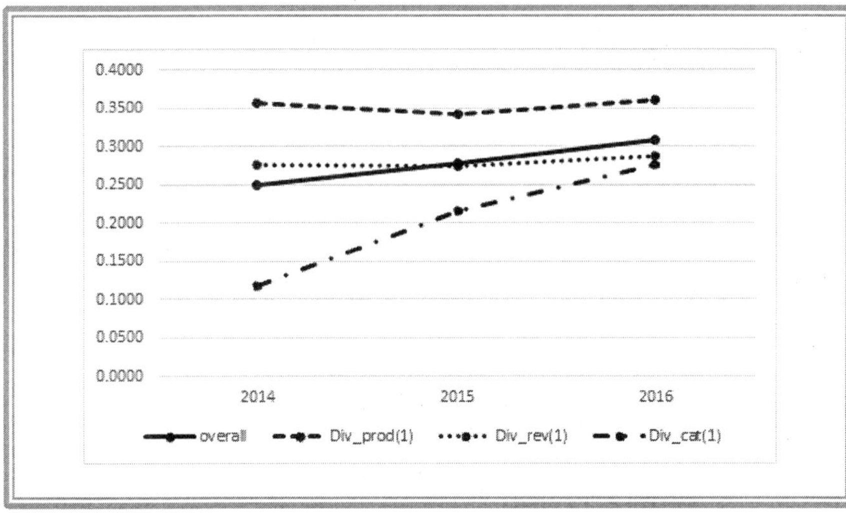

며, 수익획득 과정의 효율성 부대시설 서비스 효율성은 증가세를 보이지만, 5성급 호텔보다 낮은 수준으로 나타났다.

한편 등급별 비교분석에서, 4성급, 5성급 호텔 모두 전체 효율성은 차이가 보이지 않았다. 수익창출 프로세스의 효율성은 4성급 호텔이 높게 나타나고 있으며, 수익획득 과정의 효율성 부대시설 서비스 효율성은 증가세를 보이지만, 5성급 호텔보다 낮은 수준으로 나타났다.

[표 5-43] 등급별 Two Stage 효율성

등급	2014	2015	2016
Overall_4(4성급)	0.2113	0.2889	0.3157
Div-prod(1)_4(4성급)	0.4037	0.3921	0.4072
Div-rev(1)_4(4성급)	0.1999	0.3004	0.2829
Div-cat(1)_4(4성급)	0.0304	0.1744	0.2568
Overall_5(5성급)	0.2501	0.2773	0.3078
Div-prod(1)_5(5성급)	0.3568	0.3421	0.3604
Div-rev(1)_5(5성급)	0.2757	0.2740	0.2875
Div-cat(1)_5(5성급)	0.1176	0.2156	0.2753

[그림 5-27] 등급별 Two Stage 효율성 추이

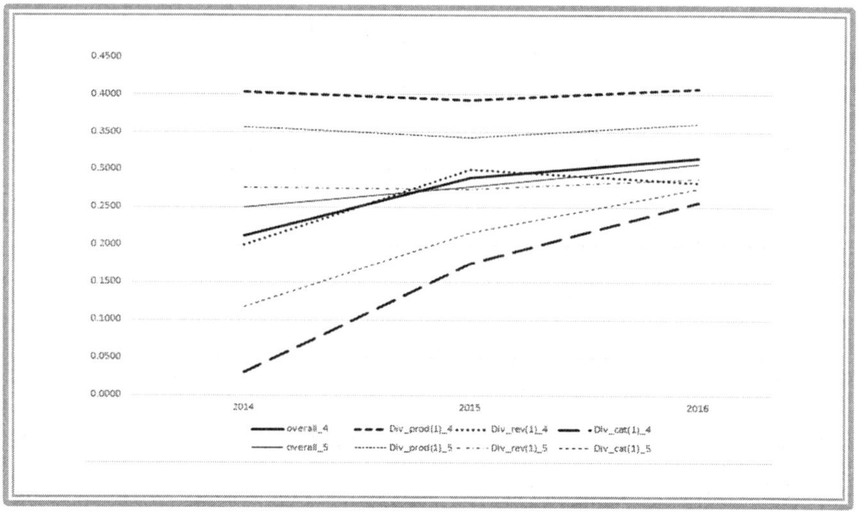

③ 지역별 운영 효율성 비교 분석

수도권(_s)과 비수도권(_p) 효율성 비교 분석에서 수도권 호텔들의 서비스 효율성이 상대적으로 높은 것으로 나타났다. 그리고 수도권의 호텔들은 전체적으로 모든 효율성이 증가 추세를 보이고 있다. 객실 수익획득 효율성도 비수도권의 호텔보다 높고 또한 증가세를 보이고 있다. 그러나 비수도권의 호텔 경우, 전체 효율성이 수도권보다 낮게 나타나고 있다. 객실 수익획득 효율성이 수도권보다 낮으면서 또 미세한 감소세를 보이고 있다. 또한 서비스창출 과정에서의 효율성이 하

[표 5-44] 수도권-비수도권 Two Stage 효율성 비교

지역	2014	2015	2016
Overall_s(수도권)	0.2468	0.3325	0.3707
Div-prod(1)_s(수도권)	0.3578	0.4083	0.4046
Div-rev(1)_s(수도권)	0.3004	0.3523	0.3700
Div-cat(1)_s(수도권)	0.0822	0.2370	0.3374
Overall_p(비수도권)	0.2232	0.2335	0.2538
Div-prod(1)_p(비수도권)	0.3922	0.3175	0.3544
Div-rev(1)_p(비수도권)	0.1936	0.2197	0.2052
Div-cat(1)_p(비수도권)	0.0839	0.1634	0.2018

[그림 5-28] 수도권-비수도권 Two Stage 효율성 비교 그래프

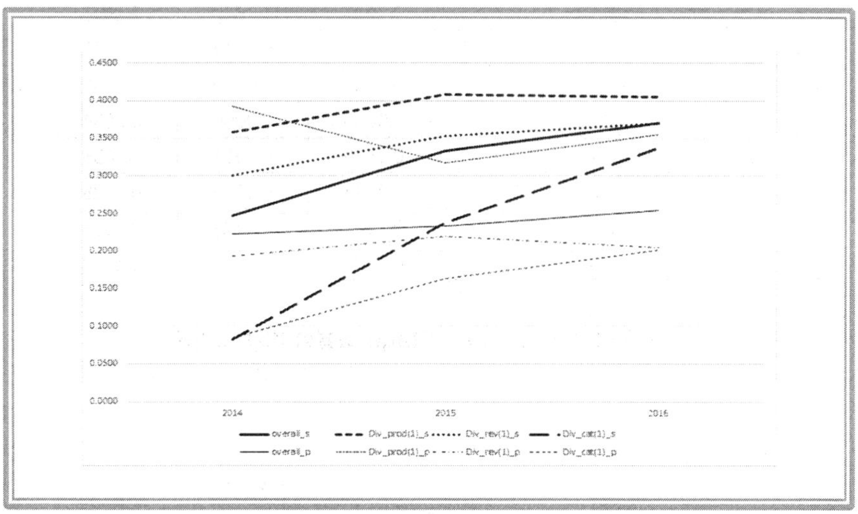

락하는 모습이다. 그리고 부대시설에서의 수익획득 효율성이 증가는 하지만, 효율성이 워낙 낮아 전체 서비스 효율성이 미세한 증가세를 보일 뿐이다.

광역권 분석에서는 Single Stage 모형의 효율성 분석에서 가장 높은 효율성을 보인 경주·대구권(4)의 효율성이 수도권(1), 제주·부산권(2)보다 낮게 나타나고 있는 것으로 분석되었다. 이는 객실이나 부대시설에 의한 수익획득 과정의 효율성이 현저하게 낮게 나타나고 있으며, 증가세도 다른 권역보다 낮은 데에서 나타나고 있음을 알 수 있다.

수도권(1)의 경우, 다른 지역보다 객실이나 부대시설에 의한 수익획득 과정의

효율성이 높게 나타남으로써 전체 효율성 역시 점차 개선되고 있는 것으로 분석되었다.

특히 경주·대구권(4)에서는 수익획득 영역에서의 차별적인 전략 모색이 필요할 것으로 판단된다.

[표 5-45] 광역별 Two Stage 효율성 비교

등급	2014	2015	2016
Overall	0.2468	0.3325	0.3707
Div-prod(1)	0.3578	0.4083	0.4046
Div-rev(1)	0.3004	0.3523	0.3700
Div-cat(1)	0.0822	0.2370	0.3374
Overall_2	0.1988	0.2630	0.2940
Div-prod(1)_2	0.3650	0.3214	0.3558
Div-rev(1)_2	0.1670	0.2579	0.2730
Div-cat(1)_2	0.0645	0.2096	0.2534
Overall_4	0.2525	0.1982	0.2055
Div-prod(1)_4	0.4248	0.3129	0.3528
Div-rev(1)_4	0.2254	0.1739	0.1239
Div-cat(1)_4	0.1073	0.1079	0.1399

[그림 5-29] 광역별 Two Stage 효율성 비교 그래프

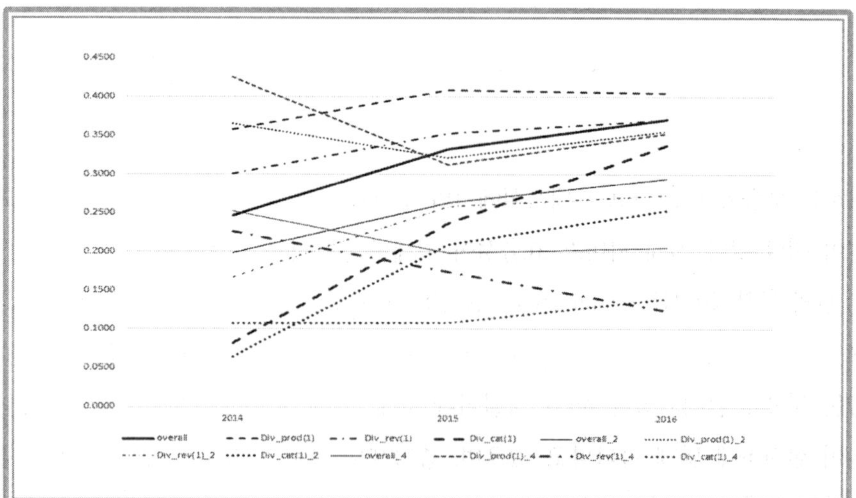

4 Two Stage 일반 DEA 모형 분석: 제조업 기술혁신 사례

(1) 김환섭(2019)의 기술혁신 효율성 연구

김환섭(2019)은 국내 제조업 중 자동차부품기업에서 이루어지고 있는 기술혁신효율성을 평가하였다. 기술 혁신이 이루어지는 과정을 기술창출 과정과 기술사업화 과정이라는 두 개의 stage로 분리하여 평가함으로써 기술혁신효율성의 특성이 어떻게 이루어지는지를 밝히려고 하였다. 단일 프로세스가 가지고 있는 black-box 상황을 white-box 맥락으로 변환하여 기업 내부 혁신 프로세스의 연계 과정에서 나타나는 기술혁신효율성을 보다 구체적으로 규명하였다.

김환섭(2019)은 국내 자동차 관련 기업 42개를 대상으로 분석하였다. 분석을 위한 자료 수집은 2018년 2월부터 2018년 4월까지 직접 조사하였다. 분석기간은 2014년부터 2017년까지로 설정하였다.

[표 5-46] 분석 기업의 규모, 수출비중 및 기술이전 빈도

DMU	규모			수출비중		기술이전	
	대	중견	중	20%이상	20%미만	유	무
42	6	20	16	28	14	21	21

1) 생산 관점에서의 기술혁신

Schumpeter는 자신의 저서인 Theory of Economic Development(1934)에서, 생산 과정의 관점으로 혁신을 생산 요소들의 새로운 조합이라고 정의한 바 있다(Rossi and Emilia, 2002; Guan and Chen, 2010; Wang, et al., 2016).

Schumpeter가 제시한 정의는 이후의 연구자들로 하여금 생산 관점에서 혁신 생산 과정을 보다 체계적으로 탐색하도록 이끌어 내었다는 데 큰 의의가 있다. Romer(1990)의 아이디어 생산함수와 Griliches(1990)의 지식 생산함수 연구에서,

혁신을 투입-산출 생산 과정이라고 제시하였는데, 이는 혁신 투입요소의 결합으로 혁신 산출요소가 도출된다는 의미에서 Schumpeter의 정의에 근거하여 설정한 것이다. 이러한 생산함수 관련 연구들은 외부 환경 요소를 포함시켜(Furman et al., 2002; Li, 2009), 산출요소에 대한 투입요소의 효과를 탐색할 수 있는 방법을 제시하였다는 평가를 받고 있다. 또 다른 한편으로는 Rousseau and Rousseau(1997, 1998)가 생산 프런티어(production frontier) 관점을 토대로, 국가 간 혁신 생산 능력과 차이를 평가할 수 있는 계량과학 지표를 설정하였다.

생산함수와 생산 프런티어 관련 연구들이 제시한 측정 프레임워크는 이후 다양한 분야의 연구에서 적용되어 왔다(Lee and Park, 2005; Wang and Huang, 2007; Zabala-Iturriagagoitia et al., 2007; Guan and Chen, 2010b). 이 연구들은 생산 관점에서 혁신에 대한 정량적 분석을 용이하게 하였지만, 혁신 측정에서 혁신의 다단계적 특성을 무시함으로써 내부 운영에 내포된 비효율성의 문제를 고려하지 못하였다는 점을 지적 받고 있다(Guan and Chen, 2010a).

그래서 김환섭(2019)은 Guan and Chen(2010a)이 주장하는 바와 같이 black-box의 특성을 갖고 있는 혁신 생산 측정 문제를 다단계 과정 기반의 측정이 가능한 white-box 맥락에서 파악하였다.

Van de Ven et al.(1999)의 연구에서, 혁신 과정은 많은 반복과 동시에 다양한 개입 활동이 이루어지면서 매우 복잡한 양상을 지니고 있다. 이러한 특성으로 인하여 이론적으로는 비선형 접근방법인 체인 또는 시스템 관점을 활용하여 혁신 생산 과정(IPP: innovation production process)을 이해하기도 한다. 이들 시스템 관점은 IPP의 운영과 성과에 영향을 미치는 수많은 비선형적 요소, 즉 사용자와 생산자 간의 피드백과 상호작용뿐만 아니라 기관과 조직들 간의 내재적 상호관계 등을 포함하는 요소들을 고려할 수 있을 것이다(Edquist, 1997).

그러나 비선형 요소를 지나치게 강조하다 보면 혁신 개념들에 대한 측정이 실패할 수 있기 때문에 실증적인 입장에서 선형적 관점이 훨씬 실용성이 크다(Brown and Svenson, 1998). 선형적 관점은 근간이 되는 결정요인과 운영 메커니즘에서 복잡성을 배제함으로써 혁신 과정을 분석하는 데 크게 도움이 될 수 있다.

Brown and Svenson(1998)은 선형적 관점을 R&D 생산성 측정에 사용한 바 있다. 나아가서 선형적 관점은 R&D 프로젝트 흐름도(Geisler, 1995), R&D 프로세스 다이어그램(Brown and Svenson, 1998), 지식생산함수 다이어그램(Pake and Griliches, 1984; Griliches, 1990) 등의 연구에 적용되었으며, 이들 연구들을 검토한 Dvir and Pasher(2004)는 혁신을 지식과 아이디어를 효익 가치로 변환하는 과정으로 정의하기도 하였다.

IPP에 대한 광범위한 연구들(Griliches, 1990; Brown and Svenson, 1998; Bernstein and Singh, 2006; Roper et al., 2008)을 토대로 하여, 수많은 실증적인 혁신 측정 연구(Geisler, 1995; Rousseau and Rousseau, 1997, 1998; Acs et al., 2002; Moon and Lee, 2005; Hollanders and Celikel-Esser, 2007; Wang and Huang, 2007; Zabala-Iturriagagoitia et al., 2007; Sharma and Thomas, 2008; Guan and Chen, 2010b)들의 과정을 거쳐, Guan and Chen(2010a)은 [그림 5-30]과 같은 IPP를 제시하였다.

[그림 5-30]에서 보다시피, Guan and Chen(2010a)이 제시한 생산관점의 혁신과정인 일반적인 IPP 모형은 생산 관점에서 전방의 R&D 하위 프로세스와 후방의 사업화 하위 프로세스로 분리하여 파악하고 있다(Pakes and Griliches, 1984; Furman et al., 2002; Moon and Lee, 2005).

[그림 5-30] Guan and Chen(2010a)의 생산관점 혁신과정

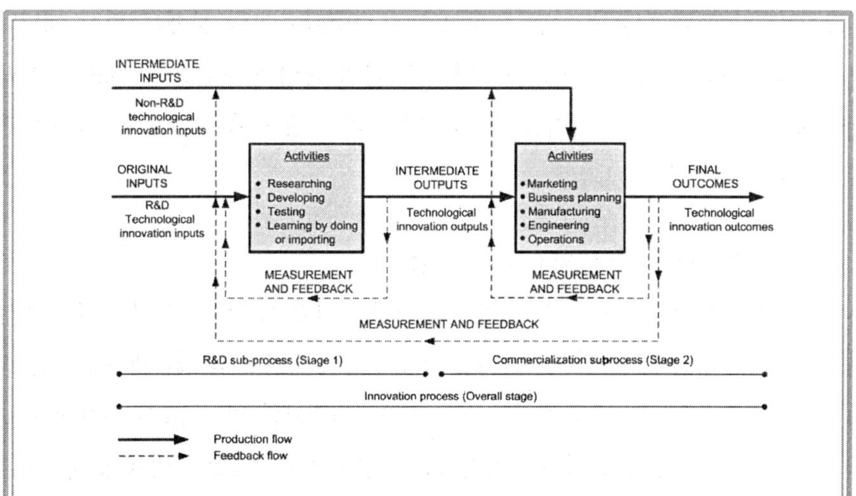

Guan and Chen(2010a)은 자신들의 IPP 모형에 대해 기술 혁신 과정의 복잡함에도 불구하고, 측정이 가능한 경제적 관점에서 전체 기술혁신 활동의 근본적인 특성을 바탕으로 단순화하였다고 제시하였다.

김환섭(2019)은 Guan and Chen(2010a)의 연구를 근간에 두고, 기술혁신 투입요소를 투여하여 기술혁신 산출요소를 생산하는 기술혁신 과정의 전체 혁신 활동을 통해 기업 성과에 이바지하는 것으로 설정한다.

[그림 5-30]에 제시되어 있듯이, 첫 번째 stage는 전방의 기술 R&D 하위 프로세스로 최초의 기술혁신 투입요소를 통하여 가치증식이 이루어진 기술혁신 산출요소(전체적인 혁신 과정에서는 매개 산출요소)로 변환하게 된다. 이 하위 프로세스에서는 직접 수행하든 아니면 지식이전을 통하여 탐색, 개발, 검정, 학습 활동을 수행하는 과정이라 할 수 있다. 이 과정은 다음의 두 번째 stage로 연결된다. 후방의 기술 사업화과정에서는 가치증식된 기술혁신 산출요소를 기술혁신 성과로 변환하게 된다.

이때 기술혁신 산출요소는 첫 번째 하위 프로세스의 산출요소이자 두 번째 하위 프로세스의 투입요소라는 이중적 성격을 지니고 있는 매개 기술혁신 산출요소이다.

[그림 5-30]의 기술혁신 과정은 네트워크 Two Stage 생산 프레임워크이며, 김환섭(2019) 연구의 주요 기반 모형이 된다. 이들의 모형 문제는 혁신 개념에 대한 측정이라는 관점에서 IPP 자체의 내부 운영 특성에 초점을 맞추고 있기 때문에 겉으로 드러나지는 않지만 근본이 되는 혁신 생산 촉진 요소와 외부 환경 요소는 배제하였다는 것이다.

2) 기술혁신효율성의 필요성과 개념

혁신 관련 영역의 대다수 연구들은 기술혁신이 기업 성공의 중심이 있다고 언급하고 있다(Cruz-Cazares et al., 2013). 기업 활동에서 생산 과정 및 제품개선에 대한 기술혁신 등으로 기업경쟁력을 강화하지 못하거나 차별화된 혁신기술을 보유하지 못하면, 기업은 자신의 존속 가치를 상실하면서 경쟁에서 탈락할 수밖에 없게 된다.

따라서 기술혁신과 관련된 투입-산출 활동과 요소를 관리, 운영하는 문제가 매우 중요한 기업의 과제로 등장하였으며, 이러한 혁신 투입-산출 활동이 기업의 최종 성과로 이어지도록 하는 것도 매우 중요한 전략적 과제이다. Tidd and Bessant(2009)는 혁신 활동이 복잡한 과정으로 전개되기 때문에, 다양한 생산 투입 또는 산출 활동들을 고려하여야 하며, 단일한 생산 투입 또는 산출 활동으로 평가할 수 없다고 제시하였다.

김환섭(2019)은 Cruz-Cazares et al.(2013)가 지적과 같이, 기술혁신 과정이 효율적으로 수행될 때, 혁신 투입 활동이 혁신 산출 요소로 나타나며, 나아가서 기업의 성과를 증대하는 중요한 관건이 될 것이라는 관점을 기반으로 기술혁신효율성을 검토하였다.

기업 성과에 미치는 혁신 활동의 영향에 대해, 일부의 연구는 혁신 투입 요소의 직접적인 단기간 효과에 초점을 두기도 하고(George et al., 2002), 일부 학자들은 혁신이 성취되는 장기적인 시간을 두고 나타나는 간접적인 효과를 연구하기도 하였다(Balkin et al., 2000). 또 다른 학자들은 혁신 투입요소는 무시하고, 혁신 산출 요소와 기업성과 간의 직접적인 연관성을 검토하기도 하였다(Weerawarda et al., 2006).

또한 연구자에 따라 혁신 투입 요소를 R&D 지출(O'Regan et al., 2006), R&D 집중도(Hitt et al., 1997), R&D 인력(Wang and Huang, 2007) 등으로 다양하게 사용하였으며, 혁신 산출 요소도 제품혁신(Li, 2000), 프로세스 혁신(Akgün et al., 2009), 특허(Zahra and Nielsen, 2002) 등과 같이 서로 다르게 적용하여 왔다.

이렇게 다양한 투입-산출 측정개념들은 애매모호함을 가중함으로써 명확한 결론을 내리기 어려운 상황을 초래하게 되어, 혁신 활동과 기업 성과 간의 관계를 더 체계적으로 검토할 필요성이 제기되기도 한다. 그리고 기업 혁신 활동 과정이 투입요소가 산출요소로 변환되는 단일 stage라고 한다면, 앞에서 언급하였듯이, 그 변환 과정은 어떠한 것도 알 수 없는 black-box일 수밖에 없다.

김환섭(2019)은 기업 성과에 미치는 기술혁신 활동의 효과를 측정하기 위해 혁신 투입 및 산출 요소를 모두 고려하며, 혁신 과정을 다단계의 stage로 논의하여, 혁신과정에 대한 보다 체계적인 효율성 분석을 하였다.

김환섭(2019)은 기술혁신활동은 탐색, 선택, 구현, 기치획득 단계를 포함하는 장기적이고 복잡한 과정을 통해 이루어지며, 기업 성과에 대한 기술혁신 활동의 효과 평가는 혁신 과정 전반에 걸쳐 검토되어야 한다(Tidd and Bessant, 2009)고 판단하였으며, 기업 성과 증대의 열쇠는 혁신 활동 과정의 효율성에 있음을 전제로 하였다.

김환섭(2019)은 자원기준관점(resource-based view; RBV)을 토대로 하여 혁신 활동을 하나의 과정으로 파악하고, 효율성의 관점에서 혁신 활동을 평가하였다. 즉, 효율성이라는 내부 역량을 이용하여, 기업 자원인 R&D를 혁신이라는 바람직한 산출요소로 변환해 나가는 개념을 RBV 이론을 근간으로 파악하였다(Cruz-Cazares et al., 2013). 또한 RBV 이론을 근간으로, 효율성이라는 내부 역량 없이 단지 R&D라는 기업자원이 많다고 해서 반드시 혁신이라는 경쟁우위나 우수한 성과를 보장받을 수 없다는 것을 전제로 하였다(Song et al., 2007).

Cruz-Cazares et al.(2013) 역시 이러한 RBV 이론을 근간으로 [그림 5-31]의 모형을 제시하여 기술혁신효율성을 기업의 성과와 연계하여 고려하였다. 그러나 김환섭(2019)은 Cruz-Cazares et al.(2013)의 연구와 같이 Two Stage 모형을 고려하는 것은 같지만, 혁신 산출요소는 첫 번째 stage의 매개산출로 고려할 것이며, 두 번째 stage의 산출로 기업의 성과와 연관시키고자 한다.

[그림 5-31] Cruz-Cazares et al.(2013) 모형

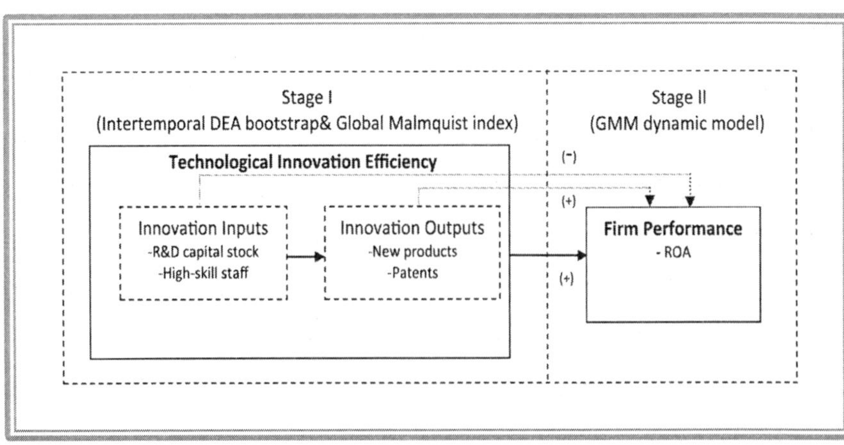

나아가서 김환섭(2019)은 이러한 이론적 근거들을 토대로 기술혁신효율성을 혁신 투입요소의 양이 전제되었을 때, 혁신 산출요소를 최대화하는 기업의 상대적인 능력으로 정의한다.

Farell(1957)의 기술효율성(technical efficiency) 관점으로부터 혁신 활동의 효율성을 측정하는 것은 문헌연구에서 새로운 일이 아니지만, 상대적으로 실증적 연구는 드문 편이기 때문에 Two Stage 모형으로 기술혁신 투입-산출 요소와 기업의 성과를 연계하여 기술혁신효율성을 측정하는 것은 매우 유의미한 연구가 될 것으로 판단된다.

3) 기술혁신효율성의 측정 접근방법과 선행연구

기술혁신효율성을 측정하기 위해, 연구자들은 단일의 투입요소에 대한 단일의 산출요소 비율로 효율성 값을 계산하여 왔다. 이러한 방식은 매우 단순하여 다수의 투입요소나 산출요소에 대해서는 비효율성의 원천을 탐지하지 못하게 된다.

다수 요소들에 대한 효율성 계산 방법으로 SFA(stochastic frontier analysis) 방법과 DEA와 같은 frontier 분석방법론을 개발하여 활용하여 왔다. 특히 SFA와 DEA는 혁신 효율성을 측정하는 주요 방법론으로 활용되어 왔다.

SFA는 Aigner et al.(1977)과 Meeusen and van den Broeck(1977)에 의해 처음 제안된 모수 측정방법으로, Jondrow et al.(1982), Greene(1990) 등에 의해 발전되었다(조성택, 2016). SFA는 투입과 산출 요소 간의 관계에 대해 사전에 규정된 명확한 함수가 요구되며, 프런티어를 결정하기 위해 미지의 모수를 추정하는 계량경제학 모형이다. SFA 기법은 그동안 제조, 금융을 비롯한 다양한 영역에서 효율성 측정에 사용되어 왔다(Wang and Huang, 2007; Liadaki and Gaganis, 2010; Charoenrat and Harvie, 2014).

특히 Wang and Huang(2007)은 30개 국가의 혁신 효율성을 측정하였다. 이들은 환경 요인을 고려하여 R&D 효율성과 소득 수준간의 관련성을 제시하였다. Li(2009)는 1998년부터 2005년 기간의 중국 30개 지역의 지역 혁신 성과와 역량을 측정하였다.

SFA는 산출요소에 영향을 미치는 확률 요인을 고려한다는 장점이 있으며 (Aigner et al., 1977), 오차에서 기술적 효율성과 무작위 오차를 분리해 내기 때문에 조직단위(생산단위)가 왜 비효율적으로 운영되는지 더 정확한 분석이 가능하다는 장점이 있다(유금록, 2001; 한동성·신민철, 2010). 그러나 다수의 산출요소를 고려할 수 없다는 단점이 있기 때문에 DEA와 상호보완적으로 사용되어 왔지만, 최근 들어 DEA의 확장 모형 개발로 많은 혁신 효율성 연구가 DEA로 대체되는 경향이 나타나고 있다(Guan and Chen, 2010a).

Chen et al.(2006)은 1991~1999년 기간 동안의 대만 6개 첨단 산업들에 대한 성과를 DEA로 측정하였다. Hashimoto and Haneda (2008)는 DEA-Malmquist 방법을 이용하여, 1983~1992년 기간 동안의 일본 제약 산업 혁신 효율성을 연구하였다.

한편, Schmidt-Ehmcke and Zloczysti(2011)는 super-efficiency DEA 방법을 활용하여, 독일, 미국, 덴마크를 포함하는 17개 국가 13개 산업군의 혁신 효율성을 비교, 분석하였다(Wang et al., 2016)

DEA와 SFA을 활용한 해외의 혁신 효율성 연구들을 [표 5-47]에 제시하였다.

[표 5-47] DEA와 SFA기법 혁신 효율성 연구(Wang et al.(2016) 수정)

Author and year	Sample	Methodology	Inputs	Outputs
Revilla et al. (2003)	118 Spanish firms carrying out 281 projects of cooperation with public centers	DEA input-oriented	Firm revenue; number of employees; R&D expenditures	Total income; new employees; patents
Díaz-Blateiro et al. (2006)	171 Spanish wood based firms for the period 1998–2001	DEA input-oriented	Employees; shareholders' funds; loans; R&D expenditures; R&D partnerships	Sales; profits before taxes; patents; product innovations; process innovations
Guan et al. (2006)	182 Industrial innovative firms in China	DEA input-oriented	R&D; learning; manufacturing; marketing; organization	Market share; sales growth; export rate; profit growth; productivity; new product rate
Wang (2007)	30 Countries	SFA	R&D capital stock; number of researchers and technicians ($t-1$)	Patents; paper publications
Wang and Huang (2007)	30 Countries	DEA input-oriented	R&D capital stock; number of researches and technicians ($t-1$)	Patents; paper publications
Hashimoto and Haneda (2008)	10 Japanese pharmaceutical (period 1983–1992)	(DEA)/Malmquist index input-oriented	R&D expenditure ($t-1$)	Patents; sales; profits
Guan and Chen (2010)	26 Regions of China	DEA relational network output-oriented	R&D expenditure, R&D employees; patent stock ($t-1$)	Patents
Lee et al. (2010)	National hydrogen energy in 30 countries	DEA output-oriented	R&D expenditure; R&D human resources	Publications; patents; infrastructure of hydrogen technology
Zhong et al. (2011)	30 Regional R&D investments in China	DEA input-oriented	R&D expenditure; R&D personnel	Patent applications; sales due to new products; profit of primary business

중국, 일본, 스페인에서의 연구는 미시 수준의 분석이며, 일부의 연구에서는 기술혁신 과정을 넘어서는 투입/산출 요소들을 고려하기도 하였으며(Guan et al., 2006; Hashimoto and Haneda, 2008), 일부 연구들은 R&D 프로젝트가 종료되고 혁신 산출요소가 달성되는 시간 차이를 고려하지 않았다(Revilla et al., 2003; Diaz-Blateiro et al., 2006; Guan et al., 2006). 또 다른 연구들은 기술혁신 과정의 투입/산출 요소를 고려하고, 시간 차이를 통제하여 미시적 수준에서 분석하였지만, 기업 성과와 효율성을 연결하지는 못하였다(Wang and Huang, 2007; Guan and Chen, 2010).

앞에 지적한 한계가 있지만, [표 5-47]에 제시된 연구들은 세 가지 측면에서 크게 기여하였다.

첫 번째는 혁신 투입요소와 산출요소만을 이용하여 기술혁신효율성을 추정하였으며, 기업들 간의 효율성을 비교하였다는 점이다.

둘째는 효율성을 추정하는 가운데, 혁신 투입요소가 바람직한 산출요소로 변환되는 시간적 차이를 고려하기 시작하였다는 것이다.

마지막으로 기술혁신 과정의 효율성을 기업 성과와 연계하기 시작하였다는 점을 꼽을 수 있다.

[표 5-47]에서 제시된 연구들은 다양한 DEA 방법을 사용하여 혁신 효율성을 측정하였지만, 혁신 과정을 단일 stage로 제시함으로써 기업의 혁신과정을 black-box로 파악하게 하였다(Wang et al., 2016). 이러한 연구들은 혁신 시스템의 내적 메커니즘을 평가할 수 없을 뿐만 아니라, 내부 운영 시스템과 혁신과 연관된 과정들이 통합 혁신 효율성에 미치는 영향을 제대로 파악할 수도 없게 된다. 그리고 단일 stage 혁신 과정은 현실적인 생산 과정을 반영하지도 못한다(Wang et al., 2013b).

김환섭(2019)은 [그림 5-31]과 같이 생산 관점에서의 혁신과정을 제시하면서 Two Stage 과정의 평가 모형을 제시하였는데, Moon and Lee(2005), Sharma and Thomas(2008) 등의 연구자들도 첨단기술의 기업이나 사업체들의 경우, 전방의 기술 개발과 후방의 경제적 성과로의 변환과정이라는 두 단계를 포함하고 있다고 제시한 바 있다(Wang et al., 2016).

또한 몇몇의 연구자들(Guan and Chen, 2010a; Guan and Chen, 2012; Cullmann et al., 2012; Wang et al., 2013a, 2013b; Wang et al., 2016)은 혁신 효율성을 평가하기 위해 Two Stage DEA 모형을 적용하였다. 김환섭(2019)은 기술혁신효율성을 평가하기 위해 생산 관점에서 혁신 과정을 제시하였으며, 선형의 DEA 모형으로 변환하여 기술혁신효율성을 평가한다.

김환섭(2019)은 국내 제조기업(대기업, 중견기업, 중기업)을 대상으로 미시적인 수준에서 기술혁신효율성을 평가하였다. 기존의 대부분의 연구에서는 논문 및 특허 등 R&D 단계의 직접적인 산출 요소만을 고려하여 효율성을 측정하였을 뿐, 사업화를 통해 창출되는 실질적인 성과(outcome)를 반영한 효율성 평가는 거의 이루어지지 않아 사업화 단계에서의 여분(slack) 등을 고려한 기술혁신의 성과에 대한 필요성이 중요하게 요구되고 있다.

김환섭(2019)은 체계적인 기술효율성 분석을 위하여, 기술창출과정(Technology Creation Process: Tcrp)과 기술사업화 과정(Technology Commercialization Process: Tcop)인 두 개의 과정으로 분리하였다([그림 5-32] 참조). 그리고 비방사형의 Two Stage network DEA 모형을 적용하여 부분 및 전체 기술혁신효율성을 분석하여 대기업, 중견기업, 중기업 등의 기업들에 대해 기술혁신효율성을 비교 검토하여 기술혁신의 방향을 제시하였다.

[그림 5-32] 김환섭(2019)의 Two Stage DEA 기본 평가 모형

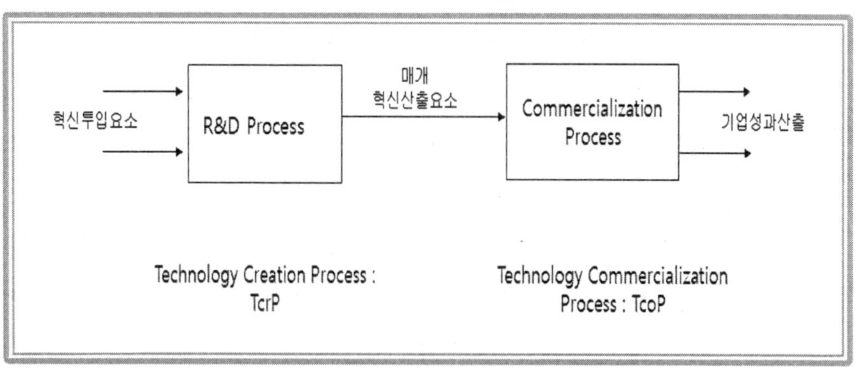

(2) 김환섭(2019)의 기술혁신 효율성 평가모형과 투입/산출 요소

1) 투입/산출 요소

기술혁신효율성을 측정, 평가하기 위해 Two Stage DEA 모형에 사용할 투입 및 산출요소 선정 기준은 명확하고 일반적인 기준이 존재하지 않고, 적용 분야의 특성과 평가 목적에 따라 달라질 수 있을 것이다(정진호·임성묵, 2014).

김환섭(2019)은 R&D 관련 산업/영역, 제조업, 서비스업 등에서 2009년 이후 진행되어 왔던 기술혁신효율성 관련 국내외 연구들(Lee et al., 2009; Hsu and Hsueh, 2009; Liu and Lu, 2010; Lee et al., 2010; Zhong et al., 2011; Guan and Chen, 2010, 2012; Lee and Cho, 2014; Park, 2014; Wang et al., 2016; 최정인 외, 2009; 한동성·신민철, 2010; 서용윤·김문수, 2011; 최석봉·하귀룡, 2013; 전이진·이학연, 2015; 조성택, 2016; 윤상흠 외, 2017)을 토대로, 기술혁신효율성 측정을 위한 투입/산출 변수들은 정리한 후, 자동차부품산업이라는 특정 영역을 감안하여 적절한 투입 산출 요소를 선정하였다.

[표 5-48] 국내 기술혁신효율성 연구의 투입/산출 요소(2009년 이후)

연구자	연도	투입요소	산출요소	단계
최정인 외	2009	종업원 수 석사 비율, R&D 비용, 혁신비용	제품혁신, 공정혁신, 출원특허, 특허등록율, 지재권등록	1단계
한동성 · 신민철	2010	총자산, 인건비, 재료비	매출액	1단계
서용윤 · 김문수	2011	연구인력, 투자규모	신제품개발혁신, 제품개발혁신, 공정혁신, 제품특허, 공정특허	1단계
최석봉 · 하귀룡	2013	종업원 수, 연구개발비, 비유동자산(고정자산)	매출액	1단계
전이진 · 이학연	2015	연구비, 연구인력	출원/등록특허, SCI/비SCI 등록 논문 기술이전액, 매출액, 비용절감액	2단계
조성택	2016	연구개발인력, 연구개발비	국내특허출원수, 해외특허출원수, SCI논문 게재수	1단계
윤상흠 외	2017	연구인력, 유형자산, 연구개발비	당기순이익, 특허출원수	1단계

2009년 이후 국내 기술혁신효율성 관련 연구([표 5-48] 참조)에서 사용한 투입요소를 보면, 연구인력, 연구 관련비용, 고정 또는 유형 자산 등으로 나타나고 있다. 한편 산출 요소는 보다 다양하여, 제품혁신, 공정혁신, 특허, 발표 논문, 기술이전, 매출액, 당기순이익 등을 활용한 것으로 나타난다.

2009년 이후 해외 기술혁신효율성 관련 연구([표 5-49] 참조)들이 사용한 공통적인 투입 및 산출요소를 보면, 투입요소로는 연구인력, R&D 관련 예산, 고정자산 등이며, 산출 요소로는 출원/등록 특허, 당기순이익, 신제품 매출이익들을 사용하고 있음을 알 수 있다.

[표 5-49] 해외 기술혁신효율성 연구의 투입/산출 요소(2009년 이후)

구 분	항 목	관련연구
투입 요소	R&D 관련예산	Hsu and Hsueh(2009), Guan and Chen(2010), Lee et al.(2010), Zhong et al.(2011), Lee and Cho(2014), Park(2014), Wang et al.(2016)
	연구인력	Hsu and Hsueh(2009), Lee et al.(2009), Liu and Lu(2010), Guan and Chen(2010), Lee et al.(2010), Zhong et al.(2011), Guan and Chen(2012), Lee and Cho(2014), Park(2014), Wang et al.(2016)
	비유동자산(고정자산)	Wang et al.(2016)
산출 요소	특허출원/등록	Hsu and Hsueh(2009), Lee et al.(2009), Liu and Lu(2010), Guan and Chen(2010), Lee et al.(2010), Zhong et al.(2011), Guan and Chen(2012), Wang et al.(2016)
	당기순이익	Guan and Chen(2010), Zhong et al.(2011), Wang et al.(2016)
	신제품 매출이익	Guan and Chen(2010), Zhong et al.(2011), Park(2014)

이미 앞에서 지적하였지만, R&D 관련 혁신 효율성 초기 연구에서는 혁신 투입요소와 산출요소만을 이용하여 기술혁신효율성을 추정해 오면서, 기술혁신 과정의 효율성을 기업 성과와 연계하면서 당기순이익, 신제품 매출이익 등의 산출요소를 적용하고 있는 것으로 파악된다.

2) 김환섭(2019)의 기술혁신 효율성 연구모형

김환섭(2019)은 기술혁신 활동들이 기술사업화 활동을 거쳐 기업 성과에 미치는 효율성을 분석하고자 하는 연구 목적을 달성할 수 있는 관련 투입 및 산출요소를 선정하였다. 또한 동시에 Two Stage network DEA 일반 모형을 전제로 다음 [그림 5-33]의 투입/산출 요소를 고려한 모형을 설정하였다.

[그림 5-33] 김환섭(2019)의 Two Stage network DEA 모형

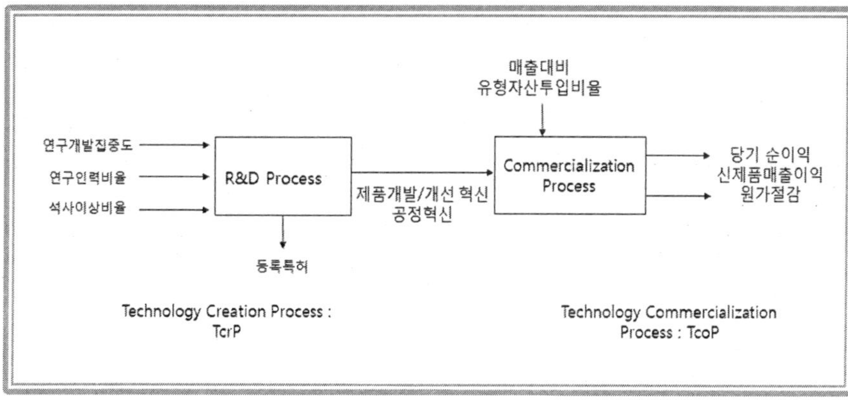

김환섭(2019)은 Two Stage 효율성을 분석하기 위해 고려한 투입/산출/매개 요소와 정의, 그리고 측정 지표는 다음 [표 5-50]과 같이 제시하였다.

DEA 모형의 특성에서 투입요소는 인력, 자본 등으로 제시되고, 산출 요소는 성과로 제시된다. 기존 연구들에서 인력 항목으로 혁신 활동이 가능한 인력을 사용하고 있으며, 김환섭(2019)는 연구인력비율, 석사이상비율을 사용하였다. 그리고 자본에 해당하는 R&D 관련 예산 항목으로는 연구개발집중도를 사용하였다. 본 연구의 Two Stage 모형 특성에 따라, 1단계의 산출요소로 등록특허를 고려하였으며, 1단계 매개산출로는 제품개발/개선 혁신과 공정혁신 건수를 고려하였다.

1단계 매개산출은 2단계 매개투입으로 활용되며, 2단계 투입요소로 매출대비 유형자산 비율을 활용하였다. 유형자산의 특성상, 장부가액으로 구현된 금액 그대로 사용하여도 무방하지만, 매출액을 고려한 유형자산 비율 고려하여, 단위상의 불균형을 최소화하고자 하였다. 그리고 2단계의 산출요소로는 기업성과와 연계하여 당기순이익, 신제품매출이익, 원가절감 등을 사용하였다.

[표 5-50] 투입변수, 매개변수, 산출변수 지표 정의와 측정

투입변수	투입변수 지표 정의와 계산
연구인력비율(%)	종업원 대비 기술혁신에 참여하는 연구원의 비율
석사이상비율(%)	연구인력중 석사이상의 학위를 가진 전문 인력의 비율
연구개발집중도(%)	연구개발비/매출액비율 (연구개발비는 내/외부 연구개발 업무와 관련한 총 지출액)
매출대비 유형자산 비율(%)	매출액 대비 유형자산 비율
매개변수	매개변수의 정의와 지표 계산
제품 개발/개선혁신(건수)	기존제품과 완전히 다르거나, 크게 혁신한 제품의 출시건수
공정혁신(건수)	기존과 다른 생산/물류방식, 지원활동의 운영방식 도입 건수
산출변수	산출변수의 정의와 지표계산
등록특허(건수)	국내외 등록한 모든 특허 건수
당기순이익	당기순이익(단위: 백만원)
신제품매출이익	신제품매출이익(단위: 백만원)
원가절감	혁신으로 이루어낸 비용절감액(단위: 백만원)

(3) 김환섭(2019)의 Single Stage 기술혁신효율성 분석 결과

1) CCR-i 분석 결과

42개 제조기업의 CCR 분석에 의한 기술혁신효율성 분석결과는 [표 5-51]에 제시하였다.

[표 5-51] 제조기업 기술혁신효율성(CCR 결과) 분석

DMU	연도별			
	2014	2015	2016	2017
CI	0.7474	1	1	1
HHS	1	1	1	1
GK	0.5411	0.5245	0.369	0.4235
KC	0.4628	0.4183	0.3419	0.4239
KK-1	0.5351	0.5044	0.3025	0.5576
HT	1	1	1	1
GG	1	0.9913	0.6521	0.9053
SN-1	1	1	1	1

AW	0.4525	0.5944	0.467	0.6061
HR	1	1	0.9689	1
AL	0.4738	0.347	0.3121	0.3403
EP	0.1051	0.1022	0.8521	0.3562
SJ	0.8045	1	0.381	0.7119
JW-1	0.4493	0.6758	0.3851	0.4302
DS	1	1	1	0.9657
SM	1	1	1	1
KS-1	1	1	0.6284	0.6046
MS	0.6152	0.2348	0.4892	0.3035
NS	1	1	1	1
SS	0.785	1	0.2774	0.2748
KK	0.2215	0.3908	0.6151	0.5168
SG	0.0586	0.1841	0.2279	0.1652
HM	1	1	1	1
AN	0.0608	0.1962	0.0893	0.1232
HJ	1	1	1	1
SH	0.0992	0.1012	0.1438	0.1178
JW	0.8766	1	1	1
SN	0.7682	1	1	1
RD	0.1284	0.2396	0.2244	0.5998
KS	0.0639	0.1836	0.0715	0.1896
KJ	0.0615	0.078	0.3007	0.5973
HS	0.1562	0.2584	0.2363	0.6023
MT	0.4339	0.3489	0.3582	0.3799
YJ	1	1	1	1
JM	0.0609	0.0793	0.3276	0.1058
JJ	0.0751	0.3005	0.5654	0.75
KR	0.6215	0.2678	0.5685	0.75
SS-1	0.3024	0.359	0.3611	1
GS	0.6026	0.5367	0.4788	0.2914
MD	0.077	0.0906	0.0794	0.2637
JJ-2	1	1	0.8729	0.6881
WS	0.0409	0.0451	0.0283	0.077
Aver	0.5638	0.5965	0.5709	0.6219

분석대상 기업의 CCR 모형 분석 결과, 제조기업의 평균 기술혁신효율성은 2017년도 0.6219로 최고치이고 4년 평균은 0.5882로 분석 평가되었다. 기술혁신효율성이 전체적으로 높다고 말할 수 없는 상황이지만, 전체적으로 개선되고 있는 추세를 보이고 있다.

효율성의 값이 1인 기업은 2014년도 13개, 2015년도 17개, 2016년도 12개, 2017년도 13개 이다. 특히 HSS, HT, SN, SM, NS, HM, YJ 등 6개 제조 기업은 대기업군에 분류된 기업으로 4년 동안 지속적으로 기술혁신효율성이 1로 나타나고 있다.

보다 구체적인 분석을 위해 규모별(대기업, 중견기업, 중기업)로 분류하여 분석하였으며, 규모외의 측면에서는 기술이전 유무 구분과 수출비중의 상·하 구분으로 기술혁신효율성을 분석, 평가하였다.

규모별 분석에서, 대기업의 경우는 중견기업, 중기업과 비교하여 기술혁신효율성이 우수한 것으로 분석되었고, 5% 유의수준에서 통계적으로 유의한 차이로 보이고 있다. 중견기업과 중기업의 경우, 대기업보다 낮은 기술혁신효율성을 나타내고 있지만, 기술혁신효율성이 경미하지만 개선되는 모습을 보이고 있다. 특히 중기업의 경우, 기술혁신효율성이 다른 규모의 기업보다 빠르게 개선되고 있는 추세임을 드러내고 있다.

반면, 대기업의 경우 전체적으로 기술혁신효율성이 미세하지만 감소하는 추세를 보이고 있다. 대기업의 경우, 보다 체계적인 기술혁신효율성 개선 방안이 강구되어야 할 것으로 판단된다.

[표 5-52] 규모별 기술혁신효율성 비교

구분	연도별			
	2014	2015	2016	2017
대기업	0.8211	0.8221	0.7385	0.8086
중견기업	0.5315	0.5915	0.5627	0.5968
중기업	0.5078	0.5181	0.5181	0.5833

[그림 5-34] 규모별 기술혁신효율성 추이

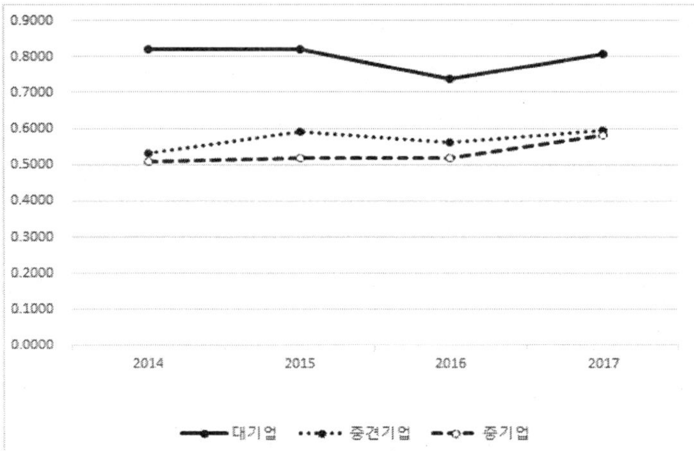

[표 5-53] 규모별 기술혁신효율성에 대한 분산분석

				제곱합	자유도	평균제곱	F	유의확률
TE	집단-간	(결합됨)		1.280	2	.640	5.397	.005
		선형항	가중되지 않음	1.233	1	1.233	10.394	.002
			가중됨	.950	1	.950	8.013	.005
			편차	.330	1	.330	2.781	.097
	집단-내			19.568	165	.119		
	전체			20.848	167			

2) 순수기술혁신효율성(BCC 결과) 분석

42개 국내 제조 기업의 순수기술혁신효율성(BCC 결과) 분석([표 5-54] 참고)을 통해 4년간 평균 순수기술혁신효율성의 평균값은 0.8800으로 순수기술혁신효율성은 상대적으로 매우 높은 수준을 보이고 있음을 알 수 있다. 이는 기술혁신효율성(CCR 결과) 4년 평균(0.5883)보다 0.2967이 높은 것으로, 순수기술혁신효율성이 높다는 것은 규모 효율성이 상대적으로 낮다는 것을 알 수 있다. 따라서 RTS 분석에서 규모의 경제성(IRS)이 나타나므로, 기술혁신효율성의 제고를 위해 연구 관련 투입 요소를 증가시키는 방향을 모색할 필요가 있을 것으로 판단된다.

그럼에도 불구하고 순수기술혁신효율성이 1인 제조기업의 수가 2014년 22개, 2015년 29개, 2016년 25개, 2017년 22개로 나타나, 2015년을 기준으로 해서 효율성이 1인 기업의 수가 감소되고 있다. 이는 순수기술혁신효율성이 점차로 저하되는 현상을 보이고 있다는 것을 나타낸다. 그리고 규모로 볼 때, 효율성이 1인 기업은 중견기업이 많이 나타나고 있어서, 중견기업의 순수기술혁신효율성이 상대적으로 높게 나타나고 있다.

특히 HHS, GG, AW, CI, KC, SG, AN, EP, RD, SM, MS, KK, NS, KT, MT, JJ, KR, JJ-2 등 12개 기업은 4년 동안 지속적으로 효율성이 1이었다.

[표 5-54] 순수기술혁신효율성(BCC 결과) 분석

DMU	년도별			
	2014	2015	2016	2017
HHS	1	1	1	1
HT	0.4415	0.5211	0.5298	0.4774
GG	1	1	1	1
SN-1	0.7265	0.8873	0.7971	0.9114
AW	1	1	1	1
AL	1	0.7117	0.7403	0.6109
CI	1	1	0.99	0.9772
GK	0.5348	1	1	1
KC	1	1	1	1
KK-1	0.4421	1	1	1
SG	1	1	1	1
AN	1	1	1	1
HR	0.9703	1	0.7185	0.848
EP	1	1	1	1
HJ	0.5925	0.6281	0.5221	0.6045
SJ	0.7967	1	0.9554	0.8437
SH	1	1	0.929	0.7502
JW-1	0.8818	1	1	1

JW	0.5631	0.4705	0.5178	0.5974
SN	1	1	1	0.9663
RD	1	1	1	1
SM	1	1	1	1
KS-1	1	1	1	0.9853
MS	1	1	1	1
KK	1	1	1	1
HS	0.5938	0.7365	0.8279	0.5666
HM	0.8316	0.9649	0.8834	1
DS	0.5953	0.6315	0.6449	0.5552
NS	1	1	1	1
SS	0.9875	1	1	1
KS	0.7453	0.601	0.8117	0.4875
KJ	1	1	1	1
MT	1	1	1	1
YJ	0.5204	0.6351	0.9425	0.9206
JM	0.5888	0.7632	0.6495	0.6988
JJ	1	1	1	1
KR	1	1	1	1
SS-1	0.3344	0.4269	0.4264	0.4115
GS	0.7809	0.719	0.711	0.7562
MD	0.9086	1	1	0.9721
JJ-2	1	1	1	1
WS	0.7612	1	1	1
Aver	0.8476	0.8975	0.8952	0.8795

좀 더 구체적인 Data 분석을 위해 제조기업의 규모별로 분석하였으며, 결과는 [표 5-55], [그림 5-35]에 제시하였다. 순수기술혁신효율성은 중견기업이 대기업, 중기업보다 더 높은 것으로 나타났으며, 대기업은 해가 갈수록 낮아져, 2015년 이후부터는 중기업보다도 더 저조한 결과를 보이고 있다. 중견기업의 경우, 2015년 정점 이후 순수기술혁신효율성이 감소하는 추세로 나타났다. 기술혁신효율성이 미세하게 증가하는 것과 다른 양상을 보이고 있다. 그러나 분산분석 결과 5% 유의수준에서 유의한 차이가 나타나지 않았다([표 5-56] 참조).

[표 5-55] 기업의 규모별 순수기술혁신효율성 비교

구분	연도별			
	2014	2015	2016	2017
대기업	0.8613	0.8534	0.8445	0.8333
중견기업	0.8688	0.9418	0.9230	0.9070
중기업	0.8159	0.8589	0.8793	0.8626

[그림 5-35] 기업의 규모별 순수기술혁신효율성 추이

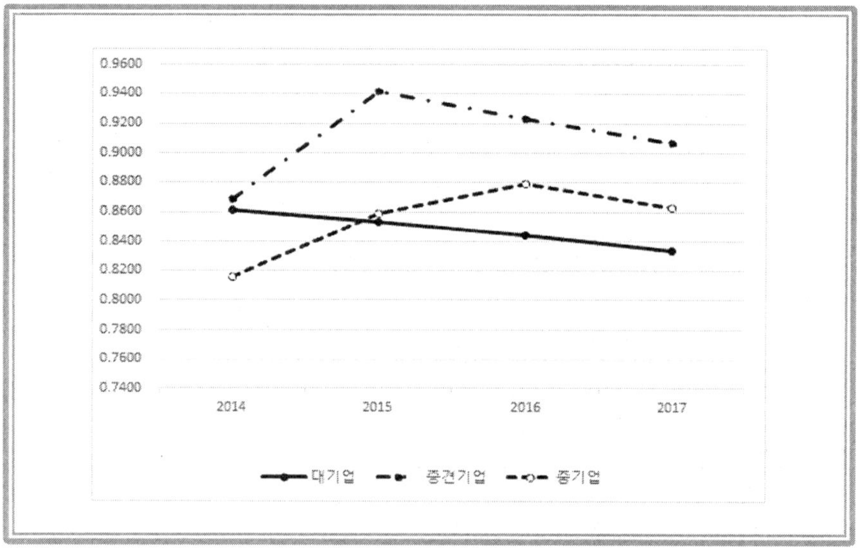

[표 5-56] 규모별 순수기술혁신효율성에 대한 분산분석

<table>
<tr><th colspan="4"></th><th>제곱합</th><th>자유도</th><th>평균제곱</th><th>F</th><th>유의확률</th></tr>
<tr><td rowspan="6">PTE</td><td rowspan="4">집단-간</td><td colspan="2">(결합됨)</td><td>.126</td><td>2</td><td>.063</td><td>1.897</td><td>.153</td></tr>
<tr><td rowspan="3">선형 항</td><td>가중되지 않음</td><td>.111</td><td>1</td><td>.111</td><td>3.327</td><td>.070</td></tr>
<tr><td>가중됨</td><td>.126</td><td>1</td><td>.126</td><td>3.793</td><td>.053</td></tr>
<tr><td>편차</td><td>.000</td><td>1</td><td>.000</td><td>.002</td><td>.969</td></tr>
<tr><td colspan="3">집단-내</td><td>5.499</td><td>165</td><td>.033</td><td></td><td></td></tr>
<tr><td colspan="3">전체</td><td>5.625</td><td>167</td><td></td><td></td><td></td></tr>
</table>

3) 규모 효율성(CCR/BCC 비율) 분석

이 항에서는 기업전체의 기술혁신효율성(TE), 순수기술혁신효율성(PTE), 규모효율성(SE) 및 규모수익(RTS: return-to-scale)의 특성을 비교, 검토하고자 한다. 먼저 [표 5-57]에는 제조 기업들의 규모효율성을 제시하였다.

[표 5-57] 제조기업의 규모 효율성

DMU	연도별			
	2014	2015	2016	2017
CI	1.0000	1.0000	1.0000	1.0000
HHS	0.5411	0.5245	0.3727	0.4334
GK	0.6228	0.6699	0.5859	0.6650
KC	1.0000	1.0000	1.0000	1.0000
KK-1	0.8291	1.0000	0.5303	0.8395
SG	0.4339	0.4902	0.4839	0.6219
HM	0.0726	0.0959	0.0547	0.1289
HT	1.0000	1.0000	1.0000	1.0000
GG	0.1137	0.1962	0.0893	0.1232
SN-1	0.8766	1.0000	1.0000	1.0000
AN	1.0000	1.0000	1.0000	1.0000
AW	0.1391	0.0780	0.3007	0.5973
HR	0.9853	1.0000	0.2903	0.3257
AL	0.1447	0.3523	0.1350	0.3972
EP	0.8712	1.0000	1.0000	1.0000
HJ	0.1023	0.1256	0.5080	0.1906
SJ	0.0751	0.3005	0.5654	0.7500
SH	1.0000	1.0000	1.0000	0.9801
JW-1	1.0000	1.0000	1.0000	1.0000
JW	1.0000	1.0000	1.0000	1.0000
SN	0.1300	0.2396	0.2244	0.5998
RD	0.6215	0.2678	0.5685	0.7500
DS	1.0000	1.0000	0.6284	0.6257
SM	0.1562	0.2584	0.2363	0.6023
KS-1	0.3636	0.3721	0.4088	1.0000
MS	0.6026	0.5367	0.4788	0.2914
NS	1.0000	0.9913	0.6521	0.9053
SS	0.8254	0.3907	0.6027	0.6226
KK	0.1300	0.1442	0.1521	0.4362
KS	1.0000	1.0000	1.0000	1.0000
KJ	0.3730	0.5306	0.7430	0.9121
HS	1.0000	1.0000	0.9396	0.9172

MT	1.0000	1.0000	0.9689	1.0000
YJ	0.2020	0.1609	0.9041	0.3869
JM	0.7631	0.8855	0.5929	0.6156
JJ	0.5351	0.5044	0.3025	0.5576
KR	0.0992	0.1012	0.1438	0.1178
SS-1	0.1752	0.4312	0.5345	0.4015
GS	0.6067	0.4826	0.4390	0.4500
MD	0.5094	0.4183	0.3419	0.4361
JJ-2	1.0000	1.0000	1.0000	1.0000
WS	0.9819	1.0000	1.0000	1.0000
Aver	0.6163	0.6321	0.6138	0.6829

이미 언급하였지만, 기술혁신효율성이 대체로 낮고, 순수기술효율성이 1은 아니지만 매우 높은 수준을 보이게 되면, 규모효율성은 기술혁신효율성에 비해 조금 나은 정도로 나타나게 된다.

먼저, 2014년에서 2017년까지의 기업전체 기술혁신효율성(TE), 순수기술혁신효율성(PTE), 규모효율성(SE)을 비교, 분석한 결과를 [표 5-58]에 제시하였다. 앞에서 언급한 바와 같이 규모효율성은 기술혁신효율성에 비해 조금 나은 정도로 나타나고 있다. 결국 순수기술혁신효율성은 높은 편인데, 기술혁신효율성이 낮게 나타나고 있는 것은 제조업에서 규모효율성이 낮아, 규모의 비경제성이 발생하기 때문이다. 규모효율성을 제고함으로써 기술혁신효율성은 개선할 수 있을 것으로 판단된다.

규모 효율성의 개선은 투입 요소의 확대를 개선하는 것으로 연구 인력의 비중을 높여 나가며, 석사 이상 양질의 연구 인력을 확충하고, 연구개발 집중도를 개선해 나가는 것이다. 연구 관련 투입 요소를 확대하는 것이 제조업의 경우, 쉽게 이루어지기 어려운 형편이지만, 기술혁신효율성을 높여나가기 위해서 반드시 거쳐야 할 과정으로 판단된다.

[표 5-58] 전체 기업의 TE, PTE, SE 비교

전체	2014	2015	2016	2017
TE	0.5638	0.5965	0.5709	0.6219
PTE	0.8476	0.8975	0.8952	0.8795
SE	0.6163	0.6321	0.6138	0.6829

[그림 5-36] 전체 기업의 TE, PTE, SE 추이

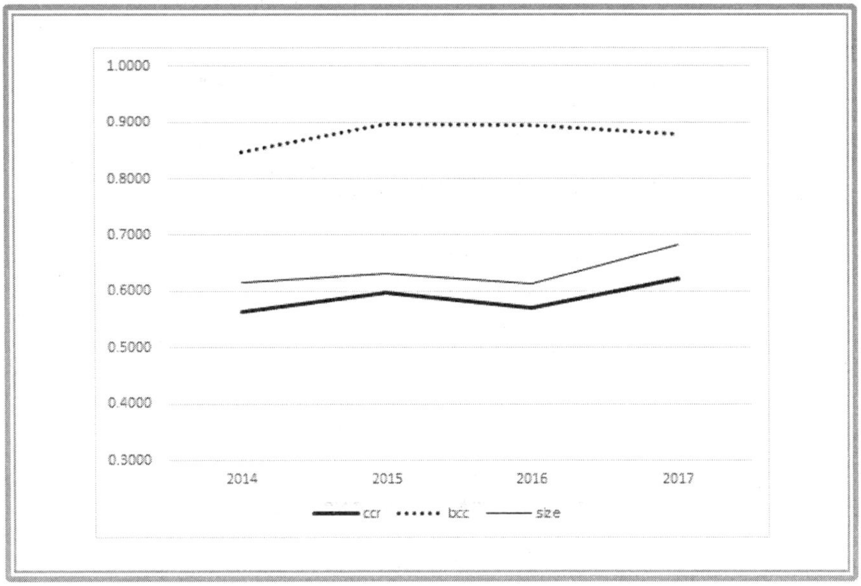

규모 효율성을 체계적으로 살펴보기 위해, 기업 규모별 규모효율성을 비교, 분석하였다([표 5-59] 참조). 규모별 효율성에서 중견기업의 규모 효율성이 가장 높게 나타나고 있음을 알 수 있다. 중기업의 경우, 연도별로 큰 차이가 보이지 않으나, 대기업의 경우 점차 효율성이 개선되고 있다.

[표 5-59] 규모별 규모효율성 분석

구분	연도별			
	2014	2015	2016	2017
대기업	0.4692	0.5252	0.4829	0.5918
중견기업	0.6462	0.6703	0.6486	0.7485
중기업	0.6340	0.6245	0.6193	0.6350

[그림 5-37] 규모별 규모효율성 추이

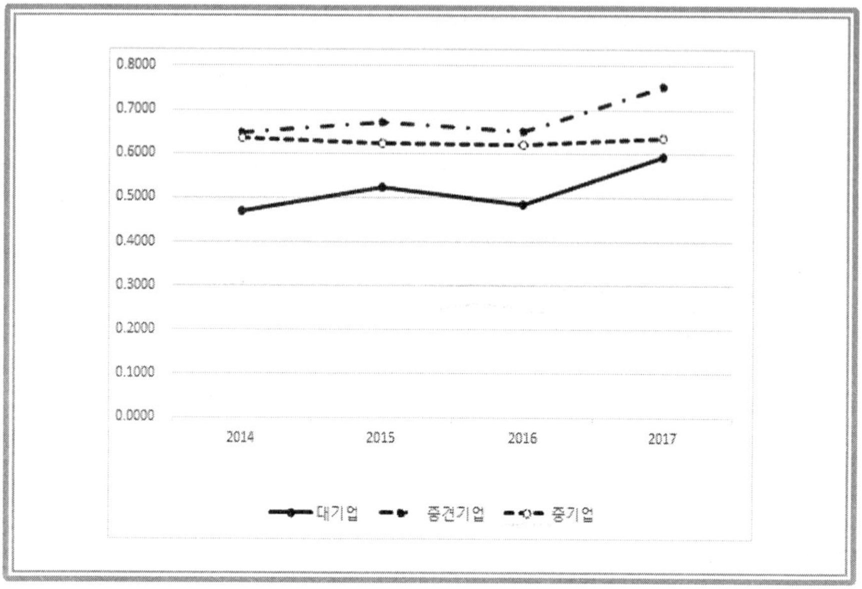

(4) 김환섭(2019)의 Two Stage 기술혁신효율성 분석 결과

전통적 Single Stage DEA 모형이 각 프로세스들을 연결시켜주는 중간산출물을 고려하지 않고 효율성을 측정함으로써 효율성이 과대평가 되고 있는 것은 [표 5-60]으로 확인할 수 있다.

Two Stage 모형의 전체 효율성(overall)은 가장 엄격한 효율성으로 평가되는 Single Stage의 SBM(slacks-based measure) 기술혁신 효율성보다 낮은 효율성을 보이고 있다([표 5-60], [그림 5-38] 참조). 개별 프로세스 분석에서 기술창출 효율

[표 5-60] Two Stage의 기술혁신효율성 분석

전체		2014	2015	2016	2017
two-stage	overall	0.3112	0.3145	0.2678	0.2520
	div_creat	0.2134	0.2282	0.1980	0.2182
	div_com	0.4090	0.4009	0.3376	0.2859
Single Stage(SBM)		0.4581	0.5384	0.4979	0.5255

[그림 5-38] Two Stage의 하위 기술혁신효율성 추이

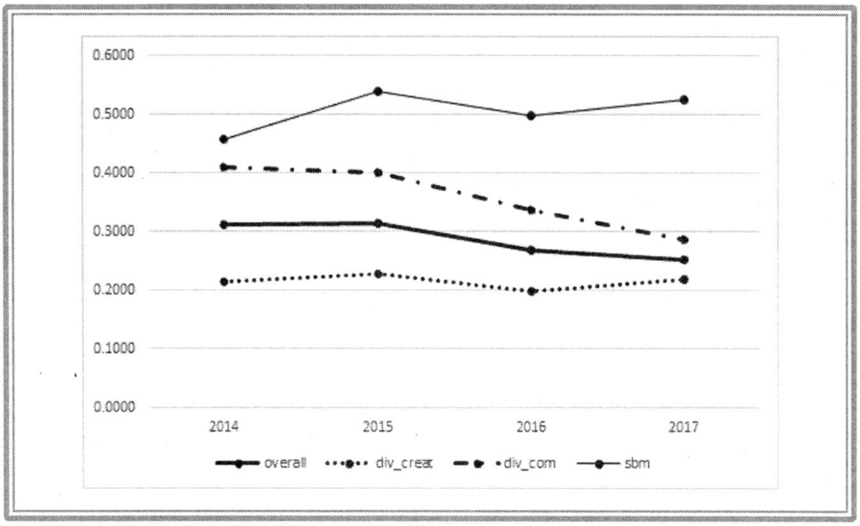

성(Div_creat)은 기술 사업화 효율성(Div_com)에 비해 상대적으로 낮게 나타나고 있음을 확인하였다.

과거 R&D 연구 분석 결과는 기술 창출과정에서의 효율은 좋으나, 기술사업화의 난맥으로 어려움이 있음을 제기해 왔다. 그런데 본 연구의 분석결과, 기술창출 프로세스의 효율성은 기술 사업화 프로세스의 효율성에 비해 상대적으로 낮게 나타났다.

또한 기술창출 프로세스의 효율성은 큰 상승, 하락 없이 완만하게 유지되는 경향이 있으며, 기술 사업화 프로세스의 효율성은 점차 하락함으로써, 전체 효율성을 끌어내리고 있는 상황이다. 이는 분석 기간 동안 기술 혁신 투입 요소는 상당히 매우 안정적인 변화를 유지하고 있으나, 자동차 부품산업에서 나타난 수익성 악화가 반영된 결과로 파악된다.

규모별 효율성 분석 결과([표 5-61], [그림 5-39] 참조)에서 기업 규모별로 차이점을 보이고 있다.

대기업의 경우는 2016년까지는 완만한 하락세를 보이다가 2017년 상승세로 돌아서는 변화를 보이고 있지만, 중견기업이나 중기업보다 전체적으로 기술혁신

[표 5-61] 기업규모별 Two Stage 전체 기술혁신효율성 분석

기업규모	연도별			
	2014	2014	2015	2016
overall(대)	0.6561	0.6440	0.5198	0.6038
div_creat(대)	0.5805	0.5703	0.4126	0.5283
div_com(대)	0.7317	0.7177	0.6269	0.6792
overall(중견)	0.2760	0.2841	0.2624	0.2224
div_creat(중견)	0.1218	0.1621	0.1715	0.1533
div_com(중견)	0.4303	0.4061	0.3533	0.2915
overall(중)	0.2258	0.2290	0.1800	0.1571
div_creat(중)	0.1902	0.1824	0.1507	0.1830
div_com(중)	0.2614	0.2755	0.2093	0.1312

[그림 5-39] 규모별 Two Stage 전체 기술혁신효율성 추이

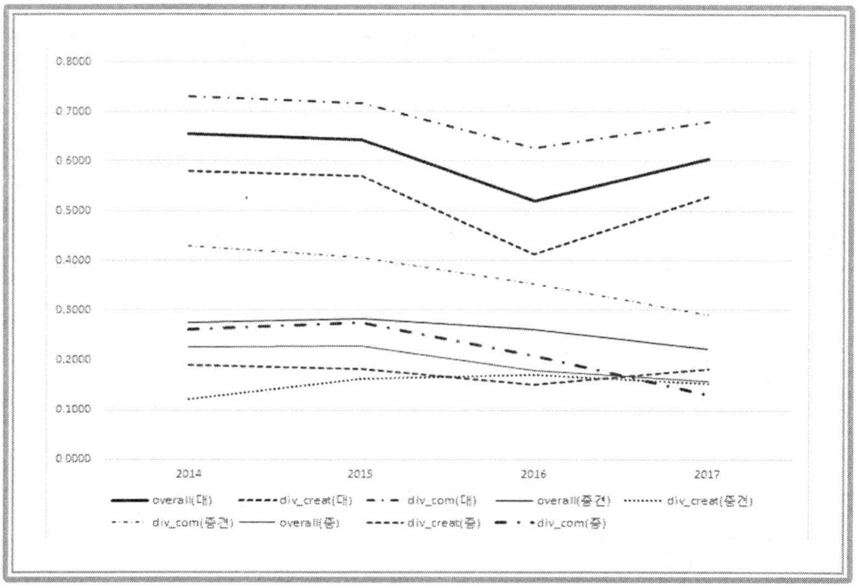

효율성이 높게 나타나며 큰 차이를 보이고 있다.

중견기업의 경우, 기술 사업화 효율성은 중기업에 비해 상대적으로 높지만, 기술 창출 과정의 효율성이 중기업 정도에도 미치지 못하고 있는 상태에서 전체

효율성이 낮게 나타나고 있으며, 이마저도 감소세를 보이고 있다.

중기업의 경우는 전체적으로 열악하여 낮은 효율성을 면치 못하고 있는 실정이지만, 기술창출 과정에서의 효율성은 중견기업보다 높은 효율성을 보이고 있다. 그리고 완만하지만 하락세를 보이고 있다.

Single Stage 모형 분석에서는 중견기업이 대기업보다 나은 효율성을 보이기도 했지만, Two Stage 모형 분석에서 대기업의 기술혁신 효율성이 중견기업에 비해 확연한 차이를 보이고 있음을 알 수 있다. 프로세스를 세분화함으로써 보다 엄격한 효율성 평가가 이루어지고 있음을 알 수 있다.

(5) 김환섭(2019)의 종합적인 효율성 분석 결과

지금까지 분석한 효율성을 종합하여 살펴보면 [표 5-62]와 같다. 분석기간 전체적으로 방사형 DEA 모형인 BCC, CCR 모형에 비해 비방사형 모형인 SBM, Two Stage network 모형이 가장 엄격한 효율성을 보이고 있으며, 효율성의 값이 아주 낮게 나타났다.

분석 모형에 따라 효율성이 차이를 보이며, 비록 투입요소의 투입비율이 조금씩 개선되긴 하지만, Two Stage network 모형으로 보면 전체적으로 국내 제조기업의 프로세스별 기술 혁신 효율성은 감소추세를 보이고 있는 것으로 나타났다.

CCR-i 모형에서 국내 제조기업의 평균 기술혁신효율성은 2017년도 0.6219로

[표 5-62] 분석 효율성 종합 비교

전체	2014	2015	2016	2017	평균
ccr	0.5638	0.5965	0.5709	0.6219	0.5883
bcc	0.8476	0.8975	0.8952	0.8795	0.8800
sbm	0.4581	0.5384	0.4979	0.5255	0.5050
Two Stage	0.3112	0.3145	0.2678	0.2520	0.2864
div_creat	0.2134	0.2282	0.1980	0.2182	0.2144
div_com	0.4090	0.4009	0.3376	0.2859	0.3583

[그림 5-40] 분석 효율성 종합 비교 그래프

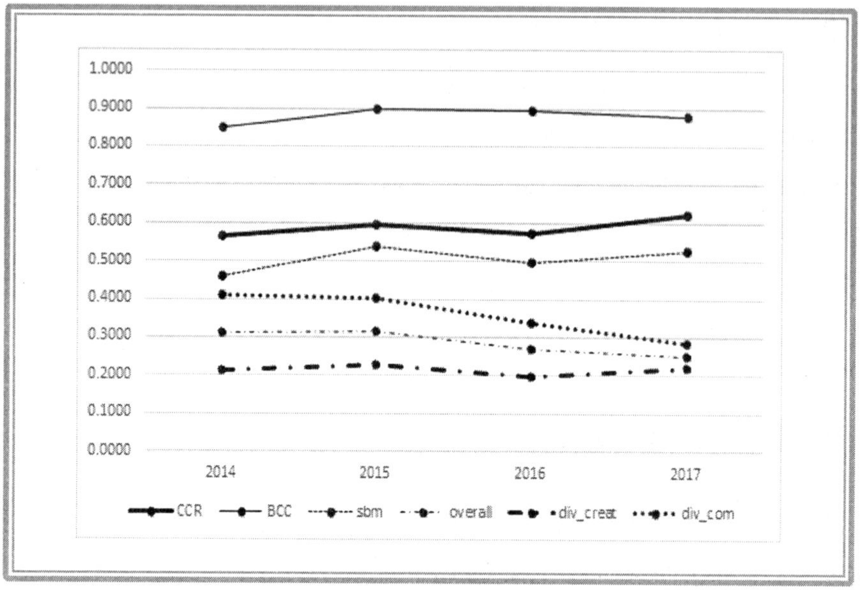

최고치이고 계속 증가하여 왔다. 4년 평균은 0.5883으로 평가되었다. 그리고 BCC-i 모형에 의한 순수 기술혁신효율성을 분석한 결과 4년 평균 순수 기술혁신효율성의 평균값은 0.8800으로 분석되었다.

비방사형 모형인 SBM 평균 효율성을 살펴보면 2015년도 0.5384로 높았다가 2017년에는 0.5255로 감소되었으며, 4년간 평균 효율성은 0.5050으로 나타났다. 이는 비방사형 SBM 모형이 여분(slack)을 반영함으로써 방사형 모형보다 비효율성의 원인을 더 세부적으로 엄격하게 평가되었기 때문이다.

한편 Two Stage의 전체 평균 효율성은 0.2864로 가장 낮게 평가되었다. 이는 기존 Single Stage DEA 모형이 전체를 하나의 프로세스로 분석함으로써 각 프로세스별로 효율성을 분석하는 Two Stage network 모형보다 과대평가된다고 볼 수 있다.

그리고 기존 Single Stage DEA 모형의 경우, 비효율적인 투입/산출요소의 구체적인 원인과 시점을 분석하기가 어려운 한계가 있다. 따라서 기존의 DEA 모형에서는 효율적인 DMU로 판별이 되더라도 Two Stage network 모형에서는 각

stage별로 정확한 투입, 산출요소를 정하여 효율성을 측정함으로써 비효율적인 DMU로 나타날 수도 있다. 엄격한 측정과 함께 비효율성의 원인을 보다 체계적으로 파악하기 위한 의사결정 문제에서는 Two Stage network 모형에 의한 분석이 적합하다고 판단된다.

[그림 5-40]은 Two Stage network 모형과 전통적 DEA 모형의 효율성 값에 대하여 각 DMU별로 4개년도 평균을 정리하여 그래프로 나타낸 것이다. 그래프를 통해서 Single Stage DEA의 효율성이 Two Stage network 모형의 효율성보다 훨씬 고평가되고 있다는 것을 확인할 수 있다.

기업 규모별 효율성 변화(대기업: [표 5-63], [그림 5-41], 중견기업: [표 5-64], [그림 5-42], 중기업: [표 5-65], [그림 5-43] 참조)를 분석해 보면, Single Stage 모형인 CCR, BCC, SBM 모형에서, BCC의 순수기술혁신효율성, 그리고 규모 효율성은 중견기업이나 중기업의 효율성이 대기업의 효율성이 더 우수한 것으로 제시되었으나, Two Stage 모형 분석에서는 기술 창출 프로세스의 효율성과 기술 사업화 프로세스의 효율성에서 대기업은 중견기업이나 중기업을 압도할 정도로 유의미한 차이를 보이고 있다.

대기업의 경우, 비록 Two Stage 모형 분석에서의 효율성이 엄격하게 적용되어 낮은 성향이 있음에도 불구하고, Two Stage 프로세스 효율성은 규모 효율성보다 앞서는 것으로 나타났다. 대기업에서의 기술 창출 효율성과 기술 사업화 효율성은 규모 효율성이 개선되면 더 크게 진전될 여지가 있음을 알 수 있다. SBM 효율성에서 투입 요소의 투입비율이 중견기업이나 중기업보다 매우 효율적으로 나타나, 규모 효율성을 개선하면 기술혁신 프로세스 전반의 효율성이 증가할 수 있으므로, 혁신 투입 요소의 양적 확대를 고려할 필요가 있을 것이다.

중견기업의 경우, 앞에서 언급하였듯이, 비록 BCC 효율성과 규모 효율성이 높게 나타났지만, 투입요소의 투입비율로 인한 비효율이 발생하여 SBM 효율성이 대기업에 비해 크게 낮은 상황이며, 이러한 비효율 원천 속에 Two Stage 모형 분석에서의 효율성 역시 대기업에 비해 현저하게 낮은 효율성을 나타내고 있다.

대기업의 투입요소 투입비율을 벤치마킹하여 효율성을 개선하고, 나아가서, 혁신 투입요소의 양적 확대와 질적 개선을 도모함으로서 기술 혁신 프로세스와 관련된 전체 효율성을 개선할 여지는 많을 것으로 판단된다.

[표 5-63] 대기업의 종합 효율성 비교**[표 5-63] 대기업의 종합 효율성 비교**

대기업	2014	2015	2016	2017
ccr	0.8211	0.8221	0.7385	0.8086
bcc	0.8613	0.8534	0.8445	0.8333
size	0.4692	0.5252	0.4829	0.5918
sbm	0.6110	0.8726	0.7548	0.7952
overall	0.6561	0.6440	0.5198	0.6038
div_creat	0.5805	0.5703	0.4126	0.5283
div_com	0.7317	0.7177	0.6269	0.6792

[그림 5-41] 대기업의 종합 효율성 비교 그래프

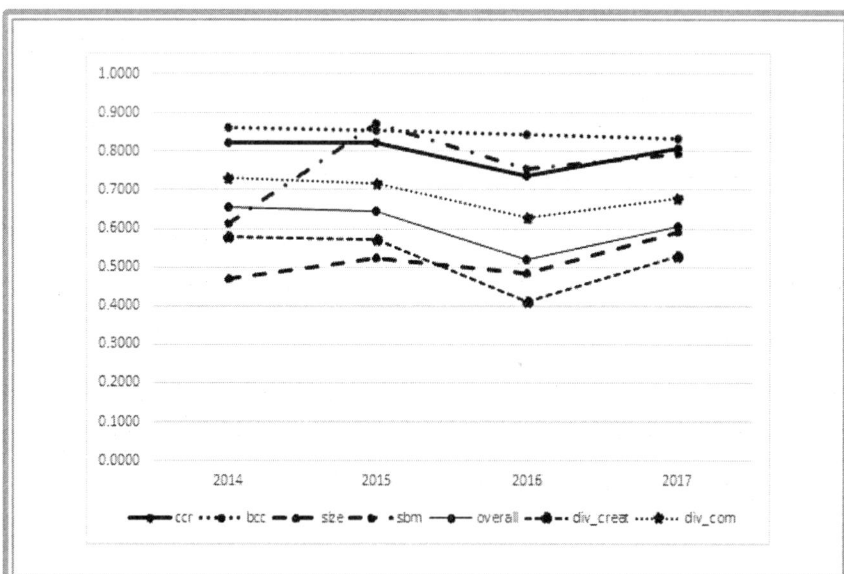

[표 5-64] 중견기업의 종합 효율성 비교

중견기업	2014	2015	2016	2017
ccr	0.5315	0.5915	0.5627	0.5968
bcc	0.8688	0.9418	0.9230	0.9070
size	0.6462	0.6703	0.6486	0.7485
sbm	0.4287	0.4804	0.4435	0.4494
overall	0.2760	0.2841	0.2624	0.2224
div_creat	0.1218	0.1621	0.1715	0.1533
div_com	0.4303	0.4061	0.3533	0.2915

[그림 5-42] 중견기업의 종합 효율성 비교 그래프

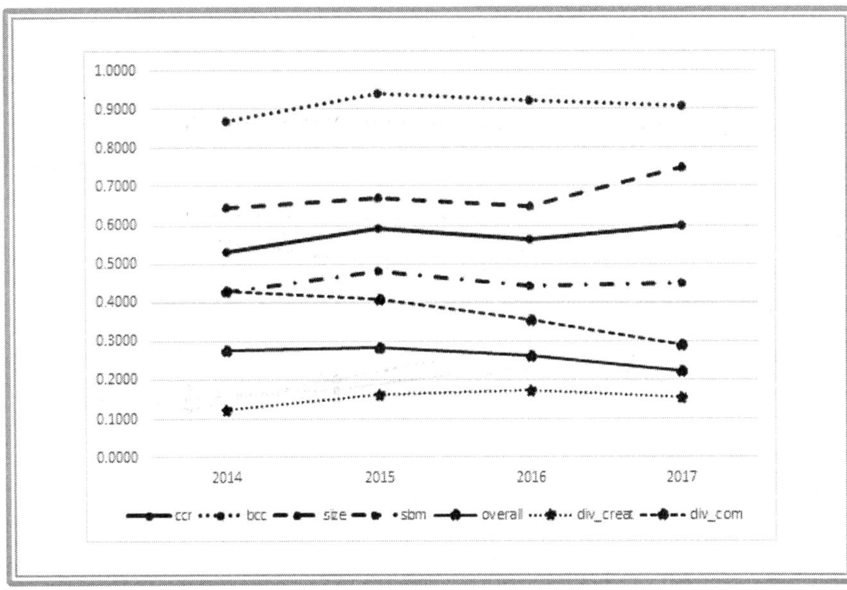

중견기업의 경우, Single Stage 모형의 효율성은 증가 추세를 보이지만, 이에 반해, Two Stage 모형 분석에서의 효율성은 전반적으로 감소 추세를 보이고 있다. 향후 기업의 경쟁우위를 확보하기 위해서라도, 혁신 투입 요소에 대한 차별적인 질적 개선과 양적 확대 방안을 강구하여야 할 것이다.

한편 중기업의 경우, Single Stage 모형의 효율성은 중견기업 못지않게 우수하게 나타나고 있으며, 특히 BCC 효율성과 규모 효율성은 대기업보다 높게 나

[표 5-65] 중기업의 종합 효율성 비교

중기업	2014	2015	2016	2017
ccr	0.5078	0.5181	0.5181	0.5833
bcc	0.8159	0.8589	0.8793	0.8626
size	0.6340	0.6245	0.6193	0.6350
sbm	0.4376	0.4856	0.4696	0.5194
overall	0.2258	0.2290	0.1800	0.1571
div_creat	0.1902	0.1824	0.1507	0.1830
div_com	0.2614	0.2755	0.2093	0.1312

[그림 5-43] 중기업의 종합 효율성 비교 그래프

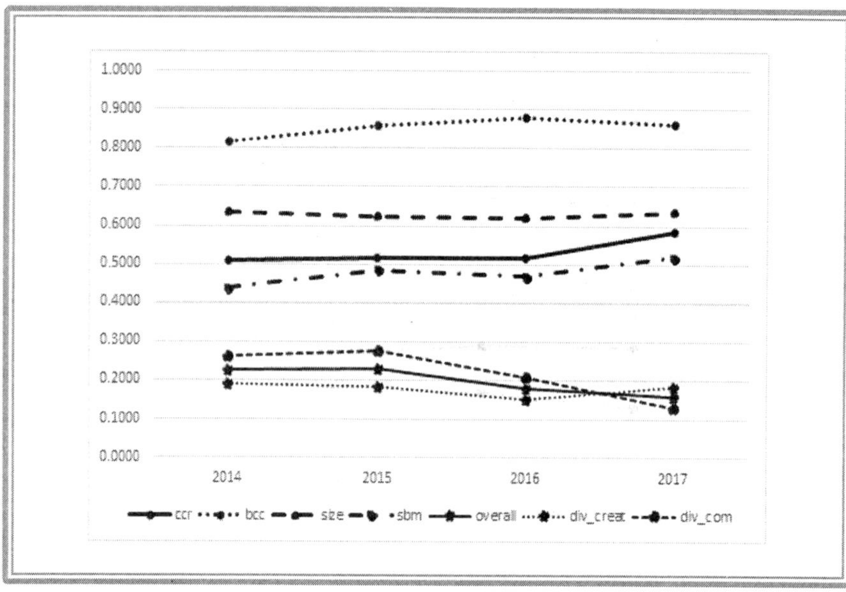

타나고 있다. 그러나 Two Stage 모형 분석에서의 효율성은 전반적으로 매우 낮으며, 그 마저도 감소 추세를 보이고 있다.

이는 Single Stage 모형으로는 black box로 가려져 있던 부분들이 드러남으로써, 비효율적인 문제가 크게 드러난 것으로 판단된다. 중견기업에 비해서 기술사업화 프로세스의 효율성도 매우 낮게 나타나고 있는 것도 주목할 필요가 있다.

중견기업과 마찬가지로, 비록 BCC 효율성과 규모 효율성이 높게 나타났지만,

투입요소의 투입비율로 인한 비효율이 발생하여 SBM 효율성이 대기업에 비해 크게 낮은 상황이다.

중기업 역시 기술 혁신 효율성을 체계적으로 향상시키기 위해서, 대기업의 투입요소 투입비율을 벤치마킹하여 효율성을 개선하고, 나아가서, 혁신 투입요소의 양적 확대와 질적 개선을 도모함으로서 기술 혁신 프로세스와 관련된 전체 효율성을 개선할 여지는 많을 것으로 판단된다.

5 Two Stage 일반 모형 효율성 분석: 프로젝트 생산 사례

(1) 김수하(2020)의 프로젝트 효율성 연구

김수하(2020)는 주문 생산으로 기계 설비를 제작하는 국내 사례 기업을 대상으로 사례 기업이 수행하여 온 2015년에서 2017년까지의 프로젝트 생산 활동에 대해 프로젝트 효율성을 평가하였다.

김수하(2020)는 먼저 유사제품군별 프로젝트는 프로젝트 기반 설치 장비의 유사 정도에 따라, 크게 A, B, C, D 네 가지 유사제품군으로 분류하였다.

사례 기업의 주력 제품군은 B, C 제품군이며, A 제품군은 최근 기술개발을 통해 납품이 이루어지고 있는 제품군이며, D 제품군은 주문 기업들이 특수하게 요구하는 소량 제품군이다.

프로젝트 B와 C 제품군은 사례 기업의 설비 제작 주력 프로젝트로, 수주/납품이 가장 빈번하게 이루어지는 프로젝트 제품군이다. 그리고 프로젝트 A 제품군을 후발 제품군으로 최근 시장 진입이 이루어진 제품 프로젝트이며, 프로젝트 D 제품군은 특정 영역 공정에 대한 소수 주문으로 이루어지는 성격을 지니고 있다.

수주 납품지역은 현재 국내, 중국지역에서 최근 일본, 미국, 유럽으로 확대되고 있는 상황을 고려하여, 국내(지역1), 중국(지역2), 일본, 미국, 유럽 등 지역(지역3)으로 분류하였다. 한편 사례 기업의 프로젝트 생산에 중요한 부분을 차지하고 있는 하청

[표 5-66] 프로젝트 효율성 분석 자료

구 분	프로젝트				매출 지역			하청 비중			계
	A	B	C	D	1	2	3	하	중	상	
DMU	25	72	26	8	72	49	10	33	60	38	131

생산의 역할을 고려하여, 하청 비중(프로젝트별 가공품 비용/프로젝트별 제조원가)에 따라 상(0.65 이상), 중(0.41~0.64), 하(0.4 이하)로 분류하여 조절 효과를 분석하였다.

1) 프로젝트 효율성의 의의와 DEA 평가

프로젝트 생산 관리는 유한한 기간 동안 특정한 제품, 서비스 또는 성과를 만들어 내어야 하는 비즈니스 프로세스로서, 일반 생산 유형 운영과는 차이가 있다(Project Management Institute, 2004). 프로젝트 관리의 주요 쟁점은 프로젝트 제약 조건을 준수하면서 해당 프로젝트 목적(objectives)과 프로젝트 수행 목표(goals)를 달성하는 것이다(Harrison and Lock, 2004).

현재까지 진행된 많은 연구는 프로젝트의 성과 요소와 성과에 영향을 주는 투입 요소 측정치들을 제시하였다(Banker et al., 1984; Dumaine, 1989; Morris and Hough, 1987; Shenhar and Dvir, 2007; Prabhakar, 2008; Thomas and Fernandez, 2008; Turner, 2009; Ling et al., 2009).

Belassi and Tukel(1996)의 연구에서 프로젝트 성공 요인은 대개 다차원적인 특성을 갖게 되는데, 먼저 프로젝트 크기라든지 긴급성 같은 프로젝트 자체와 관련된 요소들이 있으며, 리더십, 역량 등과 같은 프로젝트 관리자 및 팀 구성원에 관련된 요소들, 고객이나 시장같이 외부 환경과 연관된 요소도 포함된다.

프로젝트 성과 측정치에 대해 보편적으로 합의된 정의는 없지만, 가장 많이 제시되고 있는 프로젝트 성과 변수는 비용, 프로젝트 일정, 기술적 성과 산출물과 고객 만족도 등 다차원적 매개변수로 파악하고 있다(Pinto and Slevin, 1988; Baccarini, 1999; Shenhar et al., 2001; Kerzner, 2004; Bannerman, 2008).

프로젝트 성과의 다차원적인 특성에도 불구하고, 현실의 많은 조직은 프로젝트 성과를 평가할 때, 비용, 프로젝트 산출 요소 및 일정 성과 측정치를 널리 사용하고 있다(Project Management Institute, 2004). 또한, 대다수 조직에서 사용하고 있는 프로젝트 성과 평가방법에는 고객 가치와 관련한 투입 요소를 명시적으로 고려하지 않고 있다(Farris et al., 2006). 이 때문에 프로젝트 성과 측정치의 설계와 활용 문제는 지속적으로 주목을 받고 있는 내용이다(Kennerley and Neely, 2003).

Neely et al.(1997)의 연구에서는, 부적절하게 설계된 프로젝트 성과 측정치는 조직 구성원이 적절하지 못한 행위를 추구하게 하여, 전체적으로 역기능 결과를 초래하기도 한다고 제시하고 있다.

성과 측정치의 중요성은 다양한 실무진들과 연구자들에 의해 꾸준히 인식되어 왔으며(Neely et al., 2005), 조직들이 처해 있는 현재의 환경과 전략을 고려하여 성과 측정치를 재설계하여야 함에도, 프로젝트 성과측정 시스템이 환경 및 전략을 지속해서 반영할 수 있도록 체계적인 프로세스를 갖추고 있는 조직은 거의 없다(Neely, 1999; Kennerley and Neely, 2003).

프로젝트 성공을 이루는 것은 고객의 가치를 달성하는 것인데, 프로젝트 일정, 비용 및 프로젝트 품질이 고객 가치를 이루어 준다고 어느 정도 일치를 보고 있다(Project Management Institute, 2004). 그런데도, 프로젝트 일정, 비용 및 프로젝트 품질 그 자체가 중요한 것은 아니라는 연구들(Morris and Hough, 1987; Shenhar and Dvir, 2007, Turner, 2009)이 진행되면서, 다양한 투입 요소와 다양한 산출 요소를 고려하여야 하는 프로젝트 성과측정에서, DEA 기법은 대안이 된다는 것을 많은 연구자는 제시하고 있다.

Kerzner(1998)는 정시 완료, 예산 내 완료, 원하는 수준의 품질 내 완료의 세 가지 목표를 충족시키는 측면에서 프로젝트 성공을 정의하였다. 여기에서 말하는 프로젝트 품질은 일반적으로 기술 사양을 충족하는 것으로 정의된다. 이 세 가지 측정은 모두 프로젝트의 내적인 문제이며, 반드시 최종 사용자 또는 고객의 선호도를 나타내는 것이 아니기 때문이다.

프로젝트 성과 평가에서 투입 요소가 성과 평가에서 고려되지 않고, 산출 요소만 프로젝트 성공을 측정하고 프로젝트 순위를 결정하는 데 적용된다는 것이 가장 중요한 기존 평가방법의 단점이라 할 수 있다.

프로젝트 성과를 평가할 때, 프로젝트 산출 요소에 영향을 미치는 다양한 투입 요소 차이를 명시적으로 고려하면서도, 사전에 투입/산출 변수 규격을 요구하지 않는 DEA 기법이 프로젝트 성과 평가에 선호되고 있으며(Charnes et al., 1978), DEA 기법이 프로젝트 성과 평가방법의 중요한 대안이 되는 이유이기도 하다.

DEA 기법은 다수 투입 요소와 다수 산출물을 동시에 고려하여 효율성을 측정하는 비모수 접근방법(non-parametric approach)으로 Charnes et al.(1978)에 의해 제시된 이후, 지금까지 다양한 산업과 영역에서 적용되어 오면서 진화되어 왔다(Huang et al., 2014).

DEA 기법은 은행 등 금융 산업(Jemric and Vujcic, 2002; Cummins et al., 1999; Basso and Funari, 2001), 보건 의료(Nunamaker, 1983; Chilingerian and Sherman, 1990), 농업(Kao et al., 1993) 및 운송/통신 산업(Uri, 2001; Kerstens, 1996), 호텔 산업(Morey and Dittman, 1995; Hwang and Chang, 2003; Barros and Mascarenhas, 2005; Barros, 2005; Wang et al., 2006; Gunjan, 2007; Barros and Dieke, 2008; Chaabouni, 2017)과 같은 산업 분야에서 효율성 측정을 기본으로 DMU 순위 결정, 자원 비효율성 측정, 전략 유효성 평가 등에서 다양하게 적용되어 왔다.

또한, 기업의 경영 효율성뿐만 아니라, 연구소, 대학 및 공공기관, 그리고 국가 차원의 R&D 효율성과 과제 수준 평가, 그리고 기술 혁신 효율성 평가에 효과적으로 널리 활용되어 왔다(Linton et al., 2002; Revilla et al., 2003; Guan and Wang, 2004; Eilat et al., 2006; Hsu and Hsueh, 2009; Lee et al., 2009; Lee and Cho, 2014; Lee and Shin, 2014, 김환섭·이홍배, 2018).

프로젝트 효율성 측정과 관련한 연구에서도, 비모수 접근방법으로 특정한 함수 형태를 사전에 설정하지 않으며, 다기준 의사결정 기법으로 다수의 투입 요소와 다수의 산출 요소 처리에 쉬운 DEA 기법을 적용하여 다양한 방향(Linton and Cook, 1998; Busby and Williamson, 2000; Pillai et al., 2002; Verma and Sinha, 2002; Revilla et al., 2003; Stensrud and Myrtveit, 2003; Farris et al., 2006 Vitner et al., 2006; Eilat et al., 2006, 2008; Marques et al., 2011; Cao and Hoffman, 2011; Ku-Mahamud, et al., 2011; Barfod, 2012; Mazyar et al., 2014)으로 연구가 진행되어 왔다(김환섭·이홍배, 2018).

2) 프로젝트 성과 기반 평가와 EVA

현실적으로 모든 프로젝트는 다양한 종료 단계가 있으므로, 일반 조직에서는 각 프로젝트의 상대적인 성과를 평가하는 방법이 주요 과제로 등장하고 있다. 현재 가장 널리 사용되는 평가방법은 시간과 비용의 두 가지 차원을 통합한 획득 가치 관리(Earned Value Management; EVM) 방법이다(Rozenes et al., 2004).

프로젝트 성과관리 기법인 획득 가치 분석(Earned Value Analysis; EVA)은 프로젝트 모니터링/제어 관리 방법론으로, 프로젝트의 진행 상황을 측정하고 전달하기 위해 통화 단위를 공통 기반으로 사용하되, 수행된 작업의 실제/예산 값, 실제/계획 소요 시간 및 비용을 비교한다. 따라서 프로젝트의 시간 및 비용 관점이 통합되어야 한다(Fleming and Koppelman, 2005; Shtub et al., 2005; Vanhoucke, 2009).

EVA는 프로젝트 기간 동안 프로젝트 성과를 측정하는 데 사용되기도 하지만, 프로젝트 성과 예측에도 사용하고 있다. 프로젝트 현재 상태를 사용하여 예상 프로젝트 시간과 비용을 추정하는데, Vandevoorde and Vanhoucke(2006), Vanhoucke and Vandevoorde(2007)는 EVA 기반으로 세 가지 예측 방법을 개발한 바 있다. 또한 프로젝트 하위 활동 변화 정도 측정과 프로젝트 전략 설정에도 적용되기도 하였다(Elshaer, 2013; Vanhoucke, 2010).

EVA가 프로젝트 관리자들로부터 주목을 받고 있지만, 실제 EVA를 구현하는 데는 한계가 있다(Hall, 2012).

EVA는 첫째, 긴급 활동 경로와 비긴급 활동 경로를 차별화하지 못하며, 둘째, 프로젝트 하위 활동들이 독립적이라고 가정한다는 문제가 있다. 그리고 셋째, 관리의 행위 차원을 고려하지 못하며, 넷째, 프로젝트 프로세스와 산출 요소의 품질은 평가하지 못한다는 문제도 지적된다. 나아가서 더 큰 문제는 프로젝트 계획과 관리 측면에서 시간과 비용만을 고려하지만, 그런데도 정보 요구량이 턱없이 높다는 것이다. 이를 해결하기 위한 여러 노력이 전개되어 왔지만(Rozenes et al., 2004; El-Mashaleh and Chasey, 1999; Khamooshi and Golafshani, 2014), 이런 연구들조차도 모든 단일 프로젝트 조직을 다루는 데 그친 것이다. 프로젝트 생산 조직의 경우, 많은 프로젝트에 투자하며, 다양한 프로젝트들은 상호 연관성을 지니고 있다. 따라서 비즈니스 전략을 향상하고 조직 목표를 달성하기 위해서는 다양한 프로젝트 포트폴리오 관리도 중요해질 수밖에 없다.

Rozenes et al.(2004), Vitner et al.(2006) 등이 제시한 다차원 평가방법을 활용하여 EVA를 기반으로 투입 요소와 산출 요소를 고려하여 프로젝트 효율성 평가를 고려하고, DMU 효율성을 평가하기 위해 DEA 기법을 제안하였다.

김수하(2020)는 Vitner et al.(2006) 등이 제시한 EVA을 기반으로 한 투입 요소와 산출 요소를 고려하기로 하였다.

(2) 김수하(2020)의 연구 모형과 투입, 산출 요소 선정

1) 투입, 산출 요소 선정

프로젝트 효율성을 측정, 평가하기 위해 Two Stage DEA 모형에 사용할 투입 및 산출 요소 선정 기준은 명확하고 일반적인 기준이 존재하지 않고, 적용 분야의 특성과 평가 목적에 따라 달라질 수 있을 것이다(정진호·임성묵, 2014).

김수하(2020)는 연구소, 대학 및 공공기관, 그리고 국가 차원의 R&D 프로젝트 효율성과 과제 수준 평가, 그리고 기술 혁신 효율성 평가에 효과적으로 널리 활용되어 온 국내 DEA 연구(최정인 외, 2009; 한동성·신민철, 2010; 서용윤·김문수, 2011; 최석봉·하귀룡, 2013; 전익진·이학연, 2015; 조성택, 2016; 윤상흠 외, 2017; 김환섭·이홍배, 2018)와, 프로젝트 효율성 측정과 관련된 해외 DEA 연구(Linton and Cook, 1998; Busby and Williamson, 2000; Pillai et al., 2002; Verma and Sinha, 2002; Revilla et al., 2003; Stensrud and Myrtveit, 2003; Farris et al., 2006; Vitner et al., 2006; Eilat et al., 2006, 2008; Eilat et al., 2008; Marques et al., 2011; Cao and Hoffman, 2011; Ku-Mahamud, et al., 2011; Barfod, 2012; Mazyar et al., 2014)들을 검토하여 프로젝트 효율성 모형의 투입 요소와 산출 요소를 고려하였다.

특히, Two Stage R&D 프로젝트 효율성 연구의 투입, 매개 및 산출 요소는 다음의 [표 5-67]과 같다(Dumaine, 1989; Morris and Hough,1987; Shenhar and Dvir, 2007; Turner, 2009의 연구에서 추출).

[표 5-67] Two Stage R&D 효율성 연구의 투입, 매개 및 산출 요소

Dimension	Measures	Items and definition	Reference
Inputs	Project R&D staffing Government subsidy to GSP	Number of R&D staffs working in the project	Ruegg and Feller(2003), Revilla et al.(2003), Farris et al.(2006)
		Subsidy from the government to GSP in the recipient firm	Ruegg and Feller(2003), Revilla et al.(2003), Farris et al.(2006)
	GSP budget from recipient firm	Budget of the recipient firm invested in GSP	Ruegg and Feller(2003), Revilla et al.(2003), Farris et al.(2006)
	Post-project period	Time lag between the completion of the full project and survey day	Powell and Lellock (2000)
Intermediate outputs	Publication articles	Papers published in journals	Georghiou (1999)
		Papers published in conferences/work shops/seminars	Ruegg and Feller(2003)
	Patent stocks	Patent application	Georghiou (1999)
		Patents granted	Ruegg and Feller(2003), Revilla et al.(2003)
Final outputs	Innovative commercialization	Patents used in product or technology	Georghiou (1999)
		Improved/new technology or products	Ruegg and Feller(2003)
	Profited commercialization	Direct profit from the commercialization of derived technology/product	Georghiou (1999), Linton et al. (2002), Ruegg and Feller(2003), Revilla et al. (2003)

실제 프로젝트 효율성 연구는 상대적으로 드문 편이며, 김수하(2020)는 앞에서 제시한 기술 혁신 효율성 연구와 R&D 프로젝트 효율성 연구, 그리고 프로젝트 연관된 Farris et al.(2006), Vitner et al.(2006), Ku-Mahamud et al.(2011) 등의 연구들을 토대로 Two Stage 모형의 투입 요소와 산출 요소를 설정하였다.

특히 Farris et al.(2006)의 연구에서는 산출 요소를 project duration으로 설정하고, 투입 요소로 작업공수(effort), 프로젝트 투입 인력, 프로젝트 긴급성, 프로젝트 간접

투입 인력, 기술복잡도를 고려하였다. 이들은 프로젝트의 다차원 특성을 고려하여, 프로젝트 긴급성, 기술복잡도 등을 고려하였다. 한편, Vitner et al.(2006) 등은 투입 요소로 비용, 작업 명세, 모니터링 수준, 불확실성 수준을 제시하였으며, 산출 요소로는 디자인 수율, 작업 수율, 훈련 수율, 문서 수율, 프로젝트 관리 수율, SPI(Schedule -Performance Index), CPI(Cost-Performance Index) 등을 제시하였다. 특히 이들은 Rozenes et al.(2004), Vitner et al.(2006) 등이 제시한 다차원 평가 방법을 활용하여 EVA를 기반으로 투입 요소와 산출 요소를 고려하고 있다고 평가하였다.

그리고 Ku-Mahamud et al.(2011)의 연구는 드문 제조 기업 대상의 프로젝트 연구로, 투입 요소로는 노무비, 재료비, 프로젝트 납기를, 산출 요소로는 계약금액을 제시하였다.

[표 5-68] Farris et al.(2006) 연구의 투입/산출 요소

	Measures	Definition	Units
1	Project duration	Work days to complete project	Days
2	Effort	Work content of the project	Person Days
3	Project staffing	Number of people on project/effort	People/Day
4	Priority	Urgency of project	Interval (1="lowest priority": 9="highest priority")
5	Number of officers	Number of officers in TSI Department during the project	People
6	Technical complexity	Technical difficulty and uncertainty of project	Categorical (1="most complex": 3="least complex)
7	Project work flow index	Effort/project duration	

[표 5-69] Vitner et al.(2006) 연구의 투입/산출 요소

투입 변수	비용, 작업 명세, 모니터링 수준, 불확실성 수준
산출 변수	디자인 수율, 작업 수율, 훈련 수율, 문서 수율, 프로젝트 관리 수율, SPI, CPI

[표 5-70] Ku-Mahamud et al.(2011) **연구의 투입/산출 요소**

투입 변수	노무비, 재료비, 프로젝트 납기
산출 변수	계약금액

그러나 이들 프로젝트 연구는 모두 Single Stage를 대상으로 이루어진 연구들로 프로젝트 본연의 세부 하위 활동을 파악하기에는 문제가 많다고 판단된다.

[그림 5-44]의 Two Stage DEA 모형을 전제로 설비 주문 제작 사례 기업의 프로젝트 효율성을 평가하는 데에는 비록 측정 항목들에 대한 참고 사항도 있었지만, 전체적인 검토가 필요하였다.

김수하(2020)는 더욱 체계적이고 구체적인 프로젝트 효율성 분석을 위하여, 프로젝트 창출 과정(Project Creation Process: Pcrp)과 프로젝트 생산 활동 과정(Project Production Process: Prop)인 두 개의 과정으로 분리하여 연구를 수행하였다([그림 5-44] 참조).

[그림 5-44] 김수하(2020)의 프로젝트 평가 Two Stage DEA **모형**

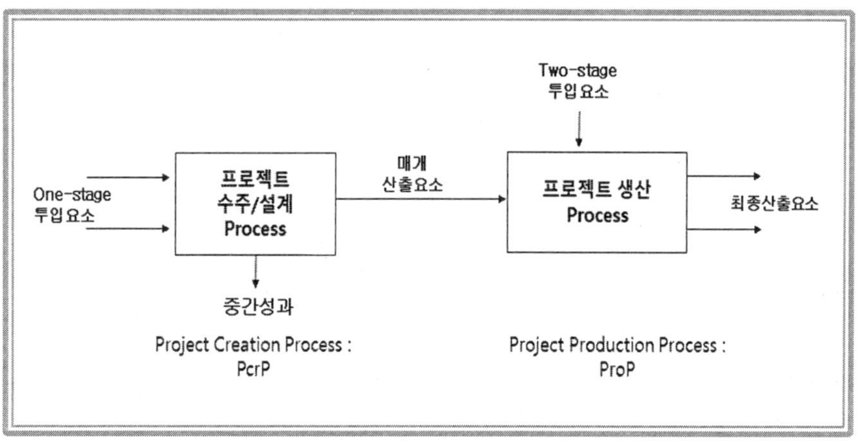

2) 김수하(2020)의 프로젝트 효율성 모형 설계

설비기계 주문 제작을 하는 사례 기업의 프로젝트 효율성을 평가하기 위해, 투입지향 CCR 모형의 프로젝트 효율성, 투입지향 BCC 모형의 순수 프로젝트 효율성과 규모 효율성, SBM 모형의 SBM 효율성과 혼합 효율성을 비교, 분석하고자 하였다.

나아가서 김수하(2020)는 black box로 파악되는 프로젝트 전체 효율성을 측정하되, network 특성을 보이는 프로젝트 하위 활동 연계 과정을 통해 다양한 투입/매개/산출 변수 간의 상호관계가 프로젝트 성과로 나타나는 프로젝트 전체와 하위 프로젝트 활동 효율성의 특성을 평가하고자 하였다. 전체 생산 프로세스를 연계된 하위의 세부 프로세스로 구분함으로써, 투입물 및 산출물의 실제적인 효과를 확인할 수 있기 때문이다(김환섭·이홍배, 2018).

김수하(2020)는 프로젝트 효율성을 체계적으로 평가하기 위하여 비방사형의 Two Stage network DEA 일반 모형([그림 5-45])을 토대로 설계하였다.

[그림 5-45] Two Stage 일반모형

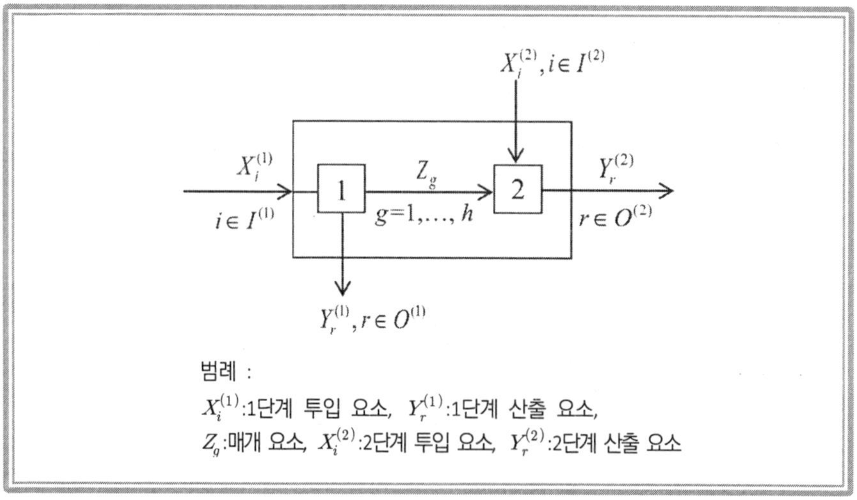

단순한 네트워크 구조의 프로세스를 두 개의 프로세스로 분리해서 분석한 연구자들은 Charnes et al.(1986)의 연구를 시작으로, Soteriou and Zenios(1999), Abad et al.(2004), Simon et al.(2011), Liang et al.(2006), Bichou(2011), Guan and Chen(2012), Guan and Chen(2010a), Cullmann et al.(2012), Wang et al.(2013a, 2013b), Wang et al.(2016) 등의 연구들이 진행되었으며, 김수하(2020) 연구에서 적용하고자 하는 Two Stage 일반 모형은 Liang et al.(2006)의 연구로부터 확대

되기 시작하였으며, 국내에서도 박이숙·고대영(2017)의 연구에서 Two Stage 모형이 적용되었다(김환섭·이홍배, 2018).

김수하(2020)는 각 stage마다 외부 투입 요소와 함께 산출 요소가 있는 Two Stage 일반 모형에서 전방 1단계 stage를 프로젝트 창출 과정(project creation subprocess)으로, 후방 2단계 stage를 프로젝트 생산 과정(project production subprocess)으로 분리하여 설정하였으며, 각 stage의 DMU를 독립된 DMU로 간주하여 여분(slack) 자원을 고려한 비방사형 NSBM 모형으로 사례 기업 프로젝트 효율성을 분석하였다.

설계 모형의 첫 stage인 프로젝트 창출 과정(project creation process)의 투입 요소 $X_i^{(1)}$로 관리비, 연구개발 집중도, 기술복잡도, 산출 요소 $Y_r^{(1)}$로 원가절감을 적용하였다. 1단계에서 2단계로의 매개 요소 Z_g는 duration 성과를 사용하였다. 설계 모형의 두 번째 stage인 프로젝트 생산 과정(project production process)의 투입 요소인 $X_i^{(2)}$에는 프로젝트 투하 인적자원 관련 직접 인건비와 직접 재료비를, 최종 산출 요소인 $Y_r^{(2)}$에는 프로젝트 매출이익, CPI, 고객 충성도를 고려한 분석 모형을 적용하였다.

김수하(2020) 연구에서, 비방사형 Two Stage network DEA 모형을 이용한 이유는 방사형 CCR, BCC 모형을 이용할 경우 프로세스별로 나누어 각 프로세스의 부분적인 효율성을 분석할 수 있지만, 줄어들어야 하는 투입물의 양과 증가하여야 하는 산출물의 양이 더 존재함에도 똑같이 효율성 점수가 1 로 나와 엄밀한 측정에 어려움이 있기 때문이다(김광수·이홍배, 2017).

NSBM 모형을 이용하면 투입물과 산출물의 여유분(slack)을 기반으로 효율성을 도출하기 때문에 방사형 DEA 모형의 한계점을 보완할 수 있으며, 하위 프로세스의 효율성 분석에도 매우 유용성이 크기 때문이다(김광수·이홍배, 2017).

김수하(2020)는 설비 주문 제작 프로젝트 활동들을 수주/설계 하위 활동과 주문 설비 제작/생산 하위 활동으로 분류하였다. 수주/설계는 마케팅 및 생산 계획 단계의 하위 활동으로 정리하였으며, 주문 설비 제작/생산 하위 활동은 실제 수익 창출을 위한 생산 활동으로 정리하였다. 이러한 하위 프로젝트 활동을 거쳐 기업성과에 미치는 효율성을 분석하고자 하는 연구 목적을 달성할 수 있는 적절한 투입 및 산출 요소를 가장 필요한 사항이라 할 수 있다.

DEA 모형 역시 경제성 원리를 근간으로 하는 시장 경제 모형이기 때문에, 자원의 투입과 산출 요소로의 기업성과를 고려하여야 한다. 대체적으로 Single Stage에서 나타나는 투입 요소는 인적자원, 투하 자본 등이고, 산출 요소는 기업의 성과이다.

[표 5-71] Project Two Stage DEA 모형 전체 투입/매개/산출 변수

구 분	항 목	정의와 계산
투입 변수	관리비	일반관리비 총액*(프로젝트매출액/총매출액)(단위: 백만원)
	기술복잡도	설계난이도, 제어 프로그램 난이도, 기구 조립 난이도, 부품 정밀성
	연구개발집중도(%)	연구개발비총액*(프로젝트매출액/총매출액)/총매출액 (연구개발비는 내외부 연구개발업무와 관련한 총지출액임)
	프로젝트 staffing	Project 투입 인건비(직접+간접)(단위: 백만원)
	재료비	Project 투입 재료비(단위: 백만원)
매개 변수	project duration 성과	예상MD/실제MD
산출 변수	프로젝트 매출이익	프로젝트 매출이익(단위: 백만원)
	CPI	매출액/(직접 재료비+직접 인건비)
	원가절감	수주, 설계로 이루어낸 비용절감액(단위: 백만원)
	고객충성도	재구매 의도, 타인 추천 정도, 가격허용 정도, 품질만족도

프로젝트 효율성을 평가하는 김수하(2020)는, 프로젝트 특성을 고려한 인적자원과 투하 자본을 고려하고, Rozenes et al.(2004), Vitner et al.(2006) 등이 제시한 EVA를 기반으로의 다차원 투입 요소와 산출 요소를 고려하고자 하였다.

김수하(2020)는 투입 요소로 인적자원과 관련하여 프로젝트 투입 인적자원 관련 인건비를 고려하였다. 투입 자본과 관련하여 관리비, 재료비, 연구개발 집중

도를 고려하였으며, 다차원 특성으로 기술복잡도와 project duration 성과를 고려하였다.

그리고 산출 요소로 기업성과에 해당하는 프로젝트 매출이익과 원가절감, EVA 평가 항목으로 CPI를, 다차원 특성으로 고객 충성도를 고려하였다. 이들 투입 요소, 매개 요소, 산출 요소에 대한 정의와 설명은 [표 5-71]에 제시하였다.

김수하(2020)의 Two Stage 모형에서, 1단계의 투입 요소로 관리비, 연구개발 집중도, 기술 복잡도를 고려하였으며, 1단계 산출 변수로 원가절감을 고려하였고, 1단계 매개산출로는 duration 성과를 고려하였다.

2단계 투입 요소로 프로젝트 투입 인적자원 관련 직접 인건비와 직접 재료비를 적용하였으며, 2단계의 산출 요소로는 기업성과와 연계하여 프로젝트 매출이익, CPI, 고객 충성도 등을 사용하였다.

[표 5-72] 각 Stage에서의 투입/매개/산출 변수 지표

구 분	항 목	지표 정의와 계산
1 stage 투입 변수	관리비	일반관리비 총액*(프로젝트매출액/총매출액)(단위: 백만원)
	기술복잡도	설계난이도, 제어 프로그램 난이도, 기구 조립 난이도, 부품 정밀성
	연구개발집중도(%)	연구개발비총액*(프로젝트매출액/총매출액)/총매출액 (연구개발비는 내외부 연구개발업무와 관련한 총지출액임)
1 stage 산출 변수	원가절감	수주, 설계로 이루어낸 비용절감액(단위: 백만원)
1-2 stage 매개 변수	project duration 성과	예상MD/실제MD
2 stage 투입 변수	프로젝트 staffing	Project 투입 인건비(직접+간접)(단위: 백만원)
	재료비	Project 투입 재료비(단위: 백만원)
2 stage 산출 변수	프로젝트 매출이익	프로젝트 매출이익(단위: 백만원)
	CPI	매출액/(직접 재료비+직접 인건비)
	고객충성도	재구매 의도, 타인 추천 정도, 가격허용 정도, 품질만족도

(3) 김수하(2020)의 Single Stage와 Two Stage 효율성 분석

1) CCR Single 모형 프로젝트 효율성 분석

① 제품군별 효율성 비교 분석

131개 프로젝트에 대한 CCR 모형에 의한 프로젝트 효율성 분석결과는 [표 5-73]에 제시하였다.

개별적 특성이 모두 다른 프로젝트 성격에 따라 기존 DEA 기법 적용과는 다소 다른 측면이 있다. 통상적인 DEA에서 DMU가 지속한다는 전제가 있지만, 프로젝트는 저마다 다른 특성이 있어서, DMU별 연간 비교보다 전체 효율성의 연도 변화를 파악하는 것이 더 의미 있으므로 기존 DEA 분석과는 다르게 전개하였다.

효율성의 값이 1인 프로젝트는 2015～2017년까지 46개 프로젝트이다. 제품별로 효율성이 1인 프로젝트를 분석하면, 프로젝트 A 제품군은 7개, 프로젝트 B 제품군은 20개, 프로젝트 C 제품군은 10개, 프로젝트 D 제품군은 1개로 분석되었다.

분석결과 사례 기업의 경우, 설비 제작 주력 프로젝트는 B 제품군, C 제품군 프로젝트로, 수주/납품이 가장 빈번하게 이루어지는 프로젝트 제품군이다. 반면 프로젝트 A 제품군은 후발 제품군으로 초기 어려움을 겪고 있는 제품이고, 프로젝트 D 제품군은 시장에서 많이 요구하는 제품군이 아니라, 특정 소수 주문으로 이루어지는 제품군 프로젝트 성격을 지니고 있다.

분석에서 보다시피, 프로젝트 B 제품군과 C 제품군은 효율성 1인 프로젝트가 많이 나타나고 있으며, 특정 소수 주문이 이루어지는 D 제품군의 경우, 효율성 1인 프로젝트는 1개밖에 나오지 않았다.

사례 기업의 전체 프로젝트 효율성은 0.8728로 나타났으며, 이는 사례 기업의 프로젝트 효율성이 어느 정도 높게 나타나고 있음을 의미한다.

연도별 프로젝트 효율성은 2015년에 비해 2016, 2017년 효율성이 크게 개선되었음을 알 수 있다. 비록 2017년 효율성은 2016년에 비해 낮아졌지만, 낮아진 이유에 대해서 이후 면밀하게 분석하고자 한다. 그런데도 2015년 효율성보다 높으며, 평균도 상회하고 있어서, 2015년보다는 효율성이 크게 개선된 상황이라

기업 전체적인 효율성 개선은 이루어졌다고 판단된다.

프로젝트 효율성의 추이 변화를 보다 구체적으로 검토하기 위해서, 먼저 유사제품군별 프로젝트 효율성을 검토하였다.

유사제품군별 프로젝트는 프로젝트 기반 설치 장비의 유사 정도에 따라, 크게 A, B, C, D 네 가지 유사제품군으로 분류하였다.

사례 기업의 주력 제품군은 B, C 제품군이며, A 제품군은 최근 기술개발을 통해 납품이 이루어지고 있는 제품군이며, D 제품군은 주문 기업들이 특수하게 요구하는 소량 제품군이다.

프로젝트 A 제품군은 기술개발을 늦게 시작하여 초기 투자비와 경험이 낮아 가격 경쟁으로 시장에 진입하면서 점차 좋아지는 추세를 보인다. 프로젝트 D 제품군은 시장에 많이 납품하는 품목이 아니므로 전체적인 효율성이 낮게 나오고 있다.

[표 5-73] 3년간 프로젝트 효율성 분석

DMU	CCR	DMU	CCR	DMU	CCR
A-1	0.5608	D-1	0.588	A-1	1
A-2	1	D-2	0.5943	A-2	1
A-3	0.9779	D-3	0.697	A-3	0.8443
A-4	0.5787	D-4	1	A-4	1
A-5	0.9063	A-1	1	A-5	0.6538
A-6	1	A-2	0.9889	A-6	0.6693
A-7	1	A-3	0.7768	B-1	1
A-8	0.4257	A-4	0.7747	B-2	0.7223
A-9	0.5435	A-5	0.7798	B-3	0.5621
A-10	0.5358	A-6	0.7798	B-4	0.6241
A-11	0.7817	A-7	0.6981	B-5	1
A-12	0.9355	B-1	1	B-6	1
B-1	1	B-2	1	B-7	0.8376
B-2	1	B-3	1	B-8	1
B-3	1	B-4	1	B-9	1
B-4	1	B-5	1	B-10	1
B-5	1	B-6	0.9368	B-11	1
B-6	1	B-7	0.9769	B-12	1
B-7	1	B-8	1	B-13	0.7261

B-8	0.8288	B-9	1	B-14	1
B-9	1	B-10	0.8037	B-15	0.8168
B-10	1	B-11	0.8681	B-16	0.9691
B-11	1	B-12	0.9218	B-17	0.8976
B-12	0.5523	B-13	1	B-18	0.9438
B-13	0.9003	B-14	1	B-19	0.789
B-14	0.6298	B-15	0.6262	B-20	1
B-15	1	B-16	0.841	B-21	0.89
B-16	0.6597	B-17	1	B-22	1
B-17	1	B-18	0.718	B-23	0.9283
B-18	1	C-1	0.9244	B-24	0.9236
B-19	0.8436	C-2	0.7557	B-25	0.8385
B-20	0.8802	C-3	1	B-26	0.7521
B-21	0.6108	C-4	0.7851	B-27	0.7305
B-22	0.7104	C-5	0.8817	B-28	0.8155
B-23	0.8566	C-6	1	B-29	1
B-24	0.598	C-7	0.7702	C-1	1
B-25	0.5953	C-8	0.7694	C-2	1
C-1	0.9919	C-9	0.7647	C-3	1
C-2	0.5257	C-10	0.9797	C-4	1
C-3	1	C-11	0.9772	C-5	0.9895
C-4	1	C-12	1	D-1	0.9322
C-5	0.827	C-13	0.866	D-2	0.745
C-6	0.9308	C-14	1	D-3	0.6124
C-7	0.971	D-1	0.8537		

[표 5-74] 연도별 프로젝트 효율성 추이

구 분	2015	2016	2017	평균
CCR 평균	0.8341	0.8955	0.8887	0.8728

유사제품 프로젝트별 효율성 분석([표 5-75] 참고)에서, 프로젝트 A 제품군은 시간이 지날수록 효율성이 좋아지고 있다. 프로젝트 B 제품군은 전체적으로 효율성이 안정화를 보이고, 프로젝트 C 제품군은 매년 효율성이 좋아지는 모습을 보인다. 사례 기업의 주력 프로젝트인 B, C 제품군 프로젝트의 효율성이 제대로 유지되고 있는 것으로 파악되었다. 프로젝트 A 제품군은 시장에 늦게 진입하여 매

년 효율성이 좋아지고 있어 주력 프로젝트로 자리 잡아가고 있음을 알 수 있다. 프로젝트 D 제품군은 특정 기업이나 지역 한정 프로젝트로 효율성도 낮게 나오는 모습으로 향후 개선의 여지가 매우 높은 프로젝트라고 판단된다.

[표 5-75] 유사제품군 프로젝트별 효율성 비교

구 분	2015	2016	2017	평균
A	0.7705	0.8283	0.8612	0.8200
B	0.8666	0.9274	0.8885	0.8942
C	0.8923	0.8910	0.9979	0.9271
D	0.7198	0.8537	0.7632	0.7789

[그림 5-46] 유사제품군별 효율성 추이

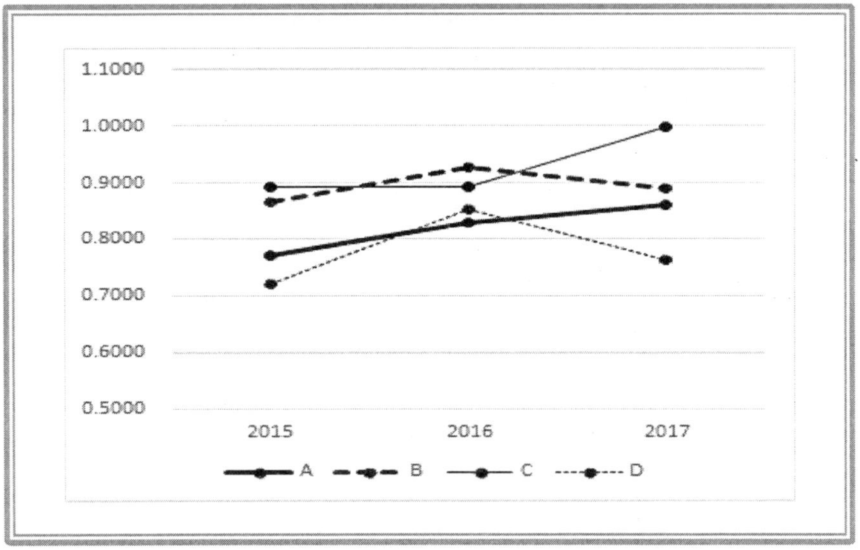

② 지역별 효율성 비교 분석

지역별 프로젝트 효율성을 보면 지역1(국내)에서의 프로젝트 효율성은 2015년에 비해 2016년에는 효율성이 매우 좋아졌다. 비록 2017년도에는 효율성이 낮아졌지만, 전체적으로 효율성 제고가 이루어져 국내 시장에서의 경쟁력도 나아지고 있음을 확인하였다. 지역2(중국)는 매년 효율성이 조금씩 좋아지는 추세이고, 지역3(일본, 미국, 유럽 등 기타지역)에서도 프로젝트 효율성이 크게 좋아지는 상황에서, 국내에서는 더욱 안정적인 기준에서 투자 개선이 필요하며, 해외의 경우, 프로젝트 효율성이 개선되고 있어서, 공격적인 경영전략이 요청된다고 판단된다.

[표 5-76] 지역별 프로젝트 효율성 비교

구 분	2015	2016	2017
1	0.8309	0.9171	0.8655
2	0.8352	0.8786	0.9109
3	0.8486	0.9269	1.0000

[그림 5-47] 지역별 프로젝트 효율성 추이

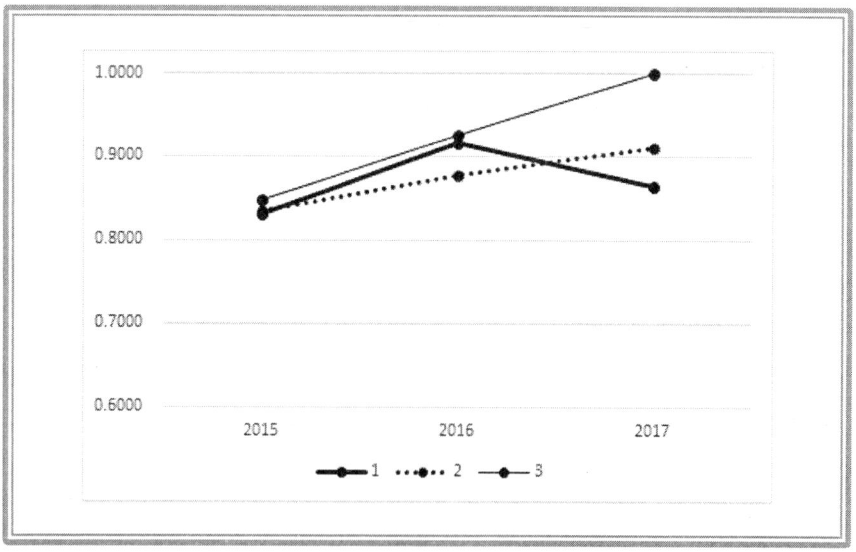

③ 외부 하청 비중별 효율성 비교 분석

외부 하청 비중별 프로젝트 효율성 분석에서, 외부 하청 정도가 높은 경우에는 프로젝트 효율성이 가장 낮게 나타나고 있다. 비록 프로젝트 효율성이 나아지고 있기는 하지만, 향후 프로젝트 운영 전략에서 매우 체계적이고 안정적인 접근이 필요하고 판단된다.

외부 하청 정도가 낮은 경우에는 프로젝트 효율성이 상대적으로 매우 높게 나타나고 있는 것은, 사례 기업의 경우 자체 프로젝트 생산 운영 역량이 상대적으로 높다고 판단되며, 이러한 역량을 근간으로 외부 하청을 체계적으로 심사하여 개선해 나갈 필요가 있다. 전적으로 외부 하청에 의존하려는 것보다 내적 역량을 근간으로 프로젝트 수행 능력을 높이고, 외주 하청 기업과의 교육, 협력등의 연계 방안도 체계적으로 검토하여야 할 것으로 판단된다.

[표 5-77] 하청 비중별 프로젝트 효율성 비교

구 분	2015	2016	2017
하	0.8670	0.9485	0.9464
중	0.8250	0.9336	0.8827
상	0.7787	0.8552	0.8598

[그림 5-48] 하청 비중별 프로젝트 효율성 추이

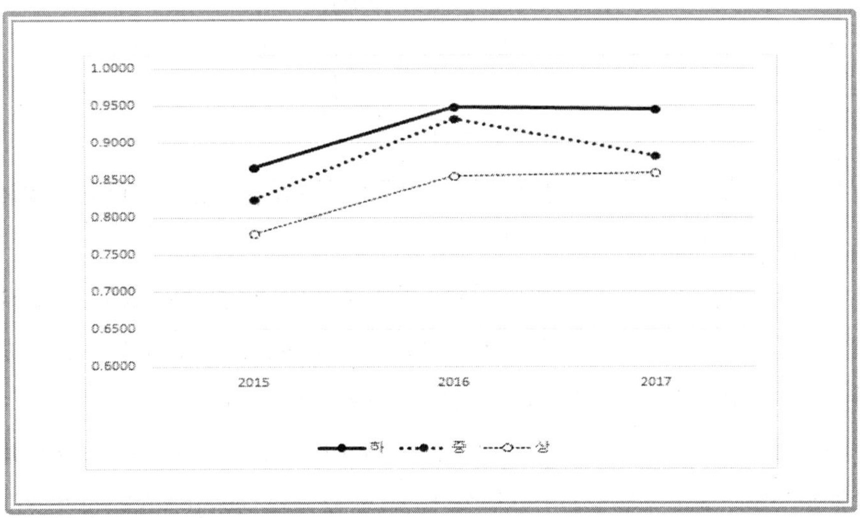

다행스러운 것은 하천 정도가 높은 프로젝트들이 시간이 지나면서 개선되고 있는 것은 매우 다행스러운 상황이라 판단된다. 하천 정도가 중간 정도의 경우에는 2017년도에 프로젝트 효율성이 낮아진 것에 대해서는 효율성 저하에 대해 면밀한 검토가 필요하다. 이를 위해서 효율성 저하의 원인을 체계적으로 접근할 필요가 있다. 프로젝트별 검토에서 개선 여지를 파악하기 위해 Tier 분석이 필요하며, 벤치마킹할 수 있는 프로젝트를 찾아서 개선 전략을 모색하여야 한다.

2) Two Stage 프로젝트 효율성 분석 결과

김수하(2020)는 앞에서 제시하였듯이, 프로젝트 효율성을 분석하기 위해서 투입지향 Single Stage DEA 모형인 CCR, BCC, SBM DEA 모형을 사용하였다.

분석 결과([표 5-78] 참조), 효율성 평균으로 보면 2017년도 갈수록 효율성이 개선되고 있으며 프로젝트 효율성(CCR 효율성)은 2016년도 가장 높은 효율성을 보이나, 규모의 비효율과 투입 요소의 혼합 비율에 따른 비효율이 발생하여, SBM 효율성은 가장 낮게 나타나고 있음을 알 수 있다.

[표 5-78] Single Stage 효율성 비교 분석

구 분	2015	2016	2017
ccr	0.8341	0.8955	0.8887
bcc	0.8792	0.9447	0.9162
size	0.9431	0.9471	0.9688
sbm	0.7991	0.7715	0.8388
mix	0.9210	0.8337	0.9158

2017년도에는 이러한 비효율이 개선되어, SBM 효율성도 높게 나타나고 있음을 알 수 있다.

그러나 Single Stage 모형들이 지니고 있는 효율성 측정의 문제점을 보다 극복한 것이 아니며, 각 프로세스를 연결해주는 중간 산출물을 고려하지 않고 효율성을 측정함으로 효율성이 과대평가되는 것으로 평가된다.

따라서 김수하(2020)는 사례 기업의 전체 프로젝트 운영 프로세스를 두 개의 프로세스로 분리 설정하여 분석하였다. 특히, 본 연구는 각 stage마다 외부 투입 요소

와 산출 요소가 존재하는 Two Stage 일반모형에서 1단계 stage를 프로젝트 창출 과정(project creation subprocess: 분석에서는 Div_design(1)로 표기함)으로, 2단계 stage를 프로젝트 과정(project production subprocess; 분석에서는 Div_production(1)로 표기함)으로 분리하여 설정하였고, 각각 독립된 DMU로 간주하여, 여분(slack) 기반 아래의 비방사형 NSBM 모형으로 사례 기업의 프로젝트 효율성을 분석하였다.

Two Stage 모형의 효율성은 Single Stage 모형에서 가장 엄격하게 측정이 이루어진 SBM 효율성과 비교하여 검토하였다.

Two Stage 모형의 전체 효율성(overall score)은 가장 엄격한 효율성으로 평가되는 Single Stage의 SBM 프로젝트별 효율성보다 낮은 효율성을 나타낸다([표 5-79] 참조).

[표 5-79] Two Stage의 하위 프로젝트별 효율성 분석

구 분	2015	2016	2017
sbm	0.7991	0.7715	0.8388
Overall Score	0.5898	0.6126	0.6557
Div_design(1)	0.6282	0.7136	0.7901
Div_production(1)	0.5513	0.5116	0.5213

[그림 5-49] Two Stage 효율성 추이

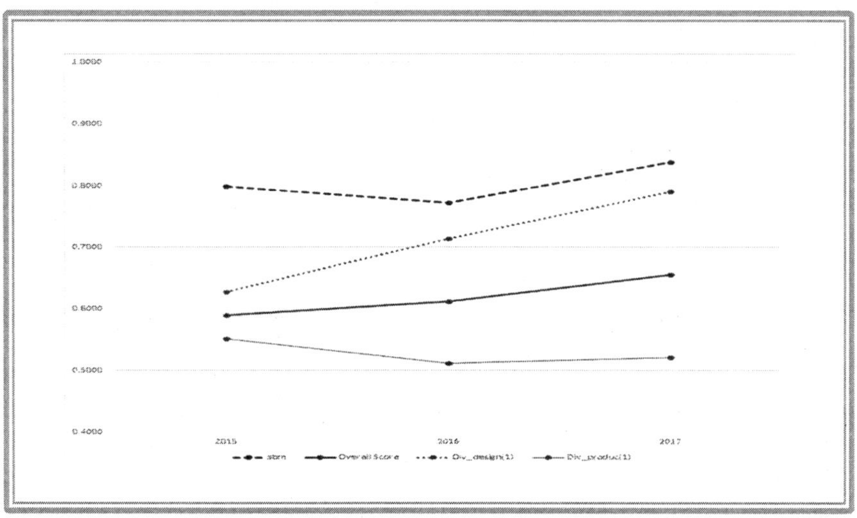

사례 기업의 Two Stage 모형 전체 효율성(overall score)은 전체적으로 개선되고 있음을 알 수 있다. 이를 통해서 사례 기업의 프로젝트 전체 효율성이 개선된다는 것은 전체적으로 수익 구조 개선이 가시화되고 있음을 의미한다.

개별 프로세스 분석에서 프로젝트 효율성(Div_production(1))은 프로젝트 창출 효율성(Div_design(1))에 비해 상대적으로 낮게 나타나고 있음을 확인하였다.

프로젝트 창출 효율성(Div_design(1))은 분석대상의 연도에 걸쳐 효율성이 좋아지고 있으며 전체 효율성을 견인하고 있지만, 프로젝트 효율성(Div_production(1))에서 비효율이 발생하여, 전체 효율성을 저하시키고 있다는 것을 알 수 있다.

2017년에 효율성이 조금 개선되었지만, 분석대상의 연도에 걸쳐 초기보다 효율성이 떨어져 있음을 알 수 있다. 두 번째 stage에서의 비효율이 사례 기업에서 집중적으로 분석하여 개선하여야 하는 중점 과제라는 것을 알 수 있다.

Single Stage에서는 기업 내부의 상황을 black box로 간주하여 구체적인 비효율의 원천을 알 수 없었지만, Two Stage 분석을 통해 사례 기업의 비효율 원천을 보다 명확하게 이해할 수 있는 토대를 마련한 것이다.

사례 기업의 Two Stage 일반모형 분석을 통하여, 두 번째 프로세스인 프로젝트 프로세스의 효율성(Div_production(1))을 면밀하게 검토하여 개선함으로써, 사례 기업 전체 효율성을 개선해 나가는 방안을 마련하여야 함을 알 수 있다.

① 제품군별 효율성 비교 분석

제품군 프로젝트별 Two Stage 전체 프로젝트 효율성 분석 결과([표 5-80], [그림 5-50] 참조), 프로젝트 B, C 제품군은 사례 기업의 주력 제품군 프로젝트로서 효율성이 상대적으로 높게 나타나면서 안정적인 모습을 보이는 것으로 나타났다.

프로젝트 A 제품군의 경우, 2016년도의 효율성이 0.3346으로 상당히 저조한 결과를 보인다. 이러한 결과를 보다 체계적으로 분석하기 위해 두 개의 프로세스, 각각에 대한 효율성 분석을 할 필요가 있으며, 이어진 분석에서 제시하도록 한다. 사례 기업에서의 현실 상황을 두고 효율성 저하 문제를 파악하자면, 2016년 중국에 납품하는 신규 장비를 영업 전략상 저가 수주를 하여 공수와 외주제작비가 많이 들어가고 프로젝트 시작부터 적자가 예상되었던 프로젝트임을 확인하였다. 그 후 2016년 실적 기반으로 주문량도 늘고 투입 요소가 줄어들면서 전체 프로젝트 효율성이 개선되었다.

프로젝트 D 제품군의 경우, 비록 시장 수요가 적고, 특정 고객 대상의 맞춤 주문 프로젝트이긴 하지만, 상대적으로 가장 낮은 효율성을 보인다. 분석대상의 연도에서 점차 개선의 모습을 보이고는 있으나, 효율성이 가장 낮게 나타나므로 더욱 구체적인 분석이 필요해 보인다.

[표 5-80] Two Stage 전체 효율성 분석

구 분	2015	2016	2017
A	0.5197	0.3346	0.6707
B	0.6552	0.7265	0.6604
C	0.6176	0.6149	0.7179
D	0.3418	0.4769	0.4767

[그림 5-50] Two Stage 전체 효율성 추이

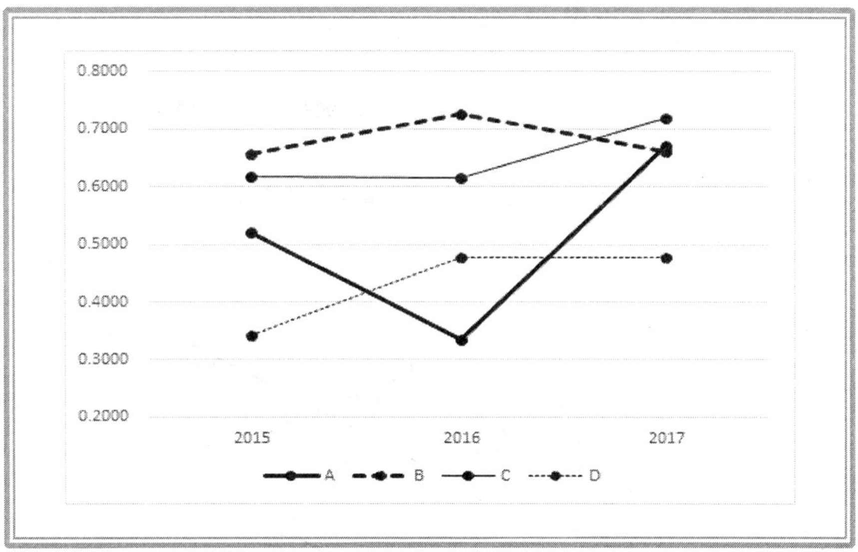

다음은 subprocess 효율성을 분석([표 5-81], [그림 5-51] 참고)하여 first stage인 프로젝트 창출과정과 second stage인 프로젝트 과정의 효율성을 비교 제시하였다.

프로젝트 A 제품군의 경우, 2016년도의 second stage인 프로젝트 과정의 효율성이 가장 낮게 나타나면서, 사례 기업의 고민이 그대로 드러나 있다고 판단된다. 2017년도에 효율성이 크게 개선되어 안정화되고 있지만, 향후 효율성 제고에 완벽히 하여야 할 것이다.

프로젝트 D 제품군의 경우 역시, second stage인 프로젝트 과정의 효율성이 가장 낮게 나타나면서 전체 비효율의 저하하는 원인이 되고 있다는 것을 알 수 있다.

사례 기업에서는 second stage인 프로젝트 과정의 효율성을 보다 집중적으로 혁신하여 효율성을 높일 방안을 마련하여야 한다.

[표 5-81] subprocess 효율성 분석

구 분	2015	2016	2017
A_1	0.5874	0.5344	0.8343
A_2	0.4520	0.1349	0.5070
B_1	0.7377	0.7832	0.7848
B_2	0.5728	0.6699	0.5360
C_1	0.4502	0.7103	0.9291
C_2	0.7851	0.5195	0.5066
D_1	0.3786	0.7630	0.5207
D_2	0.3051	0.1908	0.4327

[그림 5-51] subprocess 효율성 추이

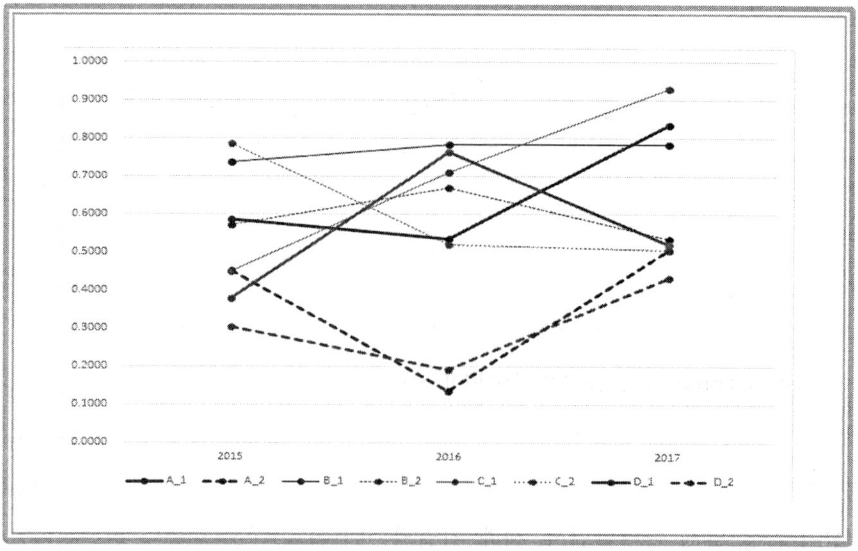

프로젝트 A 효율성 분석결과는 ([표 5-82], [그림 5-52] 참조), A_1의 수주, 설계 프로세스에서 프로젝트 효율성이 A_2의 생산 프로세스의 효율성보다 전반적으로 높게 나타나고 있다. 특히 2016년에 A_2 프로세스에서 프로젝트 효율성이 0.1349로 낮게 나오는 것은 전체 프로젝트 효율성에서도 분석한 결과에 전체적으로 낮게 나타났는데 더 세분하여 분석하니 생산 프로세스에서 처음 시장 진입을 위해 영업 전략으로 진행하여 설계변경과 처음 하는 프로젝트라 투입 요소인 인건비와 재료비가 상승하여 효율성이 현저히 떨어짐을 확인하였고 2017년도 수주부터는 설계에 이르는 과정의 실수 감소와 생산에서 투입 요소가 안정되어 A_1, A_2 모두 개선된 프로젝트로 분석하였다. 결국, 사례 기업은 프로젝트 A를 전략적으로 진행하여 2017년부터 안정된 프로젝트로 발전하고 있음을 분석하였다.

[표 5-82] 프로젝트 A 효율성 분석

구 분	2015	2016	2017
A	0.5197	0.3346	0.6707
A_1	0.5874	0.5344	0.8343
A_2	0.4520	0.1349	0.5070

[그림 5-52] 프로젝트 A 효율성 추이

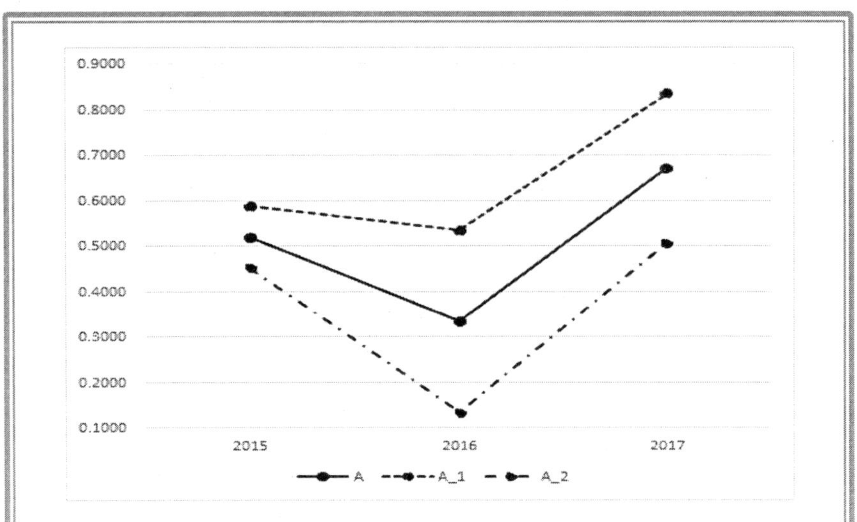

또한, 프로젝트 B 효율성 분석 결과([표 5-83], [그림 5-53] 참조),

사례 기업의 이전부터 주력 생산품으로 B_1 프로세스인 수주, 설계가 안정되어 있어 효율성이 0.7 이상 3년간 비슷한 안정성을 보이고 B_2 프로세스인 생산과정에서도 Single Stage 프로세스보다는 효율성이 낮지만, 전반적으로 큰 변화가 없이 안정된 모습이다.

[표 5-83] 프로젝트 B 효율성 분석

구 분	2015	2016	2017
B	0.6552	0.7265	0.6604
B_1	0.7377	0.7832	0.7848
B_2	0.5728	0.6699	0.5360

[그림 5-53] 프로젝트 B 효율성 추이

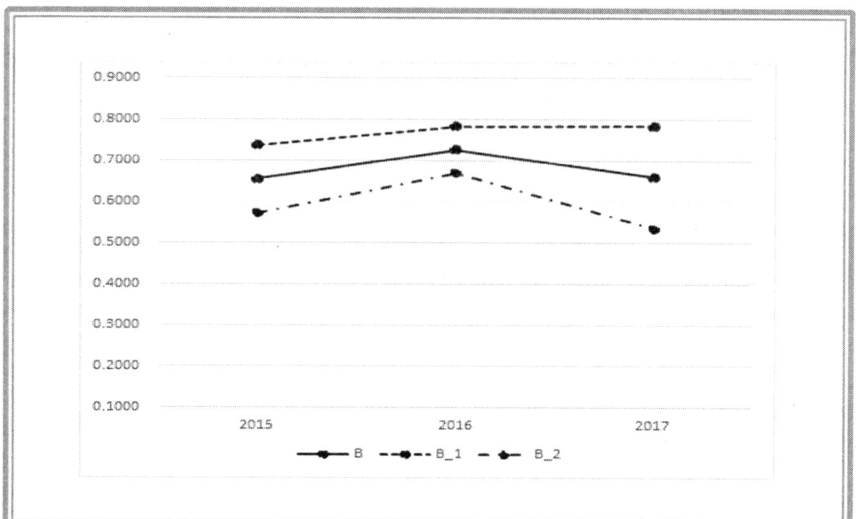

다음은 프로젝트 C를 세부적으로 분석하면([표 5-84], [그림 5-54] 참조), C_1의 수주, 설계 프로세스에서는 2015년 0.4502에서 계속 상승하여 2017년에는 0.9291로 아주 좋은 효율성을 보이고 C_2는 반대로 2015년 0.7851에서 낮아지다가 2017년 0.5066으로 더 낮아지고 있음을 확인했다. 이는 설계 과정은 효율성이 좋아졌으나 생산 과정에서 투입 요소인 인건비와 재료비가 점점 좋아지지 않아 사례 기업은 이 부분을 분석하여 OEM이나 재료비 절약방안 등을 검토하면 더 효율성이 좋아질 것으로 판단된다.

[표 5-84] 프로젝트 C 효율성 분석

구 분	2015	2016	2017
C	0.6176	0.6149	0.7179
C_1	0.4502	0.7103	0.9291
C_2	0.7851	0.5195	0.5066

[그림 5-54] 프로젝트 C 효율성 추이

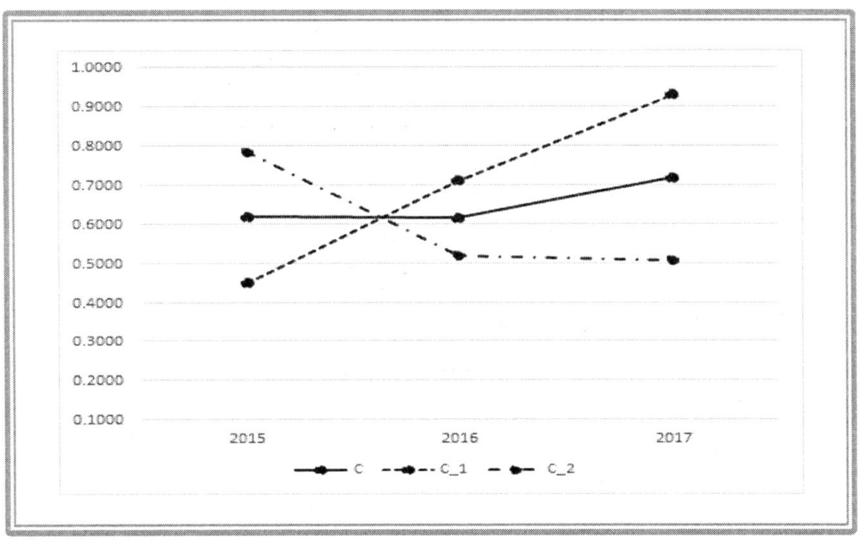

프로젝트 D를 Two Stage 분해하여 분석하면([표 5-85]. [그림 5-55] 참조), D_1 프로세스에서는 2015년 0.3786에서 2016년 0.7630으로 좋아졌다가 다시 2017년 0.5207로 조금 떨어지고, D_2 프로세스에서는 2015년 0.3051에서 2016년 0.1908로 최저치를 보이다가 2017년 0.4327로 상승함을 확인하였다. 결국, 프로젝트 D가 다른 프로젝트에 비해 전반적으로 전체 프로세스 효율성 떨어짐을 볼 수 있다.

[표 5-85] 프로젝트 D 효율성 분석

구 분	2015	2016	2017
D	0.3418	0.4769	0.4767
D_1	0.3786	0.7630	0.5207
D_2	0.3051	0.1908	0.4327

[그림 5-55] 프로젝트 D 효율성 추이

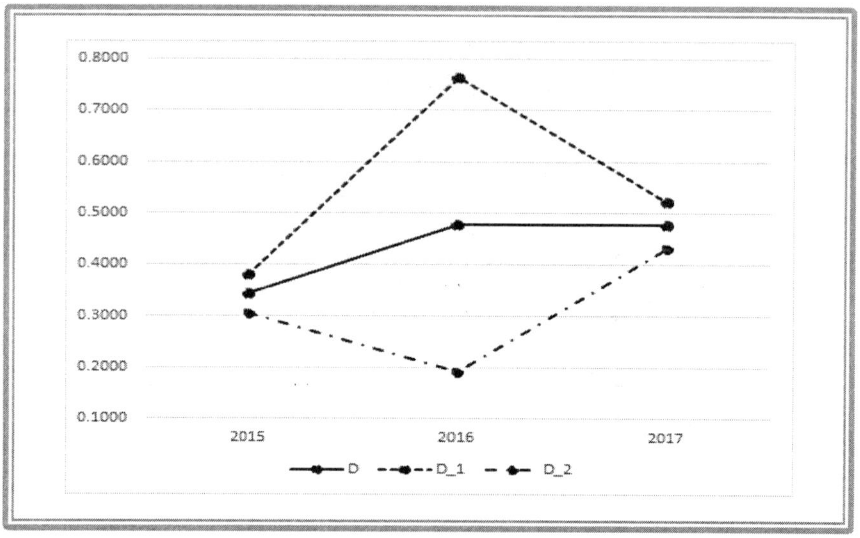

② 지역별 효율성 비교 분석

다음은 Two Stage 지역별 프로젝트 효율성을 분석([표 5-86], [그림 5-56] 참조)하면, 지역1은(한국) 2016년 0.7560으로 최고점 후 2017년도 0.5930으로 많이 떨어지고 지역2은(중국) 2015, 2016년 0.5 수준에서 2017년 0.7339로 많이 개선됨을 볼 수 있다. 지역3은 2015년 0.5147에서 매년 조금씩 상승하는 경향을 확인할 수 있다. 전체적으로 분석결과 전체 효율성은 지역2과 지역3이 좋아지고 있다.

[표 5-86] Two Stage 지역별 프로젝트 효율성 분석

구 분	2015	2016	2017
1	0.6124	0.7560	0.5930
2	0.5549	0.5186	0.7339
3	0.5147	0.6180	0.6110

[그림 5-56] Two Stage 프로젝트 효율성 추이

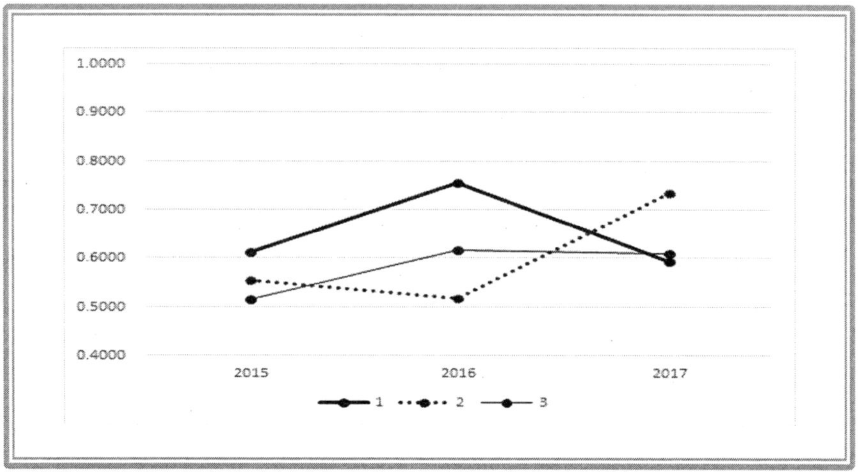

subprocess 지역별 프로젝트 효율성을 분석하면([표 5-87], [그림 5-57] 참조), 대부분 수주, 설계 프로세스는 모든 지역에서 효율성이 좋아지고 특히 지역3의 경우 1을 나타낼 정도로 효율성이 좋지만, 생산 프로세스는 지역2를 제외하고 지역1, 3에서 효율성은 낮아지는 경향을 볼 수 있다.

결국, 지역1은 국내의 프로젝트 효율성이 낮아지고 있고 지역3은 설계 프로세스가 아주 좋아 신규 시장인 지역3의 낮아지는 원인을 분석 개선하면 효율성이 높아질 수 있다. 예를 들어 지역3이 장거리 지역이라 일부 현지화로 재료비를 감소시키고 출장 공수를 줄여 투입인건비를 절약한다면 설계 프로세스가 최고의 효율성을 나타내므로 결국 전체 효율성을 상승시키는 전략을 세울 수 있을 것이다.

[표 5-87] subprocess 지역별 프로젝트 효율성 분석

구 분	2015	2016	2017
1_P1	0.6946	0.8102	0.7705
1_P2	0.5302	0.7019	0.4156
2_P1	0.5860	0.6361	0.8027
2_P2	0.5238	0.4012	0.6650
3_P1	0.3482	0.8813	1.0000
3_P2	0.6813	0.3547	0.2221

[그림 5-57] subprocess 지역별 프로젝트 효율성 추이

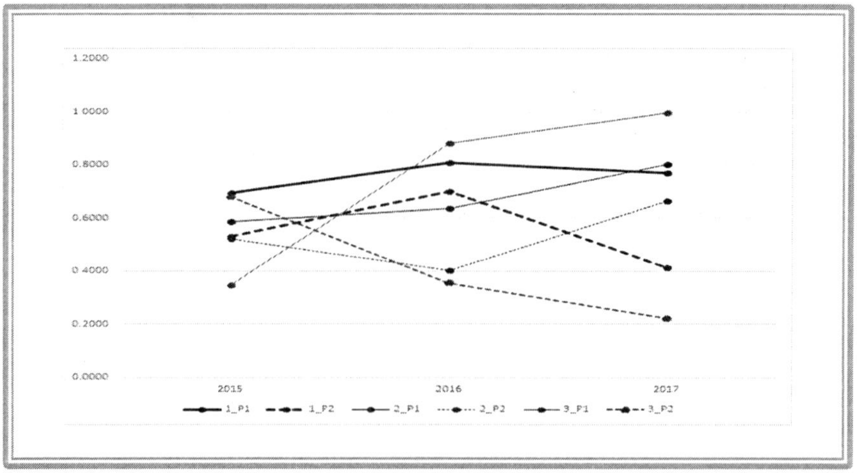

다음은 지역1 프로젝트 효율성을 분석하면([표 5-88], [그림 5-58] 참조), P1인 수주, 설계 프로세스에서 연도별 분석하면 2016년 0.8102로 가장 효율성이 좋고 2017년 조금 떨어져 0.7705로 나타나고, P2의 경우 생산 프로세스에서 효율성은 2015년에 0.5860에서 2016년 0.7019로 좋아졌다가 2017년 0.4156으로 많이 낮아졌다. 결국, 국내 생산 프로세스에서 투입 요소(공수, 재료비)가 많아져서 P2 프로세스의 효율성은 나빠지고 있음을 확인할 수 있다.

[표 5-88] 지역1 프로젝트 효율성 분석

구 분	2015	2016	2017
1_all	0.6124	0.7560	0.5930
1_P1	0.6946	0.8102	0.7705
1_P2	0.5302	0.7019	0.4156

[그림 5-58] 지역1 프로젝트 효율성 추이

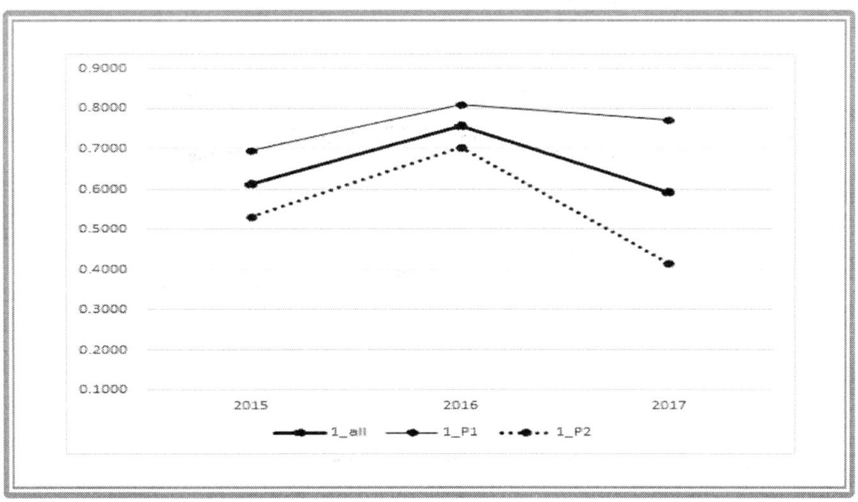

다음은 지역2 프로젝트 효율성을 분석하면([표 5-89], [그림 5-59] 참조), P1 프로세스에서 2015년 0.5860에서 매년 좋아지고 2017년에 0.8027로 많이 상승하고 P2는 2016년 0.4012로 좋지 않았다가 2017년 0.6650으로 조금 상승하였다. 지역2인 중국은 설계 프로세스에서는 투입 요소의 효율성이 좋아지고 있지만, 생산 프로세스에서 2016년 중국 현지에서 투입 요소가 많아져서 효율성이 떨어졌고 2017년부터 조금씩 좋아지는 경향을 볼 수 있다.

[표 5-89] 지역2 프로젝트 효율성 분석

구 분	2015	2016	2017
2_all	0.6552	0.7265	0.6604
2_P1	0.5860	0.6361	0.8027
2_P2	0.5238	0.4012	0.6650

[그림 5-59] 지역2 프로젝트 효율성 추이

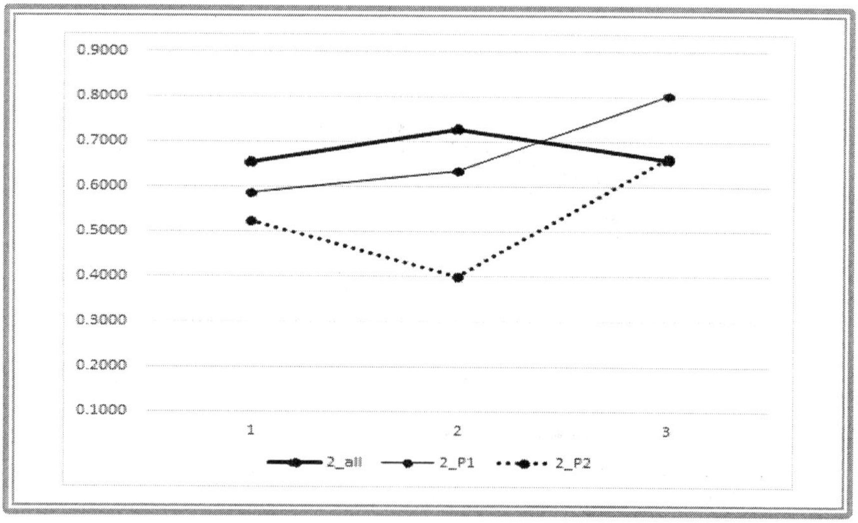

또한, 지역3 프로젝트 효율성을 분석하면([표 5-90], [그림 5-60] 참조), P1 프로세스는 2015년 0.3482에서 2017년 1까지 최고 효율성을 나타내고 있어 설계 프로세스는 아주 효율성이 좋지만, P2 프로세스인 생산 과정에서 2015년 0.6813에서 2016년 0.3547로 떨어지고 다시 2017년에 0.2221로 최저 효율성을 보여 지역3(일본, 유럽, 미국 등) 프로젝트 효율성이 나빠지고 있어 생산 과정에서 투입 요소를 줄이는 방법을 분석하면 지역3 효율성도 좋아질 수 있다.

[표 5-90] 지역3 프로젝트 효율성 분석

구 분	2015	2016	2017
3_all	0.5147	0.6180	0.6110
3_P1	0.3482	0.8813	1.0000
3_P2	0.6813	0.3547	0.2221

[그림 5-60] 지역3 프로젝트 효율성 추이

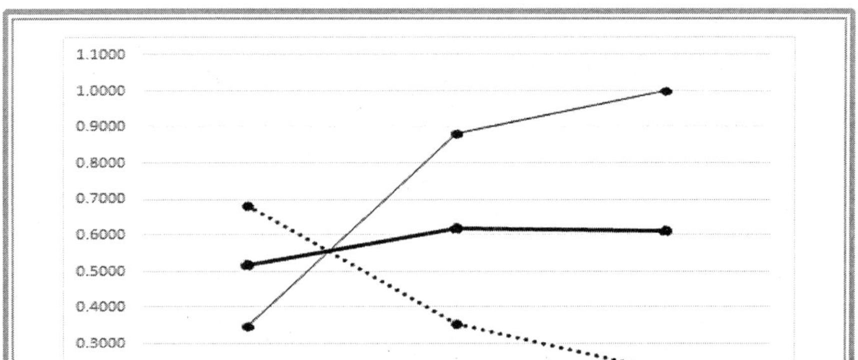

③ 하청 비중별 효율성 비교 분석

다음은 Two Stage 하청 비중별 프로젝트 효율성을 분석하면([표 5-91], [그림 5-61] 참조), 전체 프로세스에서 하청 비중별로 구분했을 경우 하청 비중 '하'인 경우 2015년 0.6343에서 조금씩 증가하다가 2017년에 0.7291로 효율성이 상승하고, '중'인 경우 2016년 효율성이 상승하다가 2017년 다시 떨어지고 하청 비중이 '상'인 경우 최저 효율이 나타나고 2017년에 0.632로 조금 올라간다. 전체적으로 분석하면 하청 비중이 낮을 경우의 효율성이 가장 좋다. 결국, 하청 규모를 많이 할수록 효율성이 떨어지는 모습을 보인다.

[표 5-91] Two Stage 하청 비중별 프로젝트 효율성 분석

구 분	2015	2016	2017
하	0.6343	0.6666	0.7291
중	0.5708	0.7570	0.6507
상	0.5425	0.5164	0.6132

[그림 5-61] Two Stage 하청 비중별 프로젝트 효율성 추이

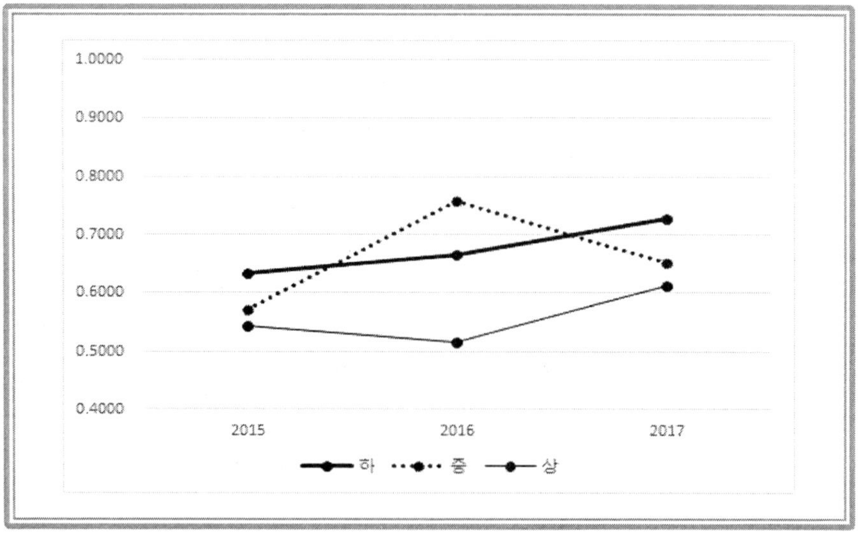

subprocess 하청 비중별 프로젝트 효율성을 분석하면([표 5-92], [그림 5-62] 참조), 대부분 수주, 설계 프로세스는 모든 지역에서 효율성이 좋아지고 특히 하청 비율을 낮게 하면 할수록 효율성이 좋아지고, 생산 프로세스는 하청 비율을 줄일수록 효율성이 좋아진다.

Two Stage로 분석하면 수주, 설계 프로세스가 생산 프로세스보다 효율성이 좋다.

[표 5-92] subprocess 하청 비중별 프로젝트 효율성 분석

구 분	2015	2016	2017
하_P1	0.6799	0.7069	0.8597
하_P2	0.5887	0.6264	0.5985
중_P1	0.5860	0.8628	0.7930
중_P2	0.5556	0.6512	0.5085
상_P1	0.6578	0.6381	0.7331
상_P2	0.4273	0.3948	0.4932

[그림 5-62] subprocess 하청 비중별 프로젝트 효율성 추이

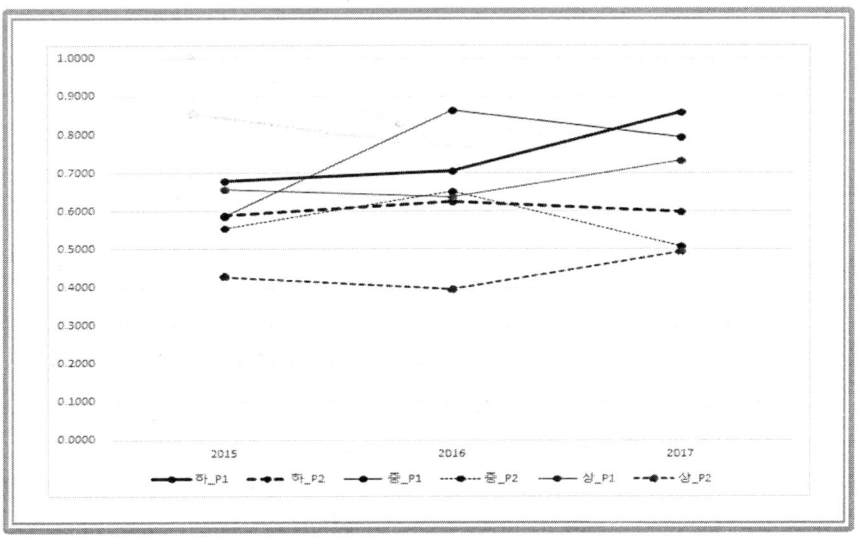

세부적으로 분석하면 '하' 그룹 하청 비중별 프로젝트 효율성 분석([표 5-93], [그림 5-63] 참조)에서 하청 비중을 적게 하는 프로젝트 중에 수주, 설계 프로세스는 2015년 0.6799에서 계속 효율성이 상승하다가 2017년에 0.8597로 효율성이 크게 상승하고, 생산 프로세스는 2015년 0.5887에서 2016년 0.6264로 상승하다가 다시 2017년 0.5985로 다시 낮아지는 경향을 보인다. 전체적으로 분석하면 설계, 수주 프로세스가 생산 프로세스보다 효율성이 높게 나타난다. 결과적으로 생산 프로세스에서 하청 비중을 적게 하면서 투입 요소인 투입인건비와 재료비 관리를 절약하면 전체적인 효율성이 좋아질 것으로 분석된다.

[표 5-93] '하' 그룹 하청 비중별 프로젝트 효율성 분석

구 분	2015	2016	2017
하	0.6343	0.6666	0.7291
하_P1	0.6799	0.7069	0.8597
하_P2	0.5887	0.6264	0.5985

[그림 5-63] '하' 그룹 하청 비중별 프로젝트 효율성 추이

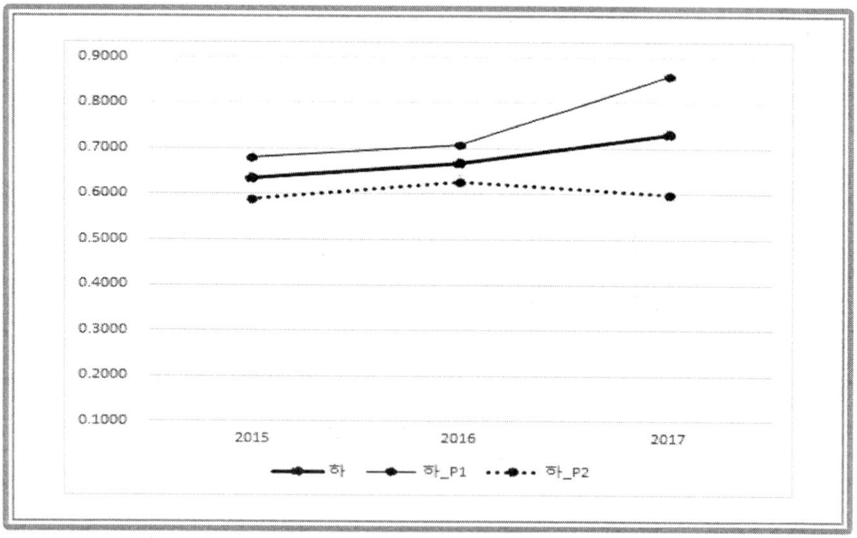

또한 '중' 그룹 하청 비중별 프로젝트 효율성 분석([표 5-94], [그림 5-64] 참조)에서 하청 비중을 중간 정도 하는 프로젝트 중에 수주, 설계 프로세스는 2015년 0.5860에서 2016년 0.8628로 효율성이 상승하다가 2017년에 0.7930으로 효율성이 다시 조금 떨어지고, 생산 프로세스는 2015년 0.5556에서 2016년 0.6512로 상승하다가 다시 2017년 0.5085로 다시 낮아지는 경향을 보인다. 전체적으로 분석하면 설계, 수주 프로세스가 생산 프로세스보다 효율성이 높게 나타난다. 하지만 전반적으로 2017년도에 낮아지는 모습을 보인다.

[표 5-94] '중' 그룹 하청 비중별 프로젝트 효율성 분석

구 분	2015	2016	2017
중	0.5708	0.7570	0.6507
중_P1	0.5860	0.8628	0.7930
중_P2	0.5556	0.6512	0.5085

[그림 5-64] '중' 그룹 하청 비중별 프로젝트 효율성 추이

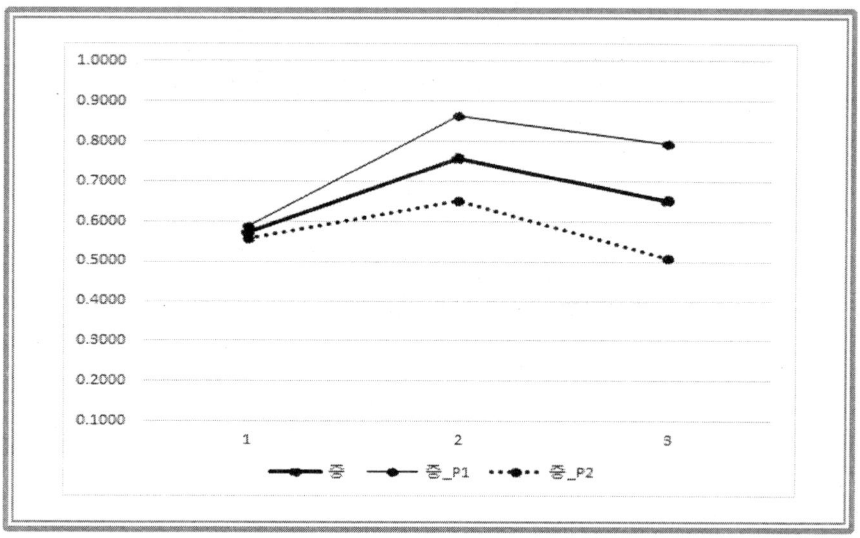

'상' 그룹 하청 비중별 프로젝트 효율성 분석([표 5-95], [그림 5-65] 참조)에서 하청 비중을 많이 하는 프로젝트 중에 수주, 설계 프로세스는 2015년 0.6578에서 2016년에 조금 떨어지다가 2017년에 0.7331로 효율성이 다시 상승하고, 생산 프로세스는 2015년 0.4273으로 낮게 나타나고 2016년 0.3948로 더 낮아지고 2017년 0.4932로 다시 조금 효율성이 상승 경향을 보인다. 전체적으로 분석하면 설계, 수주 프로세스가 생산 프로세스보다 효율성이 높게 나타나지만 결국 하정 비율은 많이 하는 프로젝트는 효율성이 전반적으로 낮게 나타난다. 그러므로 사례 기업은 하청 비율을 줄이려는 노력을 통해 효율성 개선을 이룰 여지가 있을 것으로 분석된다.

[표 5-95] '상' 그룹 하청 비중별 프로젝트 효율성 분석

구 분	2015	2016	2017
상	0.5425	0.5164	0.6132
상_P1	0.6578	0.6381	0.7331
상_P2	0.4273	0.3948	0.4932

[그림 5-65] '상' 그룹 하청 비중별 프로젝트 효율성 추이

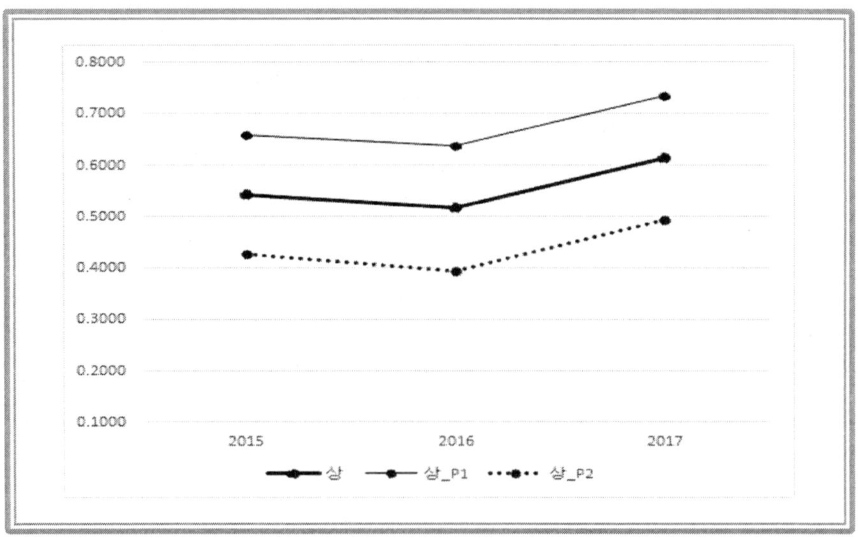

(4) 김수하(2020)의 효율성 분석에 대한 함의

Two Stage를 전체적으로 분석하면 전반적으로 프로젝트 창출과정이 프로세스 생산 과정보다 효율성이 좋게 나타나고 프로젝트별로 분석 시 프로젝트 B가 효율성이 가장 좋고 다음은 프로젝트 C, 프로젝트 A로 나타나고 프로젝트 D가 가장 낮게 분석된다.

좀 더 세부적으로 들어가서 지역별로 지역1(한국)은 2016년 최고점 후 2017년도 많이 떨어지고 지역2(중국)은 2017년 많이 개선됨을 볼 수 있다. 지역3은 2015년 이후 매년 조금씩 상승하는 경향을 확인할 수 있다. 전체적으로 분석결과 전체 효율성은 지역2과 지역3이 좋아지고 있음을 확인할 수 있다.

전체 프로세스에서 하청 비중별로 구분했을 경우 하청 비중이 '하'인 경우 2015년 조금씩 증가하다가 2017년에 효율성이 상승하고, '중'일 경우 2016년 효율성이 상승하다가 2017년 다시 떨어지고 하청 비중이 '상'일 경우 최저 효율이 나타나고 2017년에 조금 올라간다. 전체적으로 분석하면 하청 비중을 적게 하는 경우가 가장 효율성이 좋다. 결국 하청 규모를 많이 할수록 효율성이 떨어지는 모습을 보인다.

전체적으로 Two Stage로 분석하면 프로젝트 B, C를 지역2, 3으로 하청 비중을 적게 하여 프로젝트를 관리하면 가장 효과적인 효율성이 나타나고 프로젝트 A는 2017년부터 효율성이 개선되어 지역3으로 하청규모를 적게 하는 전략으로 관리하면 사례 기업은 효율성이 크게 상승할 것으로 판단된다.

Single Stage 모형 분석에서는 두 집단 간 효율성의 차이가 거의 없는 것으로 분석되기도 하였는데, Two Stage 모형 분석에서는 효율성의 확연한 차이를 보인다. 수주, 설계 프로세스의 효율성과 생산 프로세스의 효율성 모두 큰 차이를 보인다. 그리고 전반적인 효율성도 차이를 보이는 상황이다. 지역별로도 한국의 생산 프로세스 효율성은 저하되고 중국은 조금 상승했지만, 사드 등 무역 보복으로 전체적인 프로젝트 지연과 투입 요소 증가로 효율성 크게 좋지 않고, 지역3인 일본, 유럽, 미국 등의 지역에서는 점차적인 효율성 증가를 예상할 수 있다.

또한, 하청 비중을 줄이는 경우, 효율성의 크게 좋아지고 가능하면 하청 비중을 많이 하면 아주 낮은 효율성이 나타나는 추세를 보일 것이다.

프로젝트 효율성을 종합적으로 분석하면 [표 5-96], [그림 5-66]과 같다. 3년간 전체적으로 방사형 DEA 모형인 CCR, BCC 모형에 비교하면 비방사형 모형인 SBM과 Two Stage network 모형이 가장 엄격한 효율성을 나타내고 있으며 효율성의 값이 아주 낮은 경향을 보인다.

분석 모형에 따라 효율성에 차이가 나타나며 비록 투입 요소의 투입 비율이 조금씩 개선되기는 하지만, Two Stage network 모형으로 보면 2015년 좋았다가 2016년도 프로젝트별로 효율성이 떨어지다가 다시 2017년에 대체로 효율성이 좋아지는 모습을 보인다.

CCR 모형에서 프로젝트별 효율성은 2015년도 0.8341에서 2017년 0.8887로 계속 증가했다. 3년 평균 0.8728로 나왔다. 그리고 BCC 모형에서 순수 프로젝트별 효율성을 분석한 결과 3년 평균 0.9134이다.

비방사형 모형인 SBM 평균 효율성 2015년 0.7991에서 2017년 0.8388로 좋아졌고 3년 평균 0.8031로 분석된다. 이것은 비방사형 SBM 모형이 여분(slack)을 고려함에 따라 방사형 모형보다 비효율성의 원인을 더욱 상세하고 엄격하게 평가되었기 때문이다. 하지만 사례 기업의 평균치는 모두 높아 효율성이 좋음을 알 수 있다.

또한, overall score의 전체 평균 프로젝트 효율성은 0.6194로 조금 낮게 평가되었다. 이는 기존 Single Stage DEA 모형이 전체 프로세스를 하나의 프로세스로 분석함으로써 각각의 프로세스별 효율성을 분석하는 Two Stage network 모형보다 과대평가 된다고 볼 수 있으며, 또한 정확한 분석을 위해 프로젝트 수주/설계 과정을 생산 과정에서 분리 설정하여 프로젝트 혁신을 위해 효율적인 수주 및 설계 과정의 효율성과 직접비 투여가 이루어지는 실질적인 프로젝트 과정의 효율성을 분리하여 정확히 파악할 수가 있다.

따라서 기존의 DEA 모형에서는 효율적인 DMU로 판별되더라도 Two Stage network 모형에서는 각각의 stage별로 정확한 투입 요소와 산출 요소를 결정하

[표 5-96] 분석 프로젝트 효율성 종합 비교

구 분	2015	2016	2017	평균
ccr	0.8341	0.8955	0.8887	0.8728
bcc	0.8792	0.9447	0.9162	0.9134
sbm	0.7991	0.7715	0.8388	0.8031
size	0.9431	0.9471	0.9688	0.9530
mix	0.9210	0.8337	0.9158	0.8902
Overall Score	0.5898	0.6126	0.6557	0.6194
Div_design(1)	0.6282	0.7136	0.7901	0.7106
Div_production(1)	0.5513	0.5116	0.5213	0.5281

[그림 5-66] 분석 프로젝트 효율성 종합 비교

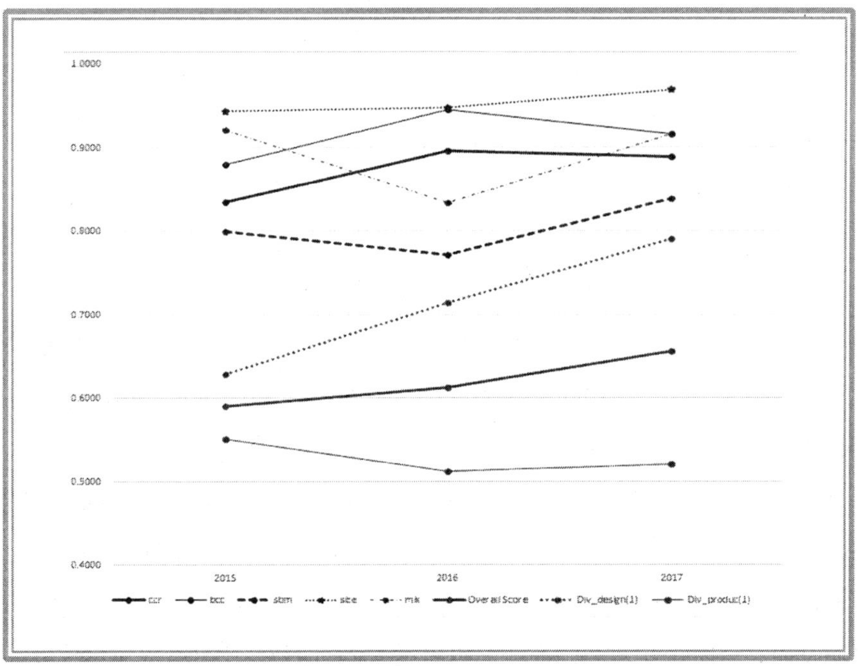

여 효율성을 측정함으로써 더 상세한 비효율적인 DMU로 나타날 수도 있다는 것이다. 더욱 엄격하게 이루어진 측정과 동시에 비효율성의 이유를 더 상세하고 체계적으로 파악하기 위한 의사결정의 문제에서는 Two Stage network 모형 분석이 적합하다고 볼 수 있다.

[그림 5-66]은 Two Stage network 모형과 전통적 DEA 모형의 효율성 값에 대해 각각의 DMU별로 3년 평균을 정리하여 그래프로 나타낸 것이다. 이 그래프를 통해서 Single Stage DEA 효율성이 Two Stage network 모형의 효율성보다 더 고평가되고 있다는 것을 확인할 수 있다.

사례 기업의 프로젝트 효율성(CCR), 순수 프로젝트 효율성(BCC), 규모 효율성(SE) 및 규모 수익(RTS: return to scale)의 특성을 비교 검토하고 프로젝트별 규모 효율성을 비교 분석표([표 5-96] 참조)로 나타내었다.

프로젝트 효율성이 안정되었고, 순수 프로젝트 효율성(BCC)은 1이 나오는 프로젝트도 있어 매우 높은 수준을 보이고, 규모 효율성은 프로젝트 효율성보다 조금 낮게 나타나게 된다. 규모 효율성이 1인 전체 수는 54개이고 프로젝트 A는 7개, 프로젝트 B는 35개, 프로젝트 C는 11개, 프로젝트 D는 1개로 나타난다. 그러므로 프로젝트 효율성(CCR)에 분석에서 효율성이 1인 전체 수는 46개이고 프로젝트 A는 7개, 프로젝트 B는 20개, 프로젝트 C는 10개, 프로젝트 D는 1개로 분석한 것과 비교하면 규모 효율성 분석에서는 프로젝트 B, C 수가 더 많이 나왔다. 또한, 순수 프로젝트 효율성(BCC)이 1인 전체 수는 68개이고 프로젝트 A는 10개, 프로젝트 B는 42개, 프로젝트 C는 15개, 프로젝트 D는 1개로 나타난다. 이미 언급하였지만, 프로젝트 효율성은 대체로 낮고, 순수 프로젝트 효율성의 1인 수가 68개나 나와서 매우 높은 수준을 보이게 되면, 규모 효율성은 프로젝트 효율성보다 조금 나은 정도로 나타나게 된다.

RTS(규모 수익) 분석에서는 3년간 총 프로젝트가 131개 중 increasing은 19개로(14.5%) 투입을 하면 할수록 산출물이 증가하여 점점 수익이 높아지고, Constant는 82개는(62.6%) 투입과 산출이 일정하여 안정된 수익을 나타내고, Decreasing은 30개로(22.9%) 투입을 하면 할수록 산출이 저하됨을 나타냈다.

3년간 RTS 분석결과 연도별로 RTS 분석결과 increasing은 2016년 14.5%에서, 2016년도 5%로 저하되고 2017년도가 23.5%로 투입을 하면 할수록 산출물이 증가하여 점점 수익이 많아져서 사례 기업의 규모 효율성이 개선됨을 볼 수 있다. 2016년도에 increasing이 급격히 떨어지는 것을 분석하니 2015년도 중국

수주 후 매출이 2016년도에 많이 발생하는데 중국의 경제보복 및 사드로 인해 통관과 매출 지연으로 투입량이 증가하여 나타남을 확인하였다.

또한, decreasing은 2015년 10.4%에서, 2016년도 42.5%로 저하되고 2017년도가 18.6%로 투입을 하면 할수록 산출물이 감소하여 현상을 보면 규모 효율성이 개선됨을 볼 수 있다. 이 결과도 increasing이 급격히 변화하는 것과 같은 영향으로 볼 수 있다. decreasing이 전체 프로젝트 131개 중 30개로(22.9%) 투입을 하면 할수록 산출물이 감소하는 프로젝트가 많아 투입하는 항목을 개선해야 한다. 예를 들어 중국 프로젝트 매출 지연에 따른 출장 경비와 추가 재료비 등을 절약하든가 중국 이외 다른 지역의 영업을 확대함으로써 규모 수익을 높일 필요가 있다.

비방사형 SBM 모형에 생산 프로젝트의 SBM 효율성 분석결과는 [표 5-96]과 같다.

연구대상 프로젝트에 대해 SBM 모형을 분석하면 투입물의 결합 비율이 산출물에 어떤 영향의 결과를 나타내는지를 볼 수 있다. 효율성 값이 1인 프로젝트는 전체 131개 중 38개로(29%) 나타나서 양호하게 운영되고 있고 프로젝트 B(61.3%)가 SBM 분석에서 가장 효율성이 좋게 나타났고 다음으로 프로젝트 C(22.6%), A(12.9%)이고 프로젝트 D(3.2%)가 가장 떨어짐을 확인할 수 있다.

SBM 효율성을 체계적으로 파악하기 위해 프로젝트별 프로젝트 효율성(CCR), 규모 효율성(SE), 혼합효율성(MIX)으로 나누어 분석하였다.

분석대상 프로젝트의 순수 프로젝트 효율성(BCC)은 다른 효율성에 비해 상대적으로 매우 높으며, 2015년보다 2016년 최고점을 보이다가 2017년에 조금 감소하는 모습을 보인다. 규모의 효율성(SE)도 다른 효율성보다 높은 편을 보이고 2016년까지 높게 나타나고 2017년 다시 최고점을 나타낸다. 반면 SBM 효율성들은 상대적으로 낮게 나타나고 있다. 이는 사례 기업은 프로젝트별 효율성보다 순수 프로젝트별 효율성과 규모의 효율성, 혼합 효율성이 높게 나타남을 알 수 있다.

Two Stage를 전체적으로 분석하면 전반적으로 프로젝트 창출과정이 프로세스 생산 과정보다 효율성이 좋게 나타나고 프로젝트별로 분석 시 프로젝트 B가 효율성이 가장 좋고 다음은 프로젝트 C, 프로젝트 A로 나타나고 프로젝트 D가 가장 낮게 분석된다.

조금 더 세부적으로 들어가서 지역별로 지역1(한국)은 2016년 최고점 후 2017년도 많이 떨어지고 지역2(중국)는 2017년 많이 개선됨을 볼 수 있다. 지역3은 2015년 이후 매년 조금씩 상승하는 경향을 확인할 수 있다. 전체적인 상세 분석결과는 전체 효율성은 지역2와 지역3이 좋아지고 있음을 확인할 수 있다.

전체 프로세스에서 하청 비중별로 구분했을 경우 하청 비중이 '하'인 경우 2015년 조금씩 증가하다가 2017년에 효율성이 상승하고, '중'인 경우 2016년 효율성이 상승하다가 2017년 다시 떨어지고 하청 비중이 '상'인 경우 최저 효율이 나타나고 2017년에 조금 올라간다. 전체적으로 분석하면 하청 비중을 적게 하는 경우가 가장 효율성이 좋다. 결국, 하청 규모를 많이 할수록 효율성이 떨어지는 모습을 보인다.

전체적으로 Two Stage로 분석하면 프로젝트 B, C를 지역2, 3으로 하청 비중을 적게 하여 프로젝트를 관리하면 가장 효과적인 효율성이 나타나고 프로젝트 A는 2017년부터 효율성이 개선되어 지역3으로 하청 규모를 적게 하는 전략으로 관리하면 사례 기업은 효율성이 크게 상승할 것으로 판단된다.

김수하(2020)는 Two Stage 효율성을 비교·분석하여, 더욱 체계적인 프로젝트 효율성 분석을 통해, 향후 사례 기업의 전략 포인트를 추구하고자 하였다. 특히 [표 5-97]과 [그림 5-67]은 131개 프로젝트에 대한 Two Stage 각각의 프로젝트 효율성을 matrix로 정리하였다.

각 효율성의 평균값을 기준으로 상하 구분하여 네 개의 사분위 영역을 설정하였다. 사분위 영역별로 프로젝트를 분류하여, 관련 전략을 수립하고, 효율성 제고를 위한 전략 포인트를 고려하여야 할 것이다. 사분위 영역을 제품군과 연계하여 분석함으로써 더욱 체계적인 프로젝트 전략을 세울 수 있을 것으로 판단된다. 사례 기업의 특정 기준을 토대로 프로젝트 효율성 분류를 별도로 할 수 있기 때문에 향후 보다 체계적인 프로젝트 운영과 관리가 용이할 것으로 판단된다.

[표 5-97] Two Stage 효율성 프로젝트 매트릭스 비율

Div_design(1)	Div_production(1)	사분위 영역	프로젝트 수	비율
우수	우수	Ⅳ	41	31.30%
평균 이하	우수	Ⅱ	19	14.50%
우수	평균 이하	Ⅲ	31	23.66%
열등	열등	Ⅰ	40	30.53%

[그림 5-67] Two Stage efficiency matrix

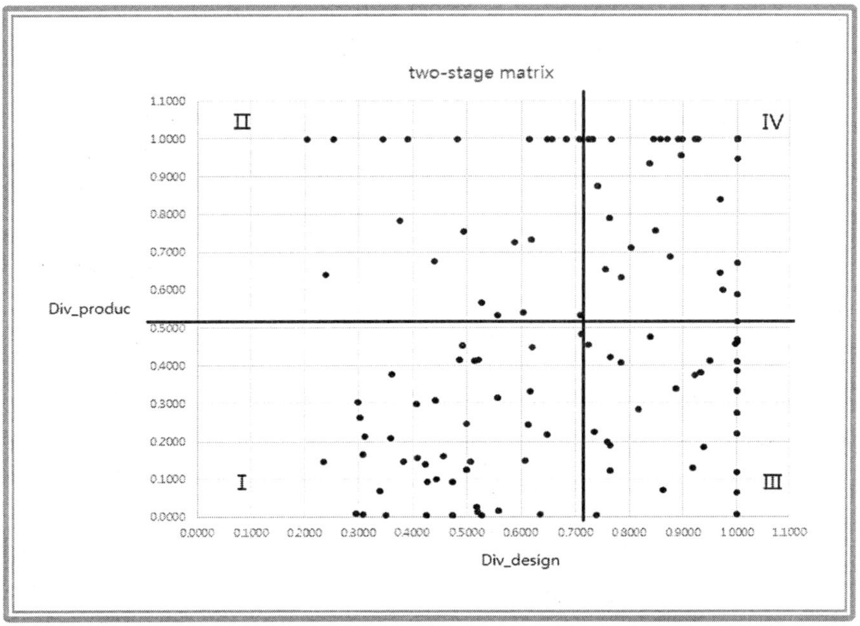

참 고 문 헌

국내 문헌

강석규, 2008, DEA를 이용한 지주회사 편입이후의 은행 효율성 분석, 금융공학연구, 7(3): 107-128.

강인규·김재윤·이수현, 2012, DEA Window 모형과 Tier 분석을 이용한 축제의 효율성 분석, 기업경영연구, 19(1): 63-82.

강형철, 2016, 증권사 수익 구조가 증권사 가치에 미치는 영향, 한국금융학회·한국금융연구원, 30(2): 65-108.

고봉찬·박래수, 2000, 증권발행기업의 장단기성과에 관한 연구, 증권학회지, 27: 439-476.

김강정, 2004, 우리나라 호텔산업의 생산성분석 1997-2002, 경영연구, 19(4): 113-133.

김광수, 2018, 국내 증권회사의 비효율성 원천 분석, 박사학위논문, 경일대학교 대학원.

김광수·이홍배, 2017, Network Slack-based Measure DEA 모형을 이용한 국내증권회사의 효율성 분석, 의사결정학연구, 25(1): 53-67.

김근종·배세영·이영환, 2008, 자료포락분석을 이용한 우리나라 호텔의 효율성 및 생산성 분석, 호텔경영학연구, 17(3): 37-52.

김기성, 2011, 병원경영 효율성 측정과 인과관계 분석에 관한 연구, 박사학위 논문, 고려대 대학원.

김병철, 2011, 거리함수를 이용한 지역별 새마을금고 생산성 변화 연구, 금융 공학연구, 10(3): 115-136.

김병태, 2003, 새마을금고의 경쟁력 제고방안 연구, 박사학위논문, 경성대 대학원.

김수하, 2020, 단일단계 및 2단계 Network DEA 모형을 통한 프로젝트 효율성 분석, 박사학위논문, 경일대학교 대학원.

김수하·이홍배, 2019, 프로젝트생산시스템에 있어서 single stage와 two stage DEA 효율성 비교분석, 의사결정학연구, 27(1): 79-98.

김순영, 2009, FA/AHP 기법을 활용한 국방연구개발사업 메타평가 지표 개발에 관한 연구, 기술혁신학회지, 12(1): 113-136.

김영·안성진·박진호·최진도, 2009, AHP 기법을 이용한 건강결정요소 및 건강도시사업 가중치 분석, 도시행정학보, 22(3): 365-387.

김영환, 2005, 균형성과표를 활용한 공공병원의 성과관리 모형개발 연구, 박사학위논문, 순천향대 대학원.

김우재, 2014, 창업보육센터 입주심사 기준에 대한 평가, 의사결정연구, 22(1): 115-133.

김재구·손명호, 2003, 기업전략에 따른 기업성과평가지표의 가중치 비교연구: 한국의 제조산업을 중심으로, 인사관리연구, 27(1): 59-84.

김재희, 2009, 교차효율분석을 활용한 원양어업의 업종별 경쟁력 추정, 한국해양수산개발원.

김준영·홍종의, 2015, 국내 방위산업 글로벌 경쟁력 분석: 효율성 및 생산성 중심으로, 한국산학기술학회, 16(12): 8378-8385.

김지혜·김해수·임빛나·윤장혁, 2012, DEA 와 맘퀴스트 생산성 지수를 활용한 OECD 국가간 의료서비스 효율성 분석, 한국경영과학회지, 37(4): 125-138.

김환섭, 2019, Single stage와 general two-stage DEA 모형을 통한 제조업 기술혁신효율성 비교 분석, 박사학위논문, 경일대학교 대학원.

김환섭·이홍배, 2018, General two stage DEA 모형에 의한 제조업 기술 혁신 효율성 분석, 의사결정학연구, 26(2): 23-43.

김희창, 2012, 은행산업의 효율성 및 결정요인에 관한 실증 분석: Network DEA 모형과 Censored Tobit 모형을 이용하여, 산업경제연구, 25(1): 365-386.

노덕환·한승우 (2002), DEA 모형을 이용한 군산지역 새마을금고의 경영효율성 측정, 지역발전연구, 2(1): 71-89.

문준호, 2002, DEA 기법을 이용한 새마을금고의 효율성 증대방안에 관한 연구, 인천대학교 대학원 박사학위논문.

박 호·김동진·왕 진, 2012, Shannon’s Entropy와 DEA를 결합한 효율성 분석-세계 주요 20대 컨테이너항만을 대상으로, 생산성논집, 26(4): 193-214.

박래서·권일숙, 2014, DEA를 이용한 신용협동조합의 경영효율성분석, 신협협동조합중앙회.

박무완, 2017, Shannon entropy 교차 효율성 모형에 의한 새마을금고 경영 효율성 및 순위분석, 박사학위 논문, 경일대학교 대학원.

박무완·김우재·이홍배, 2016, DEA/BSC/AHP 통합모형에서 Shannon entropy 결합 교차효율성의 유용성 평가, 의사결정학연구, 24(1): 15-36.

박수남·김성아·김영재, 2009, 증권산업 구조와 경영 효율성, 증권사의 성과, 한국증권학회지, 38(4): 479-505, 한국증권학회.

박이숙·고대영, Network SBM 모형을 이용한 국내 물류 서비스 기업의 효율성 분석에 관한 연구, 경영 교육연구, 32: 1-20.

박진배, 2010, 자료포락분석(DEA)을 이용한 새마을금고의 효율성 분석, 새마을금고 연구, 20(1), 35-48.

박춘광·김병철, 2012, DEA-CCR, DEA-BCC, 수정 DEA 모형을 이용한 지역별 새마을금고의 경영효율성 분석, 대한경영학회지, 25(3): 1341-1360.

백자국, 2013, MPI 값을 통해서 본 글로벌 금융위기가 증권산업의 생산성에 끼친 영향에 관한연구, 산업경제연구, 26(2): 1123-1137

백자욱·김선곤, 2004, 합병새마을금고의 경영효율성에 관한 실증분석, 국제회계연구, 11(1): 225-249.

새마을금고중앙회, 2016, 2016 새마을금고통계, MG금융경제연구소.

서용윤·김문수, 2011, DEA를 활용한 제조 및 서비스 산업의 기술 혁신 활동 효율성 비교 연구, IE Interfaces, 24(4): 330-340.

서은정, 2009, DEA모형을 통한 합병전·후 새마을금고의 효율성분석, 새마을금고연구, 19(1): 23-45.

소순후, 2011, 비방사적 SBM 모형을 이용한 지역전략산업 기술개발투자의 효율성 분석, 산업경제연구, 24(2): 1169-1188.

손성호·문성병, 2009, 새마을금고의 경영평가 모델 구축을 위한 탐색적 연구, 국제회계연구, 28(1): 263-286.

손용정, 2009, 새마을금고의 효율성 분석, 산업경제연구, 22(2): 659-673.

송광석·유한주, 2010, 부트스트랩 맘퀴스트 생산성지수를 이용한 Single PPM 인증기업의 생산성 비교 연구, 품질경영학회지, 38: 261-275.

심동희·김형경·김재준(2001). 호텔산업의 효율성분석, 관광학연구, 25(3): 249-266.

양동현, 2010, DEA-AR/AHP 결합모형을 이용한 지방의료원의 효율성 분석, 보건행정학회지, 20(4): 74-96.

유금록, 2001, 공공부문의 효율성 평가를 위한 모수적 변경추정법, 한국사회와 행정연구, 12(2): 99-115.

유한주·송광석, 2007, 서비스 품질경영시스템의 효율성 비교분석에 관한 연구: 시청과 도청의 서비스 품질 만족도 지수를 중심으로, 품질경영학회지, 35(3): 21-36.

윤경준, 1996, DEA를 통한 보건소의 효율성측정, 한국정책학회보, 1: 80-109.

윤경준, 1998, 공공부문 성과측정을 위한 DEA와 확률 전선모형의 비교분석: 일선 경찰서의 기술 효율성 측정을 중심으로, 한국행정학보, 32(4): 257-273.

윤상흠·박춘식·하귀룡, 2017, 국내 제약기업의 기술 혁신 효율성 분석에 관한 연구: 상장기업을 중심으로, 경영 교육연구, 32(1): 25-46.

이건남, 2009, DEA 기법을 활용한 학교기업지원사업 재정지원의 상대적 효율성 분석: 3기 1차년도 사업을 중심으로, 직업 능력개발연구, 12(2): 97-122.

이만수·변우섭, 2003, 충북새마을금고의 효율성 증대방안에 관한 연구, 회계연구, 8(2): 79-98.

이민희, 2010, 국내은행의 효율성 및 결정요인 분석: 2003년-2008년, 무역통상학회, 10(1): 62-76.

이상규·권영준, 1999, 우리나라 은행산업의 생산성 변화 요인; Malmquist 방법론의 적용, 한국금융학회, 4(2): 85-122.

이우광, 2014, 검진의료기관 BSC 평가지표 개발 및 경영효율성 분석 - A 검진센터 사례를 중심으로, 박사학위논문, 경일대 대학원.

이우광·이홍배, 2013, A 검진센터의 성과평가시스템에 대한 평가 : BSC/ AHP 기법 중심으로, 의사결정학연구, 21(1): 133-156.

이정동·오동현, 2012, 효율성 분석이론: DEA 자료포락분석법, 서울: 지필미디어.

이정호, 2010, DEA 모형의 확장에 관한 연구: 공급사슬네트워크에서 공급자평가를 중심으로, 한국생산관리학회, 21(2): 157-176.

이형석·김기석, 2008, DEA 를 이용한 증권업의 다단계 효율적 분석과 분해, 대한경영학회지 21(3): 909-930.

이홍배, 2008, 경영과학, 무역경영사, 서울.

이홍배·이우광, 2013, DEA/BSC/AHP 연계 모형에 의한 경영효율성 분석: A검진센터의 사례를 중심으로, 경영교육연구, 28(5): 329-355.

임성묵, 2008, DEA에서 교차효율성의 공격적 정형화, 한국경영과학회, 33(4): 83-100.

장경천·임우진, 2003, DEA 모형에 의한 우리나라 증권사의 효율성에 관한 연구: 사이버증권 거래를 중심으로, 대한경영학회, 16(4): 1181- 1209.

장현종, 2016, DEA를 활용한 호텔 효율성 분석과 호텔산업의 활성화 방안 연구, 호텔리조트연구, 16(3): 5-19.

전익진·이학연, 2015, 연구개발 사업화 성과 평가 : DEA 기반 3단계 R&BD 성과 모형, Journal of the Korean Institute of Industrial Engineers, 41(5): 425-438.

정준, 2006, 국내 은행산업의 구조조정에 따른 효율성 연구 - DEA 와 Malmquist 기법을 중심으로, 조선대학교대학원 박사학위논문.

정진호·임성묵, 2014, DEA-Malmquist 생산성 지수 분석방법을 응용한 대구·경북지역 새마을금고의 경영효율성 및 생산성변화 분석, 금융공학연구, 13(1): 79-100.

조근태·조용곤·강현수, 2005, 계층분석적 의사결정, 동현출판사. 서울.

조성택, 2016, 정부 R&D 투자 효율화 방안 연구: DEA와 SFA를 이용한 R&D 효율성 분석, 미래성장연구, 2: 67-89.

조형석·문상호, 2007, 지방하수도사업의 효율성 평가 -DEA와 Tier분석을 중심으로-, 지방행정연구, 21(1): 123-151.

지홍민·장진숙, 2007, 사이버 증권거래와 증권업의 효율성, 경영논총, 25(2): 81-104.

최석봉·하귀룡, 2013, 기술 혁신과 경영 효율성 분석에 관한 연구: 한·중·일 철강기업 비교분석, 대한경영학회지, 26(7): 1887-1908.

최승빈, 1997, 의사결정단위의 성과평가수단으로서의 DEA와 비율분석성과지표의 비교연구, 한국산업경영학회, 12(3): 117-143.

최승빈, 2003, OECD 국가들의 은행산업 효율성변화 및 결정요인 분석, 한국재무학회, 16(1): 269-314.

최정인·권성훈·송성환·황석원, 2009, 우리나라 서비스부문의 혁신 효율성 분석에 관한 연구, IE Interfaces, 22(4): 336-346.

표지연, 2019, Two-stage DEA 확장 모형을 통한 국내 호텔산업 서비스 효율성 분석, 박사학위논문, 경일대학교 대학원.

표지연·이홍배, 2018, 2 단계 DEA와 Malmquist 기법을 통한 국내호텔산업 서비스 효율성 분석, 20회 한국경영학회 통합 학술발표논문집.

표지연·이홍배, 2018, Two stage DEA 확장 모형에 의한 국내호텔산업 서비스운영 효율성의 특성 분석, 의사결정학연구, 26(2): 71-92.

표희종·김종천, 2010, 수산물 도매업의 생산 효율성 평가에 관한 연구, 수산경영론집, 41(3): 21-44.

하귀룡·신용호, 2013, 국내 증권업의 경영 효율성 분석: 상장기업을 중심으로, 금융지식 연구 11(1)): 3-24.

한동성·신민철, 2010, 학술연구지원사업의 효율성 평가: DEA와 SFA를 중심으로, 정부학연구, 16(3): 185-215.

한진석, 2010, 유해산출물을 고려한 Network DEA 모형 개발 : 서울시 간선버스 노선의 효율성 분석, 박사학위 논문, 서울대학교 대학원.

홍봉영·강은경, 2005, 국내호텔산업의 생산성 분석, 관광학연구, 29(2); 337-359.

홍봉영·강은영·박소현, 2007, DEA 방법에 의한 국내 증권업의 제도적 효율성분석, 회계정보연구, 25(1): 1-17.

홍봉영·김강정, 2004, DEA에 의한 국내 호텔산업의 효율성 측정, 관광학연구, 27(4): 105-126.

홍봉영·김성아, 2007, 국내은행의 효율성 및 관련요인 분석 : 1996-2005년, 금융지식연구, 5(2): 115-135

홍한국·하성호·박상찬, 2000, SI 프로젝트의 효율성 평가를 위해 자료포괄분석과 기계학습을 결합한 하이브리드 분석, Asia Pacific Journal of Information Systems (한국경영정보학회), 10(1): 19-35.

Harada, K., 2006, Measuring the efficiency of banks - successful mergers in the Korean Banking Sector, 경제발전연구, 12(1): 51-93.

국외 문헌

Abad, C., Thore, S. A., and Laffarga, J., 2004, Fundamental analysis of stock by two-stage DEA, Managerial and Decision Economics, 25: 231-241.

Acs, Z., Anselin, L. and Varga, A., 2002, Patents and innovation counts as measures of regional production of new knowledge, Research Policy, 31(7): 1069-1085.

Aigner, D. J., C. A. K. Lovell, and P. Schmidt, 1977, Formulation and Estimation of Stochastic Frontier Production Models, Journal of Econometrics, 6(1): 21-37.

Akgün, A. E., Keskin, H. and Byrne, J., 2009, Organizational emotional capability, product and process innovation, and firm performance: an empirical analysis, Journal of Engineering and Technology Management, 26(3): 103-130.

Akther, S., H. Fukuyama, and W. L. Weber, 2013, Estimating two-stage network Slacks-based inefficiency: An application to Bangladesh banking, Omega, 41(1): 88-96.

Ali, A. I. and L. M. Seiford, 1993, The mathematical programming approach to efficiency analysis, In: Fried, H. O. and S. S. Schmidt (eds), The Measurement of Productive Efficiency, Oxford University Press, New York, 120-159.

Andersen, P. and N. C. Peterson, 1993, A procedure for ranking efficient units in data envelopment analysis, Management Science, 39(10): 1261－1264.

Anderson, R. I., Fish, M., Xia, Y., and Michello, F., 1999, Measuring efficiency in the hotel industry: A stochastic frontier approach. Hospitality Management, 18: 45-57.

Anderson, R. I., Fok, R., and Scott, J., 2000, Hotel industry efficiency: an advanced linear programming examination, American Business Review, 18(1): 40-48.

Ashrafi, A., Seowb, H. V., Lee, L. S., and Lee, C. G., 2013, The efficiency of the hotel industry in Singapore, Tourism Management, 37: 31-34.

Aviad, A. I., M. Abraham, B. Dov, and H. David, 1998, Justification of global positioning systems purchase using the analytic hierarchical process-the case of the Israeli Defense Force, Technovation, 18(6/7): 409-424.

Baccarini, D., 1999, The logical framework method for defining project success, Project Management Journal, 30(4): 25-32.

Baker, M. and Riley, M., 1994, New perspectives on productivity in hotels: some advances and new directions, International Journal of Hospitality Management, 13(4): 297-311.

Balkin, D. B., Markman, G. D., and Gomez-Mejia, L. R., 2000, Is CEO pay in high technology firms related to innovation?, Academy of Management Journal, 43: 1118-1129.

Banker, R. D., 1984, Estimating most productive scale size using date envelopment analysis, European Journal of Operational Research, 17: 35-44.

Banker, R. D., A. Charnes, and W. W. Cooper, 1984, Some models for estimation technical and scale efficiencies in data envelopment analysis, Management Science, 30: 1078-1092.

Banker, R. D., R. Conrad, and R. Strauss, 1986, A comparative application of data envelopment analysis and translog methods; An illustrative study on hospital production, Management Science, 32(1): 30-43.

Banker, R. D., W. W. Cooper, L. M. Seiford, R. M. Thrall, and J. Zhu, 2004, Returns to scale in different DEA models, European Journal of Operational Research, 154: 345-362.

Bannerman, P. L., 2008, Defining project success: a multilevel framework, Paper presented at PMI® Research Conference: Defining the Future of Project Management, Warsaw, Poland. Newtown Square, PA: Project Management Institute.

Barfod, M. B., 2011, An MCDA approach for the selection of bike projects based on structuring and appraising activities, European Journal of Operational Research, 218(3): 810-818.

Barr, R. S., L. M. Seiford, and T. F. Siems, 1993, An envelopment analysis approach to measuring the management quality of banks, Annals of Operations Research, 32.

Barros, C. P. and Dieke, P. U. C., 2007, Technical efficiency of African hotels, International Journal of Hospitality Management, 27(3): 438-447.

Barros, C. P. and Mascarenhas, M. J., 2005, Technical and allocative efficiency in a chain of small hotels, International Journal of Hospitality Management, 24(3): 415-436.

Barros, C. P. and Santos, C., 2006, The measurement of efficiency in Portuguese hotels using data envelopment analysis, Journal of Hospitality and Tourism Research, 30(3): 378-400.

Barros, C. P., 2005, Measuring efficiency in the hotel sector, Annals of Tourism Research, 32(2): 456-477.

Barros, C. P., Botti, L., Peypoch, N., Robinot, E., Solonandrasana, B., and Assaf, G., 2011, Performance of French destinations: Tourism attraction perspectives, Tourism Management, 32: 141-146.

Basso, A. and Funari, S., 2001, A data envelopment analysis approach to measure the mutual fund performance, European Journal of Operational Research, 135(3): 477–492.

Bauer, P., A. Berger, G. Ferrier, and D. Humphrey, 1998, Consistency conditions for regulatory analysis of financial institutions: A comparison of frontier efficiency methods, Journal of Economics and Business, 50: 85-114.

Belassi, W. and O. I. Tukel, 1996, A new framework for determining critical success/failure factors in projects, International Journal of Project Management, 14(3): 141-151.

Bernstein, B. and P. J. Singh, 2006, An integrated innovation process model based on practices of Australian biotechnology firms, Technovation, 26(5/6): 561-572.

Bian, Y., N. Liang, and H. Xu, 2015, Efficiency evaluation of Chinese regional industrial systems with undesirable factors using a two -stage slacks-based measure approach, Journal of Cleaner Production, 87: 348-356.

Bichou, K., 2011, A two-stage supply chain DEA model for measuring containerterminal efficiency, International Journal of Shipping and Transport Logistics, 3(1): 6-26.

Boussofiane, A., R. G. Dyson, and E. Thanassoulis, 1991, Applied data envelopment analysis, European Journal of Operational Research, 52(1): 1-15.

Brown, M. G. and R. A. Svenson, 1998, Measuring R&D productivity, Research Technology Management, 41(6): 30-35.

Busby, J. S. and A. Williamson, 2000, The appropriate use of performance measurement in non-production activity: the case of engineering design, International Journal of Operations & Production Management, 20(3): 336-358.

Cantisani, A., 2006, Technological innovation processes revisited, Technovation, 26(11): 1294-1301.

Cao, Q. and Hoffman, J. J., 2011, A Case Study Approach for Developing a Project Performance Evaluation System, International Journal of Project Management, 29(2): 155-164.

Casti, J. L., 1996, Five Golden Rules: Great Theories of 20th-Century Mathematics – and Why They Matter, John Wiley & Sons, New York and Chichester.

Caves, D. W., L. R. Christensen, and W. E. Diewert, 1982, The economic theory of index numbers and the measurement of input, output, and productivity, Econometrica, 50(6): 1393-1414.

Chaabouni, S., 2017, China's regional tourism efficiency: A two-stage double bootstrap data envelopment analysis, Journal of Destination Marketing & Management, https://doi.org/10.1016/ j.jdmm. 2017.09.002.

Chandra, P., Cooper, W. W., Li, S., and Rahman, A., 1998, Using DEA to evaluate 29 Canadian textile companies: considering returns to scale, International Journal of Production Economics, 54(2): 129–141.

Charnes, A. and W. Cooper, 1991, Data Envelopment Analysis, in H.E. Bradley(Ed.) Operational Research '90, Pergamon Press, Oxford, 641-646.

Charnes, A., Cooper, W. W. and E. Rhodes, 1978, Measuring the efficiency of decision making units, European Journal of Operational Research, 2(6): 429-444.

Charnes, A., Cooper, W. W., Golany, B., Halek, R., Klopp, G., and Schmitz, E., 1986, Two-phase data envelopment analysis approaches to policy evaluation and management of army recruiting activities: Tradeoffs between joint services and army advertising, Research Report CCS #532, Center for Cybernetic Studies, University of Texas-Austin, Austin, TX.

Charnes, A., W. W. Cooper, A. Y. Lewin, and L. M. Seiford, 1997, Data Envelopment Analysis: Theory, Methodology and Applications, The Journal of the Operation Research Society, 48(3): 332-333.

Charnes, A., W. W. Cooper, B. Golany, L. M. Seiford, and J. Stutz, 1985, Foundations of data Envelopment analysis for Pareto-Koopman's efficient empirical production functions, Journal of Econometrics, 30: 1-7.

Charoenrat, T. and Harvie, C., 2014, The efficiency of SMEs in Thai manufacturing: a stochastic frontier analysis, Economic Modelling, 43: 372-393.

Chen, C. F., 2007, Applying the stochastic frontier approach to measure hotel managerial efficiency in Taiwan, Tourism Management, 28: 696–702.

Chen, C. J., Wu, H. L., Lin, and B. W., 2006, Evaluating the development of high-tech industries: Taiwan's science park, Technological Forecasting & Social Change,

73(4): 452–465.

Chen, C., Hu, J., and L. Jern-Jou, 2010b, Tourists' nationalities and the cost efficiency of international tourist hotels in Taiwan, African Journal of Business Management, 4(16): 3440–3446.

Chen, T. Y., 2002, Measuring firm performance with DEA and prior information in Taiwan's banks, Applied Economics Letters, 9: 201-204.

Chen, X.-Y., K. Yamauchi, K. Kato, A. Nishimura, and K. Ito, 2006, Using the balanced scorecard to measure Chinese and Japanese hospital performance, International Journal of Health Care Quality Assurance, 19(4-5): 339-350.

Chen, Y. and J. Zhu, 2004, Measuring information technology's indirect impact on firm performance, Information Technology and Management, 5: 9–22.

Chen, Y., 2004, Ranking efficient units in DEA, OMEGA, 32: 213-219.

Chen, Y., Cook, W. D., and Zhu, J., 2010a, Driving the DEA frontier for two-stage processes, European Journal of Operational Research, 202: 138–42.

Chen, Y., Cook, W. D., Li, N., and Zhu, J., 2009a, Additive efficiency decomposition in two-stage DEA, European Journal of Operati onal Research, 196: 1170–6.

Chen, Y., Liang, L., and J. Zhu, 2009b, Equivalence in two-stage DEA approaches, European Journal of Operational Research, 193: 600-804.

Cheng, M. Y., 2000, The study on service quality and operation efficiency for international tourist hotels in Taipei, Master dissertation, Ming Chuan University, Taipei, Taiwan.

Chiang, W. E., Tsai, M. H., and Wang, L. S. M., 2004, A DEA evaluation of Taipei hotels, Annals of Tourism Research, 31(3): 712–715.

Chilingerian, J. A. and H. D. Sherman, 1990, Managing physician efficiency and effectiveness in providing hospital services, Health Services Management Research, 3(1): 3-15.

Chiu, C. R., Chiu, Y. H., Chen, Y. C., and C. L. Fang, 2016, Exploring the source of meta frontier inefficiency for various bank types in the two-stage network system with undesirable output, Pacific-Basin Finance Journal, 36: 1–13.

Coltman M. M., 1978, Hospitality Management Accounting, Boston: CBI Publishing Co., Inc.

Cook, W. D. and L. M. Seiford, 2009, Data envelopment analysis (DEA) - Thirty years on, European Journal of Operational Research, 192(1): 1-17.

Cook, W. D., J. Zhu, G. Bi, and F. Yang, 2010, Network DEA: Additive efficiency decomposition, European Journal of Operational Research, 207: 1122-1129.

Cooper, W. W., L. M. Seiford, and K. Tone, 2001, Data Envelopment Analysis: A Comprehensive Text with Models, Applications, References and DEA-Solver Software, Interfaces, 31(3): 116-118.

Cruz-Cazaresa, C., C. Bayona-Saez, and T. Garcia-Marco, 2013, You can't manage right what you can't measure well: Technological innovation efficiency, Research Policy, 42: 1239-1250.

Cullmann, A., J. Schmidt-Ehmcke, and P. Zloczysti, 2012, R&D efficiency and barriers to entry: a two-stage semi-parametric DEA approach, Oxford Economic Papers, 64(1): 176-196.

Cummins, J. D., S. Tennyson, and M. A. Weiss, 1999, Consolidation and efficiency in the US life insurance industry, Journal of Banking & Finance, 23(2-4): 325-357.

Dennis, R. and M. T. Gary, 2007, Multiunit restaurant productivity assesment using three-phase data envelopment analysis, International Journal of Hospitality Management, 26(1): 20–32.

Diaz-Blateiro, L., A. Casimiro, M. Martinez, and J. Gonzalez-Pachon, 2006, An analysis of productive efficiency and innovation activity using DEA: An application to Spain's wood-based industry, Forest Policy and Economics, 8(7): 762-773.

Dong, Y. C., Y. F. Xu, and L. Ding, 2007, On consistency of the weighted arithmetical mean complex judgement matrix, Journal of systems Engineering and Electronics, 18(3): 151-519.

Doyle, J. R. and R. H. Green, 1994, Efficiency and cross-efficiency in DEA: Derivations, meanings, and uses, Journal of Operational Research Society, 45(5): 567-578.

Drake, L. and M. Hall, 2003, Efficiency in Japanese banking: An empirical analysis, Journal of Banking and Finance, 27: 891-917.

Dumaine, B., 1989, How managers can succeed through speed, Fortune(February 13), 119(4): 54-59.

Dvir, R. and Pasher, E., 2004, Innovation engines for knowledge cities: an innovation ecology perspective, Journal of Knowledge Management, 8(5): 16-27.

Eddie, W. L. Cheng and Heng Li, 2001, Analytic hierarch process: An Aaproach to determine measures for business performance, Measuring Business Excellence, 5(3): 30-36.

Edquist, C., 1997, Systems of innovation approaches - their emergence and characteristics. In: Edquist, C.(Ed.), Systems of Innovation: Technologies, Institutions and Organizations, Pinter/Cassell, London, 1-35.

Eilat, H., B. Golany, and A. Shtub, 2005, Constructing and evaluating balanced portfolios of R&D projects with interactions : A DEA based methodology, European Journal of Operational Research, 172(3): 1018-1039.

Eilat, H., B. Golany, and A. Shtub, 2008, R&D project evaluation: An integrated DEA and balanced scorecard approach, Omega, 36(5): 895-912.

El-Mashaleh, M. S. and A. D. Chasey, 1999, Improving the cost and schedule control system, Cost Engineering, 41(7): 39-42.

Elshaer, R., 2013, Impact of sensitivity information on the prediction of project's duration using earned schedule method, International Journal of Project Management, 31(4): 579-588.

Escobar, M. T., J. Aguaron, and J. M. Moreno-Jiménez, 2004, A note on AHP group consistency for the row geometric mean prioritization procedure, European Journal of Operational Research, 153(2): 318-322.

Färe, R. and S. Grosskopf, 1994, Cost and revenue constrained production, Springer-Verlag, New York, 1994.

Färe, R. and S. Grosskopf, 1996, Productivity and intermediate products: a frontier approach, Economics Letters, 50: 65-70.

Färe, R. and S. Grosskopf, 2000, Network DEA, Socio-Economic Planning Sciences, 34: 35-49.

Farrell, M. J., 1957, The measurement of productive efficiency, Journal of the Royal Statistic Society Series, 120(3): 253-290.

Farris, J. A., R. L. Groesbeck, E. M. Van-Aken, and G. Letens, 2006, Evaluating the relative performance of engineering design projects: A case study using data envelopment analysis, IEEE Transactions on Engineering Management, 53(3): 471–482.

Fatma, P. and Timothy, N. H., 2005, Patient satisfaction in a preoperative assessment clinic: an analysis using SERVQUAL dimensions, Total Quality Management, 16(1): 15–30.

Fay C. T., Rhoads R. C., Rosenblatt R. L., 1971, Managerial Accoun ting for Hospitality Service Industries, Bubuque, Iowa: William C. Brown Publishers.

Fitzsimmons, J. A. and M. J. Fitzsimmons, 1994, Service management for competitive advantage, NY: McGraw-Hill.

Fleming, Q. and J. Koppelman, 2005, Earned Value Project Management, Third edition, PA: Newtowns Square, Project Management Institute.

Fukuyama, H. and W. L. Weber, 1999, The efficiency and productivity of japanese securities Firms, 1988-93, Japan and the World Economy, 11: 115-133.

Fukuyama, H. and W. L. Weber, 2010, A slacks-based inefficiency measure for a two-stage system with bad outputs, Omega, 38(5): 398-409.

Furman, J. L., M. E. Porter, and S. Stern, 2002, The determinants of national innovative capacity, Research Policy, 31(6): 899-933.

Galanakis, K., 2006, Innovation process. Make sense using systems thinking, Technovation, 26(11): 1222-1232.

Geisler, E., 1995, An integrated cost-performance model of research and development evaluation, Omega, 23(3): 281-294.

George, G., Zahra, S., and Wood, R., 2002, The effects of business university alliances on innovative output and financial performance: a study of publicly traded biotechnology companies, Journal of Business Venturing 17: 577–609.

Glawischnig, M. and M. Sommersguter-Reichmann, 2010, Assessing the performance of alternative investments using non-parametric efficiency measurement approaches: Is it convincing?, Journal of Banking & Finance, 34(2): 295-303.

Greene, W. H., 1990, A Gamma-distributed stochastic frontier model, Journal of econometrics, 46(1-2): 141-163.

Grifell-Tatjé, E. and C. A. K. Lovell, 1999, A generalized malmquist productivity index, Top, 7(1): 81–101.

Griliches, Z., 1990, Patent statistics as economic indicators: a survey?, Journal of Economic Literature, 28(4): 1661–1170.

Guan, J. and Chen, K., 2010a, Measuring the innovation production process: a cross-region empirical study of China's high-tech innovations, Technovation, 30(5): 348–358.

Guan, J. and Chen, K., 2010b, Modeling macro-R&D production frontier performance: an application to Chinese province-level R&D, Scientometrics, 82(1): 165–173.

Guan, J. and Chen, K., 2012, Modeling the relative efficiency of national innovation systems, Research Policy, 41(1): 102–115.

Guan, J. and J. Wang, 2004, Evaluation and interpretation of knowledge production efficiency, Scientometrics, 59(1): 131-155.

Guan, J. C., R. C. M. Yam, C. K. Mok, and N. Ma, 2006, A study of the relationship between competitiveness and technological innovation capability based on DEA models, European Journal of Operational Research, 170(3): 971-986.

Gunjan, M. S., 2007, Measuring efficiency of the hotel and restaurant sector: the case of India, International Journal of Contemporary Hospitality Management, 19(5): 378-387.

Hall, N. G., 2012, Project management: recent developments and research opportunities, Journal of Systems Science and Systems Engineering, 21(2): 129-143.

Hammond, C. J., 2002, A data envelopment analysis of UK public library systems, Applied Economics, 34(5): 649–657.

Harrison, F. and D. Lock, 2004, Advanced Project Management: a Structured Approach, Gower Publishing, Ltd.

Hashimoto, A. and S. Haneda, 2008, Measuring the change in R&D efficiency of the Japanese pharmaceutical industry, Research Policy, 37(10): 1829-1836.

Hitt, M. A., R. E. Hoskisson, and H. Kim, 1997, International diversification: effects on innovation and firm performance in product-diversified firms, Academy Management Journal, 40(4): 767-798.

Ho, C. T. B. and K. B. Oh, 2008, Measuring online stockbroking performance, Industrial Management and Data Systems, 108(7): 988-1004.

Hollanders, H. and Celikel-Esser, F., 2007, Measuring innovation efficiency, INNO Metrics 2007 report, Brussels: European Commission, DG Enterprise.

Hsieh, L. F. and Lin, L. H., 2010, A performance evaluation model for international tourist hotels in Taiwan: an application of the relati onal network DEA, International Journal of Hospitality Management, 29: 14–24.

Hsu, F. M. and C. C. Hsueh, 2009, Measuring relative efficiency of government-sponsored R&D projects : A three-stage approach, Evaluation and Program Planning, 32(2): 178-186.

Huang, C., F. N. Ho, and Y. Chiu, 2014, Measurement of tourist hot els' productive efficiency, occupancy and catering service effectiveness using a modified two-stage DEA model in Taiwan, Omega, 48: 49-59.

Huang, Y., Mesak, H. I., Hsu, M. K., and Qu, H., 2012, Dynamic efficiency assessment of Chinese hotel industry, Journal of Business Research, 65: 59–67.

Huguenin, J-M., 2012, Data Envelopment Analysis: A pedagogical guide for decision makers in the public sector, IDHEAP : Chair of Public finance.

Hwang, S. N. and Kao, C., 2006, Measuring managerial efficiency in non-life insurance companies: an application of two-stage data envelopment analysis, International Journal of Management, 23: 699–720.

Hwang, S. N. and T. Y. Chang, 2003, Using data envelopment analysis to measure hotel managerial efficiency change in Taiwan, Tourism Management, 24(4): 357-369.

Jemric, I. and B. Vujcic, 2002, Efficiency of banks in Croatia: a DEA approach, Comparative Economic Studies, 44(2-3): 169-193.

Johnes, J., 2004, Efficiency measurement, In G. Johnes & J. Johnes (Eds.), International Handbook on the Economics of Education (pp. 613-742), Cheltenham: Edward Elgar Publishing.

Johns, N., Howcroft, B., and Drake, L., 1997, The use of data envelopment analysis to monitor hotel productivity, Progress in Tourism and Hospitality Research, 3: 119–127.

Jondrow, J., C. A. K. Lovell, I. S. Materov, and P. Schmidt, 1982, On the estimation of technical inefficiency in the stochastic frontier production function model, Journal of Econometrics, 19(2-3): 233-238.

Jyoti, D. K. Banwet, and S. G. Deshmukh, 2008, Evaluating performance of national R&D organizations using integrated DEA-AHP technique, International Journal of productivity and Performance Management, 57(5): 370-388.

Kao, C. and Hwang, S. N., 2008, Efficiency decomposition in two-stage data envelopment analysis: an application to non-life insurance companies in Taiwan, European Journal of Operational Research, 185: 418–29.

Kao, C., 2014, Network data envelopment analysis: A review, European Journal of Operational Research, 239(1): 1-16.

Kao, C., P. L. Chang, and S. N. Hwang, 1993, Data envelopment analysis in measuring the efficiency of forest management, Journal of Environmental Management, 38(1): 73-83.

Kaplan, R. S. and D. P. Norton, 1992, The balanced scorecard: Measures that drive performance, Harvard Business Review, (January-Februrary): 71-79.

Keh, H. T. and Chu, S. F., 2003, Retail productivity and scale economies at the firm level: A DEA approach, Omega, 31: 75–82.

Keh, H. T., Chu, S., and Xu, J., 2006, Efficiency, effectiveness and productivity of marketing in services, European Journal of Operational Research, 170: 265–276.

Kennerley, M. and A. Neely, 2003, Measuring performance in a changing business environment, International Journal of Operations & Production Management, 23(2): 213-229.

Kenneth, H. R., 2005, Book Review: Earned Value Project Management, Third Edition, Project Management Journal, 36(3): 63-63.

Kerstens, K., 1996, Technical efficiency measurement and explanation of French urban transit companies, Transportation Research Part A: Policy and Practice, 30(6): 431-452.

Kerzner, H., 1998, In Search of Excellence in Project Management: Successful Practices in High Performance Organizations, Van Nostrand Reinhold, New York, NY.

Kerzner, H., 2003, Advanced Project Management: Best Practices on Implementation(2nd ed.), Hoboken, John Wiley & Sons.

Khamooshi, H. and H. Golafshani, 2014, EDM: Earned duration management, a new approach to schedule performance management and measurement, International Journal of Project Management, 32(6): 1019-1041.

Kimes S. E., 1989, The basics of yield management, Cornell Hotel and Restaurant Administration Quarterly, 30(3): 14-19.

Kohersa, T., M. Huang, and N. Kohers, 2000, Market perception of efficiency in bank holding company mergers: The roles of the DEA and SFA models in capturing merger potential, Review of Financial Economics, 9(2): 101-120.

Ku-Mahamud, K., R. M. M. Kasim, N. F. A. Ghani, and F. Abdullah, 2011, An Efficiency Analysis of Projects Using DEA, European Journal of Scientific Research, 52(4): 476-486.

Langdon, D., 2000, Aligning performance: Improving people, systems, and organizations, San Francisco: Jossey-Bass/Pfeiffer.

Lee, C. and Cho, 2014, Efficiency Analysis and Strategic Portfolio Model of National Health Technology R&D Program Using DEA：Focused on Translational Research, Journal of the Korean Institute of Industrial Engineers, 40(2): 172-183.

Lee, H. and J. Shin, 2014, Measuring journal performance for multidisciplinary research: An efficiency perspective, Journal of Informetrics, 8(1): 77-88.

Lee, H. Y. and Park, Y. T., 2005, An International Comparison of R&D Efficiency: DEA Approach, Asian Journal of Technology Innovation, 13(2): 207-222.

Lee, H., Park, Y. and Choi, H., 2009, Comparative evaluation of performance of national R&D programs with heterogeneous objectives: A DEA approach, European Journal of Operational Research, 196(3): 847-855.

Li, L. X., 2000, An analysis of sources of competitiveness and performance of Chinese manufacturers, International Journal of Operational Production Management, 20(3): 299-315.

Li, R., Guo, Q., Wu, D., Yin, H., Zhang, H., and Zhu, T., 2014, Spatial characteristics of development efficiency for urban tourism in eastern China: A case study of six coastal urban agglomerations. Journal of Geographical Sciences, 24(6): 1175–1197.

Li, X., 2009, China's regional innovation capacity in transition: an empirical approach, Research Policy, 38(2): 338–357.

Li, Y., Chen, Y., Liang, L., and Xie, J., 2012, DEA models for extended two-stage network structures, Omega, 40: 611–618.

Liadaki, A. and C. Gaganis, 2010, Efficiency and stock performance of EU banks: is there a relationship?, Omega, 38(5): 254-259.

Liang, L., Cook, W.D., and Zhu, J., 2008, DEA models for two stage processes: game approach and efficiency decomposition, Naval Research Logistics, 55: 643–653.

Liang, L., F. Yang, W. D. Cook, and J. Zhu, 2006, DEA models for supply chain efficiency evaluation, Annals of Operations Research, 145(1): 35-49.

Ling, F., S. Low, S. Wang, and H. Lim, 2009, Key project management practices affecting Singaporean firms' project performance in China, International Journal of Project Management, 27(1): 59-1.

Linton, J. D. and W. D. Cook, 1998, Technology implementation: A comparative study of Canadian and U.S. factories, INFOR: Information Systems and Operational Research, 36(3): 142-150.

Linton, J. D., Walsh, S. T., and Morabito, J., 2002, Analysis, ranking and selection of R&D projects in a portfolio, R&D Management, 32(2): 139-148.

Liu, J. S. and Lu, W. M., 2010, DEA and ranking with the network-based approach : a case of R&D performance, Omega, 38(6): 453-464.

Liu, W. C., 2001, The impacts of information technology on operation performance of international tourist hotel in Taiwan, Master disse rtation, Chaoyang University of Technology, Taichung, Taiwan.

Lo, S. F. and Lu, W. M., 2006, Does size matter? Finding the profita bility and marketability benchmark of financial holding companies, Asia–Pacific Journal of Operational Research, 23: 229–246.

Lo, S. F. and Lu, W. M., 2009, An integrated performance evaluation of financial holding companies in Taiwan, European Journal of Operational Research, 198(1): 341-350.

Lo, S. F., 2010, Performance evaluation for sustainable business: A profitability and marketability framework, Corporate Social Res ponsibility and Environmental Management, 17: 311-319.

Lu, W. C., 2009, The evolution of R&D efficiency and marketability: Evidence from Taiwan's IC-design Industry, Asian Journal of Technology Innovation, 17(2): 1-26.

Lu, W. M. and Hung, S. W., 2009, Evaluating profitability and marketability of Taiwan's IC fabless firms: A DEA approach, Journal of Scientific and Industrial Research, 68(10): 851-857.

Luo, X. M., 2003, Evaluating the profitability and marketability efficiency of large banks: An application of data envelopment analysis, Journal of Business Research, 56(8): 627-635.

Mahajan, J., 1991, A data envelopment analytic model for assessing the relative efficiency of the selling function, European Journal of Operational Research, 53(2): 189-205.

March, J. G. and R. I. Sutton, 1997, Organizational performance as a dependent variable, Organization Science, 8(6): 698-706.

Marques, G., D. Gourc, and M. Lauras, 2011, Multi-criteria performance analysis for decision making in project management, International Journal of Project Management, 29(8): 1057-1069.

Matthews, K, 2013, Risk management and managerial efficiency in chinese banks: A network DEA framework, Omega, 41, 207-215.

Mazyar, Z. S., M. Akbarijokar, S. Khosravi, and H. Afshari, 2014, Construction project success ranking through the data envelopment analysis, Journal of Data Envelopment Analysis and Decision Science, 2014: 1-13.

Meeusen, W. and J. van Den Broeck, 1977, Efficiency estimation from Cobb-Douglas production functions with composed error, International Economic Review, 18(2): 435-444.

Moon, H. S. and Lee, J. D., 2005, A fuzzy set theory approach to national composite S&T indices, Scientometrics, 64(1): 67-83.

Morey, R. C. and D. A. Dittman, 1995, Evaluating a hotel GM's performance: A case study in benchmarking, Cornell Hotel and Restaurant Administration Quarterly, 36(5): 30-35.

Morgan, S., T. Srinivas, and P. Temyos, 2006, Faster, better, cheaper: A study of NPD project efficiency and performance tradeoffs, Journal of Operations Management, 24: 542–562.

Morris, P. W. G. and G. Hough, G., 1987, The Anatomy of Major Projects: A Study of the Reality of Project Management, John Wiley & Sons, Ltd., Chichester, UK.

Muler B., 1999, Use specificity of cognitive skills: evidence forprodu ction rules?, Journal of Experimental Psychology: Learning, Me mory and Cognition, 25(1):191–207.

Neely, A., 1999, The performance measurement revolution: why now and what next?, International Journal of Operations & Production Management, 19(2): 205-228.

Neely, A., Gregory, M. and Platts, K., 2005, Performance measurement system design: A literature review and research agenda, International Journal of Operations & Production Management, 25(12): 1228-1263.

Neely, A., Richards, H., Mills, J., Platts, K., and Bourne, M., 1997, Designing performance measures: a structured approach, International Journal of Operations & Production Management, 17(11): 1131-1153.

Nunamaker, T. R., 1983, Measuring routine nursing service efficiency: a comparison of cost per patient day and data envelopment analysis models, Health Services Research, 18(2 Part 1): 183-208.

O'Regan, N., Ghobadian, A. and Gallear, D., 2006, In search of the drivers of high growth in manufacturing SMEs, Technovation, 26(1): 30-41.

Oatoshi, O. and M. Takahashi, 2015, Management efficiency in japanese regional banks: A Network DEA, Procedia-Social and Behavioral Science, 172: 511-518.

Oliveira, R., Pedro, M. I., and Marques, R. C., 2013, Efficiency and its determinants in Portuguese hotels in the Algarve, Tourism Management, 36: 641–649.

Pakes, A. and Griliches, Z., 1984, Patents and R&D at the firm level: a first look, in Z. Griliches(ed.), R&D Patents and Productivity, Chicago, University of Chicago Press, 55-72.

Park, S., 2014, Identification of DEA Determinant Input-Output Variables, Journal of the Korean Institute of Industrial Engineers, 40(1): 84-99.

Pérez-Rodriguez, J. V. and Acosta-Gonzàlez, E., 2007, Cost efficiency of the lodging industry in the tourist destination of Gran Canaria (Spain), Tourism Management, 28(4): 993-1005.

Perrigot, R., Cliquet, G., and Piot-Lepetit, I., 2009, Plural form chain and efficiency: Insights from the French hotel chains and the DEA methodology, European Management Journal, 27: 268-280.

Pillai, A. S., Joshi, A. and Rao, K. S., 2002, Performance measurement of R&D projects in a multi-project, concurrent engineering environment, International Journal Project Management, 20(2): 165-177.

Pinto, J. K. and Slevin, D. P., 1988, Project success: definitions and measurement techniques, Project Management Journal, 19(1): 67-73.

Prabhakar, G. P., 2008, What is project success: A literature review, International Journal of Business and Management, 3(9): 3-10.

Prasanta, K. D., H. Seetharaman, and D. Ozren, 2008, Managing healthcare performance in analytical framework, Benchmarking: An International Journal, 15(4): 444-468.

Project Management Institute, 2004, A Guide to the Project Management Body of Knowledge, New Jersey: Project Management Institute.

Pulina, M., Detotto, C., and Paba, A., 2010, An investigation into the relationship between size and efficiency of the Italian hospitality sector: A window DEA approach, European Journal of Operati onal Research, 204: 613-620.

Revilla, E., Sarkis, J. and Modrego, A., 2003, Evaluating performance of public-private research collaborations : A DEA analysis, Journal of the Operational Research Society, 54(2): 165-174.

Rogers, E. M., 1995, Diffusion of Innovations, fourth edition, The Free Press, New York.

Roll, Y. and B. Golany, 1993, Alternate methods of treating factor weights in DEA, OMEGA International Journal of Management Science, 21(1): 99-109.

Roll, Y., W. D. Cook, and B. Golany, 1991, Controlling factor weights in data envelopment analysis, IIE Transactions, 23(1): 2-9.

Romer, P. M., 1990, Endogenous technological change, Journal of Political Economy, 98(5): S71-S102.

Roper, S., Du, J. and Love, J. H., 2008, Modelling the innovation value chain, Research Policy, 37(6-7): 961-977.

Rossi, F. and Emilia, U. M. R., 2002, An introductory overview of innovation studies, MPRA Working Paper, No. 9106.

Rothwell, R., 1994, Towards the fifth-generation innovation process, International Marketing Review, 11(1): 7-31.

Rousseau, S. and Rousseau, R., 1997, Data envelopment analysis as a tool for constructing scientometric indicators, Scientometrics, 40(1): 45-56.

Rousseau, S. and Rousseau, R., 1998, The scientific wealth of European nations: taking effectiveness into account, Scientometrics, 42(1): 75-87.

Rozenes, S., Vitner, G. and Spraggett, S., 2004, Multidimensional project control system, International Journal of Project Management, 22(2): 109-118.

Saaty, T. L. and M. Sodenkamp, 2008, Making decisions in hierarchic and network systems, International Journal of Applied Decision Science, 1(1): 24-79.

Saaty, T. L., 1980, The Analytic Hierarchy, McGraw-Hill, New York.

Sathye M., 2003, Efficiency of banks in a developing economy: the case of India, European Journal of Operational Research, 148: 662-671.

Schefczyk, M., 1993, Operational performance of airlines: an extension of traditional measurement paradigms, Strategic Management Journal, 14(4): 301-317.

Schmidt-Ehmcke, J. and Zloczysti, P., 2011, Industries at the world technology frontier: measuring R&D efficiency in a non-parametric DEA framework (no. 8579), CEPR Discussion Papers.

Schumpeter, J. A., 1934, The theory of economic development, Harvard University Press, Cambridge.

Seiford, L. M. and J. Zhu, 1999, Infeasibility of super-efficiency data envelopment analysis models, INFORS, 37: 174－187.

Seiford, L. M. and Thrall, R. M., 1990, Recent developments in DEA: the mathematical programming approach to frontier analysis, Journal of Economics, 46(1-2): 7-38.

Seiford, L. M. and Zhu, J., 1999, Profitability and marketability of the top 55 U.S. commercial banks, Management Science, 45(9): 1270-1288.

Seiford, L. M., 1997, A Bibliography for Data Envelopment Analysis (1978-1996), Annals of Operations Research, 73: 393-438.

Sexton, T. R. and Lewis, H. F., 2003, Two-stage DEA: an application to major league baseball, Journal of Productivity Analysis, 19: 227–49.

Sexton, T. R. and R. H. Silkman, 1986, Data envelopment analysis: Critique and extensions, measuring efficiency: An assessment of data envelopment analysis, Jossey-Bass, San Francisco, CA.

Shannon, C. E., 1948, A mathematical theory of communication, The Bell System Technical Journal, 27(3): 379-423.

Sharma, S. and Thomas, V., 2008, Inter-country R&D efficiency analysis: An application of data envelopment analysis, Scientometrics, 76(3): 483-501.

Shenhar, A. J. and Dvir, D., 2007, Reinventing Project Management: The Diamond Approach to Successful Growth and Innovation, Harvard Business School Press, Boston, Massachusetts.

Shenhar, A. J., Dvir, D., Levy, O. and Maltz, A. C., 2001, Project success: A multidimensional strategic concept, Long Range Planning, 34(6): 699-725.

Sherman H. D. and F. Gold, 1985, Bank branch operating efficiency: evaluation with data envelopment analysis, Journal of Banking and Finance, 19(2): 297-315.

Shtub, A., and Bard, J. and Globerson, S., 2005, Project Management: Processes, Methodologies, and Economics, 2nd Edition, Englewood Cliffs (NJ): Prentice-Hall.

Siems, T. F., 1992, Quantifying management's role in Bank Survival Federal Reserve Bank of dallas, Economic Review, 29-41.

Sigala, M., 2004, Using data envelopment analysis for measuring and benchmarking productivity in the hotel sector, Journal of Travel & Tourism Marketing, 16(2/3): 39–60.

Sigala, M., Jones, P., Lockwood, A., and Airey, D., 2005, Productivity in hotels: a stepwise data envelopment analysis of hotels' rooms division processes, The

Service Industries Journal, 25(1): 61–81.

Simon, J., Simon, C., and Arias, A., 2011, Changes in productivity of Spanish university libraries, Omega, 39: 578–588.

Smith, P. and D. Mayston, 1987, Measuring efficiency in the public sector, OMEGA: The International Journal of Management Science, 15(3): 181-189.

Soleimani-damaneh, M and M. Zarepisheh, 2009, Shannon's entropy for combining the efficiency results of different DEA models: Method and application, Expert System with Application, 36(1): 5146-5150.

Song, M., Benedetto, A. D. and Nason, R. W., 2007, Capabilities and financial performance: the moderating effect of strategic type, Journal of the Academy of Marketing Science, 35(1): 18-34.

Soteriou, A. and Zenios, S. A., 1999, Operations, quality, and profitability in the provision of banking services, Management Science, 45(9): 1221-1238.

Stensrud, E. and Myrtveit, I.,. 2003, Identifying high performance ERP projects, IEEE Transactions on Software Engineering, 29(5): 398-416.

Stewart, T. J., 1996, Data envelopment analysis and multiple-criterion decision making-A response, Omega, 22: 205－206.

Sun, S. and Lu, W. M., 2005, Evaluating the performance of the Tai wanese hotel industry using a weight slacks-based measure, Asia-Pacific Journal of Operational Research, 22(4): 487–512.

Talluri, S., 2000, Data envelopment analysis : Models and extensions, Decision Line, 31: 8-11.

Tavares, G., 2002, A Bibliography of Data Envelopment Analysis. (1978-2001), Rutcor, Rutgers University, 11-14.

Thanassoulis, E. and Dunstan, P., 1994, Guiding schools to improved performance using data envelopment analysis: an illustration with data from a local education authority, Journal of the Operational Research Society, 45(11): 1247–1262.

Thomas, G., and Fernandez, W., 2008, Success in IT projects: A matter of definition?, International Journal of Project Management, 26(7): 733-742.

Thompson, R. G., L. N. Langemenier, C. T. Lee and R. M. Thrall, 1990, The role of multiplier bounds in efficiency analysis with application to kansas farming, Journal of Econometrics. 46(1): 93-108.

Tidd, J. and Bessant, J., 2009, Managing innovation; integrating technological, market and organizational change, 4th ed., John Wiley & Sons Ltd., Chichester, England.

Tofallis, C., 1996, Improving discernment in DEA using profiling, Omega, 24: 229－244.

Tone K. and M. Tsutsui, 2009, Network DEA: A slacks-based measu re approach, European Journal of Operational Research, 197: 243-252.

Tone, K., 2001, A slack-based measure of efficiency in data envelopment analysis, European Journal of Operational Research, 130(3): 498-509.

Tone, K., 2002, A slack-based measure of super-efficiency in data envelopment analysis, European Journal of Operational Research, 143: 32-41.

Tsai, H. Y., and Wang, A. S., 2010, The efficiency analysis of life insu rance company in Taiwan: Two-stage data envelopment analysis, Journal of Testing and Evaluation, 38: 283-290.

Tsaur, S. H., 2001, The operating efficiency of international tourist hot els in Taiwan, Asia Pacific Journal of Tourism Research, 6(1): 73-81.

Tsolas, I. E., 2013, Modeling profitability and stock market performance of listed construction firms on the Athens Exchange: Two-stage DEA approach, Journal of Construction Engineering and Mana gement, 139: 111-119.

Turner, J. R., 2009, The Handbook of Project-based Management: Leading Strategic Change in Organizations, McGraw-Hill.

Uri, N. D., 2001, Changing productive efficiency in telecommunications in the United States, International Journal of Production Economics, 72(2): 121-137.

Van de Ven, A., Polley, D., Garud, R., Venkataraman, S., 1999, The Innovation Journey, Oxford University Press, New York.

Van Doren C. S. and Gustke L. D., 1982, Spatial analysis of the U.S. lodging industry, Annals of Tourism Research, 9(4): 543-63.

Vandevoorde, S. and Vanhoucke, M., 2006, A comparison of different project duration forecasting methods using earned value metrics, International Journal of Project Management, 24(4): 289-302.

Vanhoucke, M. and Vandevoorde, S., 2007, A simulation and evaluation of earned value metrics to forecast the project duration, Journal of the Operational Research Society, 58(10): 1361-1374.

Vanhoucke, M., 2009, Measuring Time: Improving Project Performance Using Earned Value Management, Springer Science & Business Media.

Vanhoucke, M., 2010, Using activity sensitivity and network topology information to monitor project time performance, Omega, 38(5): 359-370.

Verma, D. and Sinha, K. K., 2002, Toward a theory of project interdependencies in high tech R&D environments, Journal of Operations Management, 20(5): 451-468.

Vitner, G., Rozenes, S. and Spraggett, S., 2006, Using data envelope analysis to compare project efficiency in a multi-project environment, International Journal of Project Management, 24(4): 323-329.

Wang, C. H., Gopal, R. D. and Zionts, S., 1997, Use of data envelopment analysis in assessing information technology impact on firm performance, Annals of Operations Research, 73: 191-213.

Wang, C. H., Lu, Y. H., Huang, C. W. and Lee, J. Y., 2013a, R&D, productivity, and market value: an empirical study from high-technology firms, Omega, 41(1): 143-155.

Wang, E. C. and Huang, W., 2007, Relative efficiency of R&D activi ties: a cross-country study accounting for environmental factors in the DEA approach, Research Policy, 36(2): 260–273.

Wang, F. C., Hung, W. T., and Shang, J. K., 2006a, Measuring the cost efficiency of international tourist hotels in Taiwan, Tourism Economics, 12(1): 65–85.

Wang, F. C., Shang, J. K., and Hung, W. T., 2006b, Productivity and service quality changes in international hotels in Taiwan, Annals of Tourism Research, 33(2): 571–574.

Wang, H. H., 2006, The research on the managerial performance in the international tourist hotel industry—linking balanced scorecard and data envelopment analysis. Master dissertation, National Kao hsiung Hospitality College, Kaohsiung, Taiwan.

Wang, K. L., Y. T. Tseng, and C. C. Weng, 2003, A Study of production efficiencies of integrated securities firms in taiwan, Applied Financial Economics, 13(3): 159-167.

Wang, Q., Hang, Y., L. Sun, and Z. Zhao, 2016, Two-stage innovation efficiency of new energy enterprises in China: a non-radial DEA approach, Technological Forecasting and Social Change, 112: 254-261.

Wang, Q., Zhao, Z., Zhou, P. and Zhou, D., 2013b, Energy efficiency and production technology heterogeneity in China: a meta-frontier DEA approach, Economic Modelling, 35: 283-289.

Wanke, P. and C. P. Barros, 2016, Efficiency drivers in Brazilian insurance: A two-stage DEA meta frontier-data mining approach, Economic Modelling, 53: 8–22.

Wassenaar K. and Stafford E. R., 1991, The lodging index: an economic indicator for the hotel/motel industry, Journal of Travel Research, 30(1): 81–121.

Weerawardena, J., O'Cass, A., and Julia, C., 2006, Does industry matter? Examining the role of industry structure and organizational learning in innovation and brand performance, Journal of Business Research, 59: 37–45.

Wöber, K. W., 2002, Benchmarking in Tourism and Hospitality Industries: The Selection of Benchmarking Partners, CABI Publishing, Oxford.

Wöber, K. W., 2006, Data envelopment analysis, Journal of Travel & Tourism Marketing, 21(4): 91-107.

Wu, J., J. Sun, and L. Liang, 2011, DEA cross-efficiency aggregation method based upon Shannon entropy, International Journal of Production Research, 50(23): 1-11.

Wu, J., J. Sun, L. Liang, and Y. Zha, 2011, Determination of weights for ultimate cross efficiency using Shannon entropy, Expert Systems with Applications, 38: 5162–5165.

Wu, J., L. Liang, and Y. Chen, 2009, DEA game cross-efficiency approach to Olympic rankings, Omega, 37(4): 909–918.

Yan, C. H., 1997, The performance evaluation for the operational efficiency of international tourist hotel industry in Taiwan, Master dissertation, Chinese Culture University, Taipei, Taiwan.

Yang, C. and Lu, W. M., 2006. Performance benchmarking for Taiwan's international tourist hotels, INFOR, 44(3): 229–245.

Yang, H. H. and Chang, C. Y., 2009, Using DEA window analysis to measure efficiencies of Taiwan's integrated telecommunication firms, Telecommunication Policy, 33(1/2): 98–108.

Yen, F. L. and Othman, M., 2011, Data envelopment analysis to measu re efficiency of hotels in Malaysia, SEGi Review, 4: 25–36.

Yu, M. M. and Lee, B. C. Y., 2009, Efficiency and effectiveness of service business: evidence from international tourist hotels in Taiwan, Tourism Management, 30: 571–80.

Yu, M. M., L. H. Chen, K. C. Chen, and K. Tone, 2013, Operational efficiency in taiwan banks with consideration of nonperforming loans: A dynamic network DEA, Workshop on DNDEA, 73-84.

Zabala-Iturriagagoitia, J. M., Voigt, P., Gutierrez-Gracia, A., and Jimenez-Saez, F., 2007, Regional innovation systems: how to assess performance, Regional Studies, 41(5): 661–672.

Zahra, S. A. and Nielsen, A., 2002, Sources of capabilities, integration and technological commercialization, Strategic Management Journal, 23(5): 377-398.

Zhong, W., Yuan, W., Li, S. X., and Huang, Z., 2011, The performance evaluation of regional R&D investments in China: an application of DEA based on the first official China economic census data, Omega, 39(4): 447–455.

Zhu, J., 1996, Robustness of the efficient DMUs in data envelopment analysis, European Journal of Operational Research, 90(3): 451-460.

Zhu, J., 2000, Multi-factor performance measure model with an applica tion to Fortune 500 companies, European Journal of Operational Research, 123: 105–124.

Zhu, J., 2001, Super-efficiency and DEA sensitivity analysis, European Journal of Operational Research, 129: 443-455.

Zhu, J., 2003, Quantitative Models for Performance Evaluation and Benchmarking, Kluwer Academic Publishers.

[저자 약력]

이 대 진(구명; 이홍배)

전, 경일대학교 스마트경영학부 교수, 경영학 박사(부산대, 1991)
평생교육체제지원사업단 단장(~2021.12)
한국의사결정학회 회장(~2022.3)
경일대학교 미래융합대학장(~2021.8)
경일대학교 평생교육원장(~2021.8)
경일대학교 대학교육개발원장(~2009.8)
한국경영학회 이사
한국경영과학학회 이사
한국경영교육학회 이사
한국인사학회 이사
주요 관심분야: 시스템 분석 및 평가, Data Science, DEA, AHP, 실무통계분석

김 현 우

현, 경일대학교 철도학부 교수, 공학박사(KAIST, 2006)
경일대학교 산학부총장
경일대학교 LINC3.0 사업단장
대구디지털역량강화교육사업 PM
한국경영과학회 이사
한국ITU-T 연구위원
한국과학기술원 산업경영학과(1999)
한국과학기술원 산업공학과(공학석사, 2001)
전, 한국의사결정학회 편집위원장
대경지역대학공동기술지주 대표이사
주요 관심분야: 경영전략, Data Science, 서비스품질, IoT

임 경 국

현, 경일대학교 스마트경영학부 교수, 공학박사(포항공과대학교 산업경영공학과, 2011)
경일대학교 스마트경영학부장(2022~)
한국의사결정학회 이사
전, 삼성SDS Senior Consultant(2013.4~2019.8)
서강대학교 경영전문대학원 연구교수(2012.9~2013.2)
주요 관심분야: 경영과학, 생산관리, 조합최적화

김 수 하

현, 씨아이에스(주) 대표이사(~2021), 경영학박사(경일대, 2020)
경일대학교 및 대구 카톨릭대학교 최고 경영자과정 수료
(주)서통 연구소 근무(1987~2002)
씨아이에스 창업(2002)
수상: 대구시 스타기업(2010), 한국전지산업표장(2016), KOSDAQ 상장(2017), 월드클래스 300기업(2017),
고용친화대표기업선정(2019), 7천만불 수출탑(2020)

김 환 섭

현, (주)한중NCS 부사장, 경영학박사(경일대, 2019)
공학석사(경일대, 2015)
경일대학교 최고 경영자과정 수료

조직 효율성 진단과 평가 – DEA & AHP
: 우리 조직은 효율적으로 운영되고 있는가?

초판발행 2022년 11월 30일

지은이 이대진, 김현우, 임경국, 김수하, 김환섭
펴낸이 박노일

총괄기획 최준규
편 집 심성보, 이상민

펴낸곳 pnc publishing and culture 피앤씨미디어

경기도 고양시 일산동구 강송로 153 310-1501
등록 제396-2012-000203호
전 화 070)7550-3758 팩 스 02)718-8554
홈페이지 www.pncmedia.co.kr 이메일 pnc@pncmedia.co.kr
ISBN 979-11-5730-852-1 93310

정 가 25,000원